AF545419

Neapels Unterwelt

Ulrich van Loyen

Neapels Unterwelt

Über die Möglichkeit einer Stadt

Eine Ethnografie

Mit Fotografien von
Anja Dreschke

Matthes & Seitz Berlin

»[...] to tell the tale and heal.«
Thomas Belmonte, *The Broken Fountain*

Inhalt

III. Die Knochensammlerinnen von S. Pietro ad Aram. Erzählung einer Obsession

IV. Die religiösen Reserven der Sanità. Rhapsodie des *ganzen Lebens*

V. Letzte Worte.
Nach dem Bildungsroman

Vorwort

1

Last things before the last: Zu Neapel gehören die Gräber Vergils und Leopardis, die Nähe prophetischer Unterwelten (die Höhle der cumäischen Sibylle, um die man bis heute streitet), anders gesagt der Eingang zum Totenreich (der Lago Averna, ein Kratersee am nördlichen Ende des Golfs), die Camorra, große und kleine Gauner, die bisweilen tödlichen *scenate napoletane*, die man aus Filmen kennt, der Mutterwitz der Erniedrigten und Gedemütigten, ihre fatalistische Ironie, und die – gerade deshalb, weil man weiß, dass sie doch nichts ausrichten kann – hypertrophierte, um ihrer selbst willen betriebene Aufklärung. Auf Wegen über oder unter Tage spüren Menschen den Geheimnissen von Tod und Fruchtbarkeit nach, im Schatten des Vesuvs, »wo aber Gefahr ist / Wächst das Rettende auch«. So imaginiert man die Einheit des »ganzen Lebens«, von dem nördliche Reisende von Goethe bis Susan Sontag affiziert wurden, um es mehr oder weniger originell unter das Rubrum des »Dionysischen« zu bringen. Das »ganze« Leben ist indes zyklisch und als solches begrenzt. Aus diesem Grund reicht das literarisch erkundete Neapel oder die *napoletanità* nicht oder nur wenig über die Stadt hinaus, und in diesem Verständnis bestärken sich Einwohner wie Besucher wechselseitig. Symbolisch wie auch planerisch wird Neapel als geschlossener Kreislauf konzipiert, von anderen Italienern als »anderes Italien«, gerne auch als verdichtetes, damit stets auf der Schwelle zwischen Wirklichkeit und Metapher.[1] Man kann sich – wiederum auf beiden Seiten – Neapels entledigen, indem man es symbolisch nimmt (oder »realsymbolisch« aufgrund der vorausgesetzten Einkapselung, die den Rest des Landes unkontaminiert sein lässt). Und jene, die in Neapel ihre Werkstätten haben – all die Glückssucher, Wahrsager, *veggenti* (Seherinnen), Priester und Politiker jeder Couleur – sehen sich als Arbeiter, die die Wirkkraft der Symbole verbessern.

Ab Mai 2013 verbrachte ich vierzehn Monate in Neapel, in der Annahme, wer den Kult der »Heiligen Seelen im Fegefeuer« studiert, könnte mehr darüber erfahren, wie sich Zugehörigkeit in einer mediterranen Zivilisation von langer Geschichte und mit mehreren Schichten artikuliert. Der Verkehr mit den »Anime sante del purgatorio« galt als pittoresker Kult mit Totenschädeln, in dunklen Höhlen mit viel Kerzenlicht, der grob gesprochen den Gabentausch zwischen anonymen Toten und Lebenden organisiert. Es gab immer noch Berichte von seiner Virulenz, auch wenn ihn die akademische Jugend Neapels sowie die Populärkultur längst zu historisieren versuchten. Er hatte mit der ganz wörtlichen Doppelbödigkeit der Stadt zu tun, die aus verschiedenen Schichten von Tuffstein besteht, welcher zwar schwingt, aber nur selten bricht und damit Erdbeben Widerstand leistet. In dieser seismisch sensiblen Zone, dazu bedroht durch den Vesuv, dessen nächster Ausbruch nach neueren Schätzungen eine Million Menschenleben kosten soll,[2] hätte der Totenkult das Überleben zu sichern: das physische, das soziale, das affektive. Wie sich entlang des Todes, der rituell gehegt und damit überschritten wird, Leben aufbaut, sollte die Ausgangsfrage sein, nicht unberührt von der berühmten Formulierung: »Vedere Napoli e poi morire – Neapel sehen und sterben.« Zugleich aber wollte ich diese Frage nicht nur um das Verhältnis zu den Toten, sondern auch um die Einbindung des Negativen in das Selbstverständnis der Stadt und ihrer Bewohner erweitern. Exemplifiziert werden sollte dies an verschiedenen Todesboten: an Krankheit und Verbrechen, an Drogen und dem Altern. Ich wollte nachzeichnen, wie an diesem Ort aus der

Einbindung des Negativen Kultur entsteht, welche Handlungsoptionen sie bietet und welche Grenzen sie auszeichnen. Wenn man dieser Einbindung nachginge, glaubte ich, könnte man verstehen, was »Wunder« in einem katholischen Umfeld wirklich bedeuteten: das Wunder als *grazia*, als Verwandlung von Zerstörung in Form, und damit auch als ästhetische Qualität. So wie auf jenen barocken Gemälden, auf denen etwas, anstatt zu stürzen, schwebt. Bestand darin nicht die Lebenskunst des Mezzogiorno?

Als ich »normale« Italiener fragte, was sie von den Neapolitanern hielten, fiel mir auf, dass die Stadt eben nicht »den« Süden meinte: Neapel ist auch vom Süden aus gesehen ein abgeschlossener und ferner Raum.[3] In Rom hielt man die Neapolitaner für *tremendi*, Mittelschichtsrömer meinten halb verängstigt, halb respektvoll, ihnen sei nichts unmöglich, andere ergänzten, sie seien wie alle, nur schlimmer. In den Neapolitanern verdichteten sich nationale Fremd- und Eigenzuschreibungen, die *furbizia* (Schläue, über deren Ursprung der Gottvater der süditalienischen Publizistik, Ermanno Rea, sagt, sie sei das Produkt einer Kultur der Anpassung an weltliche und geistliche Autoritäten[4]), die Gastfreundschaft, der Aberglaube, die *arte di arrangiarsi* (die Kunst, sich anzupassen). Entsprechend ließen sich auch die Belohnungen dieser Tugenden oder Untugenden bei den Neapolitanern antreffen – eine römische Freundin berichtete, wie die Studenten aus Neapel sämtliche Prüfungen an ihrer gestrengen Jesuitenuniversität gemeistert hatten, oft ohne zu lernen, ohne überhaupt etwas zu wissen, auf eine gleichsam mirakulöse Weise. Die Neapolitaner *flogen*, sie waren nicht aufzuhalten. Auf der anderen Seite *stanken* sie, wie mir eine Bekannte aus dem norditalienischen Gorizia verriet: Wenn sie mit Freunden zelten ging, hätten sie das neapolitanische Nachbarzelt erst einmal mit Deospray eingesprüht. Dieser »Rassismus« – aus Sicht der Neapolitaner – kann sich zwar als Folklore etikettieren, er reagiert aber stets mit Symbolen der Ansteckungsvermeidung, was wiederum das Bild der

»neapolitanischen Versuchung« heraufbeschwört. Sie bestünde darin, dem »Neapolitaner in uns« nachzugeben, dem leichten Leben, das die Natur gegenüber der Geschichte und den in ihr realisierten Werten bevorzugt, aus dem Wissen heraus, dass sie am Ende obsiegt. Die Anwendung dieses Wissens wäre in gewisser Weise »diabolisch«. Eine weitere Vorstellung, auf die ich jedoch mehrheitlich bei Süditalienern traf, war, dass Neapolitaner nichts täten ohne sich eine Gegenleistung zu versprechen. Neapolitaner tauschten und täuschten, das war der implizite Sinn. Diese Vorstellung trug dem geschlossenen Kreislauf der Stadt Rechnung, ja sie bestätigte ihn. Demnach täuschten Neapolitaner selbstlose Freundschaft vor, versprächen sich aber Tauschmöglichkeiten. Sie würden diese nie explizit einfordern, aber sie würden einen so lange in ihren Zirkeln halten, bis man gar nicht mehr anders könne, als mitzutauschen. Dafür aber muss man mit ihnen leben. Als es bei mir so weit war, begegnete ich vor allem der Voraussetzung der Tauschgemeinschaft: der Tisch- und Festgesellschaft. So wie das Paradies, die Gemeinschaft der Heiligen, immerzu mit dem Essen verbunden wurde – die vielen Cremetörtchen, die *fiocchi di neve* (Schneeflocken) »meines« *pasticciere* Ciro Poppella –, koppelte man auch das neapolitanische Ingenium an die Speisezubereitung. Das nationale Copyright auf Pizza und Pasta, beides Speisen, die sich beliebig und ohne Qualitätssprünge vermehren lassen, beansprucht Neapel bis heute. Dort isst man nicht raffiniert, sondern vor allem große Mengen an Speisen, die sich leicht teilen lassen, und an denen alle teilhaben.[5] Noch wusste ich nicht, wie viele Nudelbottiche ich von starken Frauenarmen umgerührt finden würde, im Namen der Caritas in Secondigliano etwa (Kapitel 2), oder wie häufig ich bei Lella, die in der einzigen Frauenpizzeria im Viertel Mercato arbeitete, über die Schultern hinweg in den lodernden Schlund des Ofens sehen könnte, dem der Stadtpatron San Gennaro anders als in seiner Heiligenvita nur gebacken entstiegen wäre (Kapitel 3). Einen intimeren Zusammenhang von

Tausch und Täuschung sollten dann die Geheimnisse bilden, in die ich eingeweiht wurde und von denen man sich versprach, dass ich ihnen nie mehr entkäme. Denn, und dies sollte für mich zum Signum meines Aufenthalts werden, ich bewegte mich auf den Gleisen von Vorhersagen, in denen ich selbst auftauchte (sei es im Rahmen eines Kultes, als die Anhänger von mir geträumt haben wollten, sei es in einem jüngst erschienenen Buch, in dem angeblich etwas über einen Deutschen stand). Es war unmöglich, je zum Ursprung dieser Vorhersagen zu gelangen, dieser entzog sich den Beteiligten – welchen Ursprung hat ein Traum? –, aber die Frage danach wurde mächtig genug, dass ich meine und der anderen Wünsche und Absichten endlos im Horizont der Vorhersage befragen konnte. Und anhand der Geheimnisse, der Prophezeiungen, der Versprechungen, die für den einen alles und für den anderen nichts sind, stellte sich wiederum die Frage, was eigentlich getauscht würde oder ob es nicht der falsche Ansatz war, nach der *Substanz* dieser Tauschbeziehungen zu fragen.

Die Substanz. In einer verwinkelten Seitengasse hinter St. Domenico Maggiore sollte jeder Tourist die Grabkapelle der Familie Sansevero aufsuchen. Ähnlich wie bei den frühesten christlichen Katakomben handelt es sich auch hier um eine Experimentierkammer, um einen Ort, an dem versucht wird, dem Geheimnis des Lebens auf die Spur zu kommen. Fürst Raimondo Sangro di Sansevero (1710–1771) war ein barocker Alchemist, Erfinder der Wachsfarbmalerei, durch Erbschaften reich geworden und stolz darauf, von der adriatischen bis zur kampanischen Küste ununterbrochen auf einem eigenen Streifen Landes gehen zu können.[6] Allerhand Schauergeschichten erzählte man sich über ihn. Seine Kapelle befindet sich heute in Familienbesitz. Neben den Allegorien, die christliche mit freimaurerischen Ideen versöhnen sollen, und neben der manieristischen Steinskulptur des »Cristo Velato« (ein unter einem seidendünn scheinenden Tuch liegender Christusleib) sticht eine Art Präparierkammer, eingelassen wie ein winziges anatomisches Theater, hervor, in der angeblich ein männliches und ein weibliches Skelett mit intaktem Blutkreislauf erhalten sind. Diesem Ensemble widmete ich die erste Eintragung in meinem Feldtagebuch:

In der Grabkapelle Sanseveros steht in Latein auf einer Stele, die dem disinganno (Aufhebung der Täuschung) *gewidmet ist und oben einen heroisch anmutenden Mann zeigt, der ein kunstvoll (aus Stein!) geknüpftes Netz abwirft, neben dem reliefartig dargestellten Christus, der einem Mann an die Augen fasst und ihn somit, laut dem Neuen Testament, zum Sehen bringt: »Die nicht sehen, werden sehen.« Man kann diese Aussage auf verschiedene Weise deuten. Zum einen als Aussage des Illuminismus, dem Sansevero durchaus angehörte, und damit entweder im Sinn einer Enteignung / Umschrift oder einer Erfüllung des christlichen Anspruchs; als freimaurerisch-gnostische Aneignung und Umdeutung christlicher Ikonografie (die Kapelle als »Freimaurertempel« selbst legt dies durchaus nahe) oder schlicht als Blick über den Tod hinaus, der mit der Aufhebung jeder Beschränkung zusammenfällt. Ob es sich auch um einen Blick ins Jenseits handelt, ist keineswegs ausgemacht. Dieser Blick soll in der Kapelle sowie im Werk Sanseveros bereits vorgekostet werden: Der Christus im Stein scheint nur zu schlafen – so wie im süditalienischen* lamento funebre *nur vom Schlafen die Rede ist – und die im Keller aufbewahrten »anatomischen Maschinen« enthalten mit dem präparierten Blutkreislauf in Latenz das Programm einer jeden möglichen Wiederaufnahme des Lebens. Das Jenseits als Ort der Toten wird hier einerseits als überwindbar antizipiert, andererseits ist der Ort der möglichen Produktion des irdischen Lebens kein anderer als der der* memoria *der Toten.*[7]

Die Zirkulation des Blutes soll (besser: sollte) das Leben garantieren und die Täuschung des Tausches beenden: Die Menschen hätten es selbst in der Hand, ihre Opfergaben wären überflüssig – das vergossene Blut eingeschlossen. Und Christus könnte unwidersprochen der sein, als der er sich angekündigt hat: die frohe Botschaft. Der Menschensohn. Die Religion, die sich das Ende allen

Todes auf die Fahnen geschrieben hat, hätte sich als wahre erwiesen – aber sie wäre Zivilreligion, Memoria, geworden, so wie sie der Erbauer der Grabkapelle vermutlich konzipiert hat. Raimondo Sangros Grab darin wurde übrigens mehrfach aufgebrochen und geplündert, die Familie ließ ihn daraufhin an einem unbekannten Ort bestatten. Aus dem Tausch ohne Vermittler, ohne *mediatori*, ist selbstredend nichts geworden, die totale Zirkulation ist das utopische Projekt geblieben. Und das Medium (das vergossene Blut), das sich selbst genügende Substanz werden sollte, ist eben doch Medium geblieben.

Wünsche, die stark sind, aber nie Wirklichkeit werden, depravieren. Neapel ist keine Stadt vordringlich armer Leute, sondern eine arme Stadt.[8] An Theorien für die *Indie di quaggiù* (Indien hier unten), wie ein norditalienischer Missionar der frühen Gegenreformation Neapel und sein Umland nannte, mangelt es nicht.[9] Dort lägen die Menschen auf der Erde, warteten unter der Sonne, bis ihnen die Speisen in den Mund fielen, und ließen darüber jede weitere Fähigkeit verkümmern, sodass das Schlaraffenland sich schnell ins Reich des Elends, der *miseria*, verwandle.[10] Nordeuropäer entwickelten ihre Kultur- als Klimatheorien, und als Goethe 1787 aus der damaligen Papst- und Provinzstadt Rom in die Hauptstadt des Königreichs der beiden Sizilien gelangte, suchte er den Einfluss des Wetters auf das Sozialverhalten der Einwohner zu belegen. Goethe war als Empiriker hartnäckiger als seine Interpreten, in seiner *Italienischen Reise* (1816) weist er nach, dass die Neapolitaner findige Nischenbauer sind, arbeitspraktische, aber auch epistemologische.[11] Dass die Stadt selbst arm geblieben war, führten viele auf ihre sich in der enormen städtebaulichen Verdichtung äußernde Prekarität zurück. Hier werde zwar oft geboren, aber nicht weniger häufig gestorben. Besonders in der zweiten Hälfte des 19. Jahrhunderts ist Neapel Gegenstand eines europaweiten Philanthropismus, der junge schwedische Arzt Axel Munthe, der sich mit seiner *Story of San Michele* (1929) den

Traum vom Haus auf Capri erfüllen wird, hat die Choleraepidemien der Altstadt in seiner ersten Reportagesammlung beschrieben.[12] Die ungeheure Verdichtung der neapolitanischen Altstadt hatte ihre politischen Gründe, sie war indes keineswegs alternativlos. Ihre Rückseite bilden nämlich die enorm ausgedehnten klösterlichen Anlagen, die weiten Kreuzgänge, die riesenhaften Kirchen mit ihren Höfen, von der Franziskanerkirche Santa Chiara bis zum Complesso Monumentale von San Domenico Maggiore. Ganz zu schweigen von den großen unterirdischen Zisternen. Extreme – »indische« – Beengtheit und stille Weitläufigkeit konterkarieren, nein: steigern einander in der Altstadt. Aber bedingen sie sich auch? Professionelle Neapolitaner sprechen gerne von der Einheit der Gegensätze, die ihre Stadt besonders charakterisiere. Genau genommen wollen sie damit ausdrücken, dass in Neapel alles schon vorhanden sei. Das »ganze Leben« eben. Erst die arme Stadt macht die Stadt komplett; nur müsste ihr nicht eine ebenso reiche gegenüberstehen? Neapolitanischer Luxus erscheint in der Literatur auf die Antike begrenzt, seine Spuren finden sich heute im Archäologischen Nationalmuseum an der Piazza Cavour, in den opulent-pikanten Szenarien des pompeijanischen »Geheimkabinetts«. Sicher, Goethes Gastgeber Filangieri, der Fürst Sangro di Sansevero, oder auch die Besitzer des Palazzo Spagnolo in der Sanità bewohnten durchaus eindrucksvolle Gebäude. Was sich aber nicht herstellte, waren Aspekte einer wohlhabenden Stadt, eines zur Schau getragenen Wohlstands, eines Agons der städtischen Verbesserung, der schönen Brücken oder Parks oder dergleichen, wie sie in den angeblich von rinascimentaler Bürgerschaftlichkeit geprägten Orten Mittel- und Norditaliens üblich sind (kaum eine Stadt in Europa hat so wenige Parks wie Neapel). Im reichen, vor allem bourbonischen Neapel war jeder auf seine Weise reich – und ist es heute umso mehr, wenn man die gated communities an der Steilküste von Posilippo und in den besseren Lagen betrachtet. Es ist der Reichtum einer armen Stadt, in der es durchaus nennenswerte Privatvermögen gibt. Bis auf wenige, öffentlichkeitswirksame Beispiele (der Filmproduzent und Besitzer des SSC Neapel, Angelo de Laurentiis) scheint privater Reichtum der sichtbaren Zirkulation entzogen. Kapital, das für Nordeuropäer normale Wege der Vermehrung suchen würde – in Form von Unternehmertum, Investitionen –, ist heute so gut wie nirgends aufspürbar. Die Unsichtbarkeit des Wohlstands oder seine Verlagerung nach innen – in vergoldete Fernsehrahmen beispielsweise – oder seine Manifestation in religiösen Kontexten – als besonderer Schmuck von Statuen und Kapellen – fallen ebenso auf Streifzügen durch die *quartieri popolari* ins Auge. Handelt es sich um die Nachahmung einstmaliger frommer Reicher, die Kirchen bauen ließen, oder um ein Symptom für den ängstlichen Aberglauben, etwas Wohlstand bei sich zu behalten, indem er allen zugutekommt (durch den Heiligen, dem er angeblich dient) und somit vor Neid, Diebstahl und unziemlichen Anklagen gefeit zu sein? Zahlt man seine Schuld an die Gemeinschaft ab, indem man ihren Bedingungen opfert? Dass sich an sakralen Gegenständen im öffentlichen oder halböffentlichen Raum – in der Einfriedung eines *basso* zum Beispiel – die Schätze sowie der Fortschritt zeigten, hatte unter anderem der deutsche Soziologe und Ökonom Alfred Sohn-Rethel beobachtet, der im Neapel der 1920er-Jahre des günstigen Lebens wegen an seiner Habilitation über Geld- und Werttheorie arbeitete.[13] Spazieren gehend überprüfte er seine Ideen, und selbst wenn die dabei entstandenen Feuilletons sich dem Frankfurter und Berliner Zeitgeist anschmiegten, gab es darin überraschende Momente, die den Autor vom Elendstourismus der Massenmedien oder der jungen Frankfurter Schule abkommen ließen. Sohn-Rethel zufolge huldigten die Neapolitaner, allen voran die Unterschicht, dem *Ideal des Kaputten*: dieses verdanke sich dem »Veto gegen den feindlichen und verschlossenen Automatismus der Maschinenwesen«, die destruiert und dekonstruiert werden müssen, um »den eigenen Leib darin« zu entdecken.

Sohn-Rethel entwickelte seine Argumentation am Umgang mit der als »menschenfeindliche Magie« wahrgenommenen Technik, die es sich »einzuverleiben«, damit in ihrer Wirkkraft zu reduzieren, gleichzeitig zu erweitern gelte. Das riesige Reich neapolitanischer Improvisation entspringe daraus. Im »Ideal des Kaputten« triumphiert individuelle Geschicklichkeit über Betriebsanleitungen und Bürokratie und beweist sich die Resistenz der alltäglichen, auf die Beschäftigung unzähliger kleiner Handwerker ausgelegten Netzwerke gegen hegemoniale Ordnungsversuche: »Denn endgültige Reparaturen sind ihm [dem Neapolitaner] ein Greuel.«[14] Für die »Elemente«, wie die Elektrizität, die nicht aufzuteilen und dementsprechend nicht individuell anzueignen sind, gelte anderes:

»Solche unenträtselt spirituellen Wesen fließen ohne Hemmschwelle mit der Glorie der religiösen Mächte zusammen, und die festliche Osrambirne verschwistert sich im neapolitanischen Heiligenbild mit der Strahlenkrone der Madonna zur Faszination der ehrfürchtigen Seelen. Hingegen wird man schwerlich Kläglicheres finden als die profane, also die eigentliche Nutzanwendung der Elektrizität in Neapel.«

Wenn das Wesen des »Kaputten« in der Personalisierung liegt, so kann man folgern, werden auch die strukturierenden Medien durch die »personalen« Medien – die Madonnen und Heiligen – wieder ihrer Allmacht entwunden und zugänglich gemacht. Aber ist nicht wiederum die Bedingung für diese Lokalisierung der sogenannten globalen oder gar kosmischen Mächte eine universale Kraft von noch größerer Abstraktheit? Je mehr ich darüber nachdachte und in den nicht abreißenden Versuchen der Verortung, der Aneignung, der Übersetzung von großen Versprechen in die kleinen, alltäglichen Netzwerke den Grund der Armut oder zumindest den des ausbleibenden Wohlstandes erblicken wollte, den Grund auch der erfolgreichen Resistenz gegen die in allen anderen westeuropäischen Stadtzentren grassierende Gentrifizierung und Vertreibung der unteren Schichten – neben der Ursache für das Scheitern der freimaurerischen Aufklärung Sanseveros, die zugleich bewundert, aber wohl als Akt der schwarzen Magie auch wieder bekämpft wurde, so wie zur Zeit meines Aufenthalts der Komiker Beppe Grillo, der mit seinem MoVimento Cinque Stelle italienweit die Herrschaft der Parteien und Patrone durch eine Art Internetherrschaft ersetzen wollte, von einem »Ehrenmann« aus Sizilien bedroht wurde[15] –, desto mehr erkannte ich, dass ich an den Schnitt- oder Indifferenzpunkt von Konkretem und Universalem gelangen musste, um etwas von Neapel zu verstehen, und desto mehr vermutete ich, dass es dafür genau jener als liminal bezeichneten Übergänge bedurfte, also von etwas, das die Heiligen, die Bettler, die Madonnen, die Seher, die Kinder, die Toten *zwischen* Fleisch und Knochen, zwischen ihrem So-Sein und ihrer Allgemeinheit auszeichnet.[16]

2

Ethnografien, wie diese Arbeit eine zu sein beansprucht, beginnen am Schreibtisch und enden dort. Somit wird man, womit man begann: ein armchair anthropologist (und Philologe), und dies im besten Fall schon täglich für ein paar Stunden im Feld. Soviel sich auch zeigt im Gewahrwerden des eigenen Eintauchens und Gleitenlassens, so sehr muss dieses mitunter maskierte zweite Ich der »teilnehmenden Beobachtung« einer mitteilbaren Beobachtung zugänglich bleiben. Dies geschieht durch die fortlaufenden Aufzeichnungen, Interviewmitschnitte oder die topo- und ikonografischen Gedächtnisstützen der Fotos und Videos, die allesamt das Material des vorliegenden Buches bilden. Während die genannten Quellen durch Distanznahme innerhalb der Feldforschung generiert wurden – eine Distanznahme, die mitlaufende Möglichkeiten der Distanzierung voraussetzt, welche innerhalb der gewählten oder angenommenen Rolle des Feldforschers begründet sein sollten –, so gibt es noch die umfangreiche (schriftliche oder audiovisuelle) Internetkommunikation, bei der das Forscher-Ich lange unsichtbar blieb, um sich erst im Moment der Arbeit an diesem Buch dazu zu verhalten.[17] Dieser Schritt kappte gewissermaßen das Selbst als Fortsetzung des eigenen Feldes. Das unendliche Nachzittern der Forschung in den sozialen Netzwerken ist vielleicht eine Erfahrung, die in den Anfängen der Ethnologie und ihrer Königsmethode noch nicht antizipierbar war und heute nicht nur die »Teilnehmende Beobachtung« im geografischen Nahbereich vor neue Herausforderungen stellt.[18]

Meine Forschung selbst setzte sich aus drei Teilen zusammen, die durchaus Übergänge aufwiesen. Ausgangssituation war eine stationäre Feldforschung im Viertel Sanità, wo der Kult der *anime sante del purgatorio* historisch bezeugt ist; nach ein paar Wochen kam jeden Montag ein Ausflug in die Unterkirche von San Pietro ad Aram im Stadtzentrum hinzu, ergänzt durch Besuche bei einer mit diesem Ort verbundenen Seherin; sowie jeden Freitag ein Ausflug in die Krypta von San Cosma e Damiano in Secondigliano; schließlich widmete ich die letzten Monate einem anderen Kult in »meinem« Viertel: dem um die Madonna dell'Arco. Der ursprüngliche Plan einer von einem Zentrum ausgehenden Feldforschung wurde also zugunsten sich überlappender Frömmigkeitsmanifestationen und sich kreuzender persönlicher Beziehungen zurückgestellt. Ich glaube dennoch, dass diese Ausflüge ein relativ realistisches Netzwerk ergeben für jemanden, der, auf welche Weise auch immer einer neapolitanischen Devotion begegnet. Selbst wenn die Datendichte darunter gelitten haben sollte, konnte dadurch das religiöse und zivile Leben der Einwohner »meines« Viertels in seiner ganzen Reichweite besser in den Blick geraten. Unerfüllt bleiben wird der Wunsch vieler Mitbewohner in der Sanità, besonders jener, die vorgaben, dieses Viertel dank einer *scelta di vita*, einer Lebenswahl, zu bewohnen und darum einen besonderen Anspruch formulieren zu können, ich würde über sie, über die von ihnen identifizierten sozialen und urbanistischen Probleme, über ihre Sisyphosarbeit schreiben – wobei man sich besonders in diesem Fall Sisyphos als einen »glücklichen Menschen« vorstellen muss. Gleichwohl stammt das meiste, was ich über das soziale und klienteläre Gerüst Neapels, über seine vorherrschenden Familienstrukturen, das Verhältnis von Verwandtschaft und Bekannten gelernt habe, aus der Sanità, und wird entsprechend in diesem Buch präsentiert.

Meine Forschung stützt sich auf eine vergleichsweise schmale Basis wissenschaftlicher Literatur zum Thema. Das bedeutet allerdings nicht, dass nur wenig geschrieben und publiziert würde. Das Gegenteil ist der Fall. Nur geht es auf der einen Seite einem großen Teil mehrheitlich in Italien entstandener wissenschaftlicher Arbeiten entweder um die meist antike Nobilitierung einer als abwegig angesehenen religiösen Form, um Handreichungen zu sozialpolitischen Maßnahmen, oder aber darum, die Stadt für sich selbst verstehbar zu machen, das heißt darum, auf die kulturelle Vermittlungsarbeit der Assoziationen, der Stiftungen oder der Medien mitsamt der von ihnen organisierten Events einzuwirken.[19] Alle drei Zugänge zeichnen sich durch apologetische Verfahren aus, die ersten und die letzten arbeiten zudem unmittelbar der Folklorisierung zu, die sich seit einigen Jahren in Form von Festivals und öffentlichen Reenactments in Süditalien austobt (mehr dazu im 5. Kapitel). Sie versuchen, die Ansprüche der Vergangenheit auf das heutige Leben plausibel zu machen, und verweigern sich dabei oft der Historisierung, indem sie entweder ein unveränderliches Bild des Menschen und seiner Bedürfnisse zugrunde legen oder Narrative von hegemonialen und dissidenten Kräften etablieren, die in einer nachträglichen Rettung der Unterschicht gegen ihre Unterdrücker, in Wirklichkeit aber in einer identitätspolitischen Mobilisierung der Mittelklassen mittels ahistorischer Identifizierungsgebote kulminieren (nicht zuletzt, da viele süditalienische Devotionen und Kulte zwar ihr eigenes Gedächtnis besitzen, aber keine historisch-archivarische Dokumentation). Wenn auf der italienischen Seite von einem

Überangebot an Darstellungen und Deutungen gesprochen werden muss, ist in internationaler Perspektive eher das Gegenteil der Fall. Süditalien und damit Neapel gelten einer transalpinischen Forschung seit jeher als Heimstätten von Schrumpf- und Restvarianten paganer Religiösität,[20] die entweder nicht mehr sonderlich ›authentisch‹ oder in ihren Gehalten andernorts anschaulicher zu haben ist: Wer über Trance-Kulte arbeitet, wird diese eher in Nord- und Westafrika, auf Haiti oder in Brasilien studieren, wo er sich zudem von den Umlagerungen theologischer Nomenklatur freier wähnen kann. Gegen diesen sowohl kulturprotestantischen als auch exotistischen Affekt nicht nur der Religionsethnologie hat indes ein Forscher wie Thomas Hauschild auf dem unauflöslichen Zusammenhang von hoher Zivilisation und magischen Praktiken beharrt,[21] die »das Land, wo die Zitronen blühen« quasi von der Hinterbühne erschließen und somit die Fähigkeit dieser Praktiken ausstellen, Moderne zu »machen« – gerade im Zusammenspiel mit der uns vertrauten Hochkultur Italiens.[22] Von hier aus kann die mittel- und nordeuropäische Italienbesessenheit oder »Umsessenheit« durch Kunst auf jene italienische durch Geister und Tote bezogen werden, durch die – beziehungsweise durch deren materiale und praxeologische Elemente – die *longue durée* der peninsulären Kulturnation mitbestimmt wird. Eine solche Bereitschaft zur fremden Fremderfahrung ist vielleicht nur vor dem Hintergrund einer sprichwörtlich gewordenen deutschen Italienaffinität mitsamt ihrer eigentümlichen Geistes- und Kulturgeschichte möglich. Sie birgt einige Risiken, die einer sozialanthropologischen Auflösung religiöser Phänomene Süditaliens und Neapels anhand gängiger Leitphänomenen wie Mafia, Transsexualität oder Klientelismus fremd bleiben.[23] Aber sie enthält die Hoffnung, im Durchgang durch eine fremde Geschichte ein Stück weit die eigene zu klären, nicht zuletzt, um sie dem Fremden vertrauter zu machen.

I
Das Purgatorium?
Die Sanità! Feldforschung in Neapel

1. Neapels wahre Katakomben.
Zur Geschichte der *anime sante del purgatorio*

In seinem nach englischer Gentlemanmanier geschriebenen Reisebericht *Vom Vesuv zum Ätna* (*Du Vesuve à l'Etna*) hält Roger Peyrefitte 1952 fest, wie er in einem nördlichen Stadtteil Neapels auf der Suche nach den berühmten Katakomben des Heiligen Gennaro von einem Ortsansässigen in den ausgefransten Rand des Viertels gesandt wurde, wo sich angeblich die »wahren Katakomben« befänden. Dabei handelte es sich nicht um letzte Ruhestätten christlicher Märtyrer, sondern um eine Art in den Tuffstein geschlagenes Gebeinhaus, bestehend aus drei, jeweils ca. zwanzig Meter breiten und mehr als hundert Meter tiefen Gängen. An deren Seiten sah er aufgeschichtet Knochen und Schädel, während hölzerne Kreuze darüber an den Wänden hingen. Peyrefitte beschreibt auch eine Krippe im Eingangsbereich, gleich neben einem Altar, mit lebensgroßen Figuren. Kerzen und funzelige Lampen warfen ihren Schatten an die Wände. Und trotz eines Kalvarienberges, den der Autor dahinter eräugte, und trotz der Frauen, die einen wild gestikulierenden Mann Gebete rezitieren ließen, hatte dieser Ort nichts

»Tragisches noch Magisches. [...] Der ›Beter‹, ein junger Mann mit der Stimme eines Predigers oder neapolitanischen Sängers, verströmte reine Lebensfreude. Dennoch übte er seinen Beruf überzeugend aus. Man respektierte eine Art Ritus. Wer ein Gebet rezitiert haben wollte, setzte sich neben ihn auf eine Bank, als gelte es ein Orakel zu konsultieren. Anfangs blieb er unbewegt; doch nach und nach begannen sein Haupt und seine Arme sich zu schütteln und sein Rosenkranz wie ein Glöckchen zu klingeln. Das Gebet begann mit einem Vaterunser und einem Ave-Maria, daran schlossen sich eine Serie von Anrufungen und Formeln, die offenbar sämtlich erfunden waren.«[1]

Peyrefitte wurde Zeuge eines halböffentlich praktizierten »Totenkults«, der ihn mehr überraschte, als er sich zu Anfang eingestehen wollte. Während seiner Reisevorbereitungen hatte ihn niemand vorgewarnt, er könnte in Neapels Unterwelt Frauen und Männer, oft der Unterschicht zugehörig, aber auch Intellektuelle oder verstohlen äugende Großbürger antreffen, die Schädel aufklaubten, den Staub fortbliesen, sie in mitgebrachte Holz- oder Pappschachteln legten, den halb bemitleideten, halb wegen seiner Lateinkenntnisse geachteten »Pregatore« um eine Segnung baten, anschließend den eigenen Namen auf die Schachteln schrieben und diese an die Wände zurückstellten. Und wie konzentriert die *devoti* zu Werke gingen! »Die Auswahl eines Schädels macht man nicht leichten Herzens; die Suchenden schreiten langsam, von einem ›Bürgersteig‹ zum anderen voran, unablässig die traurigen Reste im Blick.«[2] Der Autor sah, wie junge Frauen hier ihre noch ungereifte häusliche Meisterschaft erprobten: mit kleinen Bürsten, mit alkoholgesättigten Schwämmen säuberten sie in »mehreren Gängen« den Schädel, bis er glänzte wie eine »frisch geprägte Münze«.

Roger Peyrefittes Beobachtungen des Totenkults in der wegen ihrer früher zahlreichen Quellen »Fontanelle« geheißenen Zone zwischen der Sanità und unterhalb des »königlichen« Hügels Capodimonte gehören zu dem wenigen, aber oft variierten Material über diesen seit der Gegenreformation erwähnten Ritus. Spekulationen über seinen Ursprung sollen hier nicht ausgebreitet werden.[3] Nur so viel: Die künstlerische, intellektuelle und populärkulturelle Wiederentdeckung dieses Kultes fällt mit der

Wiederentdeckung des Mezzogiorno, des italienischen Südens, in der Zeit nach Faschismus und Zweitem Weltkrieg zusammen, als – etwa in Carlo Levis literarischem Bericht *Cristo si è fermato a Eboli* (*Christus kam nur bis Eboli*, 1946) – die Konzeption eines archaischen Südens als Reserve für die Modernisierung und ihre Verluste während des ökonomischen Booms heranreifte.[4] Wie in Roberto Rossellinis Film *Viaggio in Italia* (1954; deutscher Verleihtitel: *Liebe ist stärker*), der ebenfalls den Fontanelle einen Besuch abstattet, scheinen die Modelle der traditionellen *devoti* (derjenigen, die eine bestimmte Frömmigkeitspraxis pflegen) zwar die Sprachlosigkeit und andere mit der Komplexität der kapitalistischen Welt sowie mit der zwischenmenschlichen Aufmerksamkeits- und Affektökonomie verbundene Probleme nicht grundsätzlich überwinden zu können, doch verweist ihre religiöse Erlaubnis des »anderen Zustands« auf die eigene Möglichkeit, gleichsam im Sprung über die Etikette hinweg, in der eigenen Fremderfahrung die durch die Moderne auferlegte Entfremdung vorübergehend vergessen zu lassen. Die magischen Riten der »Vormodernen« beglaubigen in dieser Konzeption den eigenen Optimismus – wo sie, wie in Fellinis tragisch-satirischer *Dolce Vita* (1960) fehlen oder nur noch schlecht imitiert werden können, lassen sie auch den Modernen keine Chance.[5] Entsprechend hat der Totenkult in der neapelaffinen und neapolitanischen Literatur, mehr noch im populären Alltag, sein Nach- oder paralleles Leben gefunden, selbst dort, wo sich diese Welt mit der der Gläubigen selten überschneidet. In einer von langer, aber wechselnder Fremdherrschaft und damit verbunden von einem zersplitterten, administrativ uneinheitlich geführten Gedächtnis ihrer Selbst geprägten Stadt konstituieren symbolische (religiöse) Praktiken und die Vorstellung, sie könnten noch »genuin« ausgeführt werden, ein Gegengedächtnis, das den Mythos der eigenen Unbeugsamkeit und Authentizität zu beleben vermag.[6] Das gilt auch für die Befassung mit dem Totenkult, der sich in den Fontanelle oder in zahlreichen Krypten der Stadt abgespielt hat. Filmisch ist er durch Luigi di Gianni dokumentiert, dessen vielfach ausgezeichnete Kurzfilme seit den 1950er-Jahren eine Art Archiv des religiösen Lebens Italiens darstellen – wobei Di Gianni ausgesprochen künstlerische, expressive Ansprüche mit seinen Filmen verbindet, die ihn mehr als Teil denn als Beobachter oder Dokumentarist jener Welt ausweisen.[7] Zudem entstanden seit den 1970er-Jahren eine Reihe von Fotodokumentationen (Antonio Biasucci, Mimmo Jodice), häufig im Zusammenhang mit anthropologischen Arbeiten. Jenseits einer folkloristisch orientierten »antropologia di cultura« wurde der neapolitanische Totenkult so Gegenstand einer neuen Kulturanthropologie, die wie die Gründungsgeneration der Urban Anthropology ihre »Stämme« in der mehr als Kreuzungspunkt denn als ethnischen Ort betrachteten Stadt finden wollte, wo sie sich durch ihre kulturellen Praktiken unterschieden oder wo jeder »Stamm« mit seinen Praktiken einen anderen Anspruch auf die Gesamtheit der Stadt vorstellte, der wiederum auf charakteristische Weise fragmentiert oder holistisch ausfiel. Die maßgebliche, 1993 erschienene Studie von Stefano de Matteis und Marino Niola *Antropologia delle anime in pena. Il resto della storia. Un culto di purgatorio* mit ihren um Helldunkel-Effekte nach Art des Caravaggio nicht verlegenen Fotos von Antonio Biasucci, präsentiert sich ihrerseits als Werk eines neapolitanischen Stammes: der akademischen Mittel- und Oberschicht, die, obgleich sie sich ebenso wie die Kultteilnehmer auf das Imaginäre der *napoletanità* bezieht und mit ihren Gegenständen den gleichen Lebensraum teilt, doch größte Schwierigkeiten hat, mit ihnen direkt in Kontakt zu treten. Die Obsession für »das Populäre«, die die italienische Anthropologie seit ihrer nach Faschismus und Weltkrieg erfolgten Wieder-Gründung als Inlandswissenschaft auszeichnet, geht einher mit dem Versuch seiner Einhegung und Verdrängung. Es ist aber die Verdrängung einer klassenspezifischen Institution, die ihre eigenen Schuldkomplexe entweder in ihrer Rolle als »Erzieher« der Unterschichten oder als deren künstlerischer, gleichsam kunstprotestantischer Erlöser zu bewältigen sucht (um damit dem von Antonio Gramsci formulierten Anspruch an den »organischen Intellektuellen« gerecht zu werden). In diesem Sinn erweisen sich die anthropologischen Studien nicht selten als Gründungsmomente von Ritualen.[8]

Der neapolitanische Totenkult wurde somit gerade für eine gebildete städtische Schicht ein Identitätsmerkmal, um das man auf synkretistische Weise weiß, das zugleich für einen selbst rätselhaft und undurchdringlich bleiben soll, eben weil es einen ausgezeichneten Moment des Selbst betrifft: die Verortung in einem von starken identitären Diskursen bestimmten Raum. Könnte man Identität enträtseln, verlöre sie sich. Giovanni, ein junger Religionswissenschaftler und Historiker aus der neapolitanischen Altstadt, überraschte mich eines Tages mit seinen beiden Totenkopf-Tattoos auf der Brust. Für ihn, der sich als nicht gläubig ausgab und der den entsprechenden Kult nie praktiziert gesehen hatte, bedeuteten die Totenköpfe den »Charakter« Neapels – etwas sehr Anschauliches, in seiner Konkretheit Unhintergehbares, das dennoch unbestimmt, offen, mysteriös war. Die Totenköpfe sind auch als Schmuckaccessoires präsent, aus Bronze gegossen stehen sie vor den einschlägigen Kirchen und müssen berührt werden – so als sei ihre Berührung eine Überwindung, die gerade deshalb Glück verheiße[9]. Peyrefitte macht in seiner Schilderung noch auf andere mit den menschlichen Resten verbundene Übungen aufmerksam: die perfektionierten Rollenmodelle (die säubernde, ernährende Frau) und die Transformation des *pregatore*, der aus dem Ruhezustand die Stufen von Zittern und Schütteln durchläuft, um dann tatsächlich zu beten. In beiden Fällen erfolgt die Aktivierung durch etwas, das in seiner Bedeutung (Tod) absolut und distinkt, in seinem Umfang (seiner Geschichte, seiner Herkunft) völlig arbiträr ist (»man kann über ihn alles sagen, aber er ist tot«). Es hat den Anschein, als würden die Rollen – der Mutter, des Vorbeters, sprich: eines religiösen Vermittlers, der kein »echter« Priester ist – durch die Objekte des Totenkults selbst gereinigt, damit sie sich umso hemmungsloser inszenieren. Peyrefitte berichtet, die einen suchten Kinderschädel, die anderen solche mit erhaltenem Gebiss wie aus dem Anatomielehrbuch.

Wer aber waren diese Toten? Und was war das Spezifische am Umgang mit ihnen? Am Ursprung der Knochen in den Fontanelle vermutete man die anonym bestatteten Opfer der großen Pest- und Choleraepidemien (1656 oder 1836/37) oder sah in ihnen schlicht Reste aus aufgelassenen Gräbern, die nach starken Regenfällen herausgespült worden waren oder die man aus notorischem Platzmangel entsorgt hatte.[10] Doch dies erklärt nicht den Kult. Dessen Voraussetzung waren ältere Toten- und Ahnenkulte, die durch die Frömmigkeit gegenüber den *anime sante del purgatorio* überformt wurden.[11] Ihnen gemeinsam war die schließlich vom Christentum kodifizierte Idee einer menschlichen Einwirkungsmöglichkeit über den Tod seines Mitmenschen hinaus. Das verlangte eine Temporalisierung des Jenseits und damit eine gewisse De-Eschatologisierung moralisch fragwürdigen Verhaltens.[12] Die darauf gründende Einsetzung des Purgatoriums (um 1254) benötigte keine materiellen Überreste, aber konnte anhand ihrer plausibilisiert werden (Verwesungsvorgänge wurden als Reinigungsvorgänge gedeutet). Die Knochen wurden zu affektiv besetzten Gegenständen, die mehr zu Fürsorge und Barmherzigkeit als zu Angst und Abwehr einluden. Die von der vollen Gnade sowie vom Reich der Lebenden gleichermaßen fernen Toten galt es zu »erfrischen« (*rinfrescare*),[13] das gebot die christliche Sorge um den Mitmenschen als eines Repräsentanten Gottes.[14] Im öffentlichen Raum wurden diese Konzepte beständig in Erinnerung gerufen und konsensualisiert. So findet man in den Votivkapellen der Straßen oder in den für die Altstadt Neapels typischen Innenhöfen die Darstellung bis zur Hüfte im (Fege-)Feuer stehender Leiber unter den Bildern oder Statuen der Patrone oder der Madonna.

Sie repräsentierten und repräsentieren das Schicksal eines jeden und werben für einen städtischen Gemeinsinn über die irdische Existenz hinaus, zugleich verdeutlichen sie, wie wichtig die Aufmerksamkeit für Maria und die Heiligen ist. Neben dieser Alltagsdevotion vertiefen die in den Krypten verschiedener Stadtkirchen (S. Maria del Purgatorio ad Arco, Sant'Agostino alla Zecca, S. Maria delle Sanità, San Pietro ad Aram, S. Cosma e Damiano) oder eben die im Ossuarium der Fontanelle zutage getretenen, vormals vergessenen – oder gewaltsam dem Vergessen überantworteten – Gebeine den Zusammenhang von Lebenden und Toten und stiften gewissermaßen die Stadt als Barmherzigkeitszusammenhang; die Schädel wurden gepflegt und verehrt oder sprichwörtlich »adoptiert«, um die Passage der entsprechenden Person im Purgatorium zu ermöglichen. Die Überreste fungierten als sichtbare Spuren der Personen, auf den ersten Blick nicht anders als im seit dem dritten Jahrhundert bezeugten Märtyrerkult,[15] mit dem Unterschied, dass es hier nicht um die Heilskraft des Objektes, sondern um die Heilskraft der (weitergeleiteten) Handlung ging. Die Berührung und Pflege des Schädels konnte dem Gläubigen zugutekommen, wenn er das Leiden des Toten im Jenseits verringerte, indem er die Gebeine reinigte, den Knochen ein Kissen unterlegte, oder Ähnliches. Was im christlichen Märtyrerkult eine Gabe an die Zurückgebliebenen darstellt, die besonderer Verehrung bedarf, um sich ihrer Heilskraft würdig zu erweisen, ist im neapolitanischen Totenkult die Repräsentation und das Kontaktmedium eines die ganz gewöhnlichen Passagen im Jenseits absolvierenden Verstorbenen. Mehr noch als bei den Märtyrern sollten die Gebeine den Toten in dieser Welt repräsentieren, deshalb ging es auch nicht nur um irgendwelche Knochen, sondern um das Zentrum, den Kopf. Als Gegengabe für die erwiesene Wohltat baten die Adepten des Kultes die Toten um Fürsprache: bei Krankheiten, vor Geburten, um eine gute Ehe oder um Glück im Spiel. Die in den Krypten besuchten Toten absolvierten ihren

Gegenbesuch im Schlaf, sie schickten Träume, die nach einem bestimmten, mehrfach überarbeiteten, aber noch heute gültigen System der »Smorfia« in Zahlen codiert und im Lottospiel erfolgversprechend eingesetzt werden konnten.[16] Die Toten gaben aber auch Auskunft über sich und ihre ungefähre Herkunft. Oder sie halfen dem Eheglück von Personen, die keine Kinder bekamen, auf die Sprünge. Dieser populäre Gabentausch mit den Toten wurde, wo es nicht um explizit christliche Werte ging (etwa beim Wunsch um Nachwuchs) von den Kirchenoberen als heidnisches Residuum angefeindet.

In sämtlichen mir bekannten Zeugnissen hing die Wundertätigkeit an der Dankbarkeit der Toten, die vor allem auf ihrem Status als *abbandonati*, als Verlassene, als Namen- und Familienlose beruhte. Indem sie in Holz- oder Pappkartons, in sogenannte *teche* gelegt wurden, erhielten sie eine Art individuelle Beisetzung, zugleich wurden sie durch die Aufschrift »Per grazia ricevuta / XY« (für eine erhaltene Wohltat / Name) einer Person oder einer Gruppe von Personen zugeordnet, mit deren tatsächlicher Familie sie in Kooperation treten konnten. Eine solche »Adoption« ist für den Friedhof der Fontanelle schriftlich seit Ende des 19. Jahrhunderts nachgewiesen: In der Hochsaison eines dem Spiritismus gewogenen Katholizismus der *Borghesia* waren die Fontanelle noch durch eine Straßenbahn aus den Vororten Barrà und Posillipo erreichbar. Die Straßenbahn endete direkt vor dem Eingang; die Umtriebigkeit, der Devotionalienhandel, sind in literarischen und Zeitungstexten jener Jahre gut dokumentiert.[17] Heute anschaulich ist die letzte große Welle der Jahre 1945–1950, und man hat guten Grund zur Annahme, dass die adoptierten unbekannten Toten die an unbekanntem Ort vermissten Familienangehörigen ersetzen, welche im Krieg geblieben waren. Mit diesen Toten war, wie bei einer schamanischen Reise, der Kontakt zu den Familienmitgliedern möglich, sie führten einen zu ihnen. Allerdings ist die Tradition der *teche* nicht in allen neapolitanischen Schädelstätten, und auch nicht durchgängig, zu finden. Man kann in ihnen eine volksreligiöse Imitation der reliquiarischen Praktiken sehen, wie sie die neapolitanische Kurie in der ersten Hälfte des 20. Jahrhunderts angesichts der urbanistischen Erneuerung mit den in aufgelassenen Klöstern oder umgebauten Kirchen angetroffenen, kaum noch auf ihre Herkunft zu überprüfenden Reliquien pflegte, die im Dom ausgestellt wurden.[18]

Die mediale Qualität der Totenschädel zeigt sich im Austausch zwischen dieser und einer anderen Welt, sie zeigt sich aber auch in der Ermöglichung und Vertiefung von Fähigkeiten, die hier gleichsam wie auf einer inneren Bühne vor- und hergestellt werden. Die seit Langem in Umlauf gebrachte These von Neapel als Stadt des Theaters sollte auch hier gelten.[19] In jedem Fall ist die Bühnenhaftigkeit, die ja in erster Linie durch den »Auftrittscharakter« sozialer Situationen ins Auge fällt und entsprechend durch die Wiedererkennbarkeit langlebiger sozialer Rollen fundiert wird, hier noch einmal im Zusammenhang mit den intimen Wünschen gesteigert. Denn die Toten sind für die Wünsche zuständig, sie nehmen sie in ihren Holzschachteln, ihren Häusern, entgegen, und bereiten sie für den Gegenbesuch im Schlaf vor. In Luigi di Giannis kurzem Dokumentarfilm *Grazie e numeri* (Gnade und Zahlen, 1961) sieht man zu Anfang Mütter, echte neapolitanische Matronen, mit ihrer Kinderschar die Treppen in eine der vier dem Totenkult vorbehaltenen Krypten hinabsteigen. Beim Eintritt in die Krypta werden sämtliche Bilder, aber auch etwas, das man schlicht für Wandstücke halten kann, geküsst, auch bekreuzigt man sich vor ihnen. In Seitenkapellen finden sich Schädel, oft in ihren Holzschachteln, auf Kissen gebettet, mit Rosenkränzen umhangen. Ihre dunklen und leeren Augenhöhlen deuten in eine andere Welt, vor ihnen sitzt jeweils eine Familie, die Mutter zeigt und betet laut den Rosenkranz oder eines der anderen für diese Gelegenheit kanonischen Gebete. Die Kinder schauen leicht befremdet. Was befremdet sie? Die Mutter, die sich vor einem

Schädel hinkauert, die Kamera, die der Zuschauer nicht sieht, die Schädel selbst? Ängstlich scheinen sie jedenfalls nicht. Die Gebete sind nicht an die Toten gerichtet, sondern für sie gesprochen, das sei klar (heißt es, ist aber so klar wieder nicht), aber sie werden angereichert mit dem intensiven Begehren der Betenden. Der Kontakt mit den Toten erscheint sehr formell, aber all die Formelhaftigkeit soll nur das Informelle steigern. Di Giannis Kamera greift sehr direkt auf die Gesichter zu, wir sehen schmeichelnde Augen, hochgezogene Brauen, die das Gesicht unschuldiger machen, als es vermutlich ist. Protestantische Besucher haben solche Aspekte als bigott empfunden, wir Heutigen fühlen uns vermutlich in einem absurden Theater, wenn die Toten mit allen Mitteln aufgefordert werden, am Dasein der Lebenden teilzunehmen. Durch die Aufführung lässt sich die eigene *miseria* etwas besser bewältigen, kann sie fortgerückt und thematisiert werden; zugleich sind die Toten in ihrer Doppelrolle als Gegenstand und Adressat der Aufführung austauschbar, nämlich mit jenen anderen Zuschauern, die die »höheren Mächte«, die viel beschworenen *santi nel paradiso* (Heiligen im Paradies),[20] aber auch die wohlhabenden Fremden oder eben die Zuschauer eines Dokumentarfilms über den Kult der *anime sante del purgatorio* in einer Krypta von S. Maria del Mercato im Jahre 1961 sein können. Anhand der Schädel wird das eigene Bild modelliert, die Weise, wie man gesehen werden möchte, wie man mit dem Fremden (den Zugereisten, den Bessergestellten) in Kontakt treten kann. Wer weiß, welchen Charakter der Ritus im Fernsehzeitalter angenommen hätte – und welchen das (neapolitanische) Fernsehzeitalter durch ihn?

Diese Frage wird für immer offen bleiben. Corrado Ursi, der aus Apulien stammende Erzbischof (1966–1987), berufen, das Zweite Vatikanische Konzil in der Diözese durchzusetzen, erließ am 26. Juli 1969 ein Dekret, um den Kult aus dem öffentlichen Leben zu verbannen. Das »Kirchliche Tribunal für die Angelegenheiten der Heiligen« hatte erklärt, dass die in den Krypten verehrten »verschieden systematisierten menschlichen Knochenreste« nicht identisch seien mit »historisch verbürgten Personen, deren Heiligkeit man überprüfen könnte«, weshalb jene ihnen gewidmete Aufmerksamkeit »willkürlich, abergläubisch und schließlich nicht hinnehmbar« sei. Das Dekret wurde in den entsprechenden Kirchen ausgehängt und findet sich mitunter noch heute (so auf den Treppen der Kirche Santa Maria del Purgatorio ad arco). Aber selbst heiligen Knochen wäre es unter Ursi nicht viel besser ergangen. Sein lange währender und am Ende vergeblicher Kampf gegen den neapolitanischen »Devotionalismus« sticht aus jedem seiner Hirtenbriefe hervor. Der moderne Mensch »ertrage nicht länger gewisse Formen des abergläubischen Kultes«, zuvörderst einige »Prozessionen, die weder Gottes noch der Menschen, die sie begehen, würdig sind«. Sie sollten in der Zahl zurückgehen, kürzer ausfallen, den Verkehr nicht behindern. Auch die übertriebene Anbetung des Allerheiligsten Altarsakraments (der konsakrierten Hostie, die im Altar immerzu gegenwärtig sein muss), das in manchen Kirchen Neapels seinerzeit jeden Tag durch die Reihen getragen wurde, sei von nun an wöchentlich zu begrenzen. »Die Leute von heute sind im Allgemeinen durchaus zu einer sehr radikalen und umfassenden Reform des Kultes bereit.«[21] An verschiedenen Stellen dieser Hirtenbriefe spürt man, wie Ursi sich von den Katecheten und seinen Priestern im Stich gelassen glaubt, manchmal hat seine Werbung für einen »authentischeren«, mehr an der *vita nuova* des auferstandenen Christus orientierten Ritus geradezu etwas von einem italienischen Reformator, schließlich bezieht er sich ausdrücklich auf die negativen Auswirkungen des Klientelismus, der gestützt würde von einem falsch verstandenen, weil nur von den Reichen ausgenutzten Armutsideal, das einem *popolo civile* nicht entspräche. In den Verlautbarungen des Erzbischofs ist auch viel weniger von den Heiligen als Gegenstand der Verehrung als vielmehr von der Nachfolge ihres guten Beispiels die Rede. Es ist die kurze Epoche (1960–1980), in der Marien- und andere Erscheinungen merklich zurückgehen und die Kardinäle insistieren, dass das Christentum eine Religion der »Inkarnation« und nicht der Wunderbilder sei.[22] Die Tatsache, dass während der Ära Ursi ein Padre Pio dank des Fernsehens zum Massenphänomen wurde und in den entlegensten Provinzen Italiens Menschen sich vor den Bildschirmen ihr Wasser segnen ließen,[23] steht dem nicht entgegen: Auf diesen Kapuzinermönch sollte sich nach Hoffnung vieler Würdenträger die divergierende Wundergläubigkeit konzentrieren lassen. Die Hochzeit des neapolitanischen Totenkults hingegen war tatsächlich vorüber, seine explizite Eindämmung entsprach eher der Selbstkritik der Diözese, die die Unterweisung dem frommen Varieté vorziehen und sich endlich der geistig und materiell Benachteiligten annehmen wollte. Allerdings dauerte es etwas, bis Ursi bewusst wurde, dass der Kult hauptsächlich in Kirchen stattfand, die den privaten, *opere pie* (fromme Werke) verrichtenden Bruderschaften oder den traditionell in Neapel einflussreichen Orden (vor allem den Franziskanern) unterstanden und von daher sich der erzbischöflichen Kontrolle entzogen. Die Folgen, die das Dekret gerade in diesem Zusammenhang entfaltete, werden noch zu besprechen sein.

2. Rätsel der Ankunft

Der Friedhof der Fontanelle liegt heute ganz am Ende der Sanità, im »Valle dei morti«, dem Totental. Die Bahnschienen, die noch Peyrefitte gesehen hat, sind abgebaut, die Via Sanità ist holperig und immerzu im Ausnahmezustand. Der erste Abschnitt führt über den Markt der Vergini (keine Jungfrauen, sondern ein Adelsgeschlecht), ein von neapolitanischen, srilankesischen und polnischen Verkaufsständen gesäumtes Forum, an dessen Seiten sich neben drei barocken Kirchenanlagen auch der berühmte Palazzo degli Spagnoli findet. Anschließend windet sich die Straße um zwei Ecken, verläuft hinter einem Schulgebäude aus dem späten

19. Jahrhundert, vor einer der berühmtesten Pizzerien Neapels (»Da Concettina«) und zwischen kleinen Lebensmittelgeschäften, Motoriniwerkstätten, unterhalb des Wohnhauses des für seine Weihnachtslieder berühmten Heiligen Alfonso Maria di' Liguori (1696–1787), bis hin zur Piazza Sanità, auf der die ehemalige Franziskanerkirche S. Maria della Sanità steht, die aber wegen der wundertätigen Statue des Dominikanermönchs Vincenzo Ferrer nur als »O'monacone« bekannt ist, und deren Kloster von der »Brücke der Sanità« durchschnitten wird, unter der die Hauptstraße weiter hindurchführt. Die auf den Namen der Partisanin Maria Cerasuolo neu getaufte oberirdische Straßenführung verdeutlicht die Verdrängung der Sanità aus der städtischen Infrastruktur. Sie ist, wie einige Bewohner nicht müde werden zu behaupten, »ein Ghetto inmitten der Stadt«. Die Straße zu den Fontanelle wird schmaler, nach einem Platz mit einer kleinen

Insel, auf dessen rechter Seite die verblassenden Embleme des M(ovimento) S(ociale) I(taliano) und des P(artito) C(omunista) I(taliano) die räumliche Nähe der beiden angeblich systemfeindlichen Parteien der Zweiten Republik erkennen lassen, verläuft sie entlang einfacher, häufig mit improvisierten Aufbauten versehener Häuser, kleiner Plätze, um eine erste mit einem besonders farbigen Kruzifix und um eine zweite mit einem segnenden Padre Pio ausgestattete Kreuzung, bis sie dort, wo auf beiden Seiten Garagen hundert Meter tief in den Tuffstein reichen – Besitztümer, die durch die Lage der Häuser ererbt, aber selten angemeldet und offizialisiert worden sind –, in eine an eine Dorfstraße erinnernde Steigung übergeht, mit Autowerkstätten, Hühnerfarmen, Alteisen inmitten von viel Grün, wo man endlich anhält, um eine schmucklose Kirche der Madonne della Grazie zu betreten oder gleich nebenan durch das gewaltige Eisentor zu schreiten, auf dem ein Schild die Besuchszeiten (9–16 Uhr) und die Zugehörigkeit (»Comune di Napoli, 3a municipalità«) des Friedhofs der Fontanelle ausweist. Auch administrativ besitzt der Ort einen liminalen Status: Er gilt nicht mehr als funktionierender Friedhof und gehört entsprechend nicht zur danebenliegenden und lange den Eingang regulierenden Kirche oder zur erzbischöflichen Kurie; stattdessen überlagern sich in ihm die Zuständigkeiten des neapolitanischen Assessorats für Kultur, für den Untergrund (»Assessorato del sottosuolo«) sowie desjenigen für die Friedhöfe. Außerdem gibt es mindestens zwei Assoziationen, die sich um Führungen, also um die »Bewirtschaftung« der Fontanelle bemühen. Eine von ihnen (ICARE) hat durch Pressearbeit erreicht, dass die erzbischöfliche Kurie, die man insgesamt für fähiger hält als die städtische Verwaltung, sich wieder mehr kümmert: Sie hat nun einen »Kaplan« ernannt, der auch das Seelenheil der Besucher im Auge haben soll.

Die Stadt bezahlt anderthalb Stellen für Wächter, die in einer Holzhütte vor dem Fernseher sitzen, mit von den Toten abgewandtem Blick. Theoretisch können sie einige Korridore des Friedhofs per Kamera überwachen, vor allem sollen sie aufpassen, dass niemand Fotos schießt. Aus einem nur aus geschichteten Knochen und Schädeln bestehenden Grabmal, dessen Form an die ägyptisierenden Grabmäler Antonio Canovas und damit an die Vorbilder für die Totenstätten des Risorgimento gemahnt, ist eine Statue herausgefallen und zerbrochen; und da sich die Assessorate über die anstehende Aufgabenverteilung uneins sind, haben sie zunächst ein Bilderverbot verhängt. Es soll Monate währen. Allerdings sind die beiden Wächter großzügig – »wenn ich mich umdrehe und du fotografierst, kann ich es doch nicht sehen, oder?« – beide stammen sie aus einem anderen Stadtteil, und beide langweilen sich immens. Die administrative Unentschiedenheit währt seit 1993. Damals haben Assoziationen, vor allem die akademische Jugend der Stadt, zusammen mit den beiden um regionale Besonderheiten bemühten Anthropologen Stefano de Matteis und Marino Niola eine Öffnung des Ortes erreicht, der vorher nur einmal monatlich über das Kirchengebäude und vom ansässigen Pfarrer beaufsichtigt zu begehen war. Padre Evaristo, ein aus Bergamo stammender, um Unscheinbarkeit bemühter Mann, hatte in den frühen 1970er-Jahren die Kirche mitsamt dem Friedhof »geerbt« und einen Kompromiss zwischen dem Edikt Ursis und den lokalen Gepflogenheiten gesucht. Vormals hätten hier hauptsächlich Bauern gelebt, die sich von den Leuten der Sanità stark unterschieden, mit insgesamt stärkerer Bildungsorientierung, wodurch die Gegend sukzessive ausdünnte, sodass sich die klassische Unterschicht der Sanità darin ausbreitete. Don Evaristo ist vorsichtig, es dauert lange, bis man ihm ein Wort entlockt. Es heißt, er habe Dokumente über den Friedhof, die er niemandem gebe, außer vielleicht seinem Freund Rocco, einem frommen Altkommunisten, der nebenan in einer nunmehr verfallenen Schule Sport unterrichtete und Lokalhistoriker geworden ist. Aus den Dokumenten gehe hervor, wie noch zu Anfang von Padre Evaristos Zeiten Frauen in den Fontanelle die Schädel in der Sprache der Länder um Aufklärung baten, in denen Kinder und Ehemänner im Krieg geblieben waren. Als die Fontanelle allgemein geöffnet wurden, kamen Alte und liebkosten ihre Schädel.[24] Die Erzählung jener Frau, die »Pasquale« suchte und, als man ihr mitteilte, dass sie unter so vielen Schädeln wohl den ihren kaum wiederfinden könnte, sagte: »Nein, nein, der hat ein ganz vollständiges Gebiss«, ist inzwischen selbst Folklore. Für Padre Evaristo war dies zu sehr magisches Denken, er wollte die Leute vielmehr zu jener Spiritualität führen, die er bei den Monfortini, einem marianisch-humilistisch inspirierten Priesterorden, gepflegt hatte. Diesen ging es um eine stille, nach innen gerichtete Frömmigkeit, die die Unbill des Lebens zu akzeptieren und zu überwinden half.

Bei meinem ersten Besuch lässt sich Padre Evaristo in seinem schmucklos eingerichteten Pfarrhaus verleugnen, er geht nicht an die Tür, und ich sehe nur einen Schatten am Fenster. Er möchte nicht dazu beitragen, dass seine Äußerungen gegen seine Gemeinde verwendet werden, in welcher Richtung auch immer. In der Zone der Fontanelle leben schließlich verfeindete Familien, gelegentlich greifen sie zu den Waffen. Ich betrete durch den Haupteingang den Friedhof, dessen dunkle Fluchten klaustrophobisch wirken könnten, trotz der künstlichen Beleuchtung, gäbe es nicht hin und wieder Schächte für das natürliche Licht. Hinter dem selbstverständlich aus Schädeln geschichteten Kalvarienberg ist ein solcher, und auch über der ergrauten Statue von Padre Gaetano Barbati, der mit seinen Armen gegen den Sturz zu rudern scheint. Barbati begründete 1872 die Stiftung »Opera di suffragi ai defunti« und ließ die schlichte Kirche nebenan eröffnen. Eine Tafel unterrichtet den Besucher über die Cholera-Toten von 1836, eine andere ergänzt, dass hier ebenfalls Überreste bestattet wurden, die 1852/53 bei der Umgestaltung der Via Toledo sowie 1934 bei jener der am Hafen verlaufenden Via Acton zutage traten. Die Via Toledo, auch als Via Roma bekannt, war und ist die Flaniermeile der Stadt; heute zur Hälfte verkehrsberuhigt, diente sie bis zum Ende des Königreichs der beiden Sizilien (1861) als Hauptader, die die beiden königlichen Schlösser (jenes an der Piazza del Plebiscito am Hafen und jenes oben auf Capodimonte) miteinander verband. Infrastrukturelle Projekte haben in Neapel jedes Mal die Umsiedlung oder die Zerstörung von Kirchen, von Klöstern und damit von klassischen Beerdigungsstätten mit sich geführt.[25] Zu den Cholera-Opfern gesellen sich also die Toten vorangegangener Jahrhunderte. Doch bereits zuvor sollen, mehr oder weniger glaubwürdigen Quellen zufolge, Umsetzungen erfolgt sein. So behauptet der Romanschriftsteller und Journalist Francesco Mastriani (1819–1891), die Knochen jener Toten, die bei der periodischen Überfüllung des städtischen Armenfriedhofs auffielen, seien in die Fontanelle transportiert worden.[26] Damit waren die Fontanelle der Friedhof der Friedhöfe, das heißt sowohl letzte Ruhestätte jener, an die die individuelle Erinnerung verblasst war, obgleich sie immerhin »lokalisierbar« geblieben waren (die in früheren »terre sante« Bestatteten), als auch jener, die von Beginn an entweder auf dem Gottesacker der Habenichtse oder in den dicht gedrängten Altstadtquartieren aufgrund schnell erfolgten Todes und hoher Ansteckungsgefahr »delokalisiert« bestattet werden mussten.[27] Dabei darf selbstredend das Gerücht nicht fehlen, dass sich in den Fontanelle die Knochen des Dichterphilosophen Giacomo Leopardi finden ließen, der ebenfalls 1837 der Cholera zum Opfer fiel. Auch dafür gibt es wieder eine Tafel. Wenn Lokalhistoriker wie Rocco Civitelli den ländlichen Charakter der Fontanelle-Gegend und der Gemeinde von Don Barbato herausstellen, so scheint dieser Raum doch von Anfang an von den Überresten der angrenzenden Stadt heimgesucht, von ihren Toten, bald von ihren Spiritisten, sodass sich die Wahrheit über die in den Fontanelle ausgeübten symbolischen Praktiken über Erzählungen der fortwirkenden Reinigung von (ländlichem) Totengedenken und (städtischer) Glückssuche konstituiert, deren Optionen sich im neuen Begriff der »Peripherie« ab den 1950er Jahren überlagern.

Die ländliche Realität erscheint von Beginn an als die der Entrechteten oder *vinti*, die nur mehr demütig ihr Schicksal anzunehmen haben, um ihm einen Wert abzuringen – in diesem Sinn gestaltet sich auch der Diskurs über die kirchentheologisch zulässigen Praktiken in den Fontanelle. Nachfahren jener von Don Evaristo oder Rocco Civitelli erwähnten Bauern habe ich 2013 nicht angetroffen.

Ich nahm mir ein Zimmer in der Sanità. Ich hatte mich für das Viertel entschieden, um nahe an den Fontanelle zu sein, aber auch an der Basilika der Madonna della Sanità mit den anschließenden Katakomben von S. Gaudioso (ein nordafrikanischer Bischof aus dem fünften Jahrhundert, der mit seinen Getreuen vor den Vandalen nach Neapel geflohen war), weil ich hoffte, dass man hier dem neapolitanischen Totenkult – oder seinem Nachleben – am besten auf die Spur käme. Und weil ich fasziniert war von dem alten Pflaster, groß wie Lavabrocken, vom Licht, das sich in den Pfützen brach, von den fern-vertrauten Gerüchen und dem Stimmengewirr, vom heutigen Lärm und der historischen Stille. In San Gaudioso, der Unterkirche, hatten Mönche bis ins Mittelalter ihre verstorbenen Mitbrüder auf trichterartige Stühle gesetzt, sodass ihre Körperflüssigkeit nach unten abfloss und die Verwesung früher einsetzte. Zudem war dort bis in die 1970er-Jahre eine eigene Stätte der *anime sante del purgatorio* gewesen, die sich die engen Gänge und die Nischen einer frühchristlichen Beerdigungsstätte zunutze gemacht hatte – es handelt sich also um einen Ort, an dem die natürliche und die soziale Reinigung der Toten ineinander übergingen. In den nächsten Wochen würde ich jeden, den ich kennenlernte, auf die *anime del purgatorio* ansprechen, und ich würde nach den Besitzern der *edicole votive* – der Votivkapellen oder Straßenaltäre – in den Straßen und Innenhöfen fragen, die im oberen Teil Heilige oder Madonnen darstellten und im unteren Teil in einer Nische und hinter Glas die Terrakottafiguren im Fegefeuer bereithielten, eingefasst in eine rot bemalte

Wand und manchmal um einen Kalvarienhügel gruppiert, als handelte es sich um eine Miniaturisierung des Friedhofs der Fontanelle. *Die Terrakottafiguren sind stets deutlich kleiner als die über ihnen thronenden Heiligen, und der Zusammenhang ist, so erklärte ich mir, dass der Heilige etwas unternimmt für alle Toten, dass seine Fürsprache ihnen zugutekommt. Häufig sind Oben und Unten durch eine Art Altarplatte getrennt, auf der oberen kann man vor dem Heiligen oder der Madonna Blumen, Rosenkränze, Statuetten abstellen, während den Repräsentanten des Fegefeuers nichts als ein stummes Gebet zugeeignet werden kann, höchstens eine Blume, die man an die Glasscheibe klemmt.*[28] Oder das Bild eines Verstorbenen, in der Regel einer Person aus der Nachbarschaft. Meistens war der obere Teil beleuchtet, während unten die Zeit ihre Arbeit leistete und die winzigen Glühbirnen konsumierte. Die Frau mit den vollen Brüsten, der Priester mit dem Barett, der Wohlhabende, gar der Mönch – sie alle wurden von einem im Lauf der Jahrzehnte matter werdenden Feuer verschlungen. Ihre Stifter würde ich in den seltensten Fällen kennenlernen, deren Nachfahren gelegentlich. Über die *anime* machte man sich weniger Gedanken, die gehörten eben dazu, während der Heilige oder die Madonna der *edicola* oft einen präzisen Anlass hatten. Sie wurden repräsentiert, weil sie eine bestimmte Grazia, eine Gnade, geschenkt und dadurch den späteren Stifter herausgehoben hatten, der auf einer Marmortafel das Jahr und seinen Namen hinterließ. Erhaltene Grazie und der Dank dafür waren Voraussetzungen, um den eigenen Namen prangen zu lassen. Die Stiftung konnte weitere Fürbitten und Dankbezeugungen veranlassen und die Bedeutung des Stifternamens mehren. Mitunter entwickelte sich um eine *edicola* ein kleiner Kult, den die Nachfolger der Stifter nutzen konnten, um ihre Familiengeschichte bekannt zu halten und ihren Platz in der Gemeinschaft zu bewahren. Die heilige Anna zum Beispiel, die Mutter Mariens, wurde allgemein bei einer schweren Geburt um Hilfe gebeten.[29] Und siehe da, sie war geglückt.

In einer langen Straße der Sanità fiel mir zuerst eine *edicola* auf mit einem besonders schönen Gemälde dieser Heiligen, ich erfuhr, dass es von den Vorfahren einer Familie in Auftrag gegeben wurde, die nun ein Lebensmittelgeschäft besaßen. *Der Inhaber, siebzig Jahre, erzählt mir, die* edicola *sei wohl um 1870 gebaut worden, doch das Bild sei 300 Jahre alt, teilweise auf Seide gemalt. Jahrelang habe man am 26.7. ein Fest abgehalten, finanziert aus einer Kollekte im Straßenzug, am Schluss mit der krebskranken Tochter Rita, die gekleidet war wie eine »Brautjungfer der Madonna« und dem Bild zwei wertvolle silberne Ohrringe anhängte. Den ganzen Tag habe man gefeiert und getanzt, im selben Jahr sei Rita gestorben und man habe damit aufgehört, nicht nur wegen ihres Todes und weil man sich insgeheim doch eine Grazia erhofft hatte, sondern, wie der Vater sagt, weil die Leute andere geworden seien und nicht mehr so viel spendeten.*[30]

In einer anderen Familie spielte die Verehrung der Madonna di Pompei eine große Rolle, jener, der am letzten Maisonntag traditionell die größte Wallfahrt Neapels vorbehalten ist und die mit der Rosenkranzfrömmigkeit assoziiert wird. Hier erinnerten sich die Kinder an eine Grazia der späten Schwangerschaft, die der Mutter widerfuhr, weshalb sie halb widerwillig, halb stolz deren *edicola* mit dem Marienbild in Ehren hielten. Es machte halt Arbeit.

In einer gewöhnlichen Straße der Sanità wie in der gesamten Altstadt traf man alle zehn, zwanzig Meter auf einen solchen Ort der Devotion. Meist wurde er direkt am Hauseingang der betreffenden Familie angebracht, aber diese war mitunter weitergezogen, hatte sich vergrößert, sodass der strenge örtliche Bezug ausfiel. Wo die Leute in der Nähe blieben – Nähe bedeutet: maximal bis zur nächsten Kreuzung – hielten sie nicht unbedingt die Devotion, wohl aber das Andenken aufrecht. In gut einem Drittel der Fälle schienen mir die Straßenaltäre dem Verfall preisgegeben. Dann konnte es passieren, dass sich jemand ihrer annahm, sie revitalisierte: Ausländer zum Beispiel, die sich durch den Kult in die Gemeinschaft einfügten und seine Bedeutung schrittweise veränderten.[31] Einen Sonderfall stellten jene kleinen Kapellen dar, die zu den *opere beneficienti*, zu den Feierabendvereinen der »Associazioni degli operai« oder zu denen der Madonna dell'Arco gehörten. Hier war die zugrunde liegende Grazia oft auf eine größere Gruppe bezogen: auf deren Errettung vor einer Epidemie, vor einer *lava* (aus Wasser und Müll), oder die Verehrung galt allgemein dem Heiligen des Viertels, um dessen andauernde Gunst man mit der eindrucksvollsten Kapelle oder der schönsten Statue wetteiferte. Die Madonna dell'Arco hingegen sollte ihre Grazia oft im Kontext von Familien erweisen, stärker als die Heiligen, die eine individuelle Wohltat geschenkt hatten, verpflichtete ihr Kult vertikal, aufgrund nicht zuletzt der Außerordentlichkeit der zugrunde liegenden Ereignisse (sowie des Umstands, dass oft das Herz der Verwandtschaft, die Mutter, der Stammvater betroffen waren, siehe Kapitel 4). Hier waren Grazia und *voto* (Gelübde) miteinander verschränkt, wobei Letzteres privat blieb; doch war es gerade die Intimität, die Unaussprechlichkeit der Beziehung, die dafür sorgte, dass man ihr nachfolgte und den Kult generationenübergreifend pflegte (und ebenso sehr ins »Herz« des Vaters, der Mutter, wie der Madonna trat). Die entsprechenden *Associazioni* mit ihren *sedi* (Sitzen, Vereinshäusern) und *edicole* waren oftmals solche Familiengruppen, die sich einen offiziellen Anstrich gaben. In jedem Fall stifteten und stiften Heilige und Madonnen lokale Zusammenhänge, und zwar als Zusammenhänge symbolischer Sorge, in denen sich das Familiengedächtnis zugleich mit der Sorge um *alle* Toten – das heißt auch um jene, die anonym im Fegefeuer schwelen – verband. Das frühere Familienmitglied, das eine Votivkapelle gestiftet hat, hat sich vielleicht längst inmitten von Gerüchten aufgelöst, wodurch es unter Umständen umso mehr mit dem Heiligen, den es verehrte, verbunden wurde. Hat der Heilige die Ambivalenzen der Ahnen gereinigt, sodass sie nun sogar mit ihm identifiziert werden konnten, wie in den euhemeristischen Erzählungen?[32] Fest umrissene Abstammungslinien, die auf das Ereignis der Grazia zurückführen, fand ich in den wenigsten Fällen; anfangs war ich geradezu enttäuscht über diese Vernachlässigung. Später erst erkannte ich, dass die Ungewissheit der Motor war, der erst die Referenz oder die Reaktivierung der Referenz auf jene Heiligen erlaubte. Und mit ihnen die Hoffnung, dass Dies- und Jenseits weniger voneinander getrennt seien, als es die Institutionen nahelegten.

3. Erste Schritte in der Halbwelt

Die *anime del purgatorio* waren im dem typisch mediterranen Atrium entsprechenden Innenhof des Gebäudes anzutreffen, in dessen zweitem Stock ich wohnte. Ihre Votivkapelle wurde von einer aus Sri Lanka stammenden Familie instand gehalten, die sich ebenerdig in einem sogenannten *basso* eingerichtet hatte. Sie waren scheu und doch zu jedem freundlich. *Bassi* (oder lokal *vasci*) bezeichnen ursprünglich eine Einheit aus Wohn-, Arbeits- und Verkaufsraum im Erdgeschoss, worin die ärmsten Bewohner eines Hauses lebten und sich ein Bett teilten, das in der Regel das Zentrum das Zimmers war.[33] Ich teilte mir meine erste Wohnung mit zwei italienischen Mitbewohnern, einem Doktoranden der Physik und einem Unternehmensberater. Die Wohnung lief auf den Namen der Tochter meiner Hauswirtin, die hier ursprünglich mit ihrem Verlobten einziehen sollte, von dem sie verlassen worden war. Sie hatte ein hübsches Gesicht, glühende schwarze Augen, kurze, kräftige Beine und betonte ihre Geschlechtsmerkmale deutlich. Ihr neuer Verlobter hörte auf den traditionellen Namen »Genny« (für Gennaro) und brachte der Mutter in der Regel die Einkäufe. »Ragazzo – fidanzato – schiavetto« (»Freund – Verlobter – Sklave«) nannte man in der Sanità diesen zweifelhaften Aufstieg. Die Mutter hieß Alfonsina, sie stammte aus der Sanità und hatte den Namen auch wegen San Alfonso dei Liguori, dem inzwischen leicht vernachlässigten Lokalheiligen. Alfonsina verstand ich kaum. Als sie mir zeigen wollte, wie der Schlüssel funktionierte - mit einem Trick, man musste den »Schlüssel tanzen« lassen -, redete sie unaufhörlich im Dialekt auf mich ein und versprach drei Monate lang, am nächsten Abend würde ihr Mann kommen und die Tür reparieren. Allerdings bräuchte ich keine Sorge um meine Besitztümer haben, sie sei meist zu Hause. Einen Monat später erfuhr ich, dass vor über einem Jahr die Wohnung komplett ausgeraubt worden war, indes ein Gespräch mit dem Inhaber des im Erdgeschoss befindlichen Spielsalons genügt habe, um die Sachen bis zum Abend des nächsten Tages zurücktransportiert zu bekommen. Einen ähnlichen Zusammenhang brachte mir Alessandro aus Nola, mein Vormieter, nahe, der an der Kunstakademie in Neapel studierte, aber für Sommer und Herbst sich als Bühnenbildner für vagabundierende Theater verdingen wollte. Nicht nur führte er mich in die Gemäldesammlung der Akademie an der Galleria del Principe, wo er mir vor allem das Blut, Bilder ausgeweideter Tiere zeigte, an denen er sich berauschte (»Ich töte die Tiere auch. Hühner zum Beispiel. Hast du einmal gesehen, wie ein Schwein geschlachtet wird? *Fantastico!*«), sondern er stellte mich auch Ciro vor, der seinen Gemüsestand in der Öffnung eines Palazzo auf dem Markt der Vergini besaß. Alessandro erklärte, ich wohne jetzt in seinem Zimmer und falls etwas vorfalle, solle ich mich an Ciro wenden. Der Gemüsehändler hatte zehn Geschwister, er fungierte als lokaler *punto di riferimento* sowie als Wachtposten für den Fall, dass die Polizei entgegen ihrer sonstigen Gewohnheit eine Razzia nach unverzollter Ware auf dem Markt durchführte; nach Alessandros Aussage konnte er mir hilfreich sein, falls ich bestohlen würde und jemanden bräuchte, der mir beim Rückerwerb hülfe. Ich hatte Zweifel, ob ich Ciro als Schutzbefohlener oder als zukünftiges Objekt von Raubzügen vorgestellt wurde; Alessandro empfahl mir, bei ihm einzukaufen, und verabschiedete sich mit einem Kuss rechts und einem Kuss links von ihm. »Jeder macht mit der Camorra Geschäfte, jeder ist Teil der Camorra, auch du«, beschied er mir. Ob ich nicht auch die raubkopierten CDs und DVDs, die Gucci-Gürtelschnallen kaufte, die auf dem Markt der Vergini oder andernorts gar unter den Augen der Polizisten vertickt würden? Darüber zu sprechen bereitete ihm offenbar Vergnügen. So fuhr er fort: »Neapel ist gefährlich. Besonders für dich. Denn man erkennt auf hundert Meter, dass du nicht von hier kommst.« Vor der endgültigen Zimmerübergabe zeigte er mir auf Youtube das von Roberto Saviano, dem Autor von *Gomorra*, kommentierte Video der »Exekution« eines früheren Mafiakillers, bei laufendem Verkehr direkt auf dem Platz der Vergini, vor einer Bar, die heute noch genauso aussieht wie am 9.5.2009, dem Tag des Mordes.[34] Eine Überwachungskamera hält fest, wie sich ein Mann im T-Shirt an ein Spielzeugpferd vor der Bar lehnt, wie Leute aller Couleur hinein- und wieder heraustreten, darunter auch ein Mann mit Basecap, der sich offenbar nur für wenige Sekunden vergewissert, dass ihn niemand kennt (oder nur die richtigen Leute). Während er heraustritt, schießt er quasi en passant dem vor der Bar Wartenden ins Genick, beugt sich dann über ihn und gibt ihm den *colpo di grazia* in den Hinterkopf. Man sieht nur den blutenden Toten, wie sein Mörder in aller Ruhe davongeht, sich der Platz leert, Leute mit Einkaufstüten über den Toten hinwegsteigen, ein Vater seine kleine, neugierig gewordene Tochter fortzieht. Saviano kommentiert: »Hier sehen wir zum ersten Mal eine Hinrichtung der Camorra [...]. Auffällig ist, dass alle den Mörder sehen, dass er aber seelenruhig davongehen kann. Er rennt nicht einmal.« Niemand will ihn nachher erkannt haben. Das Video, landesweit in den Nachrichten ausgestrahlt, trug zum Ruf der Sanità als einem der Omertà (dem Schweigegebot) unterworfenen Ort nachhaltig bei. Es wurde mir noch bei anderer Gelegenheit vorgespielt, um die Feigheit der Sanitanesi zu demonstrieren. Alessandro zeigte es mir, weil er offenbar meine »Angstlust« kennenlernen wollte. »Du hast sicher viel Angst. Doch nach Neapel wirst du nirgendwo mehr auf der Welt Angst haben.«

Tatsächlich waren meine ersten Monate geprägt davon, herauszufinden, wer zu wem in der Sanità gehörte, wo ich ungestört passieren konnte, wie ich mich zu verhalten hätte, wenn ich angehalten würde. Für meinen Motorroller erwarb ich in einem Hinterhaus einen Garagenstellplatz bei einem Bekannten meiner Hauswirtin, während fünf Meter weiter ein wichtiger Drogenverkaufsplatz war. Diese fünf Meter bin ich nie gegangen. Abends mit Helm zu fahren, war ein No-Go; für das helmlose Fahren brachten die Polizisten, die ohnehin nur am Eingang der gefährlichen Viertel, der *quartieri a rischio* (Sanità, Quartieri Spagnoli), paradierten, größtes Verständnis auf. Die aktuellen Konfliktlinien zwischen den kriminellen Gruppen waren für alle unübersichtlich, klassische Protagonisten der *malavita* saßen in Haft, es hieß, junge Herausforderer versuchten wider jede familistische Logik sich durchzusetzen: im Kokainrausch machten sie die Straßen unsicher wie vor wenigen Jahren die Bande der anarchistischen *teste matte*. Soeben war hinter unserem Haus zwei Jungen, die ein Praktikum als Pizzabäcker absolvierten, von anderen Jugendlichen in die Knie geschossen worden, weil sie nicht schnell genug Auskunft über ihre Zugehörigkeit gegeben hatten. Einmal fand ich den Gepäckbehälter meines vor dem Hauseingang geparkten Rollers geöffnet und durchwühlt – der Eigner des Spielsalons überreichte mir freundlich meinen Schlüssel und meinte, ich hätte ihn vergessen und er habe sich nur überzeugen wollen, dass alles in Ordnung sei. Da ich hauptsächlich Devotionalien, Dokumente der verschiedenen Religionsgruppen oder Bücher bei mir führte, ging von mir vermutlich keine Gefahr aus.

Für eine gelingende Feldforschung sei es unumgänglich, den anderen etwas anzubieten, jemand zu sein, mit dem sie in Kontakt treten können, der in ihrer Welt eine Stelle ausfüllen kann, und sei es eine Projektionsfläche. Das hatte mir der Ethnologe Thomas Hauschild auf den Weg gegeben. Für mich als ehemaligen Jesuitenzögling war das am ehesten die Rolle eines gescheiterten

Seminaristen, mit einer irgendwie rührenden Lebensunfähigkeit, halbwegs aus gutem Hause und freundlich zu jedermann. Die meisten Leute des *ceto basso* (Unterschicht), denen ich von meinen Forschungen berichtete, ordneten mich als eine Art Lehrer oder als *missionario tedesco* (deutscher Missionar) ein, der die hiesigen seltsamen Heiligengebräuche studieren und ihnen so etwas wie Zucht und Ordnung verpassen würde. Die Vorstellung interesselosen Forschens hingegen war wie überall schwer zu vermitteln – und einzig dort, wo das eigene rituelle Handeln als »Brauchtum« beschrieben, historisiert oder als Motor der Historisierung verstanden wurde – also teilweise bei den Adepten des Kultes der *anime del purgatorio*, denen eine akademische Außenperspektive selbst schon als Nobilitierung erschien. Auch besser ausgebildete Personen gingen in der Regel nicht von einer reinen Forschung aus. In der Sanità sollten sie mich schnell in die Auseinandersetzungen ziehen zwischen ihren Assoziationen, Kirchengemeinden und sonstigen Interessengruppen, mich als legitimierende Instanz ihrer Deutungen und Handlungen zu gewinnen suchen oder mich zumindest als unparteilichen Zeugen instrumentalisieren. Meine Nationalität als »Deutscher« spielte insofern eine Rolle, als dass Angehörige der Unter- und prekären unteren Mittelschicht mich als zahlungskräftig oder für ihre eigenen Ambitionen gut vernetzt ansprachen (»Wenn du nur willst, kannst du mich gewiss in Deutschland in Arbeit bringen ...« – »Du könntest dir doch diesen *basso* kaufen, der einer Tante von mir gehört hat ...«), während ich für Angehörige einer bildungsorientierten Mittelschicht, für die sozial Engagierten der Sanità ein Exponent guter Politik, von Zivilisiertheit, Arbeitsmoral, Sorge für die Umwelt bis hin zur *raccolta differenziata* sein sollte, und man mir jeden meiner ansonsten in der Sanità unerheblichen Regelverstöße (Fahren ohne Helm, auf dem Fußweg, Nichtachtung der Mülltrennung) als Verletzung meiner Herkunft oder als Beispiel dafür auslegte, wie »ansteckend« die Sanità sei. Am Ende meiner Feldforschung kündigte mir Antonio C., der Social Blogger des Viertels, an, er würde nunmehr über mich einen Eintrag verfassen:

... eine Erzählung, aber ohne deinen Namen zu nennen. Eine Erzählung über einen Deutschen, der uns beibringt, dass alles, was wir über die Deutschen zu wissen glauben, falsch ist. Dass die Deutschen nicht ordentlich sind, sondern auch chaotisch, nicht kalt, sondern auch eifersüchtig, nicht ständig die Wahrheit sagen, sondern auch lügen.[35]

Er hatte herausgefunden, dass ich (»'o tedescu italianizzatu / o diavulu 'carnatu«) größtenteils war wie er. Hätte ich aber zu sehr den Sanitanesen geglichen, so wären alle mit mir verbundenen Hoffnungen haltlos gewesen. Antonio C. zeigte mir, dass er die Welt besser verstanden hatte, und dies machte ihn stolz, aber es war eben leider nicht die bessere Welt, die er sich erhofft hatte. Er war nun sicher, dass ich kein Spion war, wie seine Freunde ganz am Anfang halb scherzhaft gemeint hatten, oder gar ein Polizist, wie Davide, ein Kleinkrimineller und Adept des Kultes um die Madonna dell'Arco, zwischenzeitlich argwöhnen musste. Ich war tatsächlich so harmlos und ein wenig zerstreut, wie man es augenscheinlich war, wenn man zwar mit Hemd, aber ungebügelt, mit langen dunklen Hosen und in schwarzen Schuhen, etwas ungekämmt, durch die Straßen lief und Leute befragte. »Man sieht, dass du ein bravo ragazzo bist«, sagte mir Carmela, die in einem *basso* auf der Via dei Cristallini wohnte, die ich am zweiten Tag meines Aufenthalts kennenlernte, »dich wird man nicht überfallen«. Ich war harmlos - und für viele meiner späteren Bekannten aus dem »Bauch von Neapel« (Matilde Serao) wohl auch unverständig, jedenfalls niemand, der sich an ihren Schätzen bereichern wollte.

4. Religiöse Unternehmer, unternehmerische Religiöse

Wo jeder meint, eifersüchtig über etwas wachen zu müssen, gerät leicht in Vergessenheit, dass viele Dinge erst geteilt zu Schätzen werden. Der Totenkult gehört dazu. Die heruntergekommenen Votivkapellen, um die sich allein derjenige kümmert, der sie besitzt, werden ein kurzes Dasein fristen. Dass etwas geteilt werden muss, um im Wert zu steigen, bis sich neue Fragen der Verteilung, der Aneignung stellen, ist ein Grundzug der *beni culturali* (materieller wie immaterieller Kulturgüter) und damit ein Grundproblem einer Gesellschaft, die vornehmlich über diese Art von Gütern verfügt. Am Anfang wollte ich deshalb vermeiden, gleich in die Mikroperspektive verstrickt zu werden, zumindest einmal wollte ich aus der Vogelperspektive die Sanità kennenlernen. Aber was war die Sanità überhaupt? Auf der Piazza Cavour, gegenüber der nachlässig begrünten Verkehrsinsel, auf der sich die Arbeitslosen, die Immigranten, die Kinder und Mütter die Zeit vertrieben, gleich gegenüber dem Archäologischen Museum, türmt sich ein neungeschossiges Gebäude im Rücken des Hügels, der die historische Altstadt der Decumani abschließt. Darin finden sich eine Schule, ein paar städtische Büros, und im achten Geschoss das »Ufficio delle Statistiche« der Stadt Neapel, das mich mit belastbaren Daten versorgen sollte. Ein langer, leerer und farbloser Korridor, nicht unfreundlich, nur eben das völlige Gegenteil von serviceorientiert.

Die Herren waren überall mehr mit sich selbst als mit ihren überquellenden Schreibtischen beschäftigt, man musterte gelegentlich die Schriftstücke darauf, und wer davor Platz nahm, war in der Regel ein unterbeschäftigter Kollege. Mit mir wollte man über Berlin sprechen oder allgemein darüber, dass sich jetzt viele für die Sanità interessieren würden. Das Ufficio delle Statistiche war hilfsbereit, allerdings seien die Daten vom Censimento von 2011 noch nicht ausgewertet, und die von 2009 für meine Viertel auch noch nicht, aber die von 2001 seien zu verwenden. Religionszugehörigkeit, allgemeines Einkommen seien aber auch damals nicht erfragt worden. Die Daten werden also höchst allgemeine Annäherungen bringen. Außerdem gebe es den »rione Sanità« als administrative Einheit nicht, er ist auf die Stadtteile Stella und San Carlo dell'Arena verteilt, also muss man die Daten »herausschneiden« aus denen der Quartiere, Straße für Straße, »aber das können wir machen«, nur eben für 2001, und ich muss ihnen die Definition der Sanità liefern, beziehungsweise die Leute, die sich als »Sanitanesi« betrachten, müssen es. Die Korridore in dem teilweise verwaisten grauen Gebäude atmen Weite, aber auch Verlassenheit, eine vom Rest der Stadt unabhängige Welt aus Wille und Vorstellung, während im Rücken von jenseits der Altstadt das Meer heranflutet, durch die verdreckten Scheiben von der Landmasse kaum zu unterscheiden, hier im 8. Stock, wohinauf ein Aufzug tuckert, der ab dem Erdgeschoss nirgends hält und all meine Ängste mit diesen Dingen aktualisiert.[36]

Der Besuch verdeutlichte, dass die administrative Unterbestimmtheit der Sanità genau jener affektiven – und kooperativen – Überbestimmtheit korrespondierte, die einem außerhalb dieses Gebäudes begegnete. Ob dort etwas über 50.000 oder knapp 70.000 Personen lebten, blieb unklar, zumal da die Immigrationswellen (Srilankesen, Ukrainer) des letzten Jahrzehnts zu einer hohen Anzahl von Schatteneinwohnern ohne Aufenthaltstitel geführt hatten. Dass es *die* Sanità viel eher gab als »Stella« oder als »San Carlo all'Arena« bewies für mich zunächst Verhältnisse regierender Ignoranz, die sich zugleich als politische Ressource kenntlich machen sollte: Jeder neapolitanische Politiker würde irgendwann einmal über die vernachlässigte Sanità, über das Ghetto inmitten der Stadt, sprechen und daraus eine Art Anwaltschaft ableiten, aber keiner würde etwas unternehmen, damit diese sehr sympathischen und offenbar unterbeschäftigten Familienväter des *ufficio delle statistiche* jemals einen konkreten Arbeitsauftrag erhielten, der die Existenz eben dieses Viertels offiziell vorsah.

Dafür sind zur Zeit meines Eintreffens andere zuständig. Im Juni 2013 präsentierte in der Feltrinelli-Buchhandlung am Partisanenplatz der Pfarrer Antonio Loffredo sein soeben bei Mondadori erschienenes Buch *Noi del rione Sanità. La scommessa di un parrocco e dei suoi ragazzi* (Wir aus dem Viertel Sanità. Die Wette eines Gemeindepfarrers und seiner Jugendgruppe), assistiert von dem schon erwähnten Schriftsteller Ermanno Rea, der in jenem Jahr nochmals für das Europarlament kandidierte. Rea erinnerte sich an seine Kindheit, als sich zwischen den Gräbern des Viertels die Diebe versteckten.

Und er weiß: in der Sanità schlägt das Herz der Stadt, das Gute und das Schlechte an ihr würden sich dort potenzieren. Dem Guten nun ist Loffredos Sach- und Mutmachbuch gewidmet, das sich in ein Genre einschreibt, das in den Monaten der italien- und europaweiten Staatsfinanzkrise in den erfinderischen italienischen Medienkonzernen Konjunktur hat. Der bei den deutschen Reformtheologen Hans Küng und Walter Kasper studierte Pfarrer der größten Gemeinde des Viertels ist dadurch überregional bekannt geworden. Überhaupt werden aus Neapel Priester, ermordete oder Betrüger, und Journalisten, ermordete oder untergetauchte, siehe Roberto Saviano, den Autor von Gomorrha *und* ZeroZeroZero. Wie Kokain die Welt beherrscht *– am ehesten bekannt. Antonio Loffredo berichtet, wie nach Jahrzehnten der Verwahrlosung eine Initiative arbeitsloser Jugendlicher die Kunstschätze des Viertels wieder zugänglich machte, wie bildungsferne Kinder, deren Väter im Gefängnis einsaßen oder in den letzten Camorra-Kriegen umkamen, als Violinisten im eigens gegründeten »Sanitansemble« reüssierten, wie Schmuck- und Metallwerkstätten entstanden, auf der Basis von Kooperativen, die jedem ein kleines Einkommen und dem Stadtteil eine Stiftung sichern sollen, die auch nach dem absehbaren Weggang von Don Antonio bestehen bleibt. »Ich will die Camorra nicht lautstark bekämpfen, ich will ihr die Kinder wegnehmen«, so der Autor auf der Buchvorstellung. »In der Sanità berührt uns, was in den Körper, was unter die Haut geht: Theater, Musik, Tanz, Handwerk.«*

Caravaggios Schüler haben hier die Kirchen ausgestattet, die unmittelbar auf griechischen Nekropolen errichtet wurden, meist noch mit Unterkirchen, die als Katakomben dienten. Hier lagerten Schädel und Knochen, an die die Bewohner noch vor fünfzig

Jahren ihre Gebete richteten. Einige davon hat der Vater der Kriminalpathologie, Cesare Lombroso (1835–1909), nach Turin entführt, um an ihnen die Anzeichen des delinquenten Charakters zu studieren. So viel zu den Effekten des Antimeridionalismus. *Don Antonio fordert, diese Schädel der Sanità zurückzugeben, als Zeichen der Befriedung und der Versöhnung.* Er hat bis nach Deutschland reichende Netzwerke geknüpft. Bis Anfang des 20. Jahrhunderts gab es in den besseren Gegenden Neapels, aber topografisch durchaus anschließend an die Sanità, eine starke Präsenz vornehmlich protestantischer deutscher Kaufleute, die sich oft nicht mit den Italienern, wohl aber gut mit den Juden und Engländern verstanden.[37] Die protestantischen Pfarrer legten in Büchern wie dem Theodor Tredes über das *Heidentum in der Alten Kirche* (1899) Nachweise des »rückständigen« Katholizismus und seiner angeblichen Wundergläubigkeit vor, die sie faszinierte. Don Antonio Loffredo hat den deutschen Pastor und das deutsche Generalkonsulat so beeindruckt, dass seine Gemeindeschätze im aktuellen *Baedeker* eine kleine Beilage bekommen haben und sogar der Deutschlandfunk vorsprach, um ein Porträt aufzunehmen. Das gefiel freilich nicht jedem. Noch bevor ich Don Antonio traf, hörte ich von ihm als »Unternehmer« sprechen, der seine klassischen Aufgaben vernachlässige. Sein Buch beginnt deshalb mit einem Brief an den Vater, der tatsächlich ein erfolgreicher Unternehmer war, in dem sich Don Antonio rechtfertigt, es gebe »ebensoviele Weisen Priester zu sein, wie es Formen des Menschseins gibt«.[38] Er bittet den Vater um Segen für seine Berufswahl, weil er nun selbst etwas »unternommen« habe.

In der Buchhandlung kommt das an und ermutigt andere Berufsstände zur öffentlichen Selbstkritik: Ein sozialistischer Politiker sagt, seinesgleichen habe sich in Sackgassen und Selbstbezüglichkeiten erschöpft, während Don Antonio hinausgegangen sei. Don Antonio habe gemerkt, dass man sich im Kampf gegen die Mafia und die Camorra nicht aufreiben sollte, sondern es pragmatischer und besser ist, ihnen ihre Kinder zu nehmen. Und diese spielen heute Beethoven, wie ein Mann stolz sagt, nachdem es hieß, sie würden alles Mögliche spielen können, nur Beethoven nicht. Wenn doch nur jedes Viertel einen Don Antonio hätte! Eine Lehrerin sagt, sie habe das gleiche Ziel wie der Pfarrer, nämlich, die Kinder von der Straße zu holen, er solle doch zu ihr in die Schule kommen. Vertreter von städtischen Assoziationen weisen darauf hin, auch mit Don Antonio zusammenzuarbeiten. Dann beginnt der Diskurs über die Nachhaltigkeit, die alle gemeinsam garantieren wollen. Das Umfeld der Feltrinelli-Buchhandlung am Ende der Via Chiaia ist altes Bürgertum und hinzugezogener Geldadel, belagert von den einfachen Quartieri Spagnoli, der vergnügungssüchtigen Movida-Meile oberhalb des Lungomare Caracciolo. Die Anwesenden bestärken sich gegenseitig im Glauben, mit der damit verbundenen Gefahr zurechtkommen zu können und im Rahmen ihrer sozialen Klasse doch die richtigen Werte zu repräsentieren, auch wenn sie sich im Alltag nur skizzenhaft abzeichnen. Am Ende empfiehlt jemand das Buch als Leitfaden, als Modell (»un modello per l'Italia«) zur Communityentwicklung.[39]

Wie ich weiß, ist Don Antonios Vater lange schon tot, die Mutter bringt dem Sohn die Zigaretten, der ständig in Bewegung ist, kurz und konzentriert die Messen liest, dann sofort im Hemd als Exponent des werktätigen Volkes die Kirche verlässt. Die Ladenbesitzer mögen ihn, weil er Gäste bringt, darunter einflussreiche Exilneapolitaner, die er einlädt, für seine Stiftung zu spenden und damit Steuern zu sparen. Ebenso unorthodox verfährt Loffredo, wenn er die Gemeindemitglieder motiviert, in den Katakomben von San Gaudioso die Asche ihrer Toten beizusetzen. Das galt unlängst noch als Sakrileg, denn der durch das heilige Brot geheiligte Körper durfte nicht verbrannt werden. Diese Neuigkeiten predigt Loffredo nicht von der Kanzel, sondern streut sie im persönlichen Gespräch, vor allem durch den Zirkel seiner Vertrauten. Ansonsten bekäme er weitere Feinde, sind doch in Neapel traditionell die Bruderschaften und Zünfte – die *confraternite* und *congreghe* – fürs Bestatten zuständig und besitzen dafür Hochhäuser auf dem städtischen Friedhof, für die man rechtzeitig Geld zur Seite legen sollte, im Schnitt 5.500 Euro pro Nische für 99 Jahre.[40] Durch die Katakomben führen Jugendliche aus dem Viertel, die häufig die ersten aus ihrer Familie mit einem höheren Bildungsabschluss sind. Sie müssten weggehen, um eine adäquate Arbeit zu finden, aber sie wollen bleiben. Sie heiraten untereinander und erzählen, »alles auf eine Karte« gesetzt zu haben. Sie studieren Kunstgeschichte und Sprachen und erklären die erst seit Kurzem restaurierten Fresken, die Urnenreste, die Sitze mit dem großen Loch in der Mitte, durch die die Säfte und später die Knochen der Toten rieselten. Das alte Franziskanerkloster, das unmittelbar an die Basilika anschließt, haben sie zu einem Bed-and-Breakfast mit moderaten Preisen ausgebaut und schließlich eine Art Fremdenführer herausgegeben. Eine erzählt, ihr Traum sei es, dass in der Sanità statt der wuselnden Motorini, die über Bürgersteige und durch enge Gassen jagen, statt der anarchisch geparkten Autos und der Hupkonzerte, nur mehr Fußgänger wanderten, die sich anstelle der feuchten, engen, lediglich von einem Fenster erhellten Erdgeschosswohnungen, in denen man zu viert in einem Bett schläft, an den Ateliers von Kunsthandwerkern erfreuten. Die junge Frau ist wie viele gleichaltrige Landsleute begeistert vom völlig unitalienischen Berlin; der Sirenengesang des Prenzlauer Bergs ist auch unter dem Vesuv vernehmbar. Neapel solle Touristenzentrum werden, nicht mehr nur Durchgangsstation vor der Fähre nach Capri oder Ischia. Der Traum touristischer Verwertung ist in Italien einmal mehr das Patentrezept zur Verbesserung des Südens: linke wie rechte Medien, Kunsthistoriker, Politiker schwören darauf.

Aus meinen Lektüren und ersten Gesprächen weiß ich, dass das sozioökonomische Problem der Sanità im Niedergang der Leder- und Schuhfabriken besteht, teilweise in der billigen chinesischen Konkurrenz am Hafen, in den darauf folgenden

Auflösungserscheinungen, die einerseits die Akademisierung und damit den notwendigen Fortzug einer jüngeren Generation, andererseits die Ausbreitung von Jugendgangs ermöglichten. Und ich weiß, dass das Erdbeben vom November 1980 eine Rolle gespielt hat, weil es anschließend zu einem Immobilienverkauf seitens der Kirche und der Stadt kam, der noch die weniger Vermögenden zum Kauf ihrer eigenen vier Wände anhielt und die etwas Begüterten glauben machte, sie könnten ihr Glück nun als Vermieter finden, wobei sie kaum genug Geld für weitere Investitionen besaßen und sich damit in ihrer Immobilität verstrickten. Zudem bin ich dafür gewappnet, die vielen Formen, sich zu organisieren, seiner Stimme Nachdruck zu verleihen, vor dem Hintergrund der politischen Entwicklung der letzten sechzig Jahre zu sehen: Neapel als alte Hauptstadt des italienischen Südens, der agrarisch geprägt war, und in den der Zentralstaat industriell investieren musste. Um den Austausch von Finanzkraft und Produkten, von Gaben und Gegengaben, von Versprechungen und Erwartungen zu organisieren, bedurfte es einer Klasse von Vermittlern, die sich einerseits als örtliche Vertrauensmänner und sogar Repräsentanten des Hegemonialen darstellten, andererseits ihre Differenz zu diesem unterstreichen mussten und somit die alte Ordnung des agrarischen Südens im Prozess der sozialen Transformation eher stärkten als schwächten. Daraus entstanden soziale Hybride, je nach Situation anzupassende Rollen und Narrative (die eine gegenüber dem Hegemon, die andere gegenüber der Gruppe, der man sich zugehörig erklären wollte), und auf der Seite der »Mittelempfänger« wiederum Handlungsmöglichkeiten (rezipiert unter anderem unter dem Negativattribut der *furbizia*), die die kommode Historie des passiven Südens Lügen straften. Klientel-Beziehungen erwiesen damit ihre Geschichtlichkeit sowohl in Abhängigkeit von der italienischen Makrogeschichte als auch von mikrologischen Eigendynamiken.[41] Während bis in die 1990er-Jahre die vermittelnde Klasse mit den Notabeln der Democrazia Cristiana identisch war, so hatte nach der von Richtern gegen die korrupten Auswüchse des Parteiensystems angeführten Aktion der mani pulite (1992–1994) eine Fragmentierung und Vervielfältigung der Mittler stattgefunden, die das Gleichgewicht einer im weitesten Sinn »klientelistisch« verfassten Gesellschaft an sich bedrohte. Zur Zeit meines Eintreffens schließlich ist die Vorstellung, der italienische Staat könnte die verbindliche Ressource für das Überleben Neapels darstellen, hinfällig geworden; daraus resultiert der allgegenwärtige Europadiskurs einerseits, die Angst vor den als Heuschrecken imaginierten multinazionali (internationalen Großkonzernen) andererseits. In jedem Fall treibt die Situation die Spannung zwischen Universalisierung (hinsichtlich der Herkunft der Ressourcen) und Provinzialisierung (hinsichtlich ihrer Verteilung) auf die Spitze. Diese Spannung zu vereinen haben sich die Aktivisten des »MoVimento Cinque Stelle« um Beppe Grillo vorgenommen. Seine »Jetzt-Bewegung der fünf Sterne«, die für Wasser, Umwelt, Transport, Entwicklung und Energie (im weiteren Sinn: als connetività) stehen, ist bei den Wahlen im Februar 2013 landesweit stärkste Einzelkraft geworden, zwei ihrer prominentesten Gesichter kommen aus Neapel.

5. Helden und Sünder

In den ersten Wochen teilte ich der Übersichtlichkeit halber die Sanitanesi in jene, die Don Antonio schätzten, und jene, die ihn rundheraus ablehnten. Ich selbst durfte in meinem Beobachterstatus verweilen, denn in seinem Buch war von einem »jungen Deutschen« die Rede, der die Sanità studieren wollte. Don Antonio erklärte nicht, um wen es sich handelte, und ich konnte gegenüber meinen Gesprächspartnern nicht ausräumen, der Gemeinte zu sein. Don Antonio traf ich zum ersten Mal in seiner Sakristei an, wo er mit Brautpaaren Hochzeitstermine und den dafür zu entrichtenden Obolus absprach, im Ton eines Quartiersmanagers.

Als ich ihn fragte, wer mir etwas über den Totenkult und die Entwicklung des Viertels erzählen könnte, schrieb er mir in wenigen Minuten einen Zettel mit Namen und Nummern. Hinter den meisten Anschlüssen verbargen sich junge Frauen, die die *scommessa* eingegangen waren, in der Sanità zu bleiben, häufig aus aufstrebenden Familien, jedenfalls keine der Unterschicht. Aber auch ein junger Jurist aus einem Vorort war darunter, der sich dank Don Antonio ein Wirkungsfeld erschlossen hatte und sich als Experte inszenierte. Solange ich als Neuling auftrat, blieb er ausgesprochen selbstsicher, zeigte sich als jemand, der das Viertel »erobert« hat. Seine Mission: einen Kulturwandel voranbringen, den ihm zufolge die »Grillini« des Movimento Cinque Stelle noch nicht angestoßen haben. *Der Neapolitaner sei ein Mensch, der sich nach außen produzieren müsse. Theater, Musik. Das Problem sei aber, dass viele Neapolitaner aus dem Volk das zwar hier schaffen, aber nicht außerhalb ihrer primären Bezugspunkte. Deshalb würden sie gewalttätig.*[42] Viele meiner ersten Informanten wollten mit mir nicht in der Sanità über die Sanità sprechen, sondern draußen, am liebsten auf der von zahlreichen Caffès gesäumten Piazza Bellini ihre Version verbreiten. *Sie suchten ein Gespräch »unter Experten«, die sich existenziell von ihrem Gesprächsgegenstand emanzipierten.* Hier schauten ein paar Rudimente der griechischen Neapolis aus dem Boden, erklangen im Hintergrund die Streicher des Konservatoriums, und war die norditalienische Mode des spätnachmittäglichen Aperitivo angekommen. Die Piazza Bellini war ein nicht-neapolitanischer (Sehnsuchts-)Ort mitten in Neapel. Bei den Parteigängern von Don Antonio fiel auf, dass sie die Bewohner des Viertels als »Kinder, die erzogen werden müssen« beschrieben, wobei einige ihre eigene Kindschaft selbst nicht in Abrede stellten, vielmehr als lebenden Beweis anführten. Politisch waren sie mehrheitlich linksliberal, relativ hoch auch der Anteil der »Grillini«. Sie entstammten der gestauten Menge derer, die es an die Mauern ihrer Viertel drückte, die inmitten des Mangels an Mitteln und Arbeitsplätzen, der jenseits grassierte, aufgrund fehlender Kanäle kein Auskommen finden würden.

Auf der Seite von Don Antonios Kritikern ergab sich ein buntes Bild: Zunächst lernte ich sie in den *vicoli*, den engen Gassen der Sanità kennen, wie die bereits erwähnte Carmela, die mich mit lautem Geschrei auf meinem Spaziergang aufhielt. Sie lud mich in ihre schmale Wohnung, kochte Kaffee und fragte mich aus. Sie war vor allem an dem interessiert, was ich suchte, weniger an dem, was ich war, und da sie mich mit Don Antonios Buch unterm Arm kennengelernt hatte, konnte sie nicht umhin, diesen Faktor in ihre Ausführung einzubeziehen. Er unternehme zu wenig für die Jugend, er gehe nicht wie einer seiner berühmten Vorgänger, Padre Giuseppe Rasiello,[43] von Haus zu Haus, sondern umgebe sich einzig mit seinen Leuten. Und er reagiere herrisch auf Kritik: Als sie ihn lauthals kritisierte, habe er ihr empfohlen, sich die Zunge abzuschneiden. Carmela hat zwei Töchter, die jeweils Sozialarbeit studieren, wobei die Ältere eine Art Scheinselbstständige bei der Caritas war und mit den Prüfungen nicht fertig wurde, und sie hat einen Ehemann, beleibt und mit lustigen Augen, der schwer im Zimmer hockte und nur wenige Meter entfernt aufgewachsen war. Es sollte dauern, bis er mit mir sprach, aber dann war er nicht zu bremsen.

Er sei Florist gewesen, weil es ihm so gefiel, wie die Kirchen ausgestattet waren, welches Kunsthandwerk darin steckte, auch wenn man in Neapel bald beschlossen hat, die Kluft zwischen Reich und Arm weniger offiziell zu machen, indem für die Ausschmückung von Hochzeiten etwa bestimmte Maximalornationen festgelegt wurden. Sein Vater ist jung gestorben, zwei Brüder starben, und doch seien sie alle onesti (ehrlich) geworden, wie seine Frau betont. Bruno stimmt ins Lamento über die Pfarrer ein. Er erzählt vom Niedergang der kleinen Kirchen der Sanità, der gegenüber seinem Haus, dann von S. Severo, die ihre Schätze zugunsten der Basilika geopfert habe. Erst wurde der erste Pfarrer angehalten, seine Güter zu S. Severo zu transportieren, dann kamen zwei Cousins aus Procida, der eine für S.M. della Sanità, der andere für San Severo, die alles zur S.M. della Sanità transferierten, sodass ein Priester immer mächtiger und reicher wurde, ausgerechnet Padre Giuseppe Rasiello, den Bruno wirklich für einen Pädophilen hält, der mit der Zigarette im Mund und gut gekleidet durch das Viertel marschierte. »Arrogant« sei er gewesen, nicht so wie Don Ancello, der 35 Jahre San Severo bespielte, der zwar einen edlen Garten hatte, den giardino degli aranci, aber der wenigstens, wenn er in Mergellina, der historischen Neustadt, schwimmen ging, noch als Priester kenntlich war, und »nicht sich zu den Leuten setzte, rauchte und Bier trank«, oder wie Don Antonio, der an seinem ersten Tag mit einem Fahrer ins Viertel gekommen sei und auf die Leute herabschaute. Die Priester drückten den Leuten die Partei der Christdemokraten aufs Auge, vielleicht mit Ausnahme von Padre Rasiello, der sie aus der Kirche vertrieb. Gegenüber homosexuellen Priesterkandidaten ist man hier nicht offen, und als ich sage, es mache doch nichts aus, da ohnehin alle Keuschheit versprechen, wendet Carmela ein, dass es die Natur des Mannes sei, nach Frauen Ausschau zu halten. Und natürlich habe es hier uneheliche Priesterkinder gegeben. Aber Pasquale, der Sohn vom Lebensmittelhändler gegenüber, der so schön singe und dessen Schwester Rita so grausam an Krebs starb, sei von Padre Alex darauf hingewiesen worden, dass er wohl nicht Priester werden könne, eben wegen »dieser Sache«. Die üblichen Invektiven gegen Don Antonio, dem man nicht glaubt, dass er seine Hotelieraktivitäten ohne die Camorra ausführen kann: »Wo es wirklich Geld gibt, kommt die Camorra. Wenn du ein Unternehmen anfängst, kommt sie erst einmal nicht. Aber hier – bei Don Antonio – gibt es Geld der EU und der privaten Finanziers«, meint Bruno. Auch dass Don Antonio anstatt ein Hotel zu errichten lieber Zimmer den jungen mittellosen Studenten hätte zur Verfügung stellen sollen. Bruno erklärt, warum Don Antonio die Vertraulichkeit scheue: Nun, er habe etwas zu verbergen. Deshalb, fällt die Frau ein, schaue er einen auch niemals direkt an. Früher einmal, erzählt Bruno, habe er in der Sanità einen anderen Jungen, der neben einem Boss ging, kaum gegrüßt, sie verstanden sich nicht gut, daraufhin habe der Boss nachgefragt, weil er wissen wollte, ob diese Verweigerung ihm galt, da habe er normal geantwortet, und alles war gut. Diffidenza lässt Verdacht wachsen, offenes Reden, Zutraulichkeit zerstreut.[44]

Carmela winkte mir von der Straße einen jungen Mann herbei, der angeblich Literatur studiert hat. Er hinkte und sprach in ohrenbetäubender Lautstärke. Eine Stimme wie ein Reibeisen. Vincenzo M. trat für das reine Evangelium ein und nahm es Don Antonio übel, dass dieser die Statue der Madonna dell'Arco in der Basilika aufgestellt hatte, seien doch diese Riten oft in den Händen der Camorra. Im Auftrag eines gewissen Padre Alex organisierte er die *comunità di base*, dem Muster der südamerikanischen Befreiungstheologie entsprechend kleine Gebetsgruppen der jeweiligen Straßenzüge, die sich privat einmal pro Woche trafen, einen Ausschnitt aus dem Evangelium studierten, und wenn ein Priester dabei war, auch richtige Messen mit Eucharistie feierten. Vincenzo M. lebte auf halber Höhe zwischen San Severo und Capodimonte, dort, wo Wasser und Müll in die Häuser drangen, in einfachsten Verhältnissen mit Mutter, Großeltern und Onkel, der seinen kommunalen Hausmeisterjob vom Vater geerbt hatte, und war seit einem halben Jahr vergeblich auf der Suche nach Arbeit. Die Teilnahmegebühren an den *concorsi*, die zu irgendeiner Tätigkeit im öffentlichen Dienst berechtigen sollten, fraßen seine gesamten Ersparnisse. Früher wurde man auch bei einem kaum vorhandenen Netzwerk wenigstens über die relativen Chancen einer Ausschreibung informiert, heute geschah das nicht, weil die Stadt dringend Geld brauchte. Vincenzos Interesse, sämtliche Kulte zu purifizieren, erschien mir darum als verzweifelter Versuch, aus dem Chaos der eigenen Verstrickungen auszubrechen, zudem aus der Verstricktheit der anderen, die ihn verstrickt hatten. Dennoch meinte er, die Sanità sei ein Viertel voller verquickter Kooperationen. Er versuchte, *amico con tutti* zu sein (»*Nein, nein, ich bin mit allen befreundet. Aber zu bestimmten Freunden gehe ich nicht«*). Seine religiösen Reinigungsabsichten fanden ihre Bestätigung in der Lehre von Padre Alex, dem ehemaligen Missionar im Kongo, der nun in einer Wohnung neben dem Glockenturm von S. Maria della Sanità residierte, in der es, wie nicht nur die Abergläubischen sagten, früher gespukt habe.

In der nächsten Zeit wurde Vincenzo mein Mittler, obgleich Padre Alex mich ermunterte zu ihm zu kommen, wann immer ich mochte. Bei unserem ersten Treffen begegnete mir ein zart wirkender Mann fortgeschrittenen Alters mit wachem Blick:

Er bereitet mir einen entkoffeinierten Kaffee; auf meine Frage, wie er zu dieser Behausung gekommen sei, antwortet er: »Ich bin 2003 aus Kenia zurückgekehrt und mir war klar, dass ich in den Süden musste. Von den drei großen Städten Palermo, Bari und Neapel schien mir Neapel diejenige, die eine Neuevangelisierung am nötigsten hatte. In der Sanità half mir dann Don Antonio, diesen Kirchturm herzurichten. Er war davor lange in Unordnung, er gehörte einer Familie, die hier nicht leben wollte, denn es ginge eine ungute Kraft hiervon aus. Einige Leute haben sich hier umgebracht.« – Don Alex hat den Auftrag zur Evangelisierung der »Weißen« in Afrika erhalten. Zu den von ihm geschätzten Theologen gehören afrikanische, aber auch Johann Baptist Metz und Karl Rahner. Er steht der Devotion der Sanità eher kritisch gegenüber; im Gegensatz zur afrikanischen oder südamerikanischen Volksreligiosität sieht er hier relativ wenig Potenzial, auf dem man den Glauben aufsetzen könne: »Die Devotion war hier stets eine Form von Fatalismus.« Die Leute in der Sanità kämen ja kaum aus dem Viertel heraus, außerdem sorge die Vorliebe zu kleinen Zusammenschlüssen in Form von staatlich geförderten associazioni *dafür, dass jeder seiner Sache nachginge – jede Gemeinsamkeit ist also eine partikulare – und das sei typisch für den Süden, erwachsen aus einer historischen Erfahrung: »ognuno cerca la sua via per uscire« (jeder versucht, für sich herauszukommen). Die Aktivitäten von Don Antonio könne er nur begrüßen, sie verbreiteten sich aber nicht so, wie es hilfreich sei für die Sanità. Deshalb haben er und seine Unterstützer es mit einem Mikrokreditsystem probiert, allerdings unter der Maßgabe, dass die Leute aus der Schwarzarbeit aussteigen, was sie aber nicht tun könnten – viele Haushalte steckten bis zum Hals in Schulden. Der Totenkult der* anime *hat laut ihm keine große Bedeutung. Ich frage nach dem Spiritismus, nach Geisterkulten, und da sagt er, das spiele schon eine größere Rolle. Sofort pflichtet der inzwischen eingetroffene Vincenzo M. bei und erzählt von einem Pfarrer in der Sanità, der jeden Morgen Messen zur Austreibung der Dämonen halte. Padre Alex will davon nichts wissen.*[45]

Padre Alex ließ keinen Zweifel daran, mehr zu sein als ein gewöhnlicher Priester. Aber er ließ auch keinen Zweifel daran, dass gerade darin die Verkündigung des Evangeliums bestand. Der Lehre nach war er der »organische« Priester, den Mitteln nach war es Don Antonio. Später sollte ich erkennen, dass Padre Alex das Anliegen von Kardinal Ursi durchaus teilte, aber die Kulte nicht durch Verbote entmächtigen wollte, sondern sie in eine Geschichte der gemeinsamen Emanzipation einbaute und damit vorweggreifend historisierte – gelegentlich vielleicht zu offensichtlich. Padre Alex' Einfluss im Viertel war schwer zu ermessen, sein Ansehen außerordentlich, wobei er italienweit ausstrahlte. Als Feltrinelli-Autor (*Korogocho. Alla scuola dei poveri*, Mailand 2003), als Freund des zigarrerauchenden linken Priesters Don Gallo, aber auch als Inspiration der gegen illegale Müllverbrennung demonstrierenden Frauen der »Terra dei Fuochi«-Bewegung war er eine natürliche Autorität in der Stadt und der Region. Wer einen Termin beim Bürgermeister haben wollte, tat gut daran, sich mit Padre Alex ins Benehmen zu setzen. Dabei war er unablässig bestrebt, den Eindruck, Politik zu »machen«, von sich zu weisen. Zwar traf er sich mit Politikern und redete ihnen ins Gewissen, besonders in jenen Monaten, da es um die Einrichtung einer Obdachlosenherberge in dem gigantischen, halb verfallenen »Real Albergo dei Poveri« im Zentrum ging, aber wenn sich die Politiker zu sehr um ihn bemühten, tauchte er unter. Luigi di Magistris, der Oberbürgermeister, bestätigte mir in einem Gespräch, dass er sich über wichtige Fragen von allen Geistlichen der Stadt am besten mit Padre Alex einigen könnte, während der amtierende Erzbischof ein Traditionalist sei, und selbst Beppe Grillo sollte auf dem Höhepunkt des Europawahlkampfs, als er auf der Piazza della Sanità, einzig von seinem Webkanal gefilmt, vor vielen geschlossenen Fensterläden sprach, auf seine Inspiration durch Padre Alex hinweisen. Dieser aber blieb in seinem Turm und empfing höchstens unter vier Augen. Und auch dies blieb ein Gerücht, unüberprüfbar und somit den gewöhnlichen klientelistischen Machttechniken nicht unähnlich. Lediglich Felicetta, eine unverheiratete Kinderärztin mittleren Alters, die dem Missionar zur Hand ging, formulierte offen eine Agenda: Der Bürgermeister müsse sich, wenn seine Entscheidungen sozialpolitische Folgen zeitigen, mit Padre Alex abstimmen. Als ein nahe der Zugbrücke bei Gianturco in einem Hinterhof untergebrachtes Lager von Roma geräumt werden sollte, hieß es, Padre Alex habe diesen Schritt nicht gutgeheißen. Der Genannte schwieg, aber in den sozialen Netzwerken überboten sich seine Gefolgsleute mit Nazivergleichen und sprachen von Deportation und Vernichtung. Während Padre Alex sich andere Kooperationspartner suchte, taumelte Luigi di Magistris in die nächste Regierungskrise.

»Bei uns kommt immer einer und wird zum Helden gemacht«, resignierte Antonio C., den ich bei der ehrenamtlichen Italienisch-Schule für Immigranten kennenlernte. Sie war neben der alten Kirche von S. Severo, im Bauch der Sanità, untergebracht. Antonio, Anfang vierzig, sollte demnächst Vater werden. Aufgewachsen als Sohn eines Arbeiters und einer Hausfrau, war er der Erste aus seiner Familie mit höherer Schulbildung. Unter seinesgleichen sah man den Arbeitgeber als zweiten Vater an, der seine 14-jährigen Anvertrauten auch malträtieren durfte. Die Leute fanden es normal, sich selbst oder ihre Kinder zu »opfern«. Antonio hatte geschmuggelte Zigaretten sowie Obst und Gemüse verkauft, stets organisiert über Verwandtschaftsnetzwerke, bis ihm der damalige Pfarrer Bruno Forte half, lesen zu lernen, das Gelesene zu verstehen und das Abendgymnasium zu besuchen. Don Bruno war auch zur Diplomverleihung gekommen. »Aber je mehr ich gelesen habe, desto mehr habe ich mich von der Kirche entfernt.« Seine Freunde hatten ihn anfangs ausgelacht, weil er sich über dem Studieren die Gelegenheiten mit den Mädchen entgehen ließ – sie tauften ihn »Ninotto«. Und in der Abendschule hatten sie gelacht, weil er nur neapolitanisch sprach und die Endungen verschliff. Antonio wollte den Eindruck eines Mannes vermitteln, der sich durchgekämpft hatte und trotzdem in der Sanità blieb. Er war Avantgarde; in seiner Generation studierten Leute seiner Herkunft nicht, danach wurde es Programm. Danach wurden auch die Prüfungen leichter. Über all dies schrieb er Kurzgeschichten, »ich veröffentliche sie, keine Sorge, entweder bei einem Verlag oder wenn nicht, auf meinem Blog«. Einmal im Monat besuchte er auf dem Friedhof seinen Vater, der in einem *loculo* (kleine Grabstätte) im vierten Stock eines Grabhauses ganz oben lag. »Je ärmer, umso weiter oben, umso näher an Gott.« Sein Auskommen verdiente Antonio nunmehr mit Kunstdrucken, mit Bildern, die er für eine geringe Gewinnspanne zwischen drei und fünf Euro an Kunden veräußerte, die bei seinem Onlineshop anfragten. Daneben betrieb er den Weblog des »rete Sanità«, einen um Padre Alex lose gruppierten Zusammenschluss, der sich zivilgesellschaftlich über die Sanità verständigte. Vorpolitisch sollte es sein, und doch demokratisch. Jeder Bewohner, jeder zivilgesellschaftliche Akteur in der Sanità sollte zu den über einen Newsletter geposteten Terminen erscheinen und seine Meinung sagen dürfen. Antonio C. war zudem Filmer, drehte Dokus in und über die Sanità (und wurde fast – das berühmte süditalienische »fast« – nach Argentinien und sonstwohin auf Festivals eingeladen).

Hier in Neapel gehen die Türen stets nur halb auf. Was Don Antonio Loffredo betrifft, so habe der im Gegensatz zum »rete della Sanità«

keine Scheu vor fremdem Geld und Großinvestoren. Er will eine Besucher-Meile anlegen, von der, so die Kritik, nur einige profitieren werden. Damit habe er sich aus dem rete *herausbegeben und der Gentrifizierung Vorschub geleistet (»Die Sanità ist ein historisches Viertel, inzwischen kaufen die Leute vom Vomero hier Häuser, die Leute hier dagegen haben wenig Geld, nicht einmal richtige Kriminalität gibt es noch«). Und, das ist der größte Vorwurf, er verhält sich wie ein »Eroe«, ein »Held«. Mein Argument, dass Don Antonio Loffredo den schmalen Grat zwischen dem Halten der Talente und der Aktivierung der städtischen Oberschicht gehen müsse, verfängt nicht. Antonio sagt, Don Antonio kümmere sich nicht um die richtigen Probleme: Er lasse Geld ausgeben für eine Musikaufnahmeanlage des Jugendorchesters, die nicht funktioniere, statt den Kindergarten zu finanzieren, den alle wollen. Und dann gebe es Leute wie Mauro aus Rom, der hier in einem Haus ohne Elektrizität wohnt und sich um Blut, Dreck und Scheiße der Leute kümmere. »Was beweist die andressierte Fähigkeit zur Hochkultur gegen die Fähigkeit zur Solidarität?« Don Antonio hingegen befürchte, dass das Image der Sanità schlecht bleibe, solange die Leute die Besucher misstrauisch beäugten. Aber sie schauten eben immer misstrauischer. Jeder Kampf gegen Enteignung ist einer um Anerkennung, und umgekehrt.*[46]

6. Ein Provisorium, das bleibt

Ich kann es nicht lassen, ich gehe beinahe jeden zweiten Tag auf den Friedhof der Fontanelle. Es ist wie ein Sog, eine Erwartung.[47] In der ersten Abteilung des Friedhofs fällt mir ein Glaskasten auf, unter dem ein gleichsam angezogenes Skelett ruht, auf dem Sarkophag stehen Spielzeuge, das Imitat einer Barbie-Puppe, es liegen Heiligenbildchen und Fahrscheine – entwertete und jungfräuliche – obenauf. »Das ist, damit die Toten uns besuchen kommen können«, wie mir vor einiger Zeit ein Gast aus Deutschland zugeraunt hatte. Laut dem Gästebuch, das im Eingang der Fontanelle ausliegt, kommen Besucher aus aller Herren Länder, die diesen Ort allesamt zum »wunderbarsten« von Neapel küren, beschenkt von der unsagbaren Präsenz des Lebens danach, auf das ein auf Optimierung getrimmtes Subjekt nicht verzichten kann, was es aber aus rationalen Gründen nicht zugeben darf. Ich gehe weiter ins Innere und verbreite offenbar den Eindruck eines Kenners, jedenfalls fragen mich unvermittelt drei Frauen mittleren Alters nach einer Kuriosität, dem »teschio che suda« (dem schwitzenden Schädel), der seit jeher Besucher anlockt. Ich führe sie zu ihm in einen Seitengang. In einer Holzschachtel liegt ein blankgeriebener Totenschädel, wohlgeformt, auf dessen Haupt sich Kondenswasser zu bilden scheint. Um ihn quillt es über vor Heiligenbildchen, Fahrscheinen, Bildern Jesu, geprägten Aluminiummedaillons, vor allem aber von Rosenkränzen, teils über den Schrein geworfen, teils vor ihm liegend. Ein kleines Gitter versperrt den direkten Zugang, womöglich um Berührungen zu vermeiden, die dem Mirakel schaden oder es auf die Probe stellen könnten. Die Frauen fotografieren den Schädel mit ihren Mobiltelefonen, beglückt ruft eine: »Genau wie im Fernsehen, nicht wahr?« Eine andere wirft einen Rosenkranz, gemeinsam sprechen sie ein Ave-Maria. Spektakel und Frömmigkeit scheinen einander nicht auszuschließen, ohne dass es darum gleich zu einem »Spektakel der Frömmigkeit« kommen müsste. Sie allesamt sind nach drei Jahren zum zweiten Mal aus dem Stadtteil Secondigliano angefahren, ein weiter nördlich gelegenes »historisches« Viertel mit zweifelhaftem Ruf (das Erste, was ich von Secondigliano sehe, sind die illegalen Motorini-Rennen auf dem Fußweg, die jemand auf Youtube gestellt hat). Sie erklären mir, dass es auch bei ihnen, in der Kirche der »Sacri Cuori« (der Heiligen Herzen), einen Kult der *anime del purgatorio* gebe, jeden Freitag zwischen neun Uhr und mittags. Wenn es mich interessiere, solle ich vorbeikommen, und vor allem solle ich ihnen einen Besuch im Caritas-Zentrum abstatten, wo sie ebenfalls jeden Freitag den Armen eine Mahlzeit zubereiteten. Und

Lucia - das ist die Kleine, die immerzu schnattert und die jeden zweiten Satz wiederholen muss, weil sie ihn in der ersten Fassung auf Neapolitanisch gesagt hat - setzt hinzu, ich würde bei ihnen auch gut verköstigt werden. Der Heilige ihres Ortes sei Gaetano Errico (wie ich später sehe, ein Zeitgenosse von Gaetano Barbato, der sich mehrfach auf ihn beruft[48]). Zwei der Frauen sind mit Sicherheit Hausfrauen, der Mann von Lucia ist der Kirche als eine Art Küster verbunden, der andere ist Rentner. Sämtliche Frauen sind mit den Schädeln zwar interessiert, aber keineswegs feierlich umgegangen, und sie haben es eilig. Das nordeuropäische Memento mori, die individuelle Kontemplation des Todes, haben sie zugunsten des im Chor gesagten Gebets übersprungen - oder ist die Intimität, die ich ihnen nicht ansehen kann, vielleicht in die Worte selbst eingeflossen, in das, was man mit allen gemeinsam hat? Sie fragen mich noch nach dem »Capitano«, in welchem Gang sein Schädel liege. Die Geschichte kennen sie, fasziniert betrachten sie ihren dauerhaften Abdruck, als verbürge das Material schon die Wahrheit.

Einer verbreiteten Überlieferung zufolge war der »Capitano« ein Schädel, dem sich in den Fontanelle ein Mädchen besonders widmete, damit es einen Bräutigam fände. Der erwählte junge Mann war allerdings so eifersüchtig, dass er nicht nur das Mädchen schalt, sondern dem Schädel einen Stock in die Augenhöhle trieb und hinzusetzte: »Wenn du so mächtig bist, wie du glaubst, so komm zu meiner Hochzeit.« Überflüssig zu erwähnen, dass am besagten Tag unter den Gästen eine Gestalt im spanischen Kostüm auffiel, die der Bräutigam nach ihrem Begehr fragte. »Du hast mich eingeladen, erinnerst du dich nicht?«, antwortete die Gestalt, öffnete den Umhang und ließ das Skelett darunter aufblitzen. Den jungen Mann traf der Schlag und er zerfiel zu Asche. In anderen Versionen sterben sowohl der Mann als auch das Mädchen, in sämtlichen Fällen handelt es sich um die todbringende Eifersucht zweier Männer. Motive des in der Folkloreforschung als »Steinerner Gast« bekannten Komplexes lassen sich aufzeigen, vor allem aber Strukturen, die im Mythos von Don Giovanni aufgegangen sind.[49] Sie legen eine spezielle moralallegorische Deutung nahe, indem sie auf die Eifersucht im Blick der Toten auf die Lebenden verweisen, zugleich die sorglos vorgebrachte »Einladung« als Legitimation der Tötung in den Mittelpunkt rücken: Wer die Toten einlädt, wird bald selbst unter ihnen sein. Es ist eine Warnung davor, den Zeitpfeil umkehren zu wollen, das Gewesene zu wiederholen, zugleich eine Warnung vor zu engen Wünschen und Bindungen, die vor allem die Mädchen bedrohen, welche doch fruchtbar und zukunftsorientiert sein sollen. Deren frommes Betragen, die Sorge um die Toten, soll im Rahmen des sittlich Angemessenen bleiben. In dieser in verschiedenen Varianten an jedem Kultort der *anime del purgatorio* anzutreffenden Legende problematisiert sich der Kult in seinem Verhältnis zu den Lebenden allgemein wie zur Stadt im Besonderen: Der »Soldat«, der »Capitano«, der »Colonello« sind allesamt Wunschfiguren einer militärischen Stärke, die Neapel nie besessen hat. Erst als Geister, in Erzählungen und Ritualen, konnte man sich die Kraft der fremden Besatzer aneignen.

Dann wieder stehe ich auf der Brücke über der Sanità.[50] Es ist Juni, der Sommer sollte erst beginnen, aber man spürt schon die Schwere seines Endes, wenn die Hoffnung des Jahres zerronnen sein wird und man wieder von vorn anfangen muss. Aber noch ist alles gut. Die angeblich reine Luft, die vor bald zweitausend Jahren dem Viertel den Namen gegeben haben soll, sieht man in Form von Rauchschwaden aufsteigen. Unten ergießt sich der nachmittägliche Motorini-Corso, mit den Dreizehn- bis Dreißigjährigen, die auf der Suche sind nach dem ersten Kuss oder der großen Liebe. Mädchen und Jungen fahren getrennt, man nähert sich an, es könnte zu einem Unfall kommen, doch schon ist man lachend einander ausgewichen. Wieder einmal. In wenigen Minuten wird man sich erneut nahe kommen, und so fort. Angesichts des Verkehrs, aber auch der vielen Stehbars, in denen ich Caffè getrunken habe, in denen man sich vorübergehend aufhält, ohne aber seine Handlungsbereitschaft wirklich abzulegen, hat sich in meinem Hinterkopf der Ausdruck »Pseudomobilität« verfestigt. Man ist stets auf dem Sprung - aber wohin? Der Verkehr kreist, eingeschränkt auf dieses Viertel - aber worum? Die Sanità, Neapel, ist voller feiner Unterschiede, jede Straße hat ihre Identität, Menschen aus einem Viertel meiden bestimmte Gassen, weil sie »dort die Leute nicht kennen«, dabei handelt es sich um die Rückseite ihres Wohnhauses. Es ist leicht, sich in seinem Viertel in immer kleineren Kreisen zu bewegen, denn alles ist mehrfach vorhanden - in jeder Straße gibt es exakt die gleichen Geschäfte: »Alimentari« (Lebensmittel), Waschmittel, Bar, Tabacchaio (Tabakladen), Friseur, vor allem Motorradmechaniker - und die Varietät erscheint stark eingeschränkt. Dennoch sprechen erstaunlich viele über *die* Sanità, dabei ist es doch mehr eine Ansammlung von Wiederholungen, deren Folge sich fast willkürlich an beliebiger Stelle abschneiden ließe. Die Menschen, die über die Sanità verhandeln, verhandeln so vermutlich ihre Zugehörigkeit zu einer Einheit, aus der sich Eigenschaften ihres gesellschaftlichen wie privaten Lebens ableiten lassen, oft auch metaphorisch. Und diese Ansprüche haben nicht wenig mit dem Tod zu tun, wie Giovanni Cioni in seinem Essayfilm über die *anime* vor ein paar Jahren nachgewiesen hat (*In Purgatorio*, 2011). Diese Leute, die Cioni auf dem Mercato dei Vergini interviewte, fühlten sich selbst »im Purgatorium«, und wie die *anime* von den Lebenden nicht vergessen werden wollten, weshalb sie sich im Traum bemerkbar machten, wollten auch sie nicht vom Rest Neapels vergessen werden und etikettierten sich als *sanitanesi*, als Einwohner der Sanità, des griechischen Totenbezirks, des seit Joachim (Gioacchino) Murats Modernisierung endgültig zur Peripherie herabgestuften Viertels. Aus dieser Marginalisierung können Ansprüche erwachsen, diese können kultureller, sozialer und religiöser Art sein, sie können Gruppenbildungen begünstigen, deren heterogene Erfahrungen und Interessen an diesem ebenso metaphorischen wie realen Ort konzentriert werden können.

In diesen Monaten mangelt es nicht an journalistischem Interesse. Auch die Linke, die 2013 wieder das Land regieren möchte, schickt ihre Beobachter. Wie Angelo Mastandrea, der Vizechef des traditionsreichen Blattes *Il Manifesto*, meinen sie, der beste Weg sei, von der Brücke aus mit dem Aufzug in die Sanità hinunterzufahren. Dadurch entsteht bereits rhetorisch – und für die Rhetorik des lediglich zwanzig Meter absolvierenden Aufzugs gilt das nämliche – der Eindruck einer Distanz zwischen dem Viertel und dem Rest, Oben und Unten, die sich durch die Blackbox des Fahrstuhls vermittelt. Unten angekommen, finden sich dann Jugendliche, die dem Journalisten Sätze diktieren wie: »Wir befinden uns wie die Mäuse in einer Falle.« Die Falle besteht in der Aussichtslosigkeit normaler, ehrlicher Arbeit: »Der Traum der Mädchen ist es, Showgirl im Fernsehen zu werden, die Jungen denken lediglich an ihr Motorino und an Drogen.«[51] Diesem Befund der Sanità als einer Endstufe des Berlusconismus korrespondiert die bürgerlich-engagierte Idee, wonach die Armen zwar jetzt »Fernsehen, Vespa und Auto haben. Aber das sind oberflächliche Veränderungen, die kaum Einfluss auf die Leute haben und sie vielleicht noch weiter herunterziehen«.[52] Die Bewohner lebten hier weitab, um einen realen Blick auf ihre Möglichkeiten zu bekommen, ja, auch zu träumen. Viele, so ein Mantra unter italienischen Journalisten, hätten noch nie in ihrem Leben das Meer gesehen. Zwar stimmt es, dass Neapel keine Seestadt mehr ist, seitdem die Amerikaner im Nachkrieg den Beton am Ufer verbauen ließen, aber das Meer sieht man noch, es liegt auch für die Bewohner der Sanità nur einen halben Kilometer entfernt. Und außerdem nimmt man im Sommer bis hin zur Küste unterhalb Gaetas jeden halbwegs akzeptablen Zentimeter Strand in Besitz, einkommensunabhängig. Das

Faszinosum der Primitivität der Sanità scheint weiterhin in ihrer Resistenz zu bestehen. Das Gespenst der Gentrifizierung, das in allen anderen europäischen Großstädte umgeht, ist hier dazu bestimmt, Gespenst zu bleiben; Fernsehen, Vespa und Auto führen nicht zum Verlassen des Ghettos, sondern erweitern nur mehr die Pseudomobilität. Wenn mancher in den von Polizeistreifen so gut wie befreiten *quartieri popolari* die Zukunft einer radikal liberalisierten Gesellschaft erkennen will, in der einzig das Recht des Stärkeren herrscht, so wird er dennoch der Situation nicht gerecht. Die nominell hohe Anzahl an *centri sociali*, die Präsenz von Sozialarbeitern (in der Sanità studieren die Hälfte der Mädchen mit Abitur Sozialarbeit), um europäische Förderung konkurrierende Assoziationen, eine mehr oder weniger alimentierte Arbeitslosigkeit lassen eine Schattenwirtschaft entstehen, die den Anspruch der Gegenseite, staatlicherseits das Gebiet durchdringen zu können, eher zu bestärken als einzuschränken sucht. Sie lädt den Staat ein, sich präsent zu zeigen in seiner Schwäche. Vielleicht sind dann die Fallensteller nicht weniger in der Falle als die Bewohner des Ghettos? So wie die Toten mitunter lebendiger sind als die Lebenden?

II
Die Passagen von Secondigliano
Skizze eines Devotionszusammenhangs

1. Des Anderen Last. Assistenz, *anime* und Heiligkeit im historischen Zentrum von Secondigliano

Früh am Morgen nach Secondigliano, zur Kirche Ss. Cosma e Damiano. Die drei Frauen, die ich in den Fontanelle getroffen hatte, freuen sich. Die cripta cimiteriale *(Friedhofskrypta), wo eine Romni mit Kind (der Junge spricht Italienisch, sie nicht) auf den Eingangsstufen wartete, ist imposant. An den Wänden, wohl vor den zugemauerten Schädelstätten, stehen zurechtgemachte Altäre. Dazu gibt es zweimal (einmal im Eingangsbereich, ein zweites Mal in einem Seitentrakt) hinter Glas angeordnete Totenschädel und Gebeine, die Anwesenheit der* anime *verkündend. Laut einer Anzeige jüngeren Datums ist das Anbringen und Stiften von* santini *(Heiligenbildchen), Kerzen und Erinnerungsbildern der eigenen Toten verboten, doch auf einer Treppe, die zum zugemauerten einstigen Ausgang der Krypta führt, sind ausschließlich solche den eigenen Toten zugeordnete Bilder angebracht. Eine Frau, die aus dem Vorort Miano gekommen ist, wundert sich darüber, eine andere sagt, dass bestimmte Familien aus Secondigliano hier die Fotos ihrer Verwandtschaft hinbringen, die unbekannten hingegen fortgenommen würden. Und nein, die eigenen Toten könne man nicht um eine Grazia bitten, nur die anonymen* anime. *Vor jedem Gebetsort ist ein Opferstock aufgestellt; das hineingeworfene Geld komme der Gemeinde zugute, wird der Pfarrer später sagen. Die Frauen, die mich in der Krypta ansprachen, arbeiten auch für die Caritas. Sie bereiten das Essen für die Armen und laden mich zum Kaffee.*

Ich sehe in der Krypta einige junge Frauen, die sich absichtlich von mir fernzuhalten scheinen, vereinzelt junge und ein paar ältere Männer, Kinder, viele Frauen über 50. Freitags bleibt die Krypta bis mittags geöffnet, am Montag gibt es die Messe für die anime *oben in der Kirche. Rosa, die ich aus den Fontanelle kenne, bringt mich zum Pfarrer in der darüberliegenden Sakristei. Entgegen den Beteuerungen der Frau will er zunächst wenig wissen. Später, ich bin allein, empfängt er mich bereitwillig. Er kommt aus dem Norden, hemdsärmelig wie viele von den Institutionen allein gelassene Pfarrer Neapels, robust. Secondigliano sei lange ein Erholungs- und bäuerlicher Vorort gewesen, höchstens gab es Textilproduktion (Unterhemden) und Würste, die man auch in Mittelitalien gerne verzehrte. Durch die städtische Neuordnung im Anschluss an das Beben von 1980 seien indes viele Leute aus ärmeren Vierteln hinzugekommen, die Landwirtschaft verlor an Bedeutung, später wurzelten sich aus dem nahen Scampía die Clans ein, die eine starke Macht ausüben. Die Leute hätten zwar keine Arbeit, höchstens Drogenjobs, aber viele träumten davon, ein Geschäft aufzumachen – die Idee der* piccola impresa. *Derzeit kaufe dank der Krise niemand. Also* lavoro nero *(Schwarzarbeit), aber sie bedeute eben nicht »9–5«, sondern sei so intensiv, dass kaum Zeit bleibe für Gemeinde oder Devotion. Der Zusammenhang von Ritual und Krise sei in seinen Augen ein Mythos. Dennoch sehe er eine starke Devotion. Vor allem betreffe sie die nicht von der Kirche kontrollierten Bereiche: etwa die Prozessionen um S. Madonna dell'Arco. Die damit befassten Vereine entzögen sich der Kirche, bräuchten aber den Segen etwa für die Statuen. Er sage dann, die Gruppe solle doch bitte zum Gottesdienst erscheinen, an dessen Ende er den Segen spenden werde. Zum Beispiel habe jetzt der Sohn eines inhaftierten Bosses eine Fatima-Statue gekauft, die in der Kirche steht und gesegnet werden soll, bevor er sie zur Kapelle der S. Maria delle Grazie bringen will als geweihtes Gut. Dafür veranstalte der Sohn eine weder polizeilich genehmigte noch von der Kirche sanktionierte Prozession. Der Pfarrer steigert sich hinein, auf Youtube im Nebenzimmer zeigt er mir Ausschnitte anderer*

Prozessionen, unter anderem den »Giglio von Nola«, einen Regenerationskult, bei dem phallische Gebilde durch die Straßen getragen werden, zwar christliche Motive aufgreifend, aber ansonsten »pagan«. Das gelte auch für die Madonna dell'Arco: die Figuren auf den Wagen seien in einer geradezu sinnwidrigen Weise arrangiert, aber er könne leider wenig dagegen ausrichten. Der Priester ist haltlos empört. Ich bekomme den Eindruck, in Neapel spiele sich ein Religionskampf ab.[1]

Padre Vincenzo hat mich beeindruckt in seiner Mischung aus Quartiersmanager und letztem Vorposten der katholischen Aufklärung. Männer wie ihn treffe ich auch außerhalb Secondiglianos, sehr unprätentiöse Pfarrer, die anmahnen, den Sitz der Religion im Leben darzulegen. Es scheint sie in jedem Viertel zu geben, wie auch ihr Gegenteil, die Charismatiker mit ihren *preghiere di liberazione* (Gebeten der Befreiung) und den abendlichen Anbetungen des »Santissimo«, aber darüber an anderer Stelle.[2] Wichtiger ist die offensichtliche Einsamkeit dieser Priester, die in jedem Augenblick zu erkennen geben, hier nicht unter ihresgleichen zu sein, und die, auch wenn sie die Leute für den Gottesdienst und die liturgischen Bedeutungen gewinnen wollen, stets in die Falle derer laufen, die zeigen, dass sie die Liturgie als Zeichen sehen und somit die mit ihnen verbundenen Affekte instrumentalisieren. Ihre Gegenspieler, die die volleren Kirchen haben, suchen zwar ebenfalls die Affekte anzuregen, aber sie scheinen zu glauben, dass sich in ihnen etwas Genuines artikuliere, das gesondert interpretiert werden müsse. Sie »behandeln« die Gläubigen, mit prinzipiell offenem Ausgang.

Die Gemeinde von Padre Vincenzo, zu der auch die drei von mir in den Fontanelle getroffenen Frauen gehören, hat zu ihrem *parroco* (Pfarrer) nicht das innigste Verhältnis. Die Frauen wissen, dass er über gewisse Macht verfügt, aber sie vertrauen sich ihm nicht an. Lucia, die ich zusammen mit ihren Freundinnen in den Fontanelle getroffen hatte, hat mich beim ersten Mal gleich von den Toten weg zur Caritas eingeladen, die nur wenige Meter von der den Heiligen Ärzten Cosma und Damiano gewidmeten Kirche entfernt beheimatet ist, im ehemaligen Kloster der »Sacri Cuori«, einem Missionsorden, der auf die Initiative des nicht nur außerhalb Neapels, sondern schon außerhalb Secondiglianos kaum noch bekannten Ortsheiligen Gaetano Errico (1791–1860) zurückgeht. Dieser entstammte einfachen Verhältnissen, hatte es aber bis zum Beichtvater von König Fernando gebracht. Raffaele, der Ehemann Lucias und Sakristan der Einrichtung, berichtet mir in dem kleinen Museum seine Geschichte: Gaetano Errico war eifrig darin, sich selbst für die ihm mitgeteilten Sünden seiner Gemeinde zu kasteien und brachte seine blutgetränkten Hemden allwöchentlich zu seiner Mutter, die angab, unter ihrem Anblick genauso zu leiden wie einst bei seiner Geburt. Sant'Alfonso di Liguori soll ihm in einer Vision mitgeteilt haben, er möge eine eigene Kirche bauen, ein paar Schritte von der alten entfernt. Ihre Entstehung trägt mirakulöse Züge, besonders der Umstand, dass Gaetano für sie ursprünglich ein Bild der *Addolorata*, der vom Schmerz um ihren getöteten Sohn ergriffenen Madonna, erdacht, dann aber eine Statue für notwendig gehalten habe, die genau nach einer Traumerscheinung anzufertigen war. *»Es braucht eine Statue, um die Kirche in Besitz zu nehmen«*, wie mir der Sakristan bedeutet. Erst beim siebzehnten Versuch hatte sie das der Vision entsprechende Antlitz. Die Madonna wollte aber nicht über dem Hauptaltar thronen, sie zerschlug mit dem Knie ihre Glasvitrine, und wurde daraufhin in einer nur ihr gewidmeten Seitenkapelle aufgestellt. Als der Heilige alt und schwach und sterbensnah war, trug die Gemeinde die Madonna in einer Prozession um die Kirche, um die Heilung zu veranlassen; Don Gaetano aber sprach: »Bringt sie wieder in die Kirche, sonst kann ich nicht gehen.« Und so geschah es. Er war ein Mann der Armen und der Kranken, wie Raffaele sagt, er hat Vermisste wieder auftauchen lassen (ein Mädchen, das unter dem Haus im Keller gefangen lag, aber die ganze Zeit die Madonna um Hilfe anflehte), einen Mann von einem todbringenden Magenleiden erlöst (zentral für die Seligsprechung 2002) und mehreren Paaren den Kinderwunsch erfüllt (zentral für die Heiligsprechung 2008). In Secondigliano heißt jeder zweite Junge Gaetano, sagt Raffaele (dessen Bruder Gaetano heißt), und erzählt noch ein Wunder aus dem Zweiten Weltkrieg: In den Bombennächten, während der Ausgangssperre, habe man einen Priester gesichtet, der vor der Kirche stand und auf die Bitte des Soldaten, wieder hineinzugehen, entgegnete, er müsse nach seiner *roba*, seinem »Zeug«, schauen. Später erkannte der Soldat den seit 80 Jahren toten Don Gaetano auf einem Bild wieder. Die alliierten Piloten aber, die Bomben über Neapel abwerfen sollten, erblickten statt Secondiglianos nur Sümpfe und vergeudeten ihre tödliche Fracht nicht.[3]

Bezeichnend an der Heiligenvita ist, wie die alte Märtyrerkirche und das neue, mit der Mission der »Sacri Cuori« und der Schmerzensreichen Madonna verbundene Gotteshaus voneinander abgegrenzt werden.[4] Gaetano Errico verkörpert den Übergang zwischen »alter« und »neuer« Religiosität: Er heilt und lässt Tote auferstehen, aber besonders eifrig ist er als *confessore* (Beichtvater), und die Madonna, die leidet, weil ihr Sohn Jesus am Kreuz »für die Sünden der Menschen« gestorben ist, teilt das Leiden an den Sünden mit ihm – wie eine Ehefrau, aber auch wie eine Mutter. Die Verwandlung von Taten (Sünden) in Geständnisse (Beichte), in Blut (Kasteiung) und wieder in Tränen (Addolorata) deutet auf die Reinigungsarbeit der Somatisierungen und belegt den katholischen »Materialismus«, der sich so auch bei den Heilerinnen und Heilern in Italiens Süden und selbstredend um Neapel findet.[5] Gaetano Errico nimmt das Martyrium für die moralische Unzulänglichkeit der ihm anvertrauten Gemeinde auf sich, wofür er von den Tränen Mariens einerseits getröstet, andererseits in seinem Tun bestärkt wird. Je mehr Tränen er möchte, desto mehr Blut muss fließen. Dieses ist das sichtbare Zeichen für den Abstand zwischen (sündhaftem) Mensch und Gott; und es ist kostbar, weil in ihm dank der Kasteiung der Abstand schon erlöst ist. Das Heil dieser Religiosität scheint nicht länger beim Umgang mit den Reliquien der Heiligen zu liegen, sondern in der Praxis des Beichtens – und damit in einer durch die Partizipation an liminalen Zuständen gestärkten Rolle des Priesters, der sich die Verfehlungen der Gläubigen aufsattelt, sich durch die »Abtötung des Fleisches« einerseits gegen die damit einhergehenden Versuchungen immunisiert, andererseits den Immunisierungsschmerz als sein Menschlichstes ausstellt. Den Heiligen- und Reliquienkult hat Gaetano Errico nicht aufgelöst, er hat sich nicht mit ihm anlegen wollen, sondern ihn den vielen Synkretisten zuliebe wohl geduldet. Nur er selbst, heißt es, habe sich ein päpstliches Dispens ausstellen lassen, das ihm gestattete, nicht mehr in die *cripta cimiteriale* hinuntersteigen und dort die Toten einsegnen zu müssen. Als ob er wie der Gründer seiner Religion habe sagen wollen: Lasst doch die Toten ihre Toten begraben, ich bin bei den Lebenden oder bei denen, die ich am Leben teilhaben lassen möchte. Ich unterwerfe mich nicht der Vermittlungsmacht der Verstorbenen.[6]

Die Erzählung über den Ortsheiligen enthält zahlreiche Fragwürdigkeiten und beruht zu großen Teilen auf Überlieferungen der ihm zugetanen Bewohner. Don Gaetano Errico ist ihnen entrückt, er ist ihnen auch unheimlich mit seinen Erscheinungen, seinem Blut, das Ausfluss der nächtlichen Kämpfe mit dem Dämon sein soll (das blutige Hemd Padre Pios, ausgestellt in seinem Geburtsort Pietrelcina, erzählt ähnliche Begebenheiten),[7] und sie sprechen von ihm als einem strengen, ernsten Mann, der gar nicht in dieses wuselige Viertel Neapels zu passen scheint, wo jeder hier und dort einen Kompromiss eingehen muss und seine mageren Verdienste mit Mutterwitz aufpoliert.[8] Aber sie sehen ein, dass er für sie gelitten hat. Der Schrein seiner Gebeine in der von ihm gestifteten Kirche wird jeden Freitag von Gläubigen umringt; es sind oft dieselben, die vorher die Krypta von S. Cosma e Damiano besucht haben. In dieser ganz auf den Freitagvormittag konzentrierten

Prozession, die jeder einzeln unternimmt, wird somit die Chronologie der Frömmigkeitsgeschichte von Secondigliano in die jenes Karfreitags, an dem Maria ihren Sohn Jesus von Nazareth am Kreuz sterben sah, transponiert, der schon ein Vorschein der Auferstehung und damit der Erlösung ist. Diese Verschränkung von individueller, lokaler und universal-mythischer Ebene wird von den Akteuren selbst in verschiedener Weise thematisiert. Don Vincenzo, der Gemeindepfarrer, achtet von Amts wegen darauf, dass die Verschränkung in der vorgeschriebenen Weise erfolgt, mithin der Toten in der Krypta zwar gedacht wird, aber als Teil eines lokalen und historischen Gedächtnisses, nicht im Sinne der universalen Wirksamkeit. Die Toten könnten von sich aus nicht einmal sich selbst helfen, könnten keine Erlösung, nicht einmal begrenzte Heilung bewirken, lautet die Botschaft des Pfarrers, der am Allerheiligenfreitag, »an ihrem Tag«, wie eine Gläubige kritisiert, den Eingang sperren lässt, damit die Leute stattdessen in die Oberkirche kommen und nicht »Heilige« mit den »Toten« verwechseln, wie es weiland das Dekret von Ursi beanstandet hatte. Die Gläubigen selbst versuchen, ihre Interpretation des Totenkults an die durch Don Vincenzo und seine Vorgänger vermittelte Lehre der Kirche anzupassen; sie wollen gute Katholiken sein und keineswegs in offenen Widerspruch mit ihren Hirten treten.

An einem Freitagvormittag steigen je nach Jahreszeit und Witterung fünfzig bis hundertfünfzig Besucher die fünfzehn Stufen von der Außenseite der Pfarrkirche aus in die Krypta hinab; sie beginnen ihren zwischen zehn Minuten und einer halben Stunde dauernden Umgang mit einem Blick auf ein abgesperrtes Wandstück, auf dem jemand neulich das Profil von Padre Pio erkannt hat; den eigentlichen Beginn markiert allerdings die Berührung des Jesuskindes in der Krippe, die vor der ersten Vitrine mit Totenschädeln und Skeletten steht. Ein Winken, ein verhaltenes Klopfen, ein Ave-Maria, dann schreiten die Gläubigen die Krypta im Uhrzeigersinn ab. Es geht durch kleine Bögen, die jeweils durch christliche Symbole, ausgeschnittene und angeklebte Heilige oder einfach durch eine Kerze gekennzeichnet sind, in einen Seitenarm mit der zweiten Vitrine, vor der häufig eine Frau, auf die alle warten, einen kompletten Rosenkranz betet (mit dem Vaterunser und dem Ave-Maria, wie es Peyrefitte in den Fontanelle hörte und jeder bis heute hören kann), weiter an den *bambini* vorbei, zwei mit viel Phantasie im Stein auszumachende Abdrücke von Kinderschädeln, an einem Gitter, hinter dem man übereinandergeschichtete Knochen erkennt, in die Hauptkrypta zurück, wo im Laufe der nächsten Minuten noch zwei mit allerhand Madonnenbildern, *Santini*, Kerzen geschmückte Altäre, eine mit nicht weniger Devotionalien versehene Holzkiste, in der die *sposini* (Brautleute) ruhen sollen, zu grüßen sind, und schließlich kurz hinauf zum ehemaligen zweiten Ausgang, auf dem sich wie auf einem Kalvarienberg die Erinnerungsbilder der Verstorbenen häufen unter dem großformatigen Gnadenbild der »Divina misericordia«, einem auf den Betrachter zuschreitenden Jesus, aus dessen Herz ein roter und ein blauer Strahl hervorschießen. Diesen verschlossenen Ausgang steigt man auf der anderen Seite wieder hinab, vorbei an einer Platte, die wegen ihrer weißen Kachelung einem Pizzaofen ähnelt und angeblich weitere Überreste bedeckt. Den Abschluss bildet eine leere Vitrine, in der früher, bevor jemand es stahl, einmal eine aus den Votivkapellen bekannte Darstellung des Fegefeuers nebst Statuetten (Pfarrer, Soldat, Richter, zur Hälfte vom Feuer konsumiert) gestanden haben soll, von der man auf die lebensgroße Statue der Madonna Addolorata in einem typischen, den Heiligenfiguren vorbehaltenen Kasten aus Glas und Holz blickt. Entgegen den überall angebrachten Hinweisen finden sich allenthalben Andachts- und Gedenkbildchen; in die Mauern und besonders rund um die Schädelvitrinen finden sich Bitten und Wünsche geritzt, vor allem solche um Heilungen von Krankheit, um Frieden in der Familie, am häufigsten aber die Wünsche junger Paare, zusammenzubleiben. Ähnlich wie auf den Vorhängeschlössern, die an westeuropäischen Brücken hängen und deren Schlüssel dem Fluss überantwortet worden sind, erfolgt die »Verlobung« vor dem Totenreich, das die Liebe immortalisiert. Mitunter werden solche Bitten aber auch auf Papier geschrieben und hinter die Vitrinen, zu den Toten, geworfen. Die Krypta ist dadurch nicht einfach ein Ort von Bezeugung oder von öffentlichen Geheimnissen, wie sie jedes Gemeinwesen für sein Überleben benötigt, sondern ganz offenkundig verbinden manche Gläubige magische Absichten mit ihr. So muss man vielleicht auch die Begründung der Wirksamkeit der hier vorgebrachten Bitten verstehen:

Und wieder sagen die Leute, man brauche la fede *(den Glauben) – ich vermute, das ist nicht gegen die Magie gesagt, sondern gilt als Voraussetzung für deren Wirken, womit den Priestern das Wort im Munde herumgedreht wird, bei ihnen heißt es,* devozione *solle zum Glauben führen und diesen stärken, diese Leute aber meinen, es brauche den Glauben, um in der einzelnen Devotion seine Anliegen stärker vorzubringen; natürlich steht Christus dabei im Mittelpunkt, aber es heißt nur, die eigenen Kräfte stärker auf Christus einzuschwören. Für den Rosenkranz postiert man sich stets direkt vor den Totenschädeln und Gebeinen, man spricht ihn für sie und für sich, im Rosenkranz werden die Toten der Muttergottes anvertraut, erhalten sie Individualität und Rechtmäßigkeit, und zugleich ist der Rosenkranz ein altes Ablassinstrument. Die dicke Maria nimmt einen Rosenkranz vom Kreuz vor der Vitrine und hängt ihn anschließend zurück; sie spricht das Kreuz beziehungsweise die Toten dabei direkt an (»dopo te lo riporto«). Der Blick ist in die Toten gerichtet, sie schauen quasi zurück, und während man betet, kann man in das bekannte Gebet seine geheimen Wünsche hineinlegen. Aber man kann auch die Richtung sehen, die das eigene Leben nehmen wird. Eine Dame hat gesagt: Sie sind jetzt in einer anderen Welt, wir sind hier, mal sehen, ob es die andere Welt gibt. Eine Frau sagt, sie sehe, wenn sie den Gang betrete, einen Schädel mit Nase und Augen, und die Augen seien das Beeindruckendste daran. Ich frage Maria, die an die Vitrine klopft und*

Küsse zuwirft, nach dem »Wecken« oder Berühren der Toten, sie sagt, »Wecken« würde sie das nicht nennen, man mache das eben so, um ihnen Ehre zu erweisen.[9]

Die Schranken zwischen Lebenden und Toten, die *sepolcrali*, gehen ausweislich einer Inschrift auf ein Ehepaar zurück, das sie 1958 »per devozione« – nicht »per grazia ricevuta« – gestiftet hat. Damals gab es noch keine Scheiben, sie wurden erst später eingesetzt. Ältere erinnern sich, dass die Schädel hier stets in Kästen oder hinter Vitrinen oder anderen Barrieren lagen, anders als in den Fontanelle oder in anderen Krypten Neapels habe es hier nicht die kleinen Kästchen, die *teche*, gegeben, in denen die Schädel umsorgt wurden. Dennoch hätten »Adoptionen« vereinzelt stattgefunden und wurden Gebeine gestohlen. Über die Herkunft der Toten gehen die Meinungen auseinander, auch die Archive der Gemeinde oder das Archiv der Erzdiözese Neapel geben keinen Aufschluss. Erkennbar ist allerdings der erhöhte Fußboden, sind ferner die Freskenreste in den Arkaden, sodass man davon ausgehen kann, dass unter den eigenen Schritten noch der ursprüngliche Bestattungsort, die *terra santa* sich befindet, wobei die Gebeine auch nach oben transportiert worden sein können, sodass man es schlicht mit einem aufgelassenen Friedhof zu tun hat. Mehrere erinnern sich, wie die Gemeinde 1944 diesen Raum als Luftschutzkeller bei Bombenangriffen nutzte, und manche Stimme erhebt sich, die die Schädel als Weltkriegstote identifizieren möchte. Die erste Variante ist deutlich wahrscheinlicher, zumal bereits vor dem Krieg Gebete für die *anime* an diesem Ort dokumentiert sind. Die Gemeinschaft der Lebenden und Toten in Krisenzeiten ist dabei keine südeuropäische Besonderheit; in der »Goldenen Kammer«, dem Reliquienraum des Kölner St. Ursula-Klosters, fanden die Leute aus dem »Veedel« ebenfalls während der Luftangriffe Unterschlupf. In Köln handelte es sich indes, wenngleich auf problematische Weise, um Märtyrergebeine, deren Segenskraft für die Bevölkerung in Not als beschützend angesehen werden mochte, in Secondigliano hingegen handelte es sich um Repräsentanten jenes Jenseits, über das man durch symbolische gute Handlungen das Diesseits ein Stück weit ordnen zu können meinte. Verläuft hier die Unterscheidung zwischen »Frömmigkeit« und »Magie«? Die Gläubigen in Secondigliano jedenfalls bemühen sich, die Toten nicht einzuengen, vielmehr sie erscheinen zu lassen. Wenn man die Anwesenheit der Krippe und der Toten, die topografische Nähe von Geburt und Verwesung zusammendenkt, dazu die gleichsam manische Signifizierung von Übergängen, Arkaden, Ecken, Säulen, kurz, von allem, was irgendwie gliedernd wirkt, so wird man in der Krypta von Secondigliano eher einen gedrängten Ort der »rites de passage« (Arnold van Gennep) oder ihre nach einem noch zu bestimmenden Maßstab erfolgte Miniaturisierung erblicken.[10] Dabei bleibt die Passage selbst im Dunkeln, genauer gesagt, sie ereignet sich im Gläubigen, der hier an einem Freitagvormittag sein Leben, das der Gemeinde und das des gesamten Universums abschreitet. Die Ko-Präsenz von Krippe und Schädeln zeigt in erster Linie – und dies ist die kanonische Interpretation – die Erlösung der Verstorbenen durch den in die Welt getretenen Gott an, in gewisser Weise die Erlösung des Jenseits durch das Diesseits. Doch wenngleich die Krippe am Eingang, also dem Parcours vorgelagert ist und diesen gleichsam auf die theologische Rechtgläubigkeit verpflichtet, sind doch die Zeichen des Lebensbeginns (Blumen, die an die Schädelvitrinen gesteckt werden, weitere Kärtchen mit dem Jesuskind) Belege, dass das Totenreich im Ganzen als Geburtsreich, der Untergang auch als Ermöglichung neuer Aufgänge betrachtet werden soll. Die *cripta cimiteriale* wird damit als liminaler Ort gekennzeichnet, die »Produktionsstätte« des Lebens unten, in einer Höhle angesiedelt, und der Übergang von Leben zu Tod und von Tod zu Leben als die lebenszyklische Passage schlechthin ausgearbeitet, die sich in sämtlichen Statusänderungen, auch den kleinsten, nur räumlichen, des menschlichen Lebens in Graden wiederfindet, ja Statusänderungen überhaupt ermöglicht. Aus dieser Totalität bezieht der Ort die regenerierende Kraft für seine Umgebung und wird er zur religiösen und kulturellen Reserve. Trotzdem kann diese liminale Auszeichnung der *cripta cimiteriale*, die ja der Kirche und ihrem Anspruch auf die Vertikalisierung von Heil und Leben zuwiderliefe, immer wieder für die entsprechenden Instanzen zurechtgerückt werden. Entsprechend wird jeder Gläubige, der die Krypta besucht, sagen, er bete ausschließlich für das Heil der Toten, weil es ein gutes Werk sei, das er an einem Freitagvormittag vollzieht, gemäß den vom Klerus propagierten »Sieben Werken der Barmherzigkeit«, die Caravaggio auf einem Gemälde der Opera Pia del Monte Misericordia im Stadtzentum zusammengeführt hat, so wie sie im Laufe eines Vormittags von den Frauen der Caritas zusammengeführt werden: Unter anderem »begraben« sie die Toten – in dem Fall, man befriedet ihre Reste, da sie ja nicht »richtig« bestattet werden können, nicht zuletzt, weil sie anonym sind – und speisen die Armen.

Diese kanonische Übersetzung von magischen Praktiken in Fürsorge hat die süditalienische Frömmigkeit jahrhundertelang begleitet und ihren Kritikern immer wieder den Wind aus den Segeln genommen. Zugleich hat diese Übersetzung dazu geführt, dass karitative Tätigkeiten selbst zum Ausdruck von Wünschen werden, die zuvor in als magisch beleumundeten Praktiken artikuliert wurden. Die Frauen von Secondigliano, jene, die ich zuerst in den Fontanelle getroffen hatte, übernahmen jeden Freitag den täglich von Freiwilligen im Caritas-Zentrum vollzogenen Essensdienst an den Obdachlosen und Bedürftigen. Ihnen schloss ich mich an. die Krypta, dann die Zubereitung der ungeheuren Pastamengen in einem riesigen Bottich, das Schneiden enormer Brotlaibe, das Zuteilen von Fleisch, das Anordnen der Tische, während die Klienten in einem Vorraum warteten. Um zwölf Uhr, wenn das Angelus-Gebet anstand, übernahm jene Frau, die aufgrund ihrer langen Erfahrung in der Gemeinde, aber auch aufgrund der vielen Kinder und einer gewissen Ausstrahlung als Gebildete das Kommando führte, das gemeinsame Gebet[11], bei dem man auch um die Erlösung der Toten vom Fegefeuer bat, während die Sequenz der praktischen Tätigkeit, das Rühren, Schneiden und Hantieren, ihrem Höhepunkt zustrebte. Kurz nach zwölf wurden die Wartenden in den Saal gelassen, abgezählt, und innerhalb weniger Minuten servierte man ihnen Speise – meist eine Pastavariante, dazu gelegentlich Fleisch, ein Stück Brot – und Wasser. Gelegentlich kam es unter den Klienten zu Auseinandersetzungen über vermeintliche Sitzrechte, auch zu Spannungen zwischen Schwarzafrikanern, die sich rassistisch beleidigt fühlten, und neapolitanischen Männern, oder man beschwerte sich über die zugeteilte Essensration. Marco und ich waren für den ruhigen Ablauf der Speisungen zuständig. Marco war Anfang dreißig, arbeitslos und lebte im berüchtigten »Rione Fiore« (Blumenviertel), wo abends auf Plätzen vor den Augen der Polizei, die nur das Schlimmste verhindern sollte, die Autos Schlange standen für Kokain (das Viertel erlangte während meiner Anwesenheit italienweit traurige Berühmtheit aufgrund eines in Rage um sich schießenden Krankenpflegers, der die Abwesenheit des Staates nicht länger ertrug). Marco suchte mir mit Geschichten über frühere Praktiken rund um die Toten von Secondigliano Gefälligkeiten zu erweisen, im Unterschied zu den Frauen arbeitete er täglich für die Caritas. Je mehr er mit mir über die Überlieferungen sprach, desto mehr gewann sein eigentliches Anliegen Profil: Er suchte eine Stelle als *bidello*, eine Art untergeordneter Hausmeister, im Ausland. Ich sollte diese Bitte vertraulich behandeln. Die Frauen um ihn hingegen hatten jeweils eine abgeschlossene Laufbahn als Mutter oder als Angestellte hinter sich, die meisten teilten sich in die Pension des Mannes, den sie zu Hause versorgten. Die Mehrzahl lebte in geordneten Verhältnissen, die man als die der unteren Mittelschicht bezeichnen kann. Radikalen politischen Botschaften misstrauten sie und sorgten sich, dass die Rentenpolitik die *dignità*, die Würde der Pensionierten, gefährde. Lucia, die Frau mit den stämmigen Armen, von der man annehmen musste, dass sie ihr ganzes Leben enorme Nudelbottiche gerührt hat, brachte ihre anorektische Tochter, auf den franziskanischen Namen Chiara getauft und mit dem Kreuz des Heiligen Franziskus um den Hals. Chiara versuchte, mich zu definieren, herauszufinden, wer ich für sie sein könnte, und entsprechend begann sie mit Fragen nach meinem Familienstand: »Bist du verheiratet? Verlobt? Also, du bist frei?« Das Resultat der Unterredung führte dazu, dass sie mich nicht mehr direkt ansprach, denn ich war alles Mögliche und nichts wirklich; in meinem Alter keine soziale Adresse zu besitzen, wirkte ebenso beunruhigend wie anziehend. Anders als ihre Mutter brachte sie den *anime* keine besondere Devotion entgegen, aber dafür der »Divina Misericordia«, die zumindest seit einigen Jahrzehnten mit dem Gedenken an die anonymen Toten verbunden wird, genauer gesagt, in deren Botschaft von der Realität des auferstandenen Jesus die *anime* einen kirchentheologisch unbedenklichen Platz finden sollen. Rosa, die schon Wortführerin in den Fontanelle gewesen war, meinte, dass sie bis vor vierzig Jahren die Toten in Secondigliano geträumt habe, nun nicht mehr, und dass ihr zufolge das Hauptproblem im Verlust der *ingenuità*, der naiven Reinheit, bestehe, mit der man sich früher auf die Toten einließ. Diese Historisierung wurde von Lucia geteilt, die angab, sie gehe »nur so« zu den *anime priatorio* (Dialektausdruck, in dem »purgatorio«, Fegefeuer, und »pregare«, Beten, zusammenfallen), andererseits erschien mir die Krypta noch als Gegenstand von Spekulationen, die man nicht nach außen mitteilen mochte, wenn es etwa darum ging, dass ein Altar dort so schön leuchtete – man wisse nicht, warum – und man sich dem »gebildeten« Gespräch entzog, indem im Dialekt des Viertels über dieses Leuchten verhandelt wurde. Der Besuch der Krypta erzeuge ein gutes Gefühl; eine ältere Frau, die freitäglich in der gleichen Gruppe den Abwasch nach der Armenspeisung durchführte, erklärte, die Arbeit hier bei der *mensa dei poveri* mache sie besser, gesünder und führe sie näher zu Gott. Für sie war die »Übersetzung« anscheinend abgeschlossen, die Wünsche lagen nicht mehr außerhalb ihrer Handlungen. Die anderen hingegen erlebten Momente, in denen ihre *umiltà*, ihre Demut, noch von Interessen durchbrochen wurde. Sie erinnerten an die verschiedenen Patrone in der Krypta – den *maresciallo* (Marschall), die »Brautleute«, den »Doktor« –, Charaktere, wie es sie in jedem Totenkultort Neapels gab. Indem sie diese Charaktere als Erinnerungsbilder hervortreten ließen, machten sie sich zugleich das Ende einer früheren, um Patrone geordneten kleinen Welt bewusst. Die jeweiligen Honoratioren, die in ihrer Weise einzig und doch in allen Vierteln der Stadt anzutreffen gewesen waren, hatten die Bezüge der einzelnen Viertel zentriert und dafür gesorgt, dass sich ein jeder um eine solche Krypta gewachsener Stadtteil vollständig, autonom wähnte.

Aber irgendetwas war in Unordnung geraten und *il quartiere* nicht mehr die letzte Referenz. In Secondigliano mochte es noch gutgehen, solange der Heilige Gaetano Errico verehrt wurde. Sein Patronatsfest fiel auf den 29. November, doch fanden sich seit seiner Heiligsprechung genügend Anlässe, es nicht nur auf eine Woche – mit Prozession der Statue, mehreren Messen und Vespern –, sondern auf einen Monat – mit Malwettbewerb, Fußballturnier und Konferenzen über sein Charisma – auszudehnen. Zivile und religiöse Aktivitäten wurden im Zeichen des Heiligen gebündelt, in dem sich das Viertel selbst darstellte. Doch die Fragmentierung war mit Händen zu greifen, sie drückte sich aus in den Kindern, die fortgezogen waren, in brüchigeren verwandtschaftlichen Netzwerken, wenn die Älteren starben, und in der Erfahrung, an den Verhältnissen selbst nichts ändern zu können. Helfen, Assistenz leisten, konnte dann ein Modus sein, familienbezogenes Verhalten auf andere Personen auszudehnen, gerade dort, wo sich traditionelle Familien bedroht wähnten, sowie selbst Assistenz Suchende als Assistierende zu gewinnen – die beiden offensichtlich alleinstehenden, psychisch kranken Frauen in der Caritas, die alles Übel in einer Gesellschaft sahen, in der die Madonna beleidigt würde und die Leute zu spät heirateten – und damit Assistenz als Hilfe zur Selbsthilfe, aber eben der Hilfeleistenden und nicht bloß der Hilfesuchenden, zu etablieren. Und wenn man dadurch keine Familie schuf, so wenigstens Familiarität, und sei es mit sich selbst, dachte ich. Während der freiwillige Dienst die Anführerinnen ihre Mutterrolle fortführen und sie unter Rückgriff auf die *sette opere di misericordia* sowohl ideologisch als auch im Sinne ihrer *napoletanità* zu konsolidieren half, war es für eine andere der »letzte Dienst«, in dem sie im Dienst an den Letzten frei wurden. Sowohl für die alleinstehende alte Dame von beinahe neunzig Jahren, die die niedrigsten Dienste verrichten wollte, als auch für Lucias Tochter, deren Essensverweigerung angesichts ihrer Silhouette mehr als pathologisch anmutete, war die Speisung der Armen jene Verköstigung, die sie sich selbst versagten, in der sie aber für eine andere Verköstigung, für eine Grazia vermutlich, bereit wurden. Monate später traf ich Chiara in der römischen Kirche, in der Santa Maria Faustyna Kowalska, die visionäre Begründerin der Devotion der »Divina Misericordia« und Patronin Polens, verehrt wird, inbrünstig ins Gebet versunken. Sie war noch magerer als zuvor.

Dass der Totenkult mich interessiert, ja mich dazu führt, über mehrere Wochen nicht nur nach unten, sondern auch zur Caritas zu kommen, ist ein Zeichen des Glücks für diese Gruppe in Secondigliano. Einmal, als ich nach längerer Abwesenheit vorbeischaue, wird dies überschwänglich gefeiert: Der Fremde, der immer wiederkehrt, bringt Segen. Nichtsdestotrotz verzeichne ich Versuche der Frauen, herauszufinden, was ich anstelle ihres Totenkults habe, das sie vielleicht begehren könnten. Eines Tages fragen sie mich, ob ich schon einmal in Auschwitz gewesen sei. Was ich dort gesehen hätte. Ich erzähle, was ich in Deutschland zu erzählen gelernt habe, dass es ein Ort des traurigen Erinnerns sei, den man in der Regel einmal in seiner Schullaufbahn, meist im Rahmen eines Projekts aus dem Geschichtsunterricht, zu besuchen habe. »Ulrich ist schon in Auschwitz gewesen«, ruft Lucia triumphierend den Übrigen zu, und zu mir: »È bello Auschwitz«, »Auschwitz ist schön, nicht wahr?«, mit einem Leuchten in den Augen. In diesem Moment steht Auschwitz synonym für einen Schatz, für unseren deutschen Totenkult, unsere Verbindung mit dem Jenseits. Obgleich uns die Knochen und Schädel fehlen, die die Spur in die Welt nach dem Tod oder vor der Geburt legen können, haben wir wenigstens die Krematorien, über die wir sacht mit unserer Hand streichen und wo wir, nackt und schutzlos geworden angesichts der Verbrechen unserer Vorfahren, uns etwas wünschen dürfen, ja wünschen müssen, weil dies die Spur der Toten ist, die eine perfekte Verwandlung von Leib in Geist vollzogen haben. Fasziniert Auschwitz deshalb die neapolitanischen Frauen, weil es der

Ort dieser unglaublichen Verwandlung und damit in ihren Augen eine Fabrik des Lebens und des Lebensüberflusses ist, die sie mit ihrer Bastelarbeit in den Krypten, den spirituellen und physischen Purifizierungen, immer wieder ins Laufen zu bringen versuchen, während die Deutschen sie generalstabsmäßig aufgebaut haben? Ich glaube, Lucia vermutet hinter Auschwitz eine Verschwörung, nicht im Sinn der Holocaust-Leugner, nein, eher eine Verschwörung zum Verschweigen weiterer Ungeheuerlichkeiten: Die Deutschen haben es geschafft, so viele Menschen verschwinden und an anderer Stelle wieder auftauchen zu lassen. Und darauf gründet sich ihr ganzer finanzieller Reichtum. Was uns die Krypta der Heiligen Cosma und Damiano ist, ist ihnen Auschwitz.[12]

2. Die fleißigen Mittlerinnen

Neben jenen gleichsam geerdeten Frauen, die mühelos Verbindungen zwischen ihren religiösen, karitativen und ihrer Gender-Rolle entsprechenden Praktiken herzustellen schienen, gab es in Secondigliano weitere Gruppen, anhand deren sich die Funktion (und die Funktionsstelle) des Totenkults diskutieren ließe. Den einfachsten Zugang bekam ich zu alleinstehenden Frauen, die sich am intensivsten mit der Krypta beschäftigten und die zumal nach dem Ende ihrer Erwerbstätigkeit sichtbar und nützlich bleiben wollten. In der Hierarchie religiöser Gemeinschaften nahmen sie jeweils einen unteren Platz ein, denn sie brachten kein Opfer. Auf der anderen Seite ergriffen sie in ihrem Verschwinden die Hände, die sich ihnen aus dem Fegefeuer entgegenstreckten: Sie wurden »Freunde« der *anime* und damit Mittler für weitere Mittler und unsichtbar in ihren guten Werken. Rund um ihr eigenes Verlöschen würde es Glanz geben, und beides zusammen bildete ein Geheimnis, gewissermaßen ein Helldunkel wie von Caravaggio.

Besonders stechen die »drei Marien« hervor, drei Frauen zwischen sechzig und siebzig Jahren, die immer noch in ihren historischen Gebäuden am Rande des ehemaligen Kerns von Secondigliano wohnen, in großen »Palazzi« aus dem 19. Jahrhundert, aber dort in kleinen Wohnungen im Hinterhof. Ihre Heimatgemeinde ist nicht die von S. Gaetano Errico, sondern eine kleine neoklassische Kirche am Hauptplatz von Capodichino, wo die Ausfallstraße zum Flughafen ein ehemals dicht bebautes Viertel auseinandergerissen hat. Sie sind jeweils aus unterschiedlichen Gründen unverheiratet geblieben; in einem Fall wird eine *fattura*, eine Verhexung durch eine andere Frau, dafür und für eine medizinisch diagnostizierte Unfruchtbarkeit verantwortlich gemacht, im anderen das Trauma, dass die eigene Mutter am Tag der Hochzeit der Schwester der Schlag traf. Die Devotion für die *anime* geht in sämtlichen Fällen auf die Mutter zurück, die mit den Kindern in die Krypta hinabstieg und das *eterno riposo* betete. Die Mütter bleiben präsent, in dem, was die Töchter tun, die Väter sind lange schon gegangen. Maria A. ist eine magere, etwas ängstliche Frau, die das Bedürfnis hat, sich bei allem, was sie mir sagt oder mir zeigt, rückzuversichern; kommt aus ihrer Gruppe Zuspruch, nimmt sie mich umso herzlicher auf. Häufig hilft sie alten, gehbehinderten Personen, die Krypta zu durchqueren, auch sie nimmt eine »aufgeklärte« Haltung ein und sagt, die Grazia sei keine Jukebox, man dürfe hier unten nicht für sich bitten, sondern vor allem für die anonymen Toten. Die Anonymität ist für sie Ausdruck der Bedürftigkeit, weil eben niemand übrig geblieben ist, der für diese Toten noch ein gutes Wort einlegen könnte. Anonymität ist aber vor allem Ausdruck von Familien- und Verwandtschaftslosigkeit, die nicht nur im Fall der drei Marien ein Lebensthema darstellt. Es gilt nicht nur in Neapel als großes Unglück, keine Familie gegründet zu haben. Falls man unfruchtbar ist, mag es noch Möglichkeiten geben, diesen Umstand positiv zu wenden, als einen besonderen Fall von Berufung; und somit ist es in jedem Fall besser, medizinisch unfruchtbar zu sein und dies als Fluch einer bestimmen Person identifizieren zu können, nicht nur, um

Unfruchtbarkeit als Aufgabe und Sendung sich anzueignen, sondern auch, um die Kraft der Vergebung erproben zu können. Diesen Weg hat Maria B. gewählt, eine gesprächige Frau mit dicker Brille, die als Sozialhelferin in Secondigliano gearbeitet hat und erzählt, wer sie alles und wie oft täglich grüßt. Schon bald lädt sie mich nach Hause in ihre wohlgeordnete kleine Wohnung ein, in der die anderen beiden Marien als Zuhörerin zugegen sind, uns Kaffee bereiten und Kekse anrichten. Maria B. hat zudem studiert, wenngleich ohne Abschluss. Sie hat einen langen Weg durch verschiedene charismatische Bewegungen hinter sich, glaubt daran, dass manche Menschen einen Pakt mit Satan eingingen - sie selbst war vor Jahren nahe daran - und hat das *dono* der *presentimenti* (Vorahnungen). In ihrer Wohnung gibt es ein umständlich gerahmtes Bild von ihr als achtundzwanzigjährige, keineswegs hässliche Frau, als sie noch hätte heiraten können, und vor jener Operation, die ihr Leben von Grund auf veränderte. Diesen Moment hat sie ikonisiert als den ihr eigenen Schwellenzustand, man sieht sie in ihrem weißen Kleid, durch das schon eine nicht mehr zu dieser Welt gehörende Reinheit transpariert. Wenn sie von den *presentimenti* berichtet, die sie bei manchen Personen habe, indem sie automatisch angehalten wird, ihnen etwas zu sagen, etwa, welches Geschlecht ihre Kinder haben oder dass ein Kind kein Einzelkind bleiben werde, wirkt sie leicht hochmütig. Die *presentimenti* ließen sie zum Medium werden, das sich wundere über das, was sie da sage, was ihr als Eingebung widerfahre. Sie tritt aus dem normalen kommunikativen Zusammenhang heraus und rückt die unmittelbare Umgebung in Distanz. In ihrer Wohnung fallen die Folien über ihren Tischdecken und Stühlen auf, das Weibliche, das Ästhetische als Ungelebtes, das verpackt, eingepackt, der unmittelbaren Berührung entzogen wird. Darin reflektiert sich Marias Lebensgeschichte wie auch ihre »Lösung«: die Klar- und Vorsicht der dünnen Folie, des *presentimento*. Mitunter sind es schlicht Wünsche oder Beunruhigungen, die als »Vorgefühl«

präsentiert werden; aber auf diese Weise kann Maria B. eine höhere Position gegenüber ihren Gesprächspartnern einnehmen, indem sie sich gleichsam in den Strahl der Gnade stellt, der von einem *padrone* oder von Gott selbst auf den anderen fällt. Die »Gabe« ist in der charismatischen Bewegung erfahren, interpretiert und multipliziert worden. Die Krypta von Secondigliano ist ein Ort, an dem man für eine höhere Präsenz sensibilisiert wird, entsprechend übt Maria B. ihr *dono* hier im Gespräch mit anderen Besuchern aus, an Rosaria zum Beispiel, einer Frau um die vierzig, die allwöchentlich mit ihrer tiefbesorgt blickenden Tochter auftaucht und ihrer vor achtzehn Jahren unerwartet verstorbenen Schwester gedenkt. Rosaria ist eines von elf Geschwistern, aber nur sie hat die Devotion der *anime del purgatorio* mit der für die tote Schwester zusammengebracht, der sie sich hier unten näher fühle, selbst wenn sie nicht unter den anonymen Toten sei. Maria B. will an ihrer Seite einen Engel gesehen haben, und Rosaria berichtet, wie ihre Mutter in der Nacht vor dem Tod ihrer Schwester Bauchschmerzen bekam. Das *affidamento*, die Widmung der eigenen Toten an die anonymen Toten, ist eine nicht nur in der Krypta von Secondigliano gängige Praxis, die zwischen den Kultadepten stets neu verhandelt zu werden verdient. Die einen bestehen auf der Trennung, um die Reinheit ihres religiösen Tuns herauszustellen, der Sorge um die namenlosen, darum unbefriedeten Toten. Sie können wie Maria A. trotzdem der Anonymität oder der Familienlosigkeit verfallen, welche sich in Personen wie Maria B. als höhere Berufung ausprägt, weshalb ihr auch für die Krypta ein gewisses Expertentum zugesprochen wird. Die anderen suchen durch die Widmung von Totenbildern, die anlässlich von Beerdigungen verteilt werden und in ihrem Format an Heiligenbildchen erinnern, den Kontakt zwischen den durch die Fürbitten von Generationen geheiligten Seelen im Fegefeuer und den eigenen, in ihrem nachweltlichen Leben auf Hilfe angewiesenen Toten zu verstärken. Dieser Kontakt kann sich zunächst auf die eigenen Toten auswirken, deren Ausgangsposition im Jenseits durch die weiteren Fürbitten »Fortgeschrittener« und »Gereinigter« sich verbessert, vor allem aber werden diese Toten in ihrer Beziehung zu den Überlebenden gereinigt. Rosaria steht unter dem Zwang ihrer toten Schwester, und sie möchte, dass sie ihr zwanglos begegnet, wofür sie ein Modell von Gabe und Gegengabe benötigt, das ihre Bindungen ein wenig lockert. Die Eingliederung der eigenen Toten in die Beziehungen zu den anonymen Toten kann dafür ein Weg sein.[13] Sie bedarf bestimmter Medien, der handgreiflichen Bilder und der persönlichen Träume. Diese gewissermaßen folkloristische Seite ist stärker als die Orthodoxie; es wird als normal, nur unerlaubt aufgefasst, dass die Bilder der Toten des Viertels hier unten auftauchen, während jemand, der sie wegwirft, dies rechtfertigen muss. Maria A. hat mir beschrieben, was sie tut, bevor sie ein Heiligenbild verbrennt, wobei etwas anderes als eine Verbrennung für sie gar nicht infrage kommt (vermutlich, damit niemand sie für okkulte Zwecke missbraucht). »Ich sage dann: i santi ai cieli, le carte alla terra« (Die Heiligen in den Himmel, das Papier zur Erde). Bilder sind stets Manifestationen, das gilt für die formatgleichen Totenbilder nicht weniger. Indem man sie, wie es Brauch ist, vor die Krippe der Kirchen, die Statuen der Heiligen legt, rechnet man darauf, dass sich über sie tatsächlich ein Kanal ins Jenseits vermittelt wie über die Knochen als letzter Spur. Das Gleiche gilt, wenn man die Bilder Lebender, der eigenen Kinder zum Beispiel, zum Pfarrer bringt, damit er sie stellvertretend segne. Das sah ich in der Sanità häufig. Vielleicht ist es richtig zu sagen, die Schädel seien für die anonymen Toten, was die Bilder für die bekannten Toten darstellen. Wobei der Unterschied bleibt, dass die Schädel nicht reproduzierbar, als Repräsentation nicht von demjenigen, den sie repräsentieren, ablösbar sind, während die Bilder diese Möglichkeit gewähren.[14] Der Trennungsritus von Maria A. kann dabei ebenso auf Totenbilder angewandt werden – ohnehin ist auffällig, dass sie mir von ihm erzählte, während wir vor dem Kalvarienberg aus Fotos der Toten von Secondigliano standen –, seine Bedingung ist in dem Fall weniger der »Himmel« der Heiligen als vielmehr, dass die Toten als solche von den Lebenden, ihren Nachfahren, erinnert werden. Und genau dies ist in einer im sozialen Umbruch befindlichen Gesellschaft wie der Secondiglianos zweifelhafter als je zuvor. Dies könnte die Zunahme eines solchen *affidamento* und damit die Neufunktionalisierung des Kultes um die *anime sante del purgatorio* erklären: Während man auf den Friedhof aus persönlichem Interesse geht, geht man in die Krypta aus allgemeinem Interesse, hier erfolgt die Befriedung der Toten durch Gebete und Fürbitten zuverlässiger.[15] Aber ist es nicht bezeichnend, dass die Anonymität zum letzten Zufluchtsort der Toten wird? Andererseits scheint es, als würde somit der unausweichliche Übergang von Erinnern in Vergessen gestaltet, so zwar, dass das Vergessen selbst noch einmal erinnert werden kann. Bevor man auch dieses vergisst. Das Vergessen behielte seinen Ort, denn die Gemeinde von Secondigliano bleibt bestehen.

Wie an jedem Totenkultort sehen den Familienlosen in Secondigliano die Schädel aus der Zukunft an. Dies kann man aushalten, indem man den Dienst dieser Toten schon im Leben übernimmt. Die drei Marien fahren alle zwei Monate mit einer Gruppe aus dem Rione Fiore, unter Leitung von Emilia, einer unablässig herumfuchtelnden Frau, die nach einer Marienerscheinung von einem schweren Krebsleiden genesen ist, nach Nocera Inferiore, in eine kleine, für ihre Psychiatrie und damit für die »Irren« und deren vermeintliches Ansteckungspotenzial berüchtigte Siedlung nahe Salerno. Dort empfängt Mamma Caterina täglich diverse Busladungen in einem zur Kapelle umgebauten Stall, in den sie sich mit jedem einzeln für bis zu fünf Minuten zurückzieht. Ihr Anwesen ist eine Oase des Friedens in einer von Bausünden verunstalteten Landschaft: Es gibt einen reichen Garten, einen Schatten spendenden Baum, eine Art Patio, in dem Stühle stehen und

wo man auf ein Madonnenbild blickt, im Rücken die »Flöckchen« und Votivkissen für die geborenen Kinder, ein paar Statuetten (die Madonna, Padre Pio, ein Bild der Madonna dell'Arco); dann geht es durch ein schmiedeeisernes Tor ins Herz der Verwandlung. Links ist vom alten Stall ein Ofen übrig geblieben, vorne steht ein improvisierter Altar, rechts gibt es eine Madonnengruppe, die an die Offenbarung der Gottesmutter von Medjugorje (1981) erinnert, und drinnen stehen Kirchenbänke. Außerdem gibt es ein Waschbecken mit heiligem Wasser, wovon, wie zwei Bilder beweisen, bereits Karol Woityla getrunken hat; es erinnert an die *sorgente di vita*, den Lebensquell, über dem – wie einst der kleinen Bernadette in Lourdes – die Madonna der damals achtjährigen Caterina erschienen ist. »Pace, Pace, Pace« (Frieden, Frieden, Frieden), habe die Muttergottes gesagt, Caterina habe das damals nicht gleich verstanden, aber dann hatte sie noch drei

Unterredungen mit Jesus, ebenfalls an dieser Stelle. Ihre nach einer längeren Pause wieder empfangenen Botschaften sind heute eher allgemeiner Art, gut zu sein und Christus als Geschenk anzunehmen. Emilia hat im Bus erzählt, Caterina sei bei der jüngsten Begegnung mit Maria in Ekstase gefallen, man habe nur das Rot und Weiß ihrer Augen gesehen, keine Pupillen, und sie wollte die Hände heben, um zu segnen, und konnte es nicht – »bellissimo«. Caterina ist eine voluminöse Frau in einem weißen Pullover, sie wirkt leicht müde, sowohl von den Empfängen als auch von den Ekstasen. Im Hintergrund erscheint am angebauten Haus im roten Pullover ihr Mann, der jahrelang in Deutschland gearbeitet hat, bis höhere Mächte die Rückkehr verfügten. Mamma Caterina wird über mich informiert, ich sei eine Art Journalist, sie ist nicht unfreundlich, aber überrascht. Journalist ist die schlechteste aller Feldforschungsidentitäten. Dann gibt sie eine persönliche Katechese zum Besten, skandiert vom Rhythmus ihrer Hände und Arme, von Maria, die für uns eintrete, davon, dass nicht sie als Caterina Gutes tue, sondern es das Geschenk Gottes sei, dass Menschen mit Tumoren oder eine Frau mit Knieproblemen kämen und geheilt würden, so wie Emilia vom Brustkrebs. Deren Augen werden feucht. Geheime Lehren gibt es nicht zu hören, auch keine mystischen Details. Caterina setzt sich auf ihren Stuhl, leicht erhöht, ein altes Möbel, auf dem sie damals oder später die Weisungen der Madonna vernommen hat, und beginnt den Rosenkranz, der sogleich von einer anderen forgesetzt wird. Ungefähr in der Mitte zieht sie sich in die Kapelle zurück, die Tür schließt und der Rosenkranz dehnt sich, und währenddessen fangen die Leute an, der Reihe nach auf dem Stuhl an der Tür Platz zu nehmen, mit dem Gesicht zu den anderen, die den nächsten Eintretenden beobachten können, dann öffnet sich die Tür und jeder geht allein auf Mamma Caterina zu, die Beter im Rücken. Diese singen nun Lieder, auch alte neapolitanische Weisen, zu Ehren der Madonna. Eine Frau, vielleicht um die dreißig, hebt zu einem dialektalen Gedicht an, teils improvisiert, in dem sie die Gnade für einen schwer Erkrankten erbittet. Sie verweist so auf ihre Stadt als den von religiösen Reserven ausgezeichneten Raum, in dem sich die Begegnung zwischen der Madonna und dem Menschen vollzieht (so wie die anderen auf Secondigliano verweisen und Emilia beim Rosenkranz darauf eingegangen ist, indem sie San Gaetano Errico als Patron mehrfach angerufen hat), auf eine spezifische Herzlichkeit und ein Du und Du mit der Madonna; die junge Frau ist bewegt, weint, stets ganz dem Bild der Madonna mit Kind zugewandt, und wer sie stören will, dem bedeutet Emilia, dass er sie in dieser Position lassen möge. Als ich an der Reihe bin, ins Halbdunkel des ehemaligen Stalls trete und Mamma Caterina befragen darf, schüchtern wegen der Journalisten-Bürde, erzählt sie von der Periode ihrer Marienverlassenheit, von den 16 Jahren in Deutschland, in Donaueschingen, wo sie sich gut gefühlt habe und wo noch ein Verwandter lebe. Dann hat sie unverhofft eine Marienerscheinung – einen Rückruf: »mi ha richiamato« – und dann ist sie wieder da. Aus der Perspektive ihrer Landsleute hätte eine vorzeitige Rückkehr eine Niederlage bedeutet, doch eben der Rückruf (richiamo) aus der Fremde zeichnet Caterina vor anderen aus, nicht weniger wird der Ort, an den sie zurückgerufen wurde, ausgezeichnet: die Einfachheit, die *umiltà* Süditaliens und des Salernitano. Die Madonna ist Inbegriff der demütigen Magd Gottes, an der sich Seine Gnade vollzogen hat, deshalb weist sie noch stets den Erniedrigten und Geschlagenen den Weg.

Ich möchte nachher wissen, was die Marien von dieser Veranstaltung halten; Maria B. und Maria C., die jetzt rauchend im Regen stehen, sagen, man erbitte immer das Gleiche, Maria C. sei zum fünften Mal hier und erbitte zum Beispiel eine Lösung für ein nach einem Hirnschlag gelähmtes Mädchen, deren Freund gleichwohl danach mit ihr zusammengezogen sei, während sie ihm mit den Augen bedeutete, er möge sie doch verlassen. »Man nimmt die Sorgen der anderen mit und bittet für sie.« Dabei handelt es sich nicht nur um Familie, auch und oft um die Nachbarschaft. Und manche wüssten, dass sie für sie bitte, andere nicht. Wichtig sei, möglichst oft für dieselbe Sache zu beten. Dazwischen höre ich eine Alte empört bitten, ihr Bein möge endlich wieder funktionieren. Und eine andere bezeugt freuderufend, seit einer Woche wieder laufen zu können. Diese Frauen, Mütter, Großmütter, Ehefrauen, schließen sich wohl expliziter in ihre Wünsche ein (und ob es die drei Marien nicht ab und an auch tun, bloß mir nicht mitteilen?). Aus der Perspektive der drei Marien indes ist Nocera Inferiore ähnlich wie die Krypta ein Ort der Selbstsorge als Sorge um andere. Selbstsorge nicht im Sinne von konkreten Heilswünschen, sondern von Wünschen nach Beziehungen, nach Familiarität, wenngleich dies eine unsichtbare oder nur im Gerücht existierende Familienbeziehung begründet. Unerheblich ist dabei die Effizienz ihres Gebetsdienstes: Jede meiner Bekannten hegt gewisse Zweifel an Mamma Caterina, an Emilia sowieso. Dass sich die Seherin von den Gaben der Gläubigen ernährt, hält man für ausgemacht, auch wenn sie dadurch nicht reich werde, sowie dass der Ehemann ein gutes Verhältnis zu den Benediktinern von Materdomini pflege und beide Kultorte sich gegenseitig stützten. Vertrauenerweckend wirkt, dass Mamma Caterina als angeblich Ungebildete solche Unterweisungen halten kann. Bedeutender ist aber, dass man die Anwaltschaft für »seine« Leute übernimmt und dies gegenüber den verschiedenen *mediatori* zum Ausdruck bringt. Die »mediumistische« Qualität dieser Mittler ist dabei entscheidend; die Frage, welche Erlebnisintensität von ihnen ausgeht, nicht, ob jemand zehn Euro zu viel oder zu wenig verdient. Mamma Caterina ist eine gute Mittlerin, weil sie alles ihrer Berufung Fremde nach außen abgetreten hat – und das gesamte religiöse Unternehmertum, die Busorganisation, ihr kleines Heiligtum, Personen überlässt, die sich ununterbrochen auf ihr wunderbares Charisma berufen müssen. Emilia als Organisatorin des »Pullman« bewirkt dabei eine »erneute Bestätigung der sozialen Einheit« des gefährdeten Rione Fiore, einer Welt am Rande der Stadt, wo die Frauen an die guten alten Zeiten erinnern, als ihre Männer von einem *organizzatore* gesammelt und zur Arbeit gefahren wurden oder sie gemeinsam ihre Kreuzung aus Ferien und Wallfahrt im »Pullman« unternahmen, ein Ausdruck, »der die ganze Organisation drumherum und die Person, die sie organisiert, bezeichnet«.[16]

In Nocera Inferiore, bei Mamma Caterina, treffe ich beim zweiten Besuch eine weitere Frau, die ich aus der Unterkirche von Ss. Cosma e Damiano kenne. Es ist die Mutter von Luigi, dessen Bild unter dem Kreuz vor der ersten Vitrine hängt und das bislang nicht entfernt wurde; sie hat erzählt, dass sie die Toten und besonders Luigi sehe, abends oder in der Krypta, dass Luigi ihr Kraft gebe und Rat erteile für ihr Leben, er gekommen sei, um sie aus der Depression zu holen, da sie ja niemanden mehr habe, seit die Ex-Schwiegertochter und der Enkel fortgegangen seien nach Amerika. Luigi starb 42-jährig an einem Herzinfarkt, als er mit seiner Familie jenseits des Atlantik kommunizierte, und neulich habe er ihr gesagt, sie könne zu mir sprechen, weil ich aussähe wie das groß gewordene Enkelkind, das sie vom Foto kennt. Auch sie unternahm Kanonisierungsversuche, indem sie sagte, dass sie die Toten mit der Madonna sehe; sie schwitzte ständig und erklärte dies durch die Nähe ihres Sohnes. Schwitzen ist ein im mediterranen Raum verbreitetes Anzeichen von Geistbesessenheit.[17] Sie berichtete, wie sie nach 18 Monaten die Gebeine ihres Sohnes gesäubert habe, die sie dann in einem *loculo* beisetzen wollte, aber nicht durfte, da er noch nicht vollständig verwest war. Die Leute hätten gesagt, sie könne nun schwer krank werden, aber es sei nichts geschehen. Zeigte sich dadurch nicht die »gute« Qualität Luigis, von dem keine giftigen Ausdünstungen, sondern wohltuende Gerüche ausgingen? Die Heiligen und die bei Gott Angekommenen schützen ihren Sohn, der unter dem Kreuz hängt, aber er schützt auch seine Mutter. Beim Gehen habe sie Schmerzen,

18 Nägel im Bein, aber Christus gebe ihr Kraft. Luigis Mutter hat in ihrem Sohn die Wirkung Gottes in ihrem Leben gesehen und nach seinem Tod wurde diese Beziehung umgewendet: Nun wirkte der Sohn bei Gott für sie. Eben weil sie ihren Sohn gut katholisch als Geschenk angenommen hat, als Alleinstehende gegen sämtliche Schwierigkeiten in ihrer Familie, wird er nun, etwas weniger orthodox, zu einem Heiligen. Ihr anderer Heiliger ist Padre Pio, den sie einst neben ihrem Sohn in einem Baum auf dem Weg zur Krypta von Secondigliano erblickt haben wollte, wovon sie mir ein unscharfes Handybild zeigte. Im Patio von Nocera Inferiore zeigt sie es auch anderen, die offensichtlich skeptisch sind, was Luigi betrifft, aber bei Padre Pio anerkennen, er sei »der größte der Heiligen«, weil er »am meisten gelitten« habe. Als sichtbares Zeichen dieser Leiden gelten die Stigmata, die ihn zu einem »Bild« Christi werden ließen. Dieses (Ab-)Bild Christi kann überall erspäht werden, wo Menschen leiden, es beglaubigt die Unschuld und verströmt Süßigkeit. Bei diesem zweiten Besuch, nur einen Monat später, werde ich Mamma Caterina wieder als »Journalist« vorgestellt; sie erinnert sich unscharf. Ihre kurze Ansprache klärt erneut, dass nicht sie, sondern die Madonna und Jesus durch sie wirken, dass sie »ununterbrochen« bete, dass es dem, der nicht betet, ergehe wie Berlusconi, dem Reichen, der unters Joch fiel, dass man Sünden bekennen könne, aber wir für alles bezahlen, für jede Sünde, die schlimmste Sünde aber die *falsa testimonianza*, das falsche Zeugnis, sei (das ist nach dem Geschmack der Mütter aus dem Rione Fiore: ihre wegen Mafiadelikten verurteilten Kinder gelten ihnen, bei Licht besehen, für unschuldig). Die beiden Marien – die Maria B. der *presentimenti* ärgert sich etwas über Mamma Caterina und ist daheim geblieben – haben wieder die Bitten der Nachbarn und der Familie im Gepäck, da läutet das Telefon, Emilia überbringt die frohe Nachricht, dass ein Mädchen, das ein Krebsgeschwür am Hals hatte, geheilt sei, die Ärzte konnten nichts mehr finden; und Mamma Caterina sagt, heute sei der

Heilungstag für Knie und orthopädische Beschwerden. Eine Frau mit schwerer Zunge ergänzt, dass sie das schon beim letzten Mal gespürt habe, eine andere, dass, als sie das Bild von S. Michele Arcangelo auf das kaputte Knie legte, Blut ausgetreten und sie geheilt worden sei. Diesmal will ich im Stall mehr über das *dono* wissen, ob Mamma Caterina Einsicht in die Heilungen nehmen kann, die sich bei ihr ereignen. Sie ist freundlich, aber wie eh und je mit unpräzisen Allgemeinaussagen zugange. Sie sagt, sie sammle die Bitten der anderen, dann bete sie, dann gehe das vielleicht schneller zu Gott – ohne dass sie explizit diese Gebete wiederhole. Und dass sie beim Eintreten einer Person spüre, woran diese leide, sie spüre es auf der Haut. Für mich hat sie Zuspruch: Wenn die Deutschen einmal wirklich glauben, dann setzten sie das in spirituelle Arbeit um, anders als die Leute hier. Ihr verbales Umschaltspiel: In einem Moment ist sie drinnen, im anderen blickt sie von außen.[18] Der undisziplinierte Italiener? Dass die Madonna sie zurückrufe, habe sie erst nach und nach verstanden – aber die Madonna sei ihr in Deutschland auch nicht im Traum erschienen, sondern am Tag. Ja, ihre Familie stehe ihr sehr bei, anders sei das nicht zu bewältigen, weil sie ja oft nicht kochen könne, aber nein, es gebe keine Vorwürfe. Neid der Priester, das ja. Später wird sie eine Messe für Jahresanfang ankündigen, damit die Leute sehen, dass sie mit den Priestern von Mater Domini in gutem Einvernehmen stehe und anerkannt werde. Anders als auf deren seit dem Mittelalter bekannten Gnadenbild ist ihre Madonna im Dunkel des Stalls geblieben, hat sich Caterina durch Spinnweben kämpfen und ihre Angst vor Schlangen besiegen müssen, aber dann wurde sie, nach der Menopause, selbst zum Bild der Madonna, »a sign of divine Grace«.[19] Übrigens hat sie mir, als wir über Marienerscheinungen in Medjugorje sprachen, lächelnd gesagt, dass aller Anfang mit der Anerkennung es schwer habe, aber sonst wäre es auch kein Anfang. Ich frage mich die ganze Zeit, ob ich Mamma Caterina um mehr als nur einen verschämten Segen für meinen

Bruder in Brasilien bitten soll. Dann lasse ich es.[20] Die »Materdomini« von Nocera Inferiore bezeichnet übrigens eine wundertätige Marienikone, samt einer Ampulle mit ihrer Milch, die auf die Vision einer Bäuerin im elften Jahrhundert und damit auf Pest- und Kriegszeiten zurückgehen soll.[21]

Im Bus auf der Rückfahrt schmettert Emilia ihr Ave-Maria und ihr »Rose rosse per te », mancher verweigert die *testimonianza*, weil man erst sehen wolle, was wie geholfen hat. Emilia aber will die *emozioni* hören, die Gefühle, das ist ihr wichtiger, das überzeugt für sie wohl auch die anderen. *Maria A. erklärt mir, dass viele Frauen mit Kindern im Gefängnis mitgekommen seien (auf dem Rückweg wird dafür gebetet werden: dass sie schnell in eine neue Freiheit kommen und von Gott geleitet werden, die falschen Wege zu verlassen – darüber, dass sie anderen vielleicht etwas angetan haben könnten, schweigt Emilia).*[22] Es geht darum, eines anderen Zustands teilhaftig geworden zu sein, die Kräfte daraufhin angestrengt zu haben, und damit der Lösung seiner Probleme näher zu kommen. Malinowski hat sich in *Magic, Science and Religion* Magie nicht viel anders vorgestellt: gleichsam in einer Probehandlung soll die emotionale Bereitschaft aufgebaut werden, wirkliche Hindernisse in der angestrebten Handlung auch überwinden zu können.[23] *Emozioni* zu haben ist Ausdruck dafür, sich lebendig zu fühlen. Wer *emozioni* hat, beweist (aktiv) seine Fähigkeit zur Passivität, zur Hingabe, und gerade durch die Hingabe wird, was sonst nur hingenommen werden muss, beweg- und veränderbar.

3. Dem wird geholfen.
Die Grazia des Zungenredens

Der Weg der Marien, der Frauen aus der Krypta von Ss. Cosma e Damiano, führte nicht einfach nach Capodichino oder Secondigliano zurück, auf das dicke Kopfsteinpflaster und in die engen Straßen, in diese für eine Stadt unhandlichen Häuser mit ihren riesigen Innenhöfen. Der Weg der Marien war ein devotionaler Gesamtzusammenhang, zu dem sich neben der Heimatpfarrei die Krypta, neben der Krypta Mamma Caterina, neben Mamma Caterina der Gebetskreis von Anna, und zum Gebetskreis von Anna die Gemeinde der »Maria della Natività« (Maria von der Geburt) von Padre Giuseppe gesellten. Die kleine stämmige Anna, ebenfalls vertraut mit Mamma Caterina, war vielleicht Mitte sechzig, sie hatte einen Mann namens Luigi, einen Polizisten, der erst unter dem Eindruck dieses Priesters »religiös« geworden sein wollte. Früher war seine Frau allein in die Kirche gegangen, heute ging er allein in die Sakristei. Einmal stellten mich die Marien den beiden vor:

Wir gehen zu Anna, deren Mann Luigi viele wunderbare Dinge tue und wisse. Im Hinterhaus eines Condominio, kleines Bürgertum, aber sehr schick, das gute vom schlechten Secondigliano trennend, befindet sich die Wohnung im fünften Stock. Ich bin wohl angekündigt, trete ein, alle sind sehr herzlich. Am Tisch in der Wohnküche setzen sich die Frauen, dazu Luigi und Giuseppe S. – jeweils um die sechzig – und dann kommt noch ein blinder Neffe. Luigi sagt im Vorhinein, dass ich an ihrer Art zu beten keinen Anstoß nehmen solle, sie würden eben an die spontanen Gebete, an den Heiligen Geist und an Zungenreden glauben. Das Gebet selbst beginnt traditionell, Vaterunser und Ave-Maria, eine Bibelstelle, die durch Bibelstechen ausgewählt wird, liegt zwar offen, wird aber erst am Ende gelesen. Spontan sollen die Leute sagen, für wen sie beten oder wofür sie danken, dann gibt es ein Gebet um die Herabkunft des Heiligen Geistes, dann beten die Teilnehmer mehr oder weniger durcheinander, unter anderem auch unverständliche Laute, die ich mir als Momente besonderer Hingabe erkläre: dass Gott nämlich diese Laute formen möge oder dass die Gedanken sich durch diese Laute formen sollen. Die völlige Entkoppelung des Sprechens vom Denken scheint hierfür eine Voraussetzung darzustellen. Sprache als reine Materalität, Immaterialisierung des Denkens – reiner Geist? Das bleibt zunächst offen. Die Teilnehmer wirken erschöpft und etwas verunsichert. Am Ende steht die Bibellesung, dann berichtet jeder in einer Art Gebet von der Veränderung, die er durch das Gebet erfahren hat. Es geht also um Steigerung, um Katharsis, und deren anschließende Interpretation und Kontrolle durch Mitteilung. Diese Methode wird in der Regel noch erweitert durch Abspielen einer DVD mit der Katechese von Padre Giuseppe. Dieser, berichtet mir Anna, komme auch gelegentlich zu den sich in den letzten Jahren gegründeten Hausgemeinschaften, um zu sehen, ob seine Lehren, seine Ideen umgesetzt würden. Ich frage, ob alle Teilnehmer aus Secondigliano stammten. »Ja, und wir haben uns alle so auf diesem Weg kennengelernt. Auch, weil wir immer mehr in unserem Leben von Jesus sprechen wollen«, antwortet Giuseppe. Anna wird später, auf dem Weg zur Heiligen Messe, besonders die karitativen »Werke der Barmherzigkeit« hervorheben. Ihr Mann ist bereits zur Kirche vorausgegangen, um Padre Giuseppe zu assistieren. Die Frauen folgen. Die Frauen sind auch stärker mit dem Totenkult von Ss. Cosma e Damiano verbunden, die Männer nicht. Es scheint mir hier eine Familie des kleinen, aber nicht des Kleinbürgertums, zu sein. Bücher sehe ich relativ wenige. Allerdings ist die Einrichtung geschmackvoll, dezent, nicht wie in der Sanità. Einzig die überdimensionierten Bilder der kleinen Kinder stechen hervor. Dazu gibt es Bilder und sogar eine Statue von Padre Pio – Luigi hatte zu Beginn mich beruhigen wollen, indem er sagte: »Wir verwenden diese Statuetten nur als Hilfen, als Symbole.« Über die Bedeutung Padre Pios wird aber nicht gestritten, eine Frau hat sogar einen Comic über »Pio aus Pietrelcina« dabei. Ihr Mann schaut unschlüssig. Pio-Statuen würden auf den Plätzen aufgestellt von dem, dem es gerade behagt und der sie zahlen kann. Die unterm Fenster geht auf die Initiative eines Fleischers zurück.[24]

Padre Pio behauptete seine Sonderstellung, weil er mehr als andere Heilige ein »Bild« Jesu war, der quasi durch ihn hindurchschien und sichtbar wurde. Als solcher war er auch mit den Anliegen des »Rinnovamento nello Spirito Santo« (RNS), der größten Vereinigung innerhalb des in Italien »Rinnovamento cattolico carismatico« geheißenen charismatischen Netzwerks, vermittelbar.

Einige Monate später besuchte ich mit einem Religionsethnologen und Mittelmeerexperten aus Deutschland die Gruppe. Diesmal trafen wir zwar keine der drei Marien, wurden indes selbst zu jenen, anhand deren und für die zugleich die Macht der charismatischen Praktiken bewiesen werden sollte. Ständig sahen wir uns aufgefordert, unseren Ort zwischen Bühne und Zuschauer zu wechseln:

Mit Martin Z. spontan bei den Heilig-Geist-Gebetsleuten um Anna und Luigi in Secondigliano. Wir werden nach kurzem Zögern hereingebeten, zu einem Kaffee, weil heute das Gebet ausfalle wegen der Feiertage. Aber wir verwickeln Luigi sogleich in ein Gespräch, nachdem ich Martin als meinen Cousin vorgestellt habe, der einer ähnlichen Gruppe angehöre. Luigi erzählt stolz von seiner »Konversion« durch Anna, davon, dass sie gemeinsam alle Entscheidungen träfen (auch die, dass er nicht Diakon werde, »ich will es zugeben, ich fühle mich noch nicht heilig genug dafür. Denke an San Francesco, der es abgelehnt hat, Priester zu werden und stattdessen Diakon bleiben wollte« – also eine Humilitätsgeste, die in diesem Fall wohl der Ehe und Familie hilft), von der Gründung der Gruppe um Padre Giuseppe Anfang der 1980er-Jahre, davon, dass sie eine Übertragung aus dem »evangelischen« ins »katholische« Milieu darstelle, womit auch die Zurückordnung der Heiligen und Marias zusammenhänge (»nur Christus kann gepriesen werden, nicht die Madonna. Sie kommt gleich danach, aber sie kommt danach. Auch die Heiligen. Ansonsten ist es so, dass jeder zu seinem Heiligen geht und Gott vergisst«). Sie selbst sind kleine »Zellen«, 64 an der Zahl, Padre Giuseppe verteilt jede zweite Woche eine CD zur Katechese, die Gebete laufen über das Webradio beziehungsweise Facebook. Ich frage, wie er den Zusammenhang sehe zwischen seiner Konversion – der Rolle in der religiösen Gemeinschaft – und seinem Beruf als Polizist. Er sagt, auch früher habe er geholfen, auch wenn natürlich das Gesetz gelte, aber heute mehr und anders, nämlich als Christ. Ist es eine andere Form von Patronage, die er dadurch gewonnen hat? Oder ist er jetzt ein selbstbewusssterer Polizist? Es gibt jedenfalls in seinen Worten dogmatische Unterscheidungen, die Frauen nicht machen (»Frauen sind viel inklusiver«, wie Martin anmerkt). Dann kommen Giuseppe S. und seine Frau hinzu, und aus unserem Zusammentreffen wird eine »Fügung«, sodass es nach zehn Minuten heißt: »Jetzt haben wir doch das Gebet gemacht, dank euch, das wir eigentlich schon verschoben hatten, es aber machen sollten.« Denn Luigi hat die mit einer gebenedeiten Plakette der Maria von Lourdes verschnürten Ostereiertüten herausgeholt (die Maria von Lourdes steht für das Dogma der Unbefleckten Empfängnis und vor allem für die Absage an jedwede Häresie), an denen Kopien von Versen aus den Psalmen hängen. Jeder wählt blind eine Tüte, und Luigi als Oberhaupt liest den Leuten jeweils ihre Texte vor und interpretiert die Person daraufhin (»erinnerst du dich, wir haben vorhin vom Armen gesprochen, dass Padre Giuseppe die mensa dei poveri *veranstaltet und mit 50 Bussen durch Neapel fährt, um die Leute einzusammeln, damit sie in unserem Gemeindezentrum der Maria della Natività essen können – und ist nicht der Arme auch ein Kranker? Hier steht nämlich vom Kranken …« – oder: »Du bist stets ein wenig skeptisch, du hast den Glauben noch nicht ganz, und in deinem Text steht, dass du die Arme nach Christus ausstreckst …«, auch Martin habe Dunkelheiten in seinem Leben, deshalb sein Psalm usw.). Auf Nachfrage: Nicht das Wort Gottes muss zu uns kommen, sondern wir zum Wort Gottes, denn wir leben durch das Wort Gottes. Schrift / Wortbezug. Schriftgläubigkeit, fast protestantisch, aber hier auch versehen mit einer marianischen Verschlüsselung, Sakramentalie, und einem kulinarischen Anreiz. Wichtig: Es werden keine Lücken gelassen, zwischen mir und den anderen, mir und der größeren Macht, ebensowenig zwischen dem Sakralen und dem Profanen. Dadurch wirkt diese Form von Christentum totalitär, sie bedenkt schließlich auch die Situation der totalitären Klärung (»siehst du, ich erkläre dir das, ich bete, weil Gott dich uns geschickt hat«). Giuseppe S. ist übrigens für die Inschriften auf Grabsteinen verantwortlich. Er und Luigi haben sich in einem Zug nach Lourdes kennengelernt.*

Gemeinsam zum Gebet um den rinnovamento dello spirito *in der Kirche bei Padre Giuseppe. Er wirkt sehr feminin (während Padre Giuseppe Scarpitta* – ein anderer charismatischer Priester, über den noch zu sprechen sein wird – *wie ein Kind wirkt und damit die Frauen adressiert, die sich ungefährdet zu ihm ins Verhältnis setzen können:* Das *ist Charisma). Vom Hochitalienisch zum Neapolitanischen und zurück. Auch hier scheinbare Sprunghaftigkeit, Ungeordnetheit, Inhaltsarmut der Rede. »Wir sollen Jesus mehr und mehr lieben« und so fort. Umstandlos vom Hölzchen aufs Stöckchen, ohne Pointe, so kann man auch ohne Vorbereitung sprechen. Eine Gruppe spricht vor dem Altar die quasi »spontanen« Gebete des Dankes und der Bitte. Zweimal »Zungenreden«: am deutlichsten während des Gesangs »Muoviti dentro di me, spirito santo« (Bewege Dich in mir, heiliger Geist), als ein Ton gehalten wird, einige das der Glossolalie vorausgehende Lallen anfangen, der Padre sagt, auch wer diese Gabe nicht habe, solle mitsprechen, ein Gebet und das Halleluja. Zungenrede notiere ich hier als ergriffenes Stammeln, als reichten die Worte (noch) nicht. Es markiert den Höhepunkt des mehr als einstündigen Gebets, das eine andere Eucharistie darstellt, da in ihr der unmittelbare Geist, sprich eine der drei Personen Gottes, die priesterlichen Hände ersetzt, die sonst den Leib Christi in Form der Hostie verteilen. Herabrufung und Ankunft des Heiligen Geistes in der Zungenrede kann man verstehen als Bekräftigung einer religiösen Praxis, die noch ihrer letztgültigen lehramtlichen Bestätigung bedarf. Die Zungenrede ist das Zentrum dieser Praxis, sie hält sie zugleich am institutionellen Rand. Die anschließende Prozession des Allerheiligsten verläuft andächtig, mit Berührungen und Küssen, aber ohne jene Mischung aus Habgier, Ergriffenheit, Trance und echter Verzweiflung, die sie bei Padre Giuseppe Scarpitta in der Sanità kennzeichnen. Hier ist eben die junge, die aufstrebende untere Mittelschicht zu finden. Nicht jene, die Santini, Bilder der Toten, der Abwesenden, ans Allerheiligste halten oder eine*

Umarmung durch den Pfarrer wünschen, in der Hoffnung, dass es vielleicht helfe. Hier ist organisierte »Esaltazione« – und doch fühlte sich Luigi verpflichtet, am Anfang uns zu sagen, »non vi spaventate«, ängstigt euch nicht. Wie in sämtlichen charismatischen Bewegungen haben wir den Versuch, keine Löcher im Gewebe zu lassen, zum Beispiel wird der Übergang von Rede in Gesang durch gespielte Töne auf dem Keyboard bewerkstelligt, keine Einheit der Performance wird isoliert gelassen, alles wird durch ein Drittes verbunden (wobei ein Vordergrund auch zum Hintergrund werden kann) und dadurch Kitsch, oder faschistisch.[25]

Im Mittelpunkt der charismatischen Bewegung von Padre Giuseppe in Secondigliano stehen Bekehrungserlebnisse, Entscheidungen zum »richtigen« Leben, zur »Nachfolge«, zur Entsagung gegenüber den Drogen, dem Alkohol, der Spielsucht, so wie sie sich in zahlreichen charismatischen Gruppen zeigen. Wenn Neapel ein Zentrum charismatischer Bewegungen ist, und dies jenseits der konfessionellen Zugehörigkeit, so kann dies nicht gänzlich unabhängig vom Bedarf nach den großen Narrativen sein, die einem selbst das Leben deutlich machen, es strukturieren, und in denen es ausgeleuchtet wird wie auf einer Bühne. Besonders schwierige Viertel wie Secondigliano oder die Sanità können ihren Eigenwert daraus beziehen, zu solchen Narrativen beizutragen. Das eigene Dasein und sein unmittelbarer Umkreis erhalten eine szenische Qualität, in denen es sich universalisieren darf. Zugleich öffnet sich der Diskurs der Konversion in Richtung eines Bedürfnisses, das gerade für die Mittelschicht, besonders die untere Mittelschicht essenziell ist, jene Kreise also, die einen Schritt nach vorne machen müssen, die von Aufstiegsversprechen gelebt haben, das die krisengeschüttelte Wirtschaft nicht mehr geben kann, und in denen Arbeit einen hohen Stellenwert hat – so wie der erste Artikel der italienischen Verfassung, in dem es heißt: »La repubblica Italiana è [...] basata sul lavoro«; das Bedürfnis nach Reinheit, durch die eben auch Gleichheit hergestellt wird. Reinheit und Gleichheit sind Werte, die den Zugang zum Arbeitsmarkt, zu Chancen überhaupt, regeln sollen, die aber im Süden zum einen durch den ganz gewöhnlichen Klientelismus der jahrzehntelang regierenden Democrazia Cristiana und ihrer Schwesterparteien, durch die starke Rolle der Patrone, zu kurz gekommen sind. Die Semantik der Unmittelbarkeit, der Herzensergreifung, spielt aus dieser Perspektive die Religion gegen den Klientelismus aus, der sich wenn nicht seinen Überbau, so doch seine ästhetische Plausibilität in der Heiligenverehrung erschaffen hat, die in der charismatischen Kirche von Padre Giuseppe außen vor bleibt. Dies bedeutet nicht, dass Padre Giuseppe nicht gelegentlich Züge eines Patrons annimmt. Aber er weiß, dass er sich in diesem Fall der Kritik aussetzen wird, weshalb er als Moderator oder »Master of Ceremonies« auftritt, der die schon wirksame göttliche Kraft aus den Menschen heraus zur Erscheinung bringt, anstatt dass er außerhalb der anwesenden menschlichen Gemeinschaft befindliche Ressourcen für diese mobilisiert, wie es Sache der Patrone wäre. Padre Giuseppe ist durchaus ein »Heiler«, aber im Gegensatz zu klassischen Thaumaturgen schöpft er die Kraft Gottes nicht von oben und gießt sie über den Menschen aus (genau dies täte er, wenn er die Anbetung des Allerheiligsten stärker inszenieren würde); vielmehr macht er die Menschen durchlässig für Gottes Gnade. Diese »Melodie« kann ein Dasein neu akzentuieren, sodass das Erlebnis einer Bekehrung greifbar wird, einer Statusänderung, die im Gegensatz zu den lebenszyklischen Initiationen (Jugend, Heirat, Tod und so weiter) von ihrer gefühlten Unvorhersehbarkeit zehrt, die sprachlich immer wieder in die Köpfe und Herzen gemeißelt wird (nach dem Motto: »Ich war fern von Gott – aber Er kam zu mir«). Dieser religiöse Diskurs – wenn man ihre Inszenierung und die Lebenswelt betrachtet, in die sie beispielsweise anhand der um Luigi und Anna gebildeten Gebetsgruppen eingeht – kann durchaus als Entsprechung oder gar Vorbedingung von politischen Tendenzen aufgefasst werden, die sich in den letzten fünf bis zehn Jahren in Neapel gezeigt haben. Beppe Grillos Movimento Cinque Stelle zehrt, worauf noch hinzuweisen sein wird, von einem Reinheitsdiskurs, der zwar mit mehr savonarolistischer Schärfe, aber genauso im Umkreis des Nachwuchses der gefährdeten Mittelschicht vorgebracht wird, und den eine ähnliche Sorge für soziale Verwerfungen begleitet. Die über eine ideale Internetgesellschaft anvisierte Verwirklichung der Demokratie zeichnet jene Idee einer Plattform aus, auf der jeder echtes Zeugnis ablegt, wie es auch in den charismatischen Gebetsgruppen der Fall ist, wo die Wahrheit der Person anhand der Intensität seines Ergriffenseins hervortreten soll und über Annahme und Ablehnung instantan, durch die Reaktion der *assemblea*, der Versammlung, entschieden wird (in der Kirche, oder auch in den *cellule*, wo jeder seine Widerfahrnisse mit dem Zungenreden zur Sprache bringt). Ist es ein Zufall, dass Kampanien und Neapel unter den Funktionsträgern des M5S überrepräsentiert sind, ist es einfach der Schläue ihrer Exponenten oder vielleicht doch einer religiösen Anthropologie zuzuschreiben, die in Süditalien, unter den Bedingungen ihrer einzigen Großstadt, ausformuliert und in Zirkulation gebracht werden konnte, und die die charismatischen Bewegungen mit ihnen teilen? Schließlich scheint ein Punkt wichtig, der noch einmal zu den drei Marien, zu den Frauen von Secondigliano, zu den Adepten des Kultes der *anime sante del purgatorio* zurückführen kann: Das Reinheitsversprechen der charismatischen Bewegung von Padre Giuseppe realisiert sich in dem Moment, in dem aus Tönen neue Worte gebildet werden, in denen man anfängt zu sprechen. In dem Fall, wenn die Macht des charismatischen Gebetes sich besonders in der Glossolalie beweist, gilt, dass nur richtig spricht, wer aus einem anderen, aus einer Hingabe, aus seiner Veränderung im Gebet, in der Versenkung, der Trance heraus spricht (vor dem Zungenreden gibt es oft längere Passagen an Sprechgesang, in denen der Priester oder ein anderer Vorbeter suggeriert, »jetzt« sich auf Christus zu stützen, jetzt sein Herz schlagen zu hören, jetzt seinen Atem zu spüren, seine Schulter, seinen Arm, in den man sich fallen lassen kann: Diese somatischen Allusionen werden von der anschließend einsetzenden Musik aufgegriffen und bereiten ganz sprichwörtlich den Boden für die psycho-physische Reaktion der Teilnehmer). Auch dafür gibt es eine lange Kette von Beispielen aus dem religiösen Leben Kampaniens, nicht zuletzt des Besessenheitskults um Alberto Glorioso, der in Neapel seit den 1960er-Jahren existiert.[26] Auf der Skala von »öffentlich« bis »diffamiert« kommt diesen Praktiken aus emischer Perspektive, also von innen, jeweils das Prädikat des »Halböffentlichen« zu, nicht zuletzt entschuldigen sich – wie Luigi – Adepten bei Gästen dafür. Glossolalie ist Epiphanie und Skandalon in einem (und erheischt institutionelle Begrenzung, durch prophetische Auslegung, liturgische Einhegung und so weiter)[27]. Sowohl in der Wohnung als auch in der Kirche ist ihr Erfolg auf dem Boden gemeinschaftlicher Gebetsanstrengung konzipiert, die durchaus reguliert werden kann, aber was dann folgt, entzieht sich zumindest definitorisch dieser Kontrolle, wenngleich der Polizist Luigi gelegentlich an Padre Giuseppe berichtet. Es kontrolliert sich vielmehr selbst, und indem es das tut, heiligt es die Gemeinschaft und ihre Anstrengung. Aber, und dies scheint das Wichtigste: Die Glossolalie hilft, an einer in modernen Gesellschaften möglichen Form von Liminalität zu partizipieren, die die Bedingung für die richtigen Aussagen herstellt, damit auch für das richtige persönliche Sprechen, ja für die Person schlechthin. Der Einzelne gewinnt diese Möglichkeit nur als *sub-iectum*, als der Gemeinschaft und dem Gott (oder der ›anderen Kraft‹) Unterworfener. Das Ereignis fordert den Priester als Koordinator der liminalen Gaben heraus, er muss es moderieren und kann, falls überhaupt, sein höheres Vermögen nur in dieser Leistung geltend machen.

Für die Marien hingegen, die marginalisierten Frauen, die Familienlosen, die Unglücklichen, die »donne senza ciorte«, wie es heißt, bestätigt dies, dass alle ihre Kraft aus ihrer Hingabe und ihrer Ohnmacht fließt, ja dass Hingabe und Ohnmacht und Schwäche vielleicht imstande sind, Gottes Gnade zu erzwingen. Hier tut sich der produktive Widerspruch auf: In einer Gesellschaft, in der man fortwährend autorisiert werden muss (dies gilt insbesondere in klientelistischen Gesellschaften mit ihren ausufernden Bürokratien, die unter anderem dazu ersonnen sind, sie zu umgehen), gibt es, wenn man sich wirklich autorisieren lässt, die Möglichkeit, aus dem Ablauf der Autorisierungen auszusteigen. Und sei es nur für einen Moment, bevor einen die ›richtige Auslegung‹ der vorgeblich herrschaftsbefreiten Kommunikationsgesellschaft wieder einfängt.[28]

4. Abschied von Secondigliano

Ein letzter Gang zurück in die Krypta: Ich höre halbverschattete Stimmen vor der Addolorata-Statue, die das Ende des Umgangs bildet und den Eingang zum Ausgang transformiert, ich höre aber auch laute Diskussionen in einem der Seitengänge, dort, wo man jeden Freitag auf das Anstimmen des Rosenkranzes wartet. Auf meinen ersten Schritten bin ich stets etwas verloren, das macht der Wechsel vom Licht draußen zur Dunkelheit drinnen. Und ich fühle mich in der Regel etwas delegitimiert, es hat lange gedauert, bis ich »mit Recht« hier unten bin. Ich erinnere mich an die Frauen, die mich fragten, wer ich sei, und ich entsinne mich der Alten, die in diesem Moment in der Krypta vorbeiging, die anderen und mich kurz ansah und meinte: *»Questo giovane è pieno di spirito santo. È pieno di vita.« (Dieser Junge ist voll des Heiligen Geistes. Er ist voller Leben.) Sie sagt, sie sehe das an meinen Wangen, unter den Augen, da deutet sie jedenfalls hin. Nach einer aufreibenden Woche macht mich das froh. Was sehen diese Leute? Ihre Wünsche? Sind es alte kulturelle Bilder, Ikonografien, die sie je nach Situation aktualisieren (sodass sie in mir mit meinem Bart und meinem langen Mantel* *eine Art Priester gewahren und in Rosaria mit ihrer Tochter, die allem aufmerksam zuhört und oftmals so leicht verstört schaut, eine Frau, die nur noch ein Engel retten kann, so wie ein Engel bei allen* ragazze madri *steht)?*[29] Unter den Anwesenden ist eine, die jüngst noch bei Mamma Caterina war wegen ihrer tumorkranken Tochter und die nun ein schlecht kopiertes Gebet auf einem Zettel bereithält, formuliert von einem Mann, der im Ruf der Heiligkeit gestanden habe. Ob ich es vorlesen möge? Warum fragen sie mich? Vielleicht, weil ich ein Mann bin, der einzige heute, oder weil ich fremd bin und deshalb Segen bringe? Die Frauen der Caritas freuen sich über mich, weil ich als junger Mann aus dem Norden zeitweilig ihr Leben teilen möchte. Für die Frauen hier unten gilt Ähnliches. Ich lese, und wo sie eine kanonische Formulierung wiedererkennen, setzen sie ein und übertönen mich. Eine der Marien, die Demütigste und Dienendste, fragt mich ebenfalls, ob ich in Auschwitz gewesen sei, sie kenne einen Mann, der im Lager war und traumatisiert wiederkam. Ich sage ihr, dass die Toten in Auschwitz keine Spur hinterlassen. Sie erschrickt. Hier unten gibt es Reste, die befriedet werden können. Anders als Lucia hegt Maria keinen Neid, unterstellt sie uns Deutschen, am wenigsten mir, okkulte Kräfte. Eine andere Frau nähert sich und klagt den Geschlechtsgenossinnen *ihr Leid: Schlimmer als den Tieren gehe es den Neapolitanern, man sehe das schon am Clan der Casalesi, die ihr Land mit Müll vergiftet haben und damit ihre Kinder, nur um reich zu werden; mit den Drogen in Secondigliano sei es besser, wer wolle, der könne halt. Ihr Sohn arbeitet bei einer der zahlreichen Wachpersonalfirmen, steht immer auf Abruf bereit, quasi 24 Stunden pro Tag. Um ins vierzig Kilometer entfernte Capua zu fahren, muss er selbst das Benzin beisteuern, denn hinter ihm stehen andere junge Arbeitslose Schlange. Wann werden sie endlich rebellieren? Die* anime sante *sollen das ruhig hören, deshalb spreche sie so laut über die Zustände.*[30] Maria schaut betreten weg, sie will nicht, dass ich als wohlgesinnter Ausländer solches höre; stattdessen zeigt sie mir noch einmal jene Stellen

an den Wänden, an denen nach Meinung einiger sich Christus manifestiert habe, so auf einem Tuch, auf dem jemand das »Volto Santo« ausgemacht haben will, wie es schon 1932 einer frommen Frau erschienen sei und sich fortan verbreitet habe, daneben ein anderes Profil, das sich Christus zuwendet und ihn bestätigt.[31] Das Heilige zeigt sich auf Papier, Karton und Tüchern, auf Müll und Alltagstextilien, die, wenn sie ein Geschenk umwickeln oder auch ein Kind, gleichwohl Ausdruck von Luxus und Überfluss werden können (der große Luxus Neapels sind Geschenkverpackungen). Die Krypta ist der Ort, an dem die übersehene Anwesenheit Christi enthüllt wird, ein kosmologischer Ort, an dem das Reich Gottes sich inmitten des Staubs und der »Miseria« wenigstens in seinen Zeichen, seiner Alltagswirkung, anhand der Taten der Seelen im Fegefeuer, darstellt. Wie häufig zuletzt begegne ich Rita, einer versonnen dreinblickenden Frau, im Seitentrakt der Krypta, die auf

ihrem Stuhl ruht und den Schädeln zusieht, *sie stammt aus Secondigliano, lebt jetzt aber außerhalb. Und dann erzählt sie eine* testimonianza, *den Grund, warum sie heute hier ist – obwohl sie oft hierherkomme, um sich aufzumuntern und zu erholen. Ihr Mann hatte seine Dokumente verloren, die dann wiederum jemand in die Post geworfen haben wollte, und sie wollte an einem Freitag zur Zentralpost, um die Dokumente abzuholen. Es war aber schon zu spät, und dann folgte sie einem Postwagen, der führte sie ins Depot, dort fragte sie, erst wollte man ihr nicht helfen, aber sie insistierte, »bei den Seelen des Fegefeuers«, dann fand man die Dokumente, dann wollte man sie ihr nicht geben, da bat sie wieder bei den Seelen des Fegefeuers, dann erhielt sie sie. Sie führt dies auf den Einsatz der Toten zurück. Höhere Bürokratie.*[32] Wie in diesem Beispiel berichten jene, die die *anime* direkt ansprechen, von ganz praktischen Bedürfnissen. Sie tun das, was ein *santo in paradiso*, wie es in Neapel heißt, auch tun würde: Als ordentliche Verwandte setzen sie sich mit dem Einfluss ein, den sie haben. Wer indes seine Wünsche nicht im Herzen trägt, sondern auf der Zunge oder gar in die Schrift überführt, die auf den Mauern um die *sepolcrali* angebracht ist, bringt allgemeinere Bitten vor, die um Frieden in der Familie, um eine gute Ehe, um das, was mit den Interessen anderer nicht in Konflikt geraten könnte. Die geheimen, mit »magischen« Instrumentarien wie Zetteln, Murmeln ausgedrückten Wünsche hingegen könnten Konflikte mit anderen heraufbeschwören. Wer klug ist, wird sie nicht nennen.

Oder er wird sie gar nicht erst hegen, wobei ihm die Toten helfen. Während ich anlässlich des Rosenkranzes, der litaneihaften Marienanrufung, die sämtliche Wesenszüge der Madonna isolieren, dabei besonders ihre Keuschheit, ihre Unbeflecktheit hervorhebend, denke, dass Maria als Spenderin des Lebens in unzähligen rhetorischen Operationen unschuldig gemacht wird und Vorbedingungen dieser Unschuld expliziert werden (»Maria voll der Gnade / Maria, die unbefleckt Geborene / Maria, die Allerreinste«), wie ein Exorzismus, der das Böse aus den eigenen Wünschen schwemmen soll, die gleich ebenso, wenn auch oft verschwiegen, vor die Toten gebracht werden, erinnere ich mich, Menschen getroffen zu haben, die deshalb frei mit den Toten umgehen konnten, weil sie keinerlei Begehrlichkeiten mehr besaßen. *Der untersetzte Mann, der regelmäßig kam, ein Armutsgelübde abgelegt und alle Güter seiner Frau vermacht hatte, gehörte zu ihnen; er war als kleines Kind von der Madonna Addolorata gerettet worden, die ihm erschienen war, als er sterben zu müssen glaubte. Seine zweite Nahtoderfahrung hatte er als Erwachsener. Er schien sich mit dem zu identifizieren, was ohnehin um ihn war, mit der Krise, der Existenzangst, und steigerte sie. Er trug die Überlebensschuld gegenüber der Madonna ab, die ihm ins Haus gebracht wurde, als er an einer Tonsillitis litt, und sparte all sein Geld auf, um Pilgerreisen zu unternehmen, also die Schuld abzutragen. In der Folge atmete er schwer.*[33] Wer zweimal fast gestorben ist, kann nichts mehr besitzen, er ist nackt und schuldig. Er muss sich mit der Armut, dem Nichts identifizieren. Oder mit der Kriminalität, die man in Secondigliano fortwährend sieht, die das zweitstärkste in dieser Welt vorhandene Element darstellt. Von den Toten konnte er nichts verlangen, im Umgang mit ihnen vergewisserte er sich seiner Freiheit: Zwar schuldete er etwas, aber er hatte sich sämtlicher Verstrickungen entledigt.

III
Die Knochensammlerinnen von S. Pietro ad Aram. Erzählung einer Obsession

1. Die ersten Märtyrer der Stadt

Zur gleichen Zeit wie den Ort der *anime* in Secondigliano lernte ich den Totenkult in San Pietro ad Aram kennen.[1] Der Unterschied war und ist beträchtlich, zudem gibt es keine oder nur unwesentliche personelle Überschneidungen zwischen den Adepten. Wer in die Krypta der Ss. Cosma e Damiano stieg, hatte gehört, dass es Ähnliches im Stadtzentrum gab, war aber nie dort gewesen. Umgekehrt wusste man noch weniger. Secondigliano war aus Sicht des Zentrums, in dem sich San Pietro ad Aram befindet, ein marginaler Stadtteil, dazu übel beleumundet wegen der »allianza di Secondigliano«, einer camorristischen Organisation, die die letzten zehn Jahre um Einfluss in der Altstadt gekämpft hatte. Außerdem assoziierte man das Viertel mit einem der größten Hochsicherheitsgefängnisse in Europa. Ähnliche Abneigungen wurden in der Sanità unter jenen Menschen formuliert, bei denen ich lebte, allerdings kannte man den Stadtteil, was vielleicht mit den Antagonismen der jeweiligen Clans zu tun hatte. Sowohl bei Secondigliano als auch bei der Sanità handelte es sich um zentrale Peripherien. Rund um S. Pietro ad Aram indes waren die Randständigen, die Immigranten aus Algerien, Westafrika, der Ukraine, die Chinesen aus Guangzhou, war die ganze Welt an die Stelle eines halbproletarischen, aus Kleinunternehmern oder aus unteren Beamten bestehenden Milieus der Einheimischen getreten.

San Pietro ad Aram, am tagsüber geschäftigen Corso Umberto und nur fünf Minuten vom Hauptbahnhof entfernt, zählt zu den historisch wichtigsten Kirchen nicht nur Neapels. Eine Überlieferung besagt, hier habe der Apostel Petrus, nachdem er in Pozzuoli angelangt war, eine Messe gehalten und in Asprenas den ersten Ortsbischof eingesetzt.[2] Ein spätmanieristisches Gemälde unter einem Baldachin im Vestibül der Kirche erinnert das Ereignis und deutet auf den »Altar Petri« (*aram petri*), der sich an dieser Stelle befunden habe. Außerdem halten viele Stimmen dafür, die Kirche sei über dem ehemaligen Wohnhaus von Santa Candida errichtet (»Candida Vecchia«, deren Existenz allerdings von maßgeblichen Vertretern des Klerus bestritten wurde und damit zu einer nur mehr geduldeten Frömmigkeitspraxis führte), die den Apostel auf seinem Weg gen Rom um Heilung von einer schweren Krankheit anflehte. Als sie ihr gewährt wurde, nahm sie den Glauben an Christus an. Sie sei es auch gewesen, die den ebenfalls kranken Asprenas in Kontakt mit Petrus gebracht habe. Im Jahr 78 soll Candida unter Vespasian als Märtyrerin gestorben sein. Der unter dem linken Seitenschiff und dem Altar liegende Gang ist seither als ehemalige Römerstraße, eine ausgegrabene Treppe als Eingang zum Haus der Heiligen und ein Brunnen als »ihr« Brunnen bekannt, an dem sie den aus Antiochien angereisten Stellvertreter Christi begrüßte. In der Sakristei der Kirche, die mit allerhand nach Restaurierung rufenden Gemälden erstrangiger neapolitanischer Künstler ausgestattet ist (von Luca Giordano bis Massimo Stanzione), ruht in einem aus Holz und Glas gefertigten Kasten der vermeintliche Schädel der frommen Frau. Ihre unterirdische »Straße« flankiert seit mehr als hundert Jahren die Krypta, in der sich anschließend an eine paläochristliche Kirche ein Friedhof auftut, die ehemalige *cripta cimiteriale*, wo sich höchstwahrscheinlich lange eine *terra santa* der ansässigen Mönche befand. Clemens VI. erklärte im Zeitalter der Katholischen Reform die Kirche zur Basilika, in der auch das »Giubileo«, das alle fünfundzwanzig Jahre in Rom gefeierte »Heilige Jahr« der Versöhnung und Vergebung der Sünden, zelebriert werden durfte.[3] Den Gläubigen sollte der weite Weg und Rom die Überfüllung durch Südländer erspart werden; als allerdings die Formen zu unabhängig wurden, schaffte Clemens VII. das Privileg wieder ab.[4] Im 16. und 17. Jahrhundert war das an die Kirche anschließende und im Zug der Neugestaltung der Hauptverkehrsader, des Corso Umberto, stark in Mitleidenschaft gezogene Kloster für die Aufnahme von Häretikern berüchtigt (so lehrte Pietro Martire Vermigli als Prior der Augustiner-Chorherren in S. Pietro ad Aram, bevor er sich reformatorischen und waldesischen Überlegungen zur Eucharistie zuwandte, nach England und später in die Schweiz flüchtete). Seit Anfang des 19. Jahrhunderts gehört der Komplex den Frati Minori, einem Orden franziskanischer Observanz. Schließlich zählt S. Pietro ad Aram traditionell zu den Kirchen, in denen sich mehrmals jährlich die pastoraltheologisch umstrittenen Massenexorzismen »liberazione e guarigione« (Befreiung und Heilung) abspielen.

Es gehört zu den vielen Besonderheiten Neapels, dass die Geschichte dieser Kirche nur unzureichend in schlecht gesicherten Fragmenten erzählt werden kann. Außer in dem nach höchst subjektiven Gesichtspunkten gegliederten Buch eines Priesters über seine Spaziergänge durch die Kirchen der Stadt und einer anekdotischen Kompilation[5] existiert kein autoritativer Führer, keine Geschichte der Kirchen in Neapel, weder vom frömmigkeits- noch vom kunst- und architekturhistorischen Gesichtspunkt aus. Vor gut zehn Jahren versuchten zwei junge Architekten, die (Bau-) Geschichte der Kirche aus den Akten der Franziskaner und des Diözesanarchivs zu rekonstruieren. Für die während der Zeitläufte (vor allem 1799: erst von den republikanischen Franzosen, dann von den reaktionären Truppen Kardinal Ruffos) immer wieder geplünderte und anschließend nur unzureichend sanierte Basilika, deren Kunstschätze in Privatsammlungen, in anderen Klöstern oder, wie aufgrund des großen Erdbebens von 1456 anzunehmen ist, im Erdboden verschwunden sind, entwickelten sie einen Restaurationsplan, der seit 2015 dank einer städtischen Ausschreibung wenigstens ansatzweise realisiert wird. Die Kultgeschichte des Ortes lässt sich allerdings schwer darstellen, die zahlreichen Ex-Voti, die die Verehrung der Santa Candida nachvollziehen lassen könnten, wurden 1799 zerstört, und das Gedächtnis dieses christlichen Gründungsortes Neapels ist gegenüber dem des Patrons San Gennaro stark verblasst. Wenn die Kirche einst vor den Toren der Stadt lag, so befindet sie sich heute am äußeren Rand der *spaccanapoli*, der wuseligen Altstadt, aber noch zu sehr auf einem unüberschaubaren Platz, als dass sie Kunstinteressierte wirklich anlocken könnte. Vor dem Hauptportal werden unter den Augen der Polizei raubkopierte CDs und DVDs und lokal fabrizierte *falsi*, gefälschte Markenprodukte, veräußert. Von kultischer Bedeutung in der Oberkirche sind das Vestibül, in dem Paare ihre Namen in die Wand ritzten (bevor sie von einem Schild des Sakristans zurechtgewiesen wurden: »Wenn ihr glaubt, ihr könntet euch hier unsterblich machen, so irrt ihr; eure Namen werden *sofort* ausgelöscht!«), eine Statue der schlangentötenden Madonna *della vittoria*, die zahlreiche Bittbriefchen in ihren Glaskasten gesteckt bekommt, sowie die Statue des sitzenden Petrus, der jeden letzten Montag im Monat die Bilder der verstorbenen Gemeindemitglieder empfängt, und schließlich – und in diesem Zusammenhang – das Relief der alle Verstorbenen unter ihren Mantel nehmenden Muttergottes, ein Renaissancebild, das als Gnadenversprechen auch an jene gerichtet ist, über die der Heilige Petrus kraft seiner himmlischen und irdischen Schlüsselgewalt wacht. Man könnte annehmen, dass die Madonna die Gnade, Petrus das Gesetz repräsentieren, und dass jener Antagonismus durch die Arbeit der fürbittenden Gläubigen in der Krypta gelöst werde. Dass die Totenbilder »oben« in ein Körbchen zu Füßen des Apostels gelangen, ist auch als Versuch zu verstehen, das Totengedenken in den Händen der offiziellen Kirche zu behalten. Doch wie sieht es unter der Statue des Heiligen Petrus aus?

Im Rücken des Heiligen öffnet sich eine kleine Seitenkapelle, im Boden ein Stahlgitter, durch das man Geräusche, Stimmen, aber auch Lichter wahrnehmen kann, die das Dunkel der Unterkirche erhellen. Ein kleines Tor, normalerweise geschlossen, das der Sakristan Eingeweihten öffnet. Auf der Treppe eine Statuette der Muttergottes von Medjugorje, mit geöffneten Händen. Unten der Gang über die nunmehr mit allerhand Keramikdarstellungen aus den 1930er-Jahren versehene »Straße« der Santa Candida. Ich trete in die schimmlig riechende Unterkirche mit ihren schweren Holzbänken, in denen sich zehn Personen befinden, Frauen, aber auch ein ebenso neugierig wie angewidert dreinblickender Mann, eine Mutter mit ihrem großen, dicken Sohn. Die Beleuchtung ist funzelig. In der Oberkirche habe ich eine Woche zuvor – es ist der erste Montag im Juni – das Gebet für die Verstorbenen gehört, einen Rosenkranz, den eine elegant gekleidete Frau Anfang siebzig um ihre Reflexion über die »Freunde von San Pietro«, die unbekannten Seelen, angereichert hatte, die sie besonders von der Madonna umsorgt sah. Neben dem Altar war großformatig die Reproduktion eines Gemäldes der »Divina misericordia« (göttliche Barmherzigkeit) aufgestellt, mit dem im leuchtenden Gewand auf den Betrachter zuschreitenden Christus, aus dessen Seite ein blauer und ein roter Strahl, Blut und Wasser, hervortraten. Das Gemälde wurde von blauer Neonbeleuchtung umrahmt. Anschließend hatte ein Priester die Messe für sämtliche Verstorbene gelesen, wie es üblich war am letzten Montag im Monat; er hatte ermahnt, während der Messe nicht umherzulaufen und die vielen Berührungen sakraler Gegenstände zu unterlassen. Die Beziehung mit Gott beginne von Gott aus, sagte er, als ob er der menschlichen Initiative ein Ende setzen wollte. Und die Messe sei »SEIN« Geschenk. Sie erfolge unentgeltlich, die größte Gabe, da keine Gegengabe möglich sei – Geld brauche man hingegen, um eine Arbeitsstelle zu bekommen. Die verstorbenen Seelen hießen *sante*, weil sie nahe an Gott seien: »Heute bitten wir, dass die Madonna viele Seelen aus dem Fegefeuer mit hinaufzieht.« Anschließend hatte eine Frau mittleren Alters ihre *testimonianza* vor der Gemeinde abgelegt: Sie berichtete von den Wundern der Madonna und der Medaille von Medjugorje. Krebskrank hatte sie im Krankenhaus eine Vision, aber das Wichtigste war die Ermutigung und die dadurch gewonnene Fähigkeit zur Solidarität mit den anderen. Das Wunder, die Erscheinung, hatte sie in die Welt zurückgeführt, aus der sie sich als Leidende entfernt und isoliert hatte. In der Unterkirche ist von dieser auf das gute Leben, auf die Trennung von Gott und Mensch, von Lebenden und Toten zielenden Übersetzung des affektiven Verhältnisses zu den Toten in ein moralisches Verhältnis zur ganzen Welt, zunächst wenig zu sehen und zu hören. Die schlecht geweißelte Stätte mit ihren Nischen, in denen Kerzen stehen und früher Schädel ausgestellt gewesen sein sollen,[6] führt zu anderen Gedanken.

Das ist eine Höhle, also genau das Richtige für die devozione alle anime purganti; *aber dann ist dieses gotische Gewölbe eben auch ein Zelt, quasi schwerelos: der Mutterschoß. Als das Rosenkranzgebet beginnt, tritt eine kleine schlohweiße Frau an mich heran und bittet mich, das erste* mistero, *die Ankündigung der Geburt Christi, vorzulesen. Ich bin verunsichert, komme dem aber nach. Später bittet sie mich nochmals, das vierte Mysterium (die Erfüllung des Versprechens gegenüber Simeon, der vor seinem Tod noch einmal Christus sehen darf) vorzutragen. Am Ende des Gebets, das etwa eine Dreiviertelstunde dauert und das ich stehend, aber an den mir bekannten Stellen mitsprechend erlebt habe, begebe ich mich zu den drei Frauen in der ersten Reihe, die eine besonders wichtige Rolle einzunehmen schienen, weil sie das Gebet organisierten. Ja, das sei für die* anime nel purgatorio, *aber eben ein allgemeines Gebet für die Toten, so wie es viele noch in Neapel praktizierten, sagt lächelnd die alte Dame mit dem schlohweißen Haar. Dann sagt man mir, ich möge doch die andere Treppe – die neben dem alten Altar – hinaufgehen, dann käme ich direkt in der Sakristei an, um dort auch S. Candidas* teschio *zu sehen. Aber zunächst einmal werde ich von der energischen älteren Dame, Gianna, zurückgehalten, der ich von meinem Interesse berichte, und die sich sofort freudig erregt zeigt. Ja, man müsse unbedingt diesen Ort in das Gedächtnis der Menschen zurückholen, »schreiben Sie etwas über San Pietro ad Aram«. Ich bin in ihren Augen ein bedeutender Mann. Sie selbst sei hier so eine Art Mentorin, weil sie eine spirituelle Verbindung zu den Toten habe. Und ihren Pater – sie meint einen Karmeliter in Bari, der einmal ein Professor gewesen sein soll und zudem Englisch spreche – sollte ich kennenlernen, der wisse viel Theologisches über die Sache. Sie ruft ihn an und lässt mich mit ihm sprechen. Wir beide sind verlegen. Er sagt, er kenne S. Pietro ad Aram eigentlich nicht. Ich glaube, es handelt sich um einen »geistlichen Begleiter«, vielleicht auch um ihren Aufpasser. Sie taut auf und stellt mir die rot gekleidete, jüngere Frau vor, die eigentlich den Gebetskreis leite. Ich hatte sie bereits bemerkt. Dann deutet Gianna durch ein Gitter auf den von Friedhofslampen erhellten alten* cimitero ipogeo. *Er befindet sich genau hinter der Unterkirche. Hier ruhten die ersten napolitanischen Märtyrer. Und unter der Erde seien weitere, das wisse sie. Ich frage, ob sie sich in Träumen manifestierten. Gianna, freimütig, deutet auf die rot gekleidete Frau: »Die träumt, ich nicht. Ich* sehe *aber die Toten. Und sie sprechen mit mir. Zum Beispiel hat mir die Hl. Candida gezeigt, wo sie gewohnt hat. Und ich habe geträumt, wo sich die Knochen der kleinen Kinder befinden. Sie da – sie deutet wiederum auf die rot gekleidete Frau – hat sie dann ausgegraben.« Beide Frauen nehmen explizit auf die sieben* opere di misericordia *Bezug. Es gelte, die Toten zu bestatten, deren Knochen verstreut sind, sie erst einmal zusammenzufügen. Die rot gekleidete Frau hat die Gebeine in Kisten gelegt, sortiert, und die Kisten verschlossen, die sich hier in der Krypta befinden. Gianna erklärt, es handele sich um einen Schatz für ganz Neapel, bestimmt, dem neapolitanischen Volk, das so gut sei wie kaum ein anderes, aber so schlecht regiert werde, die Würde zurückzugeben. Gianna nimmt meine Daten entgegen und gibt mir ihre. Sie würde sich freuen, wenn ich häufiger käme. Mit den anderen beiden Frauen lobt sie mich als* bell'uomo, *vermutlich als stattlichen Mann (ich erinnere mich an den Jungen in der Sanità, der letzten Freitag über meinen Bauch strich und anerkennend sagte:* che panza!). *Die Schlohweiße hält sich bei den seherischen Geständnissen lieber abseits. Sie hatte, bevor ich die Treppe hinaufging, geflüstert, ihre Mutter habe die Deutschen nicht gemocht, weil die ihr einen Bruder erschossen hätten, aber der Herr, das sagt sie, liebe alle Menschen, die zu ihm kommen.*[7]

Die Schlohweiße, das ist Maria, eine Frau aus S. Giovanni a Teduccio, ein von der Stilllegung mehrerer Fabriken in Mitleidenschaft gezogener Vorort Neapels, dessen kleiner Fluss, der Lagno, lange das Leben und die Freizeit seiner Bewohner prägte, bis man ihn unter Asphalt begrub. Dort wurde er, in den kurzen Jahrzehnten der staatlichen Industrialisierung, vollständig vergiftet. Maria arbeitet mit Gianna, seitdem sie ein »Oratorium« in Barra gegründet haben.[8] In Barra gab es laut Maria auch einmal eine den *anime sante* gewidmete Unterkirche, wo sie hinabstieg, bis der Pfarrer den Eingang zumauern ließ. Die Geschichte des der Heiligen Patrizia[9] gewidmeten Oratoriums, an das sich Maria häufig in der Krypta von S. Pietro ad Aram erinnert fühlen wird, stellt sich nach ihr und Gianna so dar: *Sie sorgten sich dort um Hausaufgabenbetreuung und Katechismus, ein großes Werk, wie die beiden anderen Frauen sagen, bis man sie beschuldigte, Geld einzubehalten und den Drogenschmuggel zu befürworten. Dabei habe sie sich um alle verdient gemacht, selbst aidskranke Kinder bei sich zu Hause aufgenommen. Dann verließ sie das Oratorium in Barra und es verfiel.*[10] Das Oratorium befand sich im Untergeschoss eines einfachen Mehrfamilienhauses nahe der Bahnstation von Barra, 150 Jugendliche führte es Jahr für Jahr zur Erstkommunion. Im selben Gebäudekomplex wohnt Maria mit ihrem Ehemann, der seit Jahrzehnten der treue, wenngleich nicht immer überzeugte Chauffeur seiner Frau und Giannas ist. Beide schauen von ihrem Balkon auf den Bau, aus dem sie vertrieben wurden und wo nunmehr Spekulanten Einzug gehalten haben. Zusehends vermüllen die Wiesen. Das Kreuz aus dem Oratorium bringen sie regelmäßig in die Unterkirche von S. Pietro ad Aram.

Die Frau in der roten Sportjacke ist Lella, Anfang bis Mitte vierzig, die mit Tante, Mutter und vier Schwestern eine Pizzeria zwischen Hauptbahnhof und Piazza Mercato betreibt. Eine Pizzeria in Frauenhand, mit Frauen am Ofen, das gibt es nur einmal in Neapel. Lella hat die Weißelung der Unterkirche übernommen, mit einem Bekannten die Kisten aus Aluminium und dem offenen Fenster – »die Toten müssen atmen« – gebaut: *Sie weiß, dass die Toten unter S. Pietro ad aram und an anderen Orten der Stadt nichts anderes wollen als ein richtiges Begräbnis, dass sie endlich in »cassette« ruhen wollen, auch zu ihrem Schutz.* Es sind die Knochenreste, die die Franziskaner in die hinteren Räume der Unterkirche verbracht hatten bei ihren periodischen Schließungsversuchen. Lella beharrt darauf, dass dies die ältesten Toten seien, aber auf ihre Weise ebenso die jüngsten. *Sie selbst habe von Kindergebeinen geträumt und sie auch gefunden – sie zeigt mir Beckenknochen, Knochenstaub, grob, unter einem Sieb mit Sand aus der Unterkirche, und Gianna ergänzt, genau, dies seien die Kinder, die auch ihr erschienen seien.*[11] In Lellas Sorge um die Toten sehe ich die Sorge um ihre Kinder, die sie nicht hat, nicht haben kann, darin liegt die Verletzbarkeit dieser so burschikos wirkenden Frau mit dem Kurzhaarschnitt, mit der Ellbogenreizung, die von der Arbeit am Pizzaofen herrührt, mit dem seltsamen Gang, der womöglich Anzeichen eines Hüftleidens ist. In den toten Kindern liegt ihr ungelebtes Leben sowie die Zukunft der Pizzeria, ihrer Familie, ihrer Tanten, am Anfang des Viertels Mercato. Ihre Devotion nicht allein gegenüber den Toten, sondern der gesamten Kirche konzentriert sich auf körperliche Äußerungen, auf Unterwerfungsgesten in der Oberkirche (Kniebeugen) und Heiligen- und Christusbildern zugeworfene Küsse. Das drückt einerseits spezielles Wissen und große Vertrautheit als *local* aus, andererseits Distanz: Sie muss noch warten, bis sie erwählt wird.

Gianna besteht darauf, *dass ich sie nicht schlecht behandle, dass ich nichts Schlechtes schreibe über die Toten, sie sagt, dass manche Priester ihr – die Krypta wurde erst in den 90er-Jahren wiedereröffnet – skeptisch gegenüberstehen, ja sie ablehnen. Aber dass es ihr eigentlich darum ginge, mit den Toten und durch die Toten zum Wohl der Stadt beizutragen. Außerdem würde durch die Sorge um die Toten das Evangelium lebendig (sie erzählt mir, dass sie ja erst 1961 das Evangelium auf Italienisch lesen konnte).*[12] Auf Vermittlung eines Priesters ist Lella zu ihr gekommen, sie habe ihr Anliegen aber erst verstanden, als sie zusammen beteten. Sie knieten nieder vor der Statue der Schmerzensreichen, in Giannas Wohnung in San Giorgio a Cremano, einem zu Füßen des Vesuvs gelegenen Ort, in den vor allem Angestellte aus der neapolitanischen unteren Mittelschicht nach dem Erdbeben vom November 1980 zogen. Die Schmerzensreiche in Giannas Wohnung hat zwar den traurigen Gesichtsausdruck der Muttergottes, die soeben ihren Sohn verloren hat, aber Gianna hat ihr ein neues Kleid genäht, mit leuchtenden Farben. Man kann es hochheben und sieht darunter ein Unterkleid aus weißen Täschchen, in die Giannas Besucher ihre auf Briefchen festgehaltenen Wünsche stecken. Nahebei liegt San Sebastiano, ein Ort, den Norman Lewis in seinen Erinnerungen beschreibt, weil hier die Menschen mit den Heiligenfiguren, den Kultbildern aus Kirche und Haus der Lava entgegentraten, die 1944 vom Vesuv herunterfloss.[13] Mit Maria und Mario ist Gianna selbst auf den Vesuv gestiegen und hat ein Kreuz in den Krater geworfen, was sie mir auf einem Videoband zeigt. Sie habe das anstelle des Bischofs von Pompeji getan, dessen Erscheinen die Leute beunruhigt hätte. Gianna hat drei erwachsene Kinder, wobei nur eine Tochter, unlängst von ihrem Ehemann verlassen, ihre Devotion teilt. Ihr Sohn produziert freischaffend elektronische Musik und würde lieber in Deutschland oder zumindest in Norditalien leben. Ihr Mann arbeitete lange für die Banco di Napoli und ist vor über einem Jahrzehnt verstorben. Sie selbst hat ihr *dono* erst durch eine schwere Krankheit entdeckt. Sie hält sich viel auf ihre mangelnde theologische Bildung zugute, darauf, nur die *terza media* (also die achte Klasse) abgeschlossen zu haben; dennoch stehen bei ihr daheim vor allem die Werke der

Teresa d'Avila und anderer Mystikerinnen. Priester im Rufe der Heiligkeit haben Gianna ihre spirituellen Entdeckungen, die Tagebücher ihrer inneren Kämpfe sowie ihrer Offenbarungen anvertraut, darunter der vorletzte Bischof von Pompeji.[14] Immer wieder wird sie von Personen aufgesucht, die ein Gebet nötig haben, ein Gebet, das oftmals einer Beratung gleicht.

Diese drei Frauen werde ich ein Jahr lang immer wieder aufsuchen. In S. Pietro ad Aram und bei sich daheim.

Am nächsten Freitag bin ich mit Gianna vor S. Pietro ad Aram verabredet. Ich habe sie um ein Gespräch gebeten; sie sagte mir, sie würde abgeholt werden von Lella und tatsächlich kam sie mit ihrem Enkel, Lella, Maria und einer weiteren Frau – allerdings eine gute halbe Stunde später (die Polizei hatte schon die ganze Straße geräumt, vermutlich aber aus anderen Gründen). Sie lacht ausgiebig, herzt mich, dann erzählt sie mir sogleich, wie sie von Lella vor einem Dreivierteljahr ausgesucht wurde, als eine Art Mentorin zu fungieren, wie sie schon mit sieben Jahren die Toten sah, ja aufgewachsen war mit den anime nel purgatorio. *Und dass sie dies nun dem Neffen erklären wolle. Ich rate, dass die* anime *leicht in Kontakt treten mit* innocenti, *den Unschuldigen, sie lacht, Frauen und Kinder, ja, dann erzählt sie, dass sie 1943 in Sarno geboren sei, viel Zeit in Barrà, rund um Pompeji verbracht habe, dass dort auch ein Bischof gewesen sei, dessen Anwesenheit sie und Maria noch heute spüren, wenn sie an seinem Grab stehen. Und dass sie ein enges Verhältnis zur Hl. Candida habe, der ersten Märtyrerin Neapels, die sie einmal um die Ecke von S. Pietro ad Aram habe kommen sehen, so wie man einen normalen Menschen kommen sieht, und die sagte, heute würde sie sich so verhalten wie Teresa von Kalkutta, nämlich ihr Haus den Armen zur Verfügung stellen. In der Kirche sagt Gianna, dass Jesus mich geschickt habe, sie werde mir alles erzählen, wenn wir unter uns seien – offenbar fühlt sie sich gestört von den anderen Besuchern –, dann zeigt sie mir im Vestibül das Porträt des Seligen Ludwig von Casoria, von dessen Mantel sie in Pompeji eine Reliquie besessen habe, was sie nicht wusste, bis sie nach S. Pietro ad Aram geholt wurde. Alles Weitere will sie mir in der* cripta cimiteriale *erzählen. Dort habe sie einen bestimmten Toten, der in einer Ecke des unterirdischen Friedhofs unter der* terra santa *beziehungsweise hinter einem Stein begraben gewesen sein soll (genau habe ich das nicht verstanden), der sich ihr als Armando offenbart habe, einen Rosenkranz hat sie ihm hingehängt und auch das Bildchen des Heiligen Joseph, weil er sie an den Vater Jesu erinnere, und dann habe sie ihn auf die Probe gestellt. Unternimm etwas gegen die Arbeitslosigkeit, habe sie ihm gesagt, es gäbe einen jungen Mann, der dringend Arbeit benötige, und zu dem ist Gianna nach einem Traum gegangen und hat ihm gesagt, dass er bald Arbeit haben werde, und zwei Tage später habe er durch den Toten tatsächlich einen Job bekommen. Ich frage, ob die* anime sante nel purgatorio *wie Heilige seien, oder mehr oder weniger? Sie sind wie Heilige, aber eigentlich besser: Denn sie verrichten ihr Werk, ohne kanonisiert zu sein, sie leisten ihre Arbeit quasi unbezahlt.*

Zum ersten Mal betrete ich das Innere der Krypta, den Friedhof, seinen Schatz. Ich erinnere mich, dass es noch feuchter war als im Vorraum, der Unterkirche, dass alles sich wie unter Nebelschwaden anfühlte.

Gianna möchte mir etwas über den Ort erzählen und möchte mich kennenlernen, deshalb stellt sie sich vor den Armando geweihten Ort, eine bröckelnde Kachel im Mauerwerk, ergreift meine Hand und hört dann Armando sprechen, der ihr, die sie die Augen nicht schließt, sondern stumm dasteht, einiges sagt. Sie dreht sich gelegentlich zu mir um und spricht. Ich solle von einem großen Kreuz ausgehen, das an ein Gemälde von Salvador Dalí erinnere. Das sehe sie zuerst. Außerdem solle ich sehr für einen gewissen Vincenzo beten. Ich möge mich vor Feuer in Acht nehmen, da müsse ich aufpassen. Es gebe für mich eine Frau, Anna oder Andrea. Ich würde die kleinen Dinge ernst nehmen, ihnen ins Herz schauen, das gefalle Armando. Auch, dass ich bislang das, was ich mir zum Ziel gesetzt habe, erreicht habe. Das sei sehr wichtig und gut. Ich hätte Erfolg gehabt und Armando sehe für mich noch größeren Erfolg. Mit 15 Jahren hätte ich ein Erlebnis gehabt, das für mich prägend gewesen sei, eine Vorahnung von etwas, das sich erst jetzt entfalte – das gelte, auch wenn ich das möglicherweise vergessen hätte. Dann erzählt Armando davon, dass Neapel immer eine Stadt unter Besatzung gewesen sei, dass hier die Minderheit die Mehrheit unterdrückt habe.

Gianna sagt, sie sehe Armando immer als teschio *unter dem Mantel der Madonna. Ihre Devotion, ihre erste Erscheinung, gehöre der Madonna. Streng genommen handele es sich auch nicht um* devozione popolare, *sondern um* misticismo. *Sie sei zu all dem durch einen Pater gelangt, der sie ausgebildet habe.*

Die Toten wohnten im Herz Jesu, das Herz Jesu nehme die Toten auf – so sagt Maria, als ich sie nach den vielen Reproduktionen der »Divina Misericordia« mit dem Herzen Jesu frage, nach dem Bild, das überall in der cripta cimiteriale *aufgehängt ist.*

Der Pfarrer hat dies veranlasst, wohl um die flottierenden Sehnsüchte nach dem sinnlichen Durchbruch zu einer anderen Welt im Zeichen der einzigen legitimen Präsenz zu konzentrieren.

Wir gehen in die Unterkirche zurück – Gianna fragt ihren Neffen, ob er Angst gehabt habe; Lella zeigt mit großer Bestimmtheit auf die Mauer, hinter der sie weitere Tote weiß, deren Gebeine sie sortieren und bestatten will, dort, wo bislang nur nummerierte Kästen stehen, wohl weil die Franziskaner als Eigner der Kirche zwar dem Eifer Lellas, nicht aber den von ihr gelieferten Namen der Toten trauen – und beginnen mit dem Rosenkranz. Gianna nimmt mich neben sich, ich lese auch zweimal das mistero *(zuerst zur Verkündung, dann das der Erscheinung Jesu im Tempel), ich merke, wie im Rosenkranz für die* anime nel purgatorio *gebetet wird, mehr, als dies bei anderen Rosenkränzen der Fall ist, ich höre, wie Gianna über dem Text, den ein bischöflich sanktioniertes Rosenkranz-Meditationsbuch bereitstellt, eigene Betrachtungen improvisiert, über die Toten, die für das Wohlergehen von Neapel, und nicht nur Neapels beten mögen, über die Toten, die uns alle anziehen und hier versammeln, damit wir in einer*

Zeit der aufgekündigten Liebe und des allgemeinen Verlusts den Sinn der Liebe wiederfinden (der Liebe, die die Toten für uns haben, aber, wie ich denke, indem wir sie lieben: wir lieben sie, damit sie uns lieben können, und darin lieben wir uns selbst; es ist die Kunst des Umwegs, den jeder Totenkult lehrt). Ich komme mir seltsam vor, weil ich einen Rosenkranz nun wirklich so gut wie nie in der Hand gehabt habe und Gianna mir einen gibt. Aber ich schwitze nicht mehr so wie in jenem Moment, als sie mich Armando präsentierte. In diesem Zusammenhang denke ich, dass die Toten eminent Begegnung unter Lebenden ermöglichen, sie dieser Begegnung sowohl einen Spielraum als auch eine Verbindlichkeit verschaffen, das heißt, jene binden, die vor und über die vor den Toten gesprochen wird. Denn der Tod ist die einzige Wahrheit.

Maria, die während der Andacht neben mir saß – diesmal waren es vielleicht zwischen zwölf und vierzehn devoti, was ich von der ersten Reihe nicht sicher einschätzen konnte –, sagt zu Gianna, dass sie vor drei Jahren von einem Ulderigo gehört habe (gebetet habe? – ich verstand das nicht richtig, es war auch nicht für mich bestimmt), der jetzt gekommen sei.

S. Pietro ad Aram ist der Ort, an dem die christliche Geschichte Neapels seinen Anfang nahm. Also auch der Ort, an dem definiert wird, was christlich ist in Neapel. Die Sorge für die Toten wird im Licht der opere della misericordia *an Außenstehende vermittelt, innen geht es um Providenz (der Tote sieht etwas voraus und auch die Vergangenheit klarer, eben weil er näher an Gott und damit näher an den Bestimmungen der Ewigkeit ist), um Wunscherfüllung, um die Quelle, aus der die sozialen Beziehungen existieren (der Umgang mit den Toten, den Fremden, den Armen schafft den Definitionsrahmen für den Umgang untereinander). Zugleich glauben die Adepten, dass diese Devotion abnimmt, dass sie bewusst oder aus Ignoranz vernachlässigt wird. Darum empfinden sie sich selbst als die letzten Zuckungen gerade Sterbender, je nach Tagesform als Auserwählte, Vergessene, Überlebende.*[15]

Wie im Fall von S. Candida sind sie die Überlebenden einer Kultur der Heiligen, die, nachdem das Zweite Vatikanische Konzil ein symbolisches Verständnis von Heiligkeit propagierte (oder von praktischer Nachfolge anstatt wunderwirkender Berührungen), ein Schattendasein fristet. Dabei sind sie demütige Menschen in dem Sinne, dass sie die Wirkungen Gottes erfahren wollen, ohne sich anzumaßen, je sein zu können wie Er. Diese Demut immunisiert sie gegen den Anspruch einer allgemeinen Moral, macht sie aber nicht »unmoralisch«.

2. Gianna und die Geister

Als ich im Mai 2013 nach S. Pietro ad Aram kam, begann die Geschichte zwischen Gianna und den Toten erst. Was von dem, worüber sie und ihre Helferin Maria sprachen, für mich bestimmt war, und was sie nur einander mitteilen wollten, ist nicht mehr zu unterscheiden. Beide Frauen sahen in mir einen potenziellen Verbündeten, um in der Kirche die gemeinsame Mission fortzusetzen. Lella hingegen verfügte über Hausmacht: mit Carmine, dem umtriebigen Nachmittagsküster – vielfach werden in Neapels Kirchen aus sozialen Gründen diese Stellen geteilt – und mit Don Luigi, einem älteren, würdevoll dahinschlurfenden Arbeitslosen, der Carmine oft Gesellschaft leistete, während beide einen Nachmittag in der Kirchenbank kauerten und eigentlich nur darauf warteten, dass die Franziskaner einen Priester für die Messe schickten, pflegte sie einen robusten, herzlichen Umgang. Ich war ihr anfangs suspekt, im Gegensatz zu Gianna und Maria versuchte Lella nicht, mich in ihr soziales Umfeld einzubeziehen. Erst als ich einige Male in ihre Pizzeria kam, als ich ihre mit Ricotta, Speck und Tomaten gefüllte *pizza fritta* aß, später mit anderen jungen Menschen auftauchte, mit Frauen, als ich Normalität gewann, öffnete sie sich ein wenig. Für sie war ich »o' prufesso'«, für Maria und Gianna ein gut ausgebildeter junger Mann, der einem selbst oder jemandem aus der Familie helfen konnte, einen »Schritt nach vorne« zu machen. Indem man mich als offenkundig aufrichtige und seriöse Person mit Verwandten und Bekannten in Kontakt brachte, konnte man helfen, deren Bedenken gegenüber der eigenen Aktivität zu zerstreuen. Damit ist nicht gesagt, dass es beiden nicht in erster Linie um religiöse Ziele zu tun war, im Gegenteil. Im Laufe der Monate übertrug Gianna mir Aufgaben, die sich von anfangs handfesten – den Schädel der Santa Candida in die Krypta tragen, das Kruzifix des Oratoriums über das Kruzifix auf dem Altar der Unterkirche hängen – zu wahren Ministerien ausweiteten: Verhandlungen mit Fra Pio, dem für die Kirche verantwortlichen Franziskanermönch, zu führen; auf der Auftaktveranstaltung zur Seligsprechung einer Nonne im Benevento, die mit einem dortigen Kult um das Heilige Blut verbunden ist, Grüße zu überbringen und Giannas *testimonianza* vorzutragen. Bei alledem war zumindest Gianna darauf bedacht, meine Absichten und Interessen herauszufinden, sie mit ihren eigenen Absichten zu verbinden, ohne mich dies zu genau merken zu lassen. Deshalb wurden Bemerkungen über Kulte und Praktiken, von denen man annahm, dass ich mehr über sie wissen wollte, en passant fallen gelassen oder es wurde so getan, als handelte es sich um ein Geheimnis, obwohl sie eigentlich offenkundig waren (die Massenexorzismen in S. Pietro ad Aram beispielsweise). Auch luden mich Gianna und Maria häufig zu Mittagessen ein, bei denen besonders Gianna ihre lokale Verwurzelung in dem dokumentierte, was man für die gute neapolitanische Küche, aber auch die neapolitanische Kultur allgemein halten sollte: Während ich Büffelmozzarella, Spaghetti mit Miesmuscheln und frittierte Meeresfrüchte aß, liefen Videoclips des fromm-anarchistischen Komikers Massimo Troisi (1953–1994) oder Gebete auf Neapolitanisch. Die Essen wurden oft von Maria, der Assistentin, in deren Haus veranstaltet, das sich in einer sehr schlichten gated community nahe der Regionalbahnstation von Barrà befindet. Ihr Mann Mario, der eigentlich lieber über Fußball sprach und sich bei geistlichen Themen zurückhielt, gab mir zu verstehen, dass er sich inmitten der Aktivitäten der

Frauen einen Platz in den hinteren Reihen suchte, aber alles, was sie wünschten, für sie tun würde; er zeigte mir beim Eintreten das Oratorium, die darüber errichteten Wohnungen. Es war ein fortwährender Schmerz. Menschen, die es früher besucht hatten, kamen nun häufiger zu diesem Ehepaar. Die Wohnung selbst war klein, Marias Mutter hatte hier nach dem Einzug noch neun Kinder großgezogen, und wenn es an Platz gemangelt hatte, so hatte man für die Jüngsten eine Schrankschublade ausgezogen und sie dort auf Kissen gebettet. Die neapolitanische Gesellschaft tendiert traditionell zur Matrilokalität,[16] weshalb man in traditionellen Haushalten Männer eines gewissen Alters unterteilen kann in jene, die aus Scheu oder Respekt gleichsam auf der Schwelle des neuen Heims stehen geblieben sind und der Frau darin die größere Macht zusprechen, und in solche, die sich das, was sie durch die Eheschließung erworben zu haben glauben, mit Gewalt sichern. Mario gehörte zum ersten Typus, er vertraute auf die Anweisungen und Erzählungen seiner Frau. In der Wohnung war die gesamte christliche Heilsgeschichte versammelt: im Esszimmer gab es den von schräg oben aufgenommenen Gekreuzigten Salvador Dalís (und ich bin sicher, dass Giannas »Eingebung« vor dem »Grab« Armandos darauf referierte), während im Schlafzimmer über dem Bett der Eheleute ein gewaltiges Hologramm hing, das beim Eintreten Maria, frontal das Jesuskind, und von der Seite den Gekreuzigten zeigte. Das Leben Jesu, mitsamt seinem Kreuzestod als Höhepunkt, war in dieser Wohnung präsent, und dort, wo die eheliche Liebe ihre Vervollkommnung finden sollte, wurde es auch in seinen Voraussetzungen vergegenwärtigt; aber es hörte eben mit diesem Leben auch auf. Die Auferstehung war etwas, das man wusste, aber nicht sah; und sie erlaubte, was man sah, im Hinblick auf das Gewusste zu deuten, von dem sich aber nur die Vorbedingungen reproduzieren ließen. Dalís Bild des Gekreuzigten in Marias Esszimmer war eine Reproduktion auf Glas, es verzierte ein Fenster, durch das man weiter ins Innere der Wohnung sehen konnte, und womöglich hatte es sich Gianna deshalb so eingeprägt, weil es hier als Mittler fungierte, der aus der Perspektive eines Aufstiegs, eines Fluges also, signifiziert wurde; und weil eine solch exzentrische Perspektive nirgendwo im Neuen Testament zu finden ist, nehme ich an, dass sie von den meisten Betrachtern zumindest unbewusst mit dem Ausstieg Jesu aus seinem Körper, und für uns Sterbliche mit einer Dissoziations- oder Depersonalisationserfahrung identifiziert wird, wie sie durch Mystik, Trance-Rituale, aber auch Schmerz hervorgerufen werden kann.[17] Wenn man so möchte, war die Auferstehung in diesem Kreuzigungsbild durch die eingenommene Perspektive vorweggenommen, aber gerade im Moment der Ununterscheidbarkeit von Selbstgewinn (Auferstehung, der Offenbarung des Sohnes, dass er eins mit dem Vater ist) und Selbstverlust (Dissoziierung im Moment des Todes). Der Betrachter nahm die exzentrische Position ein, von der aus Gottvater das Opfer des Sohnes betrachtet haben würde; die Aussicht machte schwindelnd. Von dieser Kippfigur sollte ich etwas bei Gianna wiederfinden, nicht nur in ihren Lehren und ihren Obsessionen, sondern in den Strategien, wie sie sich mit anderen Personen in Beziehung setzte und schließlich, wie andere Personen einen Boden bereiteten, um ein Phänomen wie Gianna als *veggente*, als Seherin, aufzunehmen. Genauso aber erzählte mir das Bild in dem Moment, in dem ich es zuerst anblickte, etwas über die Konzeptualisierung des Todes in Neapel: Die angesprochene Ununterscheidbarkeit öffnete einen imaginären Raum, in dem das Leben auf jeden Fall Gegenstand des Jenseits ist und bleibt, in einer gewissen Verklärung und wahrscheinlich als Sehnsuchtsobjekt, und so, dass der Tod den Toten »bodenlos« macht und es zur wichtigen Aufgabe der Lebenden wird, den Toten zu verorten. Zugleich erlaubt der Tote, die Identifikation mit ihm, die ja kanonisch auch als Identifikation mit dem getöteten Jesus verstanden werden kann, eine ungeheure Freiheit der Bewegung und setzt weitläufig mit dem Motiv der schamanischen Reise verbundene Flugphantasien frei.[18] Die Plausibilisierung des Zusammenhangs von Tod, Entkörperlichung und Flug, der schließlich die suggestive Kraft eines Bildes wie jenes von Dalí erklärt, kann sich auf Kulturgeschichte (darunter die Hexen des Benevento[19]) als auch auf ›verkörperte‹ Kulturtechnik berufen. Im letzteren Fall muss sie auf der Erfahrung beruhen, dass es Möglichkeiten zur Induktion von Trance gibt, die den Körper tot erscheinen lassen, während man selbst eine Reise unternimmt und damit im Leben Tod und Auferstehung herbeiführen kann. Diese Trance-Techniken erscheinen gereinigt als mystische, das heißt als Zusammenführung von Ethik und Körper, anders gesagt als moralische Legitimation für Körpertechniken, die in sprichwörtlich »andere Zustände« (Robert Musil) versetzen. Die Überlegung, wonach Trance-Techniken die christliche Lehre »verbildlichten« und dies gerade in Mittel- und Süditalien, wo es neben den entsprechenden kulturellen (griechische Mantik, die Sibylle von Cumae) auch die landschaftlichen und damit der kosmologischen Vervollständigung dienlichen Voraussetzungen gab (die die Halbinsel in kurzen Abständen heimsuchenden Erdbeben, die eine Verbindung zwischen dem der Trance vorausgehenden Eigenzittern und dem »Zittern« des menschlichen Grundes schaffen), und dass folglich Störungen, Konflikte, Einpassungsschwierigkeiten innerhalb der christlichen Konfessionen über den Rückgriff auf die sie plausibilisierenden Trance-Techniken gelöst werden müssen, schien mir in diesem Moment mit dem Blick auf Gianna, die, obzwar ein Gast, die von ihr zubereiteten Speisen verteilen ließ, während sie am Tisch Platz nahm, eine richtige These, für die ich anhand ihres sowie eines anderen Kultes Indizien sammeln wollte. Dies implizierte weniger einen anthropologisch-biologischen Reduktionismus der christlichen Religion als vielmehr das Verstehen einer eigentümlichen, regionalen Produktivität, die freilich so weit gehen konnte, mehr Gemeinsamkeiten mit anderen Religionen als mit einem Großteil der christlichen aufzuweisen.[20]

Bei unserem ersten Treffen hatte Gianna mich in S. Giorgio a Cremano mit ihrer Madonnenstatue bekannt gemacht, und darauf hatte ich auf ungeschickte Weise herauszufinden versucht, was es mit der Nobilitierung des Leides, des Schmerzes, auf sich hatte, wie er in der Neubekleidung einer Addolorata zum Ausdruck kam. »Unter dem Kreuz waren nur Frauen« und »Frauen lieben mehr und leiden mehr«, hatten mir Gianna und ihre Tochter, die 45-jährige Antonella gesagt. Das Leiden war in seiner weiblichen Dimension begriffen worden, als ein sich lange hinziehender Prozess vor dem Tod, nicht zuletzt, »weil der italienische Mann, besonders der Neapolitaner, dazu neigt, alle Aufgaben der Frau zuzuschieben«, wie eine Freundin Giannas sagte. Leiden gab die Möglichkeit, über die Beschränkung hinauszugehen, und zwar dort, wo die Identifikation von Leiden und Weiblichkeit ernst genommen wurde. Reine Weiblichkeit wurde von Gianna in sämtlichen unseren Gesprächen als eine Form des Leidens, des Pathischen, konzipiert, angefangen bei dem Bruch mit der »heilen« Welt der Kindheit und Jugend, der durch die Ehe erfolgte, in der die weibliche Identität eben nicht aufzugehen schien – Gianna sagte, es sei egal, wen man heirate, das Herz gehöre doch Gott – ebensowenig wie in der Mutterschaft. Sie betonte mir gegenüber stets, eine »gute Mutter« gewesen zu sein, ihre Kinder waren auch »gut verheiratet«, bis auf den E-Musik produzierenden Sohn. Ihr Mann hatte sie weder geschlagen noch betrogen. Aber gerade indem sie eine Ehe geführt hatte, in der es auf den ersten Blick an nichts mangelte, sie nicht arbeiten musste, hatte ihre »überfließende« Natur sich geltend gemacht. Erst mit einer Krankheit, die sie zur Begegnung mit dem Kult um das kochende Blut und ein blutüberströmtes Jesusbild von Airola führte, konnte sie ihre Energie kanalisieren. Der im neapolitanischen Hinterland angesiedelte Kult geht auf vier keusche Schwestern zurück, die ein Bild des Leichentuchs Jesu eines Tages mit kochendem Blut übergossen vorfanden, nachdem sie es nachts in eine Schublade gelegt hatten. Darüber lernte

Gianna in Padre Bonaventura ihren geistlichen Begleiter kennen, einen Mann, den sie offenkundig so sehr liebte, dass ihr Mann eifersüchtig wurde.

Padre Bonaventura, den Padre Pio sehr geschätzt haben soll, habe sie per Telefon kontaktiert (und sie, wie es einzig ihr Mann hätte sagen dürfen, als »Giovannina« angesprochen, was aber zugleich ihr Taufname ist, wie niemand habe wissen können), und in diesem Moment habe sie die Madonna gesehen, wie sie Jesus mit Milch versorgte, das habe sie später dem Pater erzählt, der gelacht habe (vielleicht nicht zuletzt darüber, dass ihr diese Vorstellung peinlich, unbekannt war?) und ihr ein Bild brachte, eine Aufnahme der milchspendenden Madonna von Montevergine. Das war 1978. Das Bild habe aber seltsame Kräfte entfaltet, so habe sogar ihr damals dreijähriger Sohn es schwitzen und die Augen der Madonna öffnen und schließen gesehen; Gianna bekam Angst, es könnte sich um Dämonen handeln (Schwitzen gilt auch als Zeichen dämonischer Anwesenheit). Wieder lachte Padre Bonaventura, aber in Airola berührte er es mit dem wahren Gesicht Jesu vom Grabtuch und befreite es damit von sämtlichen potenziell bösen Gewalten. Gianna erinnert noch den Moment – und es scheint mir dies eine versteckt erotische Anspielung – wie sie krank im Bett lag (Initiationskrankheit?) und Padre Bonaventura zur Tür hereinkam, lächelte, und die umrahmte Fotografie ihr überreichte, die ihr eine Gänsehaut verschaffte. Sie sagte, dass man in ihm den Priester erkannte, weil er »pacifico« war, wohl auch etwas weich mit seiner Devotion für die Madonna.[21]

Krise und Lösung ereigneten sich bei Ganna in einer Übergangsphase, als das letzte Kind geboren war und sie wohl an einer schweren Krankheit litt – einem »Ball« im Bauch, wie sie mir sagte. In jedem Fall handelte es sich um eine von einem Frauenarzt kurierte Störung, vielleicht um eine Fehl- oder Frühgeburt, die ihre Fertilität beendete und die durch die spirituelle Umschrift von einem Leid in ein Heil verwandelt wurde. Dies erscheint in ihrer Erzählung wie der von Ioan Lewis für religiöse

Besessenheitsphänomene als symptomatisch dargestellte *shift* vom Dämonischen zum Anbetungswürdigen: »What begins in agony, ends in ecstasy.«[22] Sie musste lange Tage liegen, in denen sie die Erfahrung der Nähe Gottes machte, die Nähe einer höheren Macht, die mit ihr vor allem in den Momenten zwischen Schlaf und Wachen, am frühen Morgen also, kommunizierte. Einmal sei sie bei ihrem Taufnamen gerufen worden, dann sah sie sich »wie der Fleck eines ausgelaufenen Tintenfasses in einem Tuch«, »aufgesaugt« in der hell leuchtenden Gegenwart Gottes. Unablässig rief sie mir gegenüber Bilder der mystischen Literatur auf, die andererseits auch Bilder von Nahtoderlebnissen, Trancen und so weiter beinhalteten, und mit entsprechenden prekären Momenten ihres Daseins verschaltet waren. Ich bemerkte, dass sie eine besonders gute Kenntnis der Motive der theresianischen Mystik besaß. Gianna erklärte, einmal von einer Nonne geträumt zu haben, die sie später aufgrund des Mantels und des Kopfes, die in der Kirche Santa Teresa degli Scalzi in Neapel liegen, habe identifizieren können. Sie inspirierte sich somit an Teresa d'Avila, kaufte ein Buch mit ihren Visionen und bat, da sie ja nur geringe Schulbildung besaß, die Heilige möge ihr helfen, es zu verstehen. Im Kontext dieser spirituellen »Erweckung« – Gianna vermied es, von »Devotion« zu sprechen, verstand sie sich doch als Teil der Geschichte der Heiligen – vollzog sich ihr Weg als Seherin, Predigerin, Beraterin, als Frau, die ein *dono* an sich entdeckte – *das, der Heilung, die sie spenden könne, wie sie Mitte der 1980er-Jahre bemerkt habe, nachdem ein Pater sie darauf hingewiesen habe: dass sie Wärme in ihren Hände aufsteigen fühle und der Kranke dies spüre, und sie sehe diese Wärme auch. Zuerst sei sie darüber erschrocken, aber dann habe sie gemerkt, dass sie tatsächlich heilen könne, vornehmlich Schwerkranke. Der Pater habe sie bestärkt, das* dono *einzusetzen. Angesprochen auf »Mamma Caterina«, die sie lediglich dem Hörensagen nach kennen will, sagt sie: »Auch zu mir kamen die Busse.« Sie habe ebenfalls über Entfernungen heilen können, aber dies seien eher Voraussagen: »Dein Kind wird nicht sterben« – und es starb nicht; oder, zum Mann einer Frau, die im Rollstuhl saß und hohes Fieber bekam, »innerhalb der nächsten zehn Minuten wird das Fieber sinken«. In beiden Fällen seien die Ärzte erstaunt gewesen von ihrer Präzision. Sie könne auch die Vergangenheit von Menschen erkennen: Eine Frau, die zu ihr kam mit einer Krankheit, bei der sie erkannte, dass sie vor 20 Jahren abgetrieben habe. Das Werk ihrer heilenden Hände unterscheidet sie nicht sehr vom Gebet. Mir fiel dies auf, als sie mich vor einigen Monaten vor der Madonna niederknien und beten hieß, auch da formte sie mit ihren Händen eine Art heilende Geste über mir. Sie sagt, dass sie auch jetzt, nach Rosenkranz und Gottesdienst in S. Pietro ad Aram am Montag, mit Bittenden zu einem Seitenaltar gehe, jeder habe eine Minute, und dann ein Gebet spreche und die Hände auflege. Zuletzt waren es drei junge Mädchen, bei denen sah sie eine Taube, die farblos blieb, und konnte ihnen sagen: »Ihr seid noch nicht gefirmt.« Sie müsse selten nach den Geschichten fragen. Mitunter sehe sie die Namen der Ratsuchenden oder der Personen, derenthalben die Menschen sie an sich wenden, und damit überrasche sie sie (bei einer eitlen Frau etwa, die »Luisa Bella« heiße).*[23] Dass sie, wie ich an anderer Stelle hören würde, den Zeitpunkt des Todes eines Menschen kenne, erwähnte sie mir gegenüber nie. Wichtig für ihre Aktivität scheint indes der ständige Rückbezug nach Airola gewesen zu sein, wo sie nach den Worten ihrer Tochter ihre »Familiendevotion« begann. Aus diesem Grund ist es nicht unwahrscheinlich, dass die rettende Begegnung mit dem »preziosissimo sangue« (allerwertvollsten Blut) zugleich eine Rettung der Familie bewirkte, in dem Sinn, dass der Familie das, was sie zur Familie macht, nämlich die *mamma*, zurückgegeben wurde. Gefragt, welcher Zusammenhang zwischen dem Blut von Airola und der Tätigkeit in S. Pietro ad Aram bestehe, antwortete sie:

»Es ist mir noch nicht klar. Wenn ich an das Blut denke, das ja ein Zeichen des Leidens ist, dann sehe ich eine Kontinuität. Meine erste Devotion ist natürlich gegenüber der Madonna, dann aber gegenüber

dem ›preziosissimo sangue di Gesù‹. Wenn ich eine Grazia erbitte, dann durch die Einwirkung des Blutes Jesu. Und wenn ich eine Grazia von den Toten erbitte, dann ebenfalls durch die Einwirkung des heiligsten Blutes. Die Toten können Freunde sein, wie sie Freunde des S. Pietro sind, aber das heiligste Blut ist für mich das Höchste.«

Und die älteste Tochter ergänzte:

»In Wirklichkeit ist alles eine einzige Straße. Meine Mutter ist mit den Leuten ins Benevento [nach Airola] gegangen und dann hat sie die gleichen Leute aus Barrà zu S. Pietro ad Aram geholt. – Es sind keine separierten Devotionen, okay?«[24]

Auf das Blut zu rekurrieren bedeutet zunächst, das Leid auszuweisen, das in der Annahme eines anderen Leides (des Leides Jesu) besteht, daran, an der Wirklichkeit seines Todes teilzuhaben. Dieser Tod ist ein Durchgang, an dessen Ende ein verändertes Selbst und damit eine veränderte Familie stehen. Damit ist dieses Blut ein Medium der Verwandlung, weil es vergossen wird, ohne dass seine Quelle Schaden erleiden würde; und es ist ein Medium der Zirkulation.[25] Da die Teilhabe mehr als Gnade denn als Erkenntnis und eigener Entschluss konzipiert ist, äußert sich der Wunsch der Tochter und der weiteren Familie, an dieser Gnade teilzuhaben, indem man die Mutter unterstützt (und so Aufnahme unter den »weiten Mantel der Madonna« erfährt). Die Voraussetzung für eine solche Erwählung ist ein allgemeines Leiden, das dann, ausweislich der Gnade, in ein besonderes, christliches Leiden transformiert werden kann. Das wurde deutlich, als die Tochter und Gianna von der Auszeichnung des christlichen Italien sprachen: *»Wir haben mehr gelitten.«* Oder, theologisch korrekt gewendet: *»Wir sind Christen, indem wir uns in Christus erkennen.«* Die meridionale und neapolitanische Dimension zeigte sich in dem Kontext darin, dass Fremdherrschaft, die beständige Erinnerung an Naturkatastrophen für die christliche Disposition beansprucht wurden. Sie zeigte sich weiterhin im Prinzip der ›chinesischen Schachtel‹: dass nämlich die Frauen noch einmal als marginalisierte Gruppe innerhalb der Marginalisierten dargestellt wurden. Frauen mit besonderen Gaben, Frauen mit einem *dono* seien nämlich, so Gianna, dem Neid der Priester ausgesetzt. Besonders, weil sie zum einen an einer Kraft teilhaben, die die Priester gerne ausschließlich für sich beanspruchen möchten, zum anderen, weil *»wir* [...] *die Priester machen durch unsere Gebete«*.[26] Das nicht nur aufgrund der größeren Nähe zur Schöpfung, zum ›Ursprung‹: Die Priester benötigen auch die Hilfe der Frauen, um deren Unerreichbarkeit zu ertragen.

Beim ersten Treffen mit Gianna daheim wurde ich von ihrer Tochter noch kritisch beargwöhnt. Sie sah in mir jemanden, der prinzipiell nicht die Überzeugungen der Mutter teilte oder daran nur ein »äußerliches« Interesse besaß. Die Tochter hielt mir dies so lange vor, bis ich ihr mehrmals versicherte, ein »inneres« Interesse zu haben. Sie war es, die am Ende unserer Unterredung Protokoll führte – ich durfte einige Passagen auf Tonband aufnehmen, andere nicht, manches erschien vielleicht heikel, weil man mich mit klerikalen Obrigkeiten im Bund glaubte, oder es wurde so getan, als handelte es sich um Geheimnisse –, als Gianna mit mir zu einer inneren Reise aufbrach.

»Die Toten öffnen quasi eine Tür, hindurchgehen muss man selbst.« Hat Gianna eben noch gesagt. Jetzt geht sie mit mir auf Reisen: »Ich gebe hier den Leuten immer ein persönliches Gebet mit, bist du auch dazu bereit?« Ein persönliches Gebet ist ein halb therapeutisches, halb seherisches Gespräch, jemand, in dem Fall ihre Tochter, notiert, wie Gianna die Heiligen und die Toten übersetzt, die zu und über jenen sprechen, dem sie die Hände hält, dessen Kopf sie stützt, dem sie auf die Brust fasst. Die *preghiera personale* ist eine Art Porträtzeichnung, in der der Klient wieder »ganz« wird. *Ich schaue sie an, manchmal schließe ich die Augen, sie lässt mich die hinter einem Kreuz aufgehängte Stola holen und umlegen, heißt mich vor ihrer Madonnenstatue niederknien, sie erzählt von S. Agostino und S. Ignatio, die sie sieht, dann – »ich bin jetzt unter S. Pietro ad Aram« – von den*

Toten, besonders Armando, dann wieder ist sie in »meinem« Land und sieht den dortigen Friedhof, »sehr ordentlich«, sie sieht, dass ich das Fest des Hl. Joseph vorbereiten soll. Sie fragt mich, was in meiner Kindheit mit meinen Händen passiert sei. Und ich erzähle ihr, wie ich rechts und links unterscheiden gelernt habe. »Du musst also gut nach rechts und links schauen«, sagt sie.

Im Prinzip ist dieses ganze Gebet mit den imaginären (Totenwelt) und realen Orten (S. Pietro ad Aram, meine Heimatstadt) eine schamanistische Reise. Sie lebt von den inneren Reisen, den inneren Bildern, die wir bei Dante studiert haben, die aber eine grundsätzliche Reserve in Situationen »in mezzo del cammin« darstellen. Genauso wie bei Renzo, nach dem sie mich fragt – und den sie dann mit dem Protagonisten der Promessi sposi *(Die Brautleute) von Alessandro Manzoni in Verbindung bringt, mit seiner Flucht – ist hier der Schatz der Kultur geborgen und vergraben. Es ist der Raum, den man mit den Toten teilt, das Purgatorium, der Vesuv – der von Giovannas Fenster aus groß und mächtig hereintritt und dessen Lava man einst mit dem Kultbild des Hl. Georg gestoppt hat, es ist eine Reise durch Höhlen, in denen man das Leben gewinnt: die* presepe *(Krippe), deren Figuren Gianna selbst herzustellen weiß, und zwar so, wie man im Neapel des Barock Krippenfiguren kreiert hat. Es ist eine den Frauen vorbehaltene Welt, ausgezeichnet durch Schmerz, körperliche Extremzustände, die sich durch innere Reisen, innere Flüge, bewältigen lassen (weil eine Flucht nach außen nicht vorgesehen ist), und ihr ist bewusst, dass man »heiraten, Kinder haben« kann und trotzdem »das Herz an einen ganz anderen Ort gehört« (Gianna). Natürlich wende ich während meines Besuchs innerlich ein, dass die Prophezeiungen allgemein sind, dass, was Gianna über mich zu wissen vorgibt, nicht einmal für mich zu verifizieren ist, dass sie diesen Fundus von Heiligen und von außen nach innen gewanderten Bildern mit der Zeit akquiriert hat, abgesunkenes Bildungsgut mitunter, wie es sich für Kleinbürger schickt, die neidisch auf die ›auserwählte‹ Unterschicht blicken. Und natürlich werde ich, eifrig nach meinem Gefühl während unserer Reise befragt, antworten, dass ich mich »gestärkt«, »erleichtert« gefühlt habe, so wie ich annehme, dass es vorher andere gesagt haben. Und als sie sich als* veggente *bekräftigt – nein, so sagt sie es nie, sie sagt, sie helfe, sie stelle Verbindungen her – die einer jungen Frau, die eine Untergebene ihres Mannes war, die Fürsprache eines Heiligen verschaffte, der ihr Ungeborenes davor bewahrte, ein Kind ohne Gehirn zu werden, denke ich an Luigi di Giannis Filme, an Frauen, die Klienten empfangen, berühren, ihnen Gebete und Gebetsaufträge geben. Und ich lüge, denn vor dem Gebet fragt sie mich, ob ich gebeichtet habe, was nicht der Fall ist; aber bevor ich mir der Tragweite der Antwort bewusst werde, habe ich schon bejaht. Giannas Tochter, die selbst Kinder hat, sagt über den Fall des beinahe ohne Gehirn geborenen Kindes: »Was kann schlimmer sein für eine katholische Frau, die nicht abtreiben darf, als wenn man ihr sagt, sie würde ein Monster gebären? Hier kann niemand helfen, kein Arzt, niemand.«*

Die Situation heute würde ich als eine »versuchte Verstrickung« bezeichnen. Man kann nur etwas erfahren, indem man mithandelt, einwilligt, sich verändern lässt; und zugleich öffnet das unkontrollierbare religiöse Sprechen, der Bezug auf die Gegenwart Abwesender, die Reise ins Totenreich einen Kommunikationsraum, in dem man miteinander improvisieren kann, auch miteinander handelt, Aushandlungen trifft, auch spielt, aber zugleich in völligem Ernst miteinander verbunden ist. Und man bekräftigt, dass die eigene Zukunft im Licht der Begegnung mit anderen gesehen wird, denn jeder wird auf diese Prophezeiungen, dank jener, die als anime *oder Heilige näher an Gott sind beziehungsweise auf ihre Situationen innerlich rekurrieren. Mehr als Ja oder Nein schaffen diese Gesprächsanordnungen Räume, die immer wieder aufgesucht werden können, verbindlich gerade wegen ihrer ›Virtualität‹. Und damit inkulturieren sie.*[27]

Im mir überreichten Protokoll anders als in meinem Feldtagebuch, das noch die Spuren meines Befremdens trägt (als gelinge es Gianna immer noch, mich mit ihrer Mischung aus Mystizismus und Gastfreundschaft aus dem Gleichgewicht zu bringen), lese ich, an was ich mich nur dunkel erinnere und was vielleicht mehr auf Antonella, die Tochter, als auf die *veggente* selbst zurückgeht. In jedem Fall solle ich den Rosenkranz in Deutschland verbreiten, aber diese Aufgabe ist mit einer Selbstaneignung verbunden. Es scheine nämlich, ich sei »blockiert« für den Rosenkranz. Überhaupt soll ich beim Gebet mir etwas vor Augen halten, das meinen Blick festhält: das Kreuz zum Beispiel. Außerdem wolle mir der Herr ein Geschenk machen, ein dono, für das ich allerdings noch nicht bereit sei: anhand der Augen zu erkennen, ob jemand lüge oder nicht. »Menschen wie dich braucht der Herr, denn ihr bringt zutage, was im Dunkeln ist«, heißt es über mich und den Berufsstand der Wissenschaftler.

Die erste Person, der Gianna auf ihrer Reise mit mir begegnet ist und an die ich mich auch nicht anders als in der Schrift Antonellas erinnere, womöglich, weil mir der Einstieg zu schnell ging und ich nicht informiert genug war, heißt Natuzza. Fortunata Evolo (1925–2009), so ihr vollständiger Name, war eine kalabresische Seherin, deren schwierige Kindheit (der Vater verließ die Familie früh und emigrierte nach Argentinien, »Natuzza« als Älteste war vollauf beschäftigt mit den anderen Geschwistern) und *ignoranza* (angeblich hat sie nie richtig lesen gelernt, kurz vor ihrem Tod erhielt sie aber noch die Auszeichnung als »affabulatoria d'oro« – goldene Geschichtenerzählerin) in den Erzählungen ihrer Anhänger als ihre persönlichen Auszeichnungen hervorstechen, welche die zahlreichen Stigmatisierungen (im Gegensatz zu Padre Pio nicht an den Händen, sondern bevorzugt auf dem Rücken; es heißt, man habe darauf Tücher legen können, auf denen sich göttliche Botschaften rot abfärbten), vor allem aber die Fähigkeit, mit den Toten in Kontakt zu treten, Botschaften aus dem Jenseits zu übermitteln, moralisch beglaubigten.[28] Wie Padre Pio war Natuzza Evolo Gegenstand innerkirchlicher Auseinandersetzungen – während im ersten Fall der Kapuzinerorden profitierte, war es in diesem die Diözese Milito unter einem besonders eifrigen Bischof –, die sich noch lange nicht gelegt zu haben scheinen. Zusätzlich intervenierte bei Natuzza das Comitato Italiano per il Controllo delle Affermazioni sul Paranormale (CICAP), eine Skeptikerorganisation, deren etatistische Sprache das Monopol auf einen gut verwalteten gesunden Menschenverstand ausdrückt. Am Ende der auf verschiedene Weise verhinderten Untersuchungen sah sich das CICAP genötigt, wenngleich es nicht sämtliche *affermazioni* infrage stellen konnte (da die materielle Basis für wissenschaftliche Überprüfungen verwehrt blieb), Natuzza als »kulturell begrenzten und in einem eng umzirkelten religiösen Kontext beheimateten Fakt« darzustellen, das heißt, sie vor allem als Teil und Ausdruck eines rückständigen italienischen Südens zu etikettieren. Ihre Ekstasen, die den Begegnungen mit Maria oder den Heiligen vorausgingen, werden als Depersonalisierungen psychologisiert, mit Rückgriff auf die gleichen prekären Lebensumstände, die sie für ihre Anhänger erst glaubwürdig machten. Wie andere Seherinnen – vor allem die nachfolgenden: Mamma Caterina oder in diesem Kapitel Gianna – hat Natuzza Evolo gewünscht, ihre eigenen Begegnungen mit überirdischen Wesen zu institutionalisieren, Begegnungsstätten von Leben und Tod, von Dies- und Jenseits zu errichten. Darunter sollte auch ein Zentrum für Schwerkranke und Altersschwache sein. Im ersten Jahrzehnt des neuen Jahrtausends versuchten zahlreiche Protagonisten des öffentlichen und halböffentlichen Lebens, an dieser Vision eines »Lourdes im Süden« mitzuwirken: als Künstler, die Events für entsprechende Spendenaktionen initiierten; als Politiker, die sich das Projekt auf ihre Wahlzettel schreiben ließen; als Bauunternehmer, die Zement, Steine, Holz und Menschen bewegten; als Exponenten der kriminellen ’Ndrangheta, die die Aufträge richtig verteilen wollten; als Personen, die durch Natuzza eine Konversion erfuhren und sowohl das eigene als auch ihr Prestige mehrten, um nur einige zu nennen.[29] Man debattierte über Natuzzas prophetische Fähigkeiten – wie ihre Nachfolgerinnen sah sie sich als Mediatorin, die nur Krankheiten heilen konnte, die von Gott bereits geheilt waren, sie überbrachte also eigentlich Nachrichten und komponierte kein Wunder – und man meinte, sie habe das Erdbeben von L'Aquila 2009 vorausgesagt, ebenso wie ein anderes, das bald Kalabrien treffen werde. Natuzza selbst bezog zu diesem Streit nie Stellung, sie verblieb in jenem kleinen, abgezäunten Gelände, das Verehrer und Familie bewachten, sie sprach nicht über sich und die eigenen Fähigkeiten, sondern setzte sie ein.

In dieser Hinsicht war ihr Mamma Caterina ähnlicher als Gianna, die explosivere, die unter dem Vesuv Quartier bezogen hatte. Über Gianna hörte ich frühere Weggefährten sagen, sie wolle alles zu schnell, sofort; sie sprach auch schnell, während Natuzza und Mamma Caterina Zeit verstreichen ließen. In allen Fällen gab es den Versuch, Mediatorin zu sein, möglichst vielen Personen zur Verfügung zu stehen, und in allen Fällen gab es die vermutete Missgunst und den Neid der Priester. Aber Gianna war die einzige mir bekannte Seherin, die in der Stadt sozialisiert worden war und deren Aufmerksamkeit von tausenderlei Dingen und Ereignissen in Anspruch genommen wurde, die also nicht über die Geduld verfügte, sich hinzusetzen und ihr Charisma wirken zu lassen. Ihre jeden Tag von neuen Querelen heimgesuchte Familie beschäftigte sie unablässig, was den traditionellen Ausdruck ihrer Berufung gefährden musste; und sie entstammte selbst eben nicht jenem klar nach Geschlechtern sortierten System ländlicher Arbeitsteilung, die ihre Berufung als Seherin in Kontrast zu ihrem Mann gebracht hätte, sodass sie wirklich charismatisch hätte wirken und neben geschlechterspezifischen auch strenge Arbeitsteilungen zwischen sich und ihren »Ministerinnen« (den Frauen oder Männern, die ihre Auftritte und Gebete organisierten und dank deren sie sich ausschließlich religiösen Aktivitäten hätte widmen, also »rein« sein dürfen) einziehen lassen können. Aber war es nicht ohnehin so, dass es keine originär neapolitanischen Seherinnen, Magierinnen, Mystikerinnen gab? Die Seherinnen in Kampanien oder in Kalabrien standen mit den Toten im Bunde, die in ihrer bäuerlichen Gesellschaft halbwegs befriedet unter der Erde lagen und entweder durch ihr *patromonio*, ihr Erbe sprachen, das an die nächsten Generationen weitergegeben wurde und von dem man sich entweder leiten lassen oder das man aus ökonomischen Zwängen veräußern musste, oder eben durch eine *veggente*, wenn der Zusammenhang von materiellem und immateriellem Erbe aufgekündigt worden war. Diese Toten hatten eine selbstbewusste Schwere, die sich in der selbstbewussten Schwere der Seherinnen zeigte und jede ihrer Wortmeldungen umso mehr auflud. Diese anderen Seherinnen verbanden die Erde, die wirklich erdig war, mit dem Himmel, der Muttergottes und den Erzengeln, während Gianna mit Toten kommunizierte, deren Namen nirgendwo verzeichnet waren – wenngleich sie sagte, *sie sehe ständig Millionen über Millionen, und am Anfang, nachdem sie in S. Pietro ad Aram war, habe sie eine Liste geschrieben mit 50 Namen und dann zu den Toten gesagt, »hört auf, ich kann nicht mehr«*[30] – und bei denen sich die Frage stellte, ob ihre Unbestimmtheit nicht Funktionen zeitigte, die eine Seherin im besten Fall überforderten und im schlimmsten unnütz machten.

3. Durch die Toten sprechen. Zur Autorisierung süditalienischer Seherinnen

Eine eindrucksvolle Quelle für das Studium süditalienischer Religiosität sind die erwähnten dokumentarischen Kurzfilme Luigi di Giannis. Seitdem er Ernesto de Martino bei der Erprobung und Verfeinerung seiner im Literaturstudium erarbeiteten Theorien über Trance-Besessenheit in den italienischen Süden begleitet hatte, hat er ein vielstimmiges und international mehrfach ausgezeichnetes Archiv nicht nur der rituellen Formen, sondern auch der vorherrschenden Persönlichkeiten und Typen mitsamt ihrer charakteristischen Gesten erarbeitet. Drei Filme aus den

1960er-Jahren widmen sich Neapel in besonderer Weise: der bereits erwähnte *Grazia e numeri* beleuchtet den Zusammenhang zwischen Prekarität, Glücksspiel und den Stimmen der Toten, *L'attaccattura* beobachtet die Aushandlungen zwischen einer Magierin und ihren Klienten, und *La nascità di un culto*, gedreht 1968, konfrontiert den Zuschauer mit einem Heilungskult um einen getöteten Seminaristen und dessen Medium, der zwar seinen Ursprung im kampanischen Hinterland hat, aber bis tief in die Straßen und Gassen der Metropole vorgedrungen ist. Während in *Grazia e numeri* di Unverortetheit der Männer auffällt, die zwischen Ober- und Unterwelt vagieren, als Bettler auf den Steinbänken der Piazza Cavour im Mittagslicht lungern oder Reden schwingen als Metaphysiker der göttlichen Eingebung und trotz ihrer Anzüge verwahrlost und hungrig aussehen wie das tapfere Schneiderlein, sieht man Frauen grundsätzlich in einer Traube aus Menschen, aus Kindern, anempfohlenen Verwandten, Bettlern, verantwortlich für das Heil ihrer Gruppe. Die Männer scheinen mit sich selbst genug beschäftigt, die Frauen mit anderen. *L'attaccatura* steigert diesen Eindruck noch: Im Mittelpunkt steht eine aus Foggia stammende Magierin, die es auf seltsame Weise in das Schwarzmarkt-Viertel Forcella verschlagen hat; über Repräsentationen der angezielten Personen kann sie verhexen oder auch von Verhexungen befreien, sie wird aufgesucht von Frauen, die ihren Liebsten nicht verlieren wollen, einen Kinderwunsch hegen, oder von Männern, die Angst haben, dass nach überführtem Ehebruch die rechtmäßig schwangere Ehefrau das gemeinsame Kind verliert. *La nascità di un culto* zeigt die wohl intensivsten Jahre aus dem Leben von Giuseppina Gonnella: einer Frau aus Serrardarce, im südlichen Kampanien, die jeden Morgen den Geist und die Worte ihres bei einem Lkw-Unfall durch ihren Bruder getöteten Neffen in sich aufnimmt und bis zum späten Nachmittag von ihm besessen bleibt. Wir schreiben das Jahr 1968 und Giuseppina Gonnella macht auf den ersten Blick nichts anderes als Natuzza Evolo in

Paravati, im Unterschied zu ihr grenzt sie sich aber deutlich gegen die Priester und die Exponenten der Kirche ab. Wenn man Di Giannis Film und dem Kommentar Annabella Rossis glaubt, so tritt der Kult um »Alberto Glorioso« (den »Siegreichen«) an die Stelle eines älteren Kultes um den Benediktinermönch Sant'Antonino, der ebenfalls die Heilung von Fremdeinwirkungen, Besessenheiten, sogenannten *fatture* zum Ziel hat. Rossi lässt zu den laufenden Bildern von Prozessionen, Heiligenbildern und schließlich dem »Tempel« für Alberto Glorioso die *miseria* als Ursache für jene angeblich typisch süditalienische Anthropologie hervortreten, die sich in der fatalistischen Konzeption des Menschen als »Einflusswesen« äußere.[31] Den Einfluss können Dämonen und gute Geister gleichermaßen ausüben (in diesem Buch spreche ich deshalb von »mediumistischer Anthropologie«). Giuseppina Gonnella erneuert aus dieser Perspektive den älteren Kult um die Dämonenbefreiung, der Austreibung der bösen Geister durch den herabkommenden, »guten« Geist. Die Kirche hätte darauf eingehen können – und wäre es gewiss auch –, wenn auch Giuseppina die Verlautbarungen des Toten ausgeglichener und weniger millenaristisch gestaltet hätte. Der tote Neffe frequentierte ein Priesterseminar, er war nach allgemeiner Übereinkunft ein gottesfürchtiger Katholik, revolutionärer Reden unverdächtig. Aber die Weise, in der er zum Zentrum eines Kultes wird, lässt die katholische Obrigkeit erschaudern: Der Lkw, mit dem er getötet wurde, erhält quasi sakralen Charakter, dieses grotesk mächtige Gefährt, unter dessen Ladefläche sein Kopf eingeklemmt und sein Leib mehrere hundert Meter mitgeschleift wurde, bis der am Steuer sitzende Onkel begriff, was passierte; die »Verkörperung« Albertos in seiner Tante, die auf der Treppe seines Hauses jeden Morgen eine Krise erleidet, zu zittern anfängt, und dann von ihrem Neffen »bewohnt« wird, unter lautem Beifall der Gläubigen; die Reden Albertos durch den Mund der Tante, die gebieterische Stimme, die Aufforderung, die Erde als Ort der Sünde und Verdammnis gering zu schätzen, was nicht gerade zu Vertrauen gegenüber den offiziellen Autoritäten führt; schließlich die wilde Kopie sämtlicher damals für religiöse Kulte üblichen Devotionalien: Schlüsselanhänger mit dem Bildnis Albertos, sogar Langspielplatten mit seiner und Giuseppinas Stimme. Tatsächlich, im Prinzip nichts anderes, als was der süditalienische Katholizismus dieser Jahre auch zu bieten hat – aber alles ins Maßlose übersteigert, als ob es die ursprüngliche Referenz in ihrer Verfremdung kenntlich zu machen gelte, wie man gut ideologiekritisch sagen müsste, und somit einen Umsturz anzeigend. Eine postfeudale, klienteläre Gesellschaft konnte weder Konkurrenz noch Entschleierung zulassen. Schon gar nicht, wenn der Alberto-Kult, wie Di Giannis Film nicht müde wird zu betonen, über die Grenzen der Region hinweg Zulauf erhält von armen Landarbeitern, kleinen Angestellten, von jenen, die vom heimischen Patronagewesen nicht mehr aufgefangen werden, weil 1968 eben auch Süditalien sozialhistorische Umbrüche zu verzeichnen hat, als landwirtschaftliches Kernland ebenso wie als industrielle Reserve des Nordens. Die noch Klassenlosen scheinen von der dem Körper Albertos angetanen Gewalt nicht weniger fasziniert als von seiner fühlbaren Präsenz; sie sind es, die ihm sein *santuario* bauen – und sie werden noch später sagen: »Das haben wir gebaut« – und sie sind es auch, die Giuseppina Gonnella applaudieren, wenn sie von seinem Geist durchfahren wird. Die Kamera blendet von ihrem während der »Verwandlung« hell erleuchteten Gesicht in die Menge, die unmöglich aus mehr als zwanzig, dreißig Personen bestehen kann, wie sie sich da im Eingangsbereich des Wohnhauses eingefunden haben, aber die Kamera macht uns glauben, es seien Tausende, ein ganzer Aufmarsch von Fanatikern, ein Reichsparteitag in Kampanien. Die sich so manifestierende Kreuzung aus Kommunismus und Chiliasmus beruhte auf objektiven Voraussetzungen (Verlust der Klassenzuordnung im Zuge der Verstädterung im Süden, Krise lokaler Heiligtümer und ihrer Patrone, Beginn der fernsehmäßigen Durchdringung Süditaliens, all dies vor dem Hintergrund landwirtschaftlicher Neuordnung), aber die Dynamik, mit der diese Voraussetzungen ein Phänomen wie das Sant'Albertos oder Alberto Gloriosos hervorbringen und es sogar bis in die Straßen und Gassen Neapels verbreiten konnten, stammt aus dem gewaltsamen Tod, aus dem Einbruch einer unkontrolliert fahrenden Maschine, aus dem Abscheu und der Faszination angesichts dieser Technik, die im Kult angeeignet und den fremden Mächten entwunden werden kann. Und diese den Tod von Alberto Gonnella charakterisierende Gewalt kehrt wieder in der Weise, wie er sich seiner Tante bemächtigt. Sie erwartet ihn, sie liefert sich ihm aus – jeden Tag zur Stunde seines Todes, wie es im Film heißt. Sie wird sein Fahrzeug, der Tod wird reversibel. In ihr ersteht er wieder auf. So ungeheuerlich ist dieser Vorgang, dass er nicht mehr in einer traditionellen Heiligendevotion unterzubringen ist. Die Heiligen sind Mittler, Mediatoren, und wer sie in einer Vision erschaut, ihnen begegnet, sie verlebendigt, bleibt doch ein im Blick Getrennter, jemand, der einer Gnade teilhaftig wurde, während sich bei Zia Giuseppina nicht genau auseinanderhalten lässt, ob es sich um eine Gnade handelt oder um einen Fluch. Sie schaut ihren Heiligen ja nur für einen Moment, sie bleibt nicht in der Trennung, sondern wird ergriffen und fortgerissen. Ihr Heiliger vermittelt deshalb in erster Linie seine eigene Macht, seine Präsenz ist seine Botschaft. Natürlich ist auch sein Medium – seine Tante – die Botschaft, doch gilt dies für jeden, der einer Vision teilhaftig wird und sie mitteilt (was der Katholik Marshall McLuhan, auf den die berühmte Formel zurückgeht, sicher wusste ...). Hätte Alberto Glorioso ein »normaler« Heiliger werden können, wenn seine Tante nicht darauf aus gewesen wäre, von ihm besessen zu werden, sondern ihn nur zu schauen? Sie hätte dann andere Worte gesprochen, die den Boden, auf den sie fielen, nicht befruchtet hätten. Das Wunder der Auferstehung kulminiert in der Absage an die irdische Existenz in ihrem So-Sein. Das ist eine nahezu zelotische Auslegung des Neuen Testaments. Anschließend an die großen Reden ans Gefolge, zieht sich Giuseppina in die privaten Zimmer desselben Hauses zurück. Sie heilt nun, wie Natuzza heilt, legt die Hände auf und spricht ein Gebet. Sie befiehlt den Dämonen, eine Frau loszulassen, die unter der Untreue ihres Ehemanns leidet, und die Frau hustet und spuckt ihre Sekrete aus, wie bei jedem Exorzismus, seit Jahrtausenden. Für 1968, für den italienischen Süden, ist dies noch gewöhnlich. Gegen sechzehn Uhr verlässt Alberto Glorioso ihren Körper. Giuseppina wird von ihren Verwandten zurückgefahren zum Hof ihres Mannes, wo sie die nächsten Stunden bei landwirtschaftlicher Tätigkeit zubringt. Am 11. Januar 1972 wird sie von einem enttäuschten Kultadepten erschossen.[32]

Neben dem hier wiedergegebenen spektakulären Beispiel nicht nur der Begründung eines Kultes, sondern *in nuce* einer eigenen Religion, fällt ein Aspekt auf, der im Zusammenhang mit den Seherinnen interessiert: die Autorisierung weiblichen Sprechens durch die Toten. Bei Natuzza und Gianna vollzieht sich der Kontakt mit den Toten »sehend« oder träumend, die Toten geben etwas zu verstehen, das dann von den Seherinnen übermittelt wird. In die Übermittlung schiebt sich eine Interpretation, die fallibel ist und so den Anschluss an andere Interpretationen ermöglicht – Gianna jedenfalls ist bemüht, den Eindruck eines Sprechens *ex cathedra* zu vermeiden. Die Toten werden nicht evoziert, sondern überströmen die Seherinnen, gelegentlich beschirmt vom Mantel der Muttergottes. Nicht immer sind sie »clare et distincte«. Ihre Seelen sind bereits gewogen und für prinzipiell tauglich befunden, in jedem Fall sind sie auf dem (wenngleich langen) Weg ins Paradies. Wie es stets heißt, sind sie geläutert durch ihr Leiden (die kanonische Erklärung, um sich vor Hexereivorwürfen zu schützen, lautet, dass nur die Seelen im Purgatorium überhaupt erscheinen können). Sie haben ein relatives Wissen, was die Zukunft betrifft, und sind, was die irdischen Vorgänge und Beziehungen anlangt, auf uns angewiesen. Im Fall von Gianna verhalten sich die Seelen tatsächlich eher wie Mittler, treten für andere ein, bringen in Kontakt mit Heiligen und anderen. Aber wie bei Giuseppina scheint es auch in Giannas Fall wichtig, dass die Seherin durch eine Alteritäts- oder Liminalitätserfahrung autorisiert wird. Man kann fragen, was sich durch diese Erfahrung tatsächlich verändert, und zwar sowohl im Hinblick auf die individuelle Biografie als auch auf den kulturellen und sozialen Kontext. Gianna scheint es schwergefallen zu sein, ihre Mutterschaft zu leben, sie ließ niemanden mehr aus ihrer Familie an sich heran, wie sie sagte, außerdem scheint tatsächlich ein gynäkologisches Problem vorgelegen zu haben. Um der Begrenzung zu entgehen, die sie als eine Frau des kleinen oder mittleren Bürgertums in einer Lebensform sah, in der Frauen nicht arbeiten sollten, wählte sie den Durchgang der Mystik, das heißt, sie radikalisierte die Engführung, schloss Alternativen aus, und produzierte semantisch jenes Nichts, das ganz vom Absoluten ergriffen werden muss, um sein zu können. Dieses Ergriffensein manifestierte sich körperlich und suchte sich Stationen in den jeweiligen Devotionen, die es miteinander zu verbinden galt. Und wie fast alle Seherinnen, in jedem Fall wie Natuzza Evolo, aber auch wie Madre Flora vom Kult des »Volto Santo« in Campodimonte, sollte ihre Hingabe an Ihn ein Haus finden, als handele es sich um die Neugründung ihrer Mutterschaft, in der sie, Er und die Bedürftigen miteinander interagierten. Das war die Funktion des Oratoriums. Doch irgendetwas ließ Gianna ihren Weg nicht kompromisslos weitergehen. Unter Rückgriff auf die von Neapels *bassi* auf nördliche Besucher ausgeübte Faszination könnte man meinen, dass auch ihre Existenz ein Ad-hoc-Theater darstellte, mit plötzlichen Umbauten, mit schnellen Wechseln von Vorder- zu Hinterbühne. In ihrem Wohnzimmer war sie Mystikerin, Familienoberhaupt, Fan von Massimo Troisi. Natuzza Evolo, Mamma Caterina standen die Weite des ländlichen Raums zur Verfügung, in der sie eine Markierung stifteten. Madre Flora dagegen war kinderlos und führte eine Josephsehe. Hinzutrat ihre Klassenzugehörigkeit: Gianna entstammte einer Schicht, die

die Legitimation durch ernste Arbeit und Ausbildung für wichtig hielt, die also jenen *passo in più* einforderte, der mit dem Verweis auf die richtige mythische Ordnung, wie sie im ländlichen Kontext demonstriert werden konnte, kollidierte.

Im katholischen Bürgertum hatte der dogmatische Überbau seine Verwirklichung in der Religion der Familie gefunden: mit der madonnengleich ihre Kinder liebenden Mutter, die angesichts der Fährnisse des Lebens gelegentlich Santa Rita da Cascia, die »Heilige des Unmöglichen«, um Hilfe ersuchte, mit Sant' Giuseppe, der ein »großer Arbeiter« war und in der Stadt, im Büro, als Angestellter die Ehre und die Existenz seiner ihm nie ganz gehörenden Familie verteidigte, mit der Heiligen Anna, in der man die Großmutter erkennen konnte. Das Leben der Familie war reich genug, um im Laufe des Daseins sämtliche Momente des geoffenbarten christlichen Lebens und einen Großteil der damit verbundenen Typologien aufzurufen: die Madonna, die ihre Kinder gegen äußere Aggressionen (Krankheiten, böse Verwandte, Feinde) verteidigt (die »Madonna del soccorso«), die Madonna, an die man sich wandte in Perioden der Vereinsamung und der Trauer (die »Addolorata«), von den zahlreichen lokalen Manifestationen, die jeweils einen Aspekt der Madonna betonten, ganz zu schweigen. Trotzdem hat es den Anschein, als hätte die bürgerliche Familie die religiösen Energien, zumal der Frauen, nicht absorbieren können, als sei aus den Bildern und Vorbildern ein Überschwang mitgetragen worden, der die familiäre Ordnung herausforderte. Seit der zweiten Hälfte des 19. Jahrhunderts gibt es Selige und Heilige, die diesem Überschwang Form verleihen und deren Kanonisierung zeigen soll, dass »zur Heiligkeit berufenes« Leben auch im Rahmen der Familie möglich ist. In diesen Fällen schaffen sich die Frauen, wie die in Rom verehrte Anna Maria Taigi (1769–1837, seliggesprochen 1920), Innenräume, zwacken sie die Nachtstunden ab, um ihre Nähe zum Absoluten zu leben.[33] Aus der zum Ideal umgemünzten dysfunktionalen Heiligen Familie[34] wird so die ideale geheiligte Familie des Tages und die gegensätzliche der Nacht, in der die am Tag für die Wahrung der idealen Fassade vorgeschossenen Leistungen zurückgefordert werden. Der Versuch, die bürgerliche Familie (jene, die keine Großfamilie mehr und noch keine aus gleichberechtigten Individuen bestehende moderne westliche Kleinfamilie ist) samt ihrer Affirmation der staatlichen Ordnung (der Staat, der sie juristisch stärkt und dem *grande lavoratore* Joseph die Arbeit sichert) mit der Religion zu harmonisieren, ist im italienischen Nationalstaat prekär geblieben, anders als im post-feudalen, agrarischen Kontext, wo die Familie eine selbstgenügsame Wirtschaftseinheit bildete, die durch ihren Patron hoffen konnte, an den außen zirkulierenden Ressourcen teilzuhaben.[35]

Diese ambivalente Sicht auf die Familie prägte auch Giannas Perspektive; dass der Kompromiss gelang, wird sie wenigstens teilweise dem zeitigen Tod ihres Mannes zu verdanken haben. Giannas Weg war der der Mystik und der (inneren) Bildung, der gelehrten Referenzen (Teresa d'Avila), die Eindruck machen sollten gegenüber anderen Gelehrten (mir) oder jenen, die Bildung für höhere Weihen erachten (Maria). Diese Bildung ließ sie zwar einerseits ein mehr explizites Verständnis von mystischer Einheit, von seherischer Berufung entwickeln, doch perhorreszierte das Verständnis selbst eine Differenz von Wort und Sache, die sich noch einmal darin spiegeln sollte, dass sie als *veggente* mit allen Ehren aus San Giorgio a Cremano nach Neapel zu San Pietro ad Aram chauffiert wurde, sich den Gebetsschal umlegte, die Hände geküsst bekam, in der Unterkirche vor die Toten trat, aber dies wie eine Frau aus der besseren Vorstadt, die allzu sichtbar die Sehnsucht nach ihrem verlorenen Zentrum umtreibt, von dem sie anerkannt werden möchte, weil sonst alles verloren ist, und das sie darum so umfassend anzuerkennen versucht, wie es noch möglich ist.

Während Gianna also von anderen Mächten gerufen wird und ihr Leben willentlich auf diese Berufung ausrichtet, sich darin

»qualifiziert«, kann Giuseppina gar nicht anders, als zum Kanal anderer Mächte zu werden. Das ist der Unterschied von Neapel und »Campagnia«, es ist aber auch der von bürgerlicher und ländlich-agrarischer Welt. Zu Giuseppina gehört die Spekulation über ihre Besessenheit als ein Opfer, das sie bringen musste, damit der Vater des Toten seinen Bruder nicht strafte und die Familie intakt blieb. Das Zurücktreten von *actio* hinter *passio* ist im Bürgertum nicht vorgesehen, wenngleich die größte Aktivität, die Selbstvermehrung des Geldes, an eine noch größere Passivität, ihr bloßes Verweilen in der Bank geknüpft ist – aber dies ist eher das kulturprotestantische »Geheimnis« als das Neapels, wo man sein Geld oft genug im Haus behielt oder in Steine investierte oder wenn man es jemandem verlieh, den Zins aktiv eintreiben musste –, während man auf dem Land zumindest 1968 ein anthropologisches Modell verfolgt, das jemanden nur insofern Person sein lässt, als dass er ein Anderer ist. Dabei ist die Tatsache, dass jemand über keine eindeutige Identität verfügt, sondern diese mehrfach wechselt, selbst innerhalb eines einzigen Tages, noch nicht einmal das Aufsehenerregendste; in vielen Teilen der Welt ist es bis heute völlig normal, mehrere zu sein. Die eine, stabile Person ist Teil der westeuropäischen Selbsterzählung von der Immanentisierung der sozialen Ordnung und ihrer Adressierungsnotwendigkeiten und damit die Konstruktion einer Konstruktion,[36] und gerade deshalb hochwirksam. Im Fall der Besessenen von Serradarce ist das Besondere indes die Absolutheit der verkörperten Identität (Alberto Glorioso, der direkt aus dem Jenseits spricht, unhintergehbar, unkritisierbar) und die Kontingenz der Verkörperung selbst (Alberto braucht den irdischen Leib, der bald von zwei Schüssen durchlöchert werden wird). Diese Struktur erinnert die Logik der Stigmatisierung (die unhintergehbare Botschaft des Absoluten im verwundeten Körper) und schreibt sich damit ein in die zeitgenössischen Erzählungen von Padre Pio, Natuzza Evolo und den vielen, von denen wir nichts wissen, weil sie lokale

Heilige waren und sind (dies nicht als Einschränkung: Heiligkeit in Süditalien beziehungsweise in einer postfeudal-klientelistischen Gesellschaft kann nur »lokal« sein). Aber sie radikalisiert sie, denn nunmehr eröffnet sich ein Blick in den Akt der Stigmatisierung, die im anderen Fall ja stets privat bleibt. Wenn Giuseppina als Alberto spricht, löscht sie die Differenz von Wort und Sache aus, aber so, dass sie vor Augen führt, dass, bevor man das Wort ergreift, man vom Wort ergriffen wird. Aus diesem Grund hat sie Anspruch darauf, gehört zu werden – wer ergriffen ist, muss erhört werden. Entweder man betrachtet ihn als autorisiert, folgt ihm, oder aber man sorgt wie Sant'Antonino, der früher in Serrardarce Verehrte, dafür, dass der Dämon ausfährt – als sei es, zumal für Frauen, nur möglich, öffentlich zu sprechen, wenn man nicht selbst spricht.[37] Die konkrete Ausbildung der *persona* – ein allseits bekannter Seminarist, der ein anderer wird in dem Moment, in dem er in seiner Tante aufersteht, die zu ihm wird, sodass sich wie an einer Kette nach und nach alle Personen und ihre Beziehungen untereinander verschieben – erschüttert die bestehende klienteläre Ordnung in zweierlei Hinsicht: zum einen, weil offenkundig eine Familie eine Statuserhöhung anstrebt, indem ein weibliches Mitglied sich in die Passivität der Trance versetzen lässt, zum anderen, da das Mittel der Statuserhöhung sich autonomisiert und zu einem Versprechen wird, das grundsätzliche Änderungen der Sozialordnung vorsieht, eben weil Trance und Besessenheit hier mit einer solchen Auslöschung der bestehenden sozialen Einbindungen (zumal nach dem Geschlecht) einhergehen, dass ihre Unableitbarkeit zugleich ein Egalitätsangebot unterbreitet. Solange die Menge nur Giuseppina / Alberto hören möchte und von ihren Händen berührt, von ihren Gebeten gesegnet werden will, ist alles in Ordnung – doch was geschieht, wenn auch die Kultadepten anfangen, von Sant'Alberto besessen zu werden? Was, wenn er auch durch sie spricht, oder ihre nackte Existenz, die sie mit allen anderen teilen, mit allen Menschen auf dem Erdenkreis, durch ihn, der tot ist und seiner Bestimmung entkleidet? Wäre dies nicht gefährlicher als die Revolution der Kommunisten?

Das Communitas-Potenzial der Toten-Besessenheit wird vom Kult in Serrardarce in starken Linien angedeutet.[38] Heute sind dorthin die Engel zurückgekehrt. Der Pfarrer, der die gelegentlich umherschweifenden, letzten Kultadepten bekehren soll, schreibt jedes Jahr ein neues Buch über die Austreibung des Bösen. Auch nach dem Tod von Giuseppina kamen Kleinbusse, selbst aus der Sanità in Neapel, aber nunmehr blieb es beim Plausch mit der weiteren Verwandtschaft. Keine Stimme war mehr zu hören, und als man auch das *santuario* zuschloss und niemand mehr das Tötungsinstrument, den Lastwagen, zu sehen bekam, die Ladefläche, unter der der Kopf des Jungen zerquetscht wurde wie von einem Nussknacker, ebbte der Strom völlig ab. Erst seitdem die charismatische Bewegung »Casa di Preghiera di San Michele« sich des Kultorts annimmt, scheint eine Reintegration in die Kirche möglich – übrigens ein erneuter Beweis, dass in Süditalien charismatische Gruppen vor allem dem Volkskatholizismus zur Rückkehr verhelfen, indem sie ihn zu reinigen versuchen von den Abnutzungen des Klassenkampfs zwischen Laien und Priestern.

4. *This must be the place.* Topologie und Verwandtschaft im Totenkult

Alberto Glorioso wurde nicht vergessen. Mit seinen Salernitaner Landsleuten schaffte er es bis nach New York.[39] Und in Neapel, in der museal aufbereiteten Unterkirche der Madonna del Purgatorio ad Arco, habe ich sein umrahmtes Porträtfoto gesehen. Die Verantwortlichen wollten davon nichts wissen. Das sei wohl ein Verwandter von irgendeinem Gläubigen, hieß es. Ja, ein Verwandter, darüber müsste man nachdenken. Die Frage bleibt, ob im neapolitanischen Totenkult ähnliche politische Potenziale am Werk waren und welche Rolle dabei die Seherinnen spielten. Eine richtige

Besessenheit von den Toten wie in Serradarce gab es nicht, aber wohl die Sehnsucht danach, wie die Anwesenheit des Bildes von Alberto Glorioso nahelegt. Manche erleben ihr Dasein ohnehin so, als gebe die Welt nur die Handlungen der Toten wieder, als seien unsere menschlichen Logiken nur Scheinwahrheiten, während die Toten die Fäden ziehen. Das jedenfalls meint Lella. Menschliches Sprechen ist dann in erster Linie *parola*, Gerede, wo der Signifikant sein Signifikat noch finden muss. Erst aus der Zusammenschau des Ganzen könne man die Bedeutung erkennen. Dieses Absehen vom Signifikanten und vom Sprechen bestärkt eine Tendenz zum Traum, die zu den kulturellen Reserven Neapels zählt und auch ihren geologisch-architektonischen Ausdruck gefunden hat. Im Mittelpunkt der einfachen *bassi* steht das Bett, reich dekoriert. Die »Seherinnen« in den Unterkirchen waren Kerzenverkäuferinnen, Frauen, die das Dunkel erhellten. Über sie selbst wusste man wenig. Auf der städtischen Oberfläche sah man sie kaum. Wie Donna Anna in S. Pietro ad Aram waren sie Figuren des Traums und leuchteten ihn ein wenig von innen aus. Man konnte mit ihnen darüber sprechen, wer einem erschienen war und was das wohl zu bedeuten hatte. Aber sie wahrten den Abstand, da jeder seine ganz individuelle Erfahrung mit den Toten machte, die sich häufig auf ganz eigene Wünsche und Erwartungen bezog.[40]

Die Übersetzung privater in allgemeine Botschaften der Toten war die Aufgabe, die sich Gianna stellte und mit der sie den Konsens aller an der Unterkirche von S. Pietro ad Aram Beteiligter zuerst erhielt, dann wieder verlor. Die aus dem Blick des Außenstehenden wahre Geschichte ihres Engagements war die, dass Lella sie auf Empfehlung einer anderen Gläubigen gefunden hatte, weil man in der Unterkirche religiöse Aktivitäten entfalten wollte, die mit einer gewissen Autorität auch gegenüber den Franziskanern, zu denen S. Pietro ad Aram gehörte, vertreten werden konnten. Die Franziskaner waren wie die übrigen Orden in Neapel stark dezimiert; nicht ganz wie die Dominikaner, deren traditionsreiches

Kloster, in dem Thomas von Aquin gelehrt hatte, bereits seit 2013 von der Region Kampanien verwaltet wird, doch sahen selbst sie sich gezwungen, auf Einnahmequellen zu vertrauen, die ihr Ansehen zusehends schmälerten. Regelmäßig wurde ihr gotisches Stammkloster S. Chiara an Ärztekongresse vermietet, bezog in einem Teil des Gebäudes eine dubiose Online-Universität Quartier. Die verbliebenen Padres wechselten sich bei der Armenspeisung ab, fast jeder unterhielt noch eine kleine Gemeinde, darunter die dem Kinderheim mit Europas erster Babyklappe angeschlossene Annunziata oder eben S. Pietro ad Aram. Der Verantwortliche hier war Fra Pio, ein kahlköpfiger Mann Anfang vierzig, »der auch selbst eine Devotion für die *anime nel purgatorio* hat«, wie Lella mir zuflüsterte. Fra Pio, der als einer der jüngeren, sehr volkstümlichen Patres viel unterwegs war in der Stadt, sah sich regelmäßig Kritik seines Amtsbruders aus der Annunziata ausgesetzt, dem S. Pietro ad Aram formell unterstellt war und der die »paganen« Formen der Religiösität nicht unterstützt wissen wollte. In den sechs Jahren, in denen Fra Pio hier Pfarrer gewesen war, hatte er unausgesetzt Personen mit einem *dono* getroffen, die erst vorgaben, traditionelle mit S. Pietro ad Aram assoziierte Frömmigkeitsformen auszuüben – den Rosenkranz für die Verstorbenen, die Organisation von Messen für »Liberazione e Guarigione« –, um dann *il cavolo loro,* ihren Unfug zu treiben, *»speziell in ökonomischer Hinsicht.* […] *Ich stelle ja nicht in Abrede, dass Menschen ein* dono *haben, aber wenn du hier bist, in meiner Kirche, musst du dich auch wie ein Gast verhalten und nicht wie ein* santone.*«*[41] *Santone* bezeichnet Personen, die sich als Kulthüter aufführen und sich anstatt sich auf die Rolle von Vermittlern zu beschränken, als unabdingbaren Bestandteil des Kultes gerieren, bis dahin, dass sie von den Zuwendungen der Kultgemeinde leben. Eine solche Geschichte ist vom Nachfolger jener mythischen Donna Anna überliefert, der den Handel mit Grablichtern mit anderem verquickte, bis er angeschwärzt und davongejagt wurde. Damit endete ein einigermaßen geregelter Zugang zu den Knochen: ob das Gitter zur *cripta cimiteriale* geöffnet wurde, hing vom Wohlwollen des Priesters, dessen Stand im Orden, vom Sakristan oder von dessen Verhältnis zum Priester ab.[42] Lella erzählte, dass auch Donna Anna dank der Grablichter überlebte, von irgendetwas müsse man leben. Aber Donna Anna war demütig, sie hielt die Krypta in Schuss, sie beriet, wo sie konnte, und sie war keine »Mamma«, wie sich die Seherinnen – Caterina, Natuzza Evolo – nannten, die durch persönliche Begegnung etwas von den Kompetenzen der Muttergottes abbekommen hatte. Sie hatte Familie in Mailand gehabt, so genau wusste das niemand, und sei deshalb später in den Norden gezogen. Und Lella hatte stets die Sehnsucht nach Donna Anna behalten, vielleicht auch gehofft, in Donna Gianna eine Donna Anna zu finden. »Donna« Gianna, so nannte sie sie, bis sie am Schluss nur mehr von »Gianna« sprach. Vor oder nach dem Rosenkranz ließ Lella die Anwesenden in den Friedhofsbereich, den sie zuvor zusammen mit ihrer Tante mit Kerzen ausgeleuchtet hatte, sie verteilte auch Kerzen gegen geringe Spenden und reichte ein Körbchen herum, in das je nach Vermögen ein paar Cents wanderten, aus denen ihre eigenen, wöchentlich zunehmenden Umschichtungen der Gebeine in Aluminiumkassetten respektive ein Zuschuss für die Franziskaner finanziert werden sollten.

Mehrmals haben Lella und ich in ihrer Pizzeria gesessen, in einer Seitenstraße zwischen dem von chinesischen Fabriken eroberten Quartier im Rücken des Bahnhofs und den Ausläufern des Mercato-Viertels mit seinen zahleichen Madonnen über den Altären der in Bandenkriegen getöteten Jugendlichen. Dort erzählte sie mir *ihre* Geschichte von S. Pietro ad Aram. Erstaunlich war, dass Lella keinen anderen Totenkultort in Neapel kannte und erst ganz am Schluss mich um eine Art Privatführung in den Fontanelle bitten sollte. Am Ende meiner Recherchen teilte sie mir mit, dass die Toten mich führen würden, nichts von dem, was ich in Erfahrung gebracht habe, sei zufällig gewesen. Bei ihr habe ich zu verstehen versucht, wie die Aufmerksamkeit gegenüber den Toten, die Bereitschaft, sie in Kisten umzubetten, um sie an ihrem Platz, in der Krypta, belassen zu können, das Engagement, mit dem sie die beiden Küster der Kirche gewinnen wollte oder einen Schmied aus dem Viertel mit dem Zweck ihrer Arbeit bekannt machte, wie all dies mit einem ökonomischen oder einem Interesse zur Prestigesteigerung verbunden sein mochte. Aber ich habe sie immer nur in ihrem Sportanzug, mit ihrer weißen Ellenbogenschiene, die sie aufgrund einer am Pizzaofen davongetragenen und nie ausgeheilten Zerrung tragen musste, und gelegentlich auf einem klapprigen Motorino die Pizzen ausfahren sehen, als eine Frau, die hinter dem Tresen die kleinen Münzen entgegennahm und eine fast unterwürfige Haltung gegenüber der Mutter ausstrahlte, gelegentlich durch den Laden paradierend, und herzlich zugetan der Tante, die wissend lächelte und nicht viel sprach. Im Folgenden ihre Erzählung davon, wie sie mit den *anime* in S. Pietro ad Aram bekannt wurde:

Als sie 17 war, brachten sie ihre Freundinnen in die Kirche, die von vier bis acht Uhr abends geöffnet war. Ihre Freundinnen holten sie ab, per curiosità. *»Ti faccio vedere i capi morti«, sagte man ihr. »Ich fand das seltsam, aber gut. Ich stieg also runter und traf dort Gerardo und Donna Anna. Gerardo leitete den Ort vor der Donna Anna. Er erklärte den Leuten vielerlei. Es waren ungefähr 80 Leute. Eine Devotion, die ich bewunderte. Ich wusste ja nichts davon, obwohl es nur wenige Schritte von meinem Haus entfernt war. Eine Freundin sagte, ich solle ihr 1.000 Lire geben, für die Grablichter. Also haben wir Grablichter für den Dottore Alfonso gekauft, eine vor die Kinder gestellt, eine vor Mario. Dann brachte sie mich in die Krypta, wo wir heute beten. Vor die Nischen, in denen die Schädel waren, wir müssten einen davon adoptieren, sagte eine Freundin (oder Donna Anna?). Ich habe gesagt, aber hier sehe ich doch niemanden. Sie sagte, macht nichts, stell die Kerze dorthin. Dann ging ich nach Hause. Dort fragte mich meine Mutter, wo ich gewesen sei. Ich sagte, nirgendwo besonders, ich war in der Kirche. In welcher Kirche, fragte die Mutter. In S. Pietro ad Aram,* *da sind viele Leute unten. Meine Mutter war besorgt, sie fürchtete* queste cose nere, *die man als Mädchen noch nicht kennt. Vom Kult der Toten wusste meine Mutter nichts. Ich sagte ihr, dass wir keine schwarzen Messen zelebrieren würden, dass wir nur Kerzen hinstellten. Aber wir könnten uns ins Verderben stürzen, antwortete sie. Am nächsten Montag riefen mich meine Freundinnen an, die zwei Schwestern waren, und sagten, dass sie nicht hingehen könnten. Ich fühlte mich traurig, denn ich hatte dort Frieden und Heiterkeit empfunden. Und vielleicht weiß ich das nicht einmal zu beschreiben. Jeder hat ja seine eigene Sensibilität, wie Gianna gestern gesagt hat. Ich fühlte mich schlecht und ging nicht hin. Nicht aus Angst, sondern weil ich zu träge war, allein hinzugehen. Ich erinnere mich sehr gut, solche Dinge vergisst man nicht, dass ich von zwei Männern träumte. Sie kamen hier hinein in die Pizzeria und sagten: Was, warum bist du nicht zu unserer Verabredung gekommen? Ich antwortete: Von welchem Treffen sprichst du? Danach habe ich es in Verbindung gebracht. Einer sagte: Wir hatten gestern eine Verabredung. Dann bin ich aufgewacht. Am Sonntag darauf ging ich mit meinen beiden Freundinnen aus. Ich fragte: Wollen wir morgen zu S. Pietro ad Aram gehen? Die eine sagte, dass sie Fahrschule hatte und dahin von ihrer Schwester begleitet werde. Am nächsten Morgen wachte ich auf und sagte mir: Wie dem auch sei, heute will ich gehen. Und ging. Kaufte mit meinen 1.000 Lire die Kerzen, und dann hatte ich die* tentazione *(Versuchung), und kaufte weitere zwei* lumini *und stellte auch sie an die Stellen. Das erste Mal also hatte ich von den Toten geträumt, als sie mich an die Verabredung erinnerten. Das zweite Mal träumte ich, wie sie sagten: Endlich bist du zur Verabredung gekommen. Es sind also sie, die mich rufen. Sie kamen nicht mehr. Ich ging jetzt alleine hin. Meine Mutter dachte aber immer an, sagen wir, unkorrekte Dinge. Eines Tages, erinnere ich, sagte sie: Heute gehst du nicht hin. Es war ihr nicht lieb. Ich sagte ihr, komm doch mit, erzählte von Donna Anna und Gerardo, das seien zwei alte Leute, da werde gebetet, es sei also nichts Schlechtes dabei. Es ist nicht illegal. Also sagte ich zu den Toten, wenn sie wollten, dass ich komme, sollten sie zu meiner Mutter kommen, nachts. Mario erschien meiner Mutter im Traum. Sie träumte von einer Kirche mit einer ganz dunklen Krypta, sah die Gänge, und berichtete von einem Mann, der ihr im Traum die ganze Kirche zeigte und sagte: Anna, hier ist Lella unter Freunden, sieh diese Leute, hier ist nichts Schlechtes. Am nächsten Tag sagte meine Mutter: Lella, ich habe von Mario geträumt – ich kannte ihn aber nicht, nur von meiner Freundin, die gesagt hatte, dass wir die Kerzen dort postieren sollten – und nun wollte meine Mutter mitgehen. Ich habe ihr Donna Anna und Gerardo vorgestellt. Donna Anna konnte die Toten sehen und hören, so wie Gianna. Donna Anna sagte: Deine Mutter heißt nicht Anna, sondern Anna Maria. Meine Mutter war sprachlos ... und sagte, mein Taufname ist (Anna) Maria, aber alle rufen mich Anna. Und das hatte Mario gesagt. Und damit hat meine Mutter verstanden, dass das, was ich tue, richtig war.« – Und deine Mutter ist dann regelmäßig mitgekommen? – Nein, nur ich, und später meine Schwester Angela, die mich nach ihrer Schule am Montag begleitete, sind hingegangen. Meine Mutter und andere Schwestern gingen gelegentlich, aber eher am Mittwoch. – Hat deine Familie andere Devotionen? – Ja, am Mittwoch die Madonna del Carmine, mein Vater die Madonna di Montevergine, und die für die Madonna dell'Arco an Ostermontag. – Gehörte er zu einer Assoziation hier in Mercato? – Ja, sie haben das als Familientradition, sowohl der Madonna dell'Arco als auch der Madonna del Carmine. Mein Vater ist auch aus diesem Viertel. Er kannte die Kirche und wusste, dass dort die* anime del purgatorio *sich befanden. Denn die Mutter meines Vaters ging dorthin, das wusste ich erst nicht, sondern habe es später erfahren, als ich sie an einem Montag zur Messe sah. Denn der Montag ist den Toten im Purgatorium gewidmet. Früher sagte man, der Montag ist für die Toten im Purgatorium, der Dienstag für S. Anna, der Mittwoch für, scheint mir, die Madonna del Carmine, der Donnerstag für das Volto Santo, der Freitag, daran erinnere ich mich nicht. Für jeden Tag gab es eine Devotion. S. Anna für die Frauen, die schwanger waren und Angst hatten vor einer Geburt, die schwer war. – Gab es bestimmte Dinge, die man von den* anime sante *besonders erbat? – Nein, man erbat alles von den* anime sante*: von der Hilfe gegen Krankheiten bis zur Arbeit, alles, auch die Ehe. – Beim ersten Mal, dass du hinuntergestiegen bist, hast du eine Bitte geäußert? – Ich ging aus Neugier. Aber dann habe ich gemerkt, dass es mir um Frieden ging. Eine innere Heiterkeit, die ich anderswo, zum Beispiel, wenn ich mit Freundinnen aus- und tanzen ging, nicht fand. Ich ging übrigens nicht oft in die Kirche. Ich habe alles gemacht, was man als junge Frau tut. Aber an diesem Ort habe ich* meinen *Frieden gefunden. Vielleicht etwas, das ich suchte und anderswo nicht finden konnte. Meine Neugier hat mich dazu gebracht, in dieser Kirche anzuhalten. – Ist es für dich anders, wenn du auf einen normalen Friedhof gehst? – Das ist nicht dasselbe. Alle 15 Tage gehe ich auf einen Friedhof zu meinen Toten. Ich fühle mich dort wohl. Aber ich finde dort nicht den gleichen Frieden wie unten in der Krypta. Die* anime *halte ich nicht für Verstorbene, sondern für Freunde. Ich spreche mit ihnen und bin sicher, dass sie mich hören. Sicher, ich werde nicht sofort eine Antwort erhalten. Aber ich weiß, dass bald, morgen, oder auch wenn du kommst, ich verstehe, dass sie es sind, die mir eine Antwort geben. – Also agieren die Toten durch die Lebenden? – Genau. – Durch die Lebenden, die auf der Erde gehen, wirken die, die unter der Erde sind? – Ja, davon bin ich überzeugt. Ich erkläre dir das. Eines Tages hatte ich ein Problem, hier im Geschäft. Der Steuerberater war ein Dieb, mein Vater zahlte jedes Jahr 500.000 Lire für die Konzession, aber einmal vergaß er, nachdem er bezahlt hatte, den Beleg, und dann kamen sie [die Finanzpolizei] und sagten, wir müssten entweder sofort zahlen oder wir hätten ein Problem. Wir gingen zu einem Buchhalter, weil unsere Lizenz schon abgelaufen war und niemand sie reaktivieren konnte. Wir waren also zu spät. Am Montag ging ich zu den* anime *und fragte Mario um Hilfe. Glaubst du mir, wenn ich dir das erzähle? Nachts schickte mir Mario eine Person, im Traum, und sagte, er heiße Franco, er solle mir helfen, ich müsse ihm alles erklären, dann sagte er, ich solle nichts bezahlen, sondern zwei Tage warten, dann würde er es mich wissen lassen. Ich* *sagte, gut, zwei Tage vergingen, dann kam in mein Lokal ein Herr, der mir eine Fotokopie der Lizenz brachte und sagte, ihr müsst nichts zahlen, für jetzt reicht die Kopie, in zehn Tagen aber kommt das Original. Aber ich muss zahlen, wandte ich ein. Der Herr sagte, nein, es ist alles in Ordnung. Ich bekam also die Lizenz, ohne etwas zu zahlen. – Die Toten erzählen dir stets ihre Geschichte, kennst du sie? – Nein. Mario zum Beispiel hat sich vorgestellt als jemand von 50 Jahren, ein Mann* tutto in un pezzo, *ich sah ihn wie einen* Capo, *jemand, der Autorität hat, der sagt, du tust das, du das, Leute, die Anweisungen geben,* persone per bene, *mit Hut und Anzug. Er hat mich immer als eine Enkelin betrachtet. Ich heiße Raffaela. Aber wenn jemand zu mir kam, oder Mario jemand schickt, dann nennen sie mich immer Lella. Sie wissen, dass ich mich Lella nennen. – Gibt es andere Seelen, die sich präsentieren, die sagen, was sie im Leben getan haben? – Nein, nur ein einziges Mal, erinnere ich mich. Aber sie wollen, dass wir beten. Einmal sagte eine Seele, bitte für mich, denn ich habe noch vier Jahre. Vier Jahre also, um ins Paradies zu gelangen. Ich sagte zu Donna Anna: Ich sehe eine Person, eine Frau. Donna Anna fragte: Hat sie dir ihren Namen genannt? – Nein, aber ich bin gelaufen, und dann hat sich eine Person an meinen Arm gehängt und gesagt, bete für mich, ich habe noch vier Jahre. Und die Signora Anna sagte: Ja, weitere vier Jahre im Purgatorium. Ich fragte: Aber all diese Seelen leiden immer noch? Manchmal leiden die Seelen für uns. Als ob sie sich unsere »kochenden Kartoffeln«, unsere dringendsten Angelegenheiten aufhalsen. Gelegentlich gibt es Personen, die uns zum Beten veranlassen und die für uns leiden. Also sagte ich, zeig dich, wer bist du, damit wir mehr Personen für dich zu beten veranlassen können. Seitdem hat sie sich nicht mehr gezeigt. – Sind die Träume sehr hell, sehr deutlich? – Sehr, sehr deutlich, so wie wir jetzt sprechen. – Sie haben eine andere Qualität als normale Träume. – Das Schöne ist, dass sie sich unterscheiden von jenen Träumen, die ich etwa von dir oder anderen Personen hätte. Die Seelen fragten: Hast du verstanden, wer ich bin? Das sagen sie nicht mehr. Früher haben sie das gemacht, da haben sie sich unterscheiden wollen. Jetzt wissen sie, dass ich weiß. – Wissenschaftler haben immer gedacht, dass der Kult eine Art Austausch sei, nach dem Muster: Ich gebe dir das Gebet, damit du schneller »nach oben« kommst, und du tust mir einen Gefallen. Aber von dir höre ich etwas anderes, es handelt sich eher um eine Freundschaft. – Ich habe das stets so verstanden. Von Anfang an. Wie ich dir gesagt habe, wenn ich zum Friedhof zu meinen Großeltern gehe, fühle ich mich nicht so leicht, gelassen. Mit den* anime *habe ich gestritten, und ich habe mit ihnen Frieden geschlossen. Also, sie sind Freunde. Wenn du am Montag die anderen devoti fragst, wirst du andere Geschichten hören, aber der Inhalt ist derselbe. Es ist eine Liebesbeziehung. – Und was ist mit den eigenen Toten? Sind die auch in einem* purgatorio*? – Ja. – Auch sie könnten* anime sante *werden. Vielleicht eher für andere? – Ja. – Wenn wir ihre Gräber nicht mehr sehen. Warum kann man mit ihnen nicht befreundet sein? – Ich denke, dass man mit seinen Großeltern, gegenüber denen man Respekt hat, nicht auf eine bestimmte Weise reden kann. Du kannst ihnen nicht sagen »vaffanculo« (verpiss' dich), das kann man aber einem Freund ruhig mal sagen. Ich denke, dass unser Unterbewusstsein versteht, wo der Freund ist und wo der Verwandte. Mit Franco, Luisa und Mario habe ich gestritten. Wenn ich von meinem Großvater träume, frage ich, ob es ihm gutgeht … – Du träumst also von deinen Großeltern? – Ja. – Viele sagen, dass sie weniger gern auf den Friedhof gehen als in die* cripta cimiteriale*. – Ich weiß. Und weißt du, wovon das noch abhängt: auch von den Beziehungen, die sie mit den Eltern und Großeltern zu Lebzeiten gehabt haben, ob da Bitterkeit ist, oder irgendetwas anderes. Ich zum Beispiel habe gegenüber meiner Großmutter keinerlei Wut empfunden, die Situation war sauber, mein Leben lebe ich sauber. Was ich sagen will, ist, dass wir in unserem Unterbewusstsein solche Situationen, von Fehlern und Schwierigkeiten, mittransportieren. – Ich habe den Eindruck, dass die Vertrautheit in den Beziehungen zu den Toten, die es einst auf den Friedhöfen gab, wo man mit den Toten speiste, sich gewandelt hat. Heute zeigt man, dass man seine Verwandten besucht, aber man wendet sich dabei nicht den Toten,* *sondern der Gesellschaft zu. Diese Intimität ist aber im Umgang mit den anonymen Toten da. – Armando sagte, entschuldige, dass ich dich unterbreche, für seinesgleichen sind alle Seelen gleich, die, die jetzt sterben, die vor Jahrhunderten gestorben sind. Es ist immer die gleiche Zeit. Sie leiden ... Sie ertragen die Verbrennung nicht. Die Existenz der Knochen, unsere Existenz, sagt er, wo ist sie? Seht all diese Schädel an, für euch sind sie Schädel, für uns sind sie Engel. Sie existieren, das heißt: Wir existieren. – Auch wenn wir wissen, dass ihre Seelen nicht dort sind. Ihre Seelen sind woanders. – Ja. Sie haben keinen Raum. Sagt man, ich erinnere mich aber nicht an den Ausdruck. – Man sagt aber auch, dass sie trotzdem bei uns sind, also wie zweifach vorhanden: bei uns, und im Purgatorium. – Ja. Aber Armando sagt: Wenn du denkst, du läufst durch die Straße und triffst jemanden, dann weißt du, dass wir es sind, die den schicken. Wie ich dir schon zu Beginn gesagt habe, kapiere ich, dass, wenn du mir eine Antwort gibst, sie es sind, die mir eine Antwort geben und sich deiner bedienen. Weil ich ... ich habe die Erfahrung gemacht ... ich sehe sie nicht noch höre ich sie ... weiß ich, dass eine Antwort von ihnen kommt. Also hat mir Armando folgendes gesagt: Wenn du jemanden vorbeigehen siehst, der dir bekannt vorkommt, dann sind wir es. – Durch jeden von uns sprechen die* anime? – *Am Anfang, als sie unten geschlossen hatten [die Krypta], ging ich ans Gitter und betete und fragte still: Warum kommt ihr nicht, warum erhalte ich keine Antwort, warum habt ihr mich verlassen? Da kam ein Herr ans Tor und sagte: Sie wissen, dass du hier oben bist, und ging fort. Ist das nicht auch in deinen Augen eine Antwort? Es ist eine banale Sache, aber eine Antwort.*[43]

Lella erzählt den Einstieg zu den Toten wie die Reise von Alice ins Wunderland. Dieses Wunderland ist immer schon präsent, nur wissen die meisten Lebenden davon nichts, die Vermittlung zwischen der Welt der Normalen und dem Land der Toten verläuft wiederum über die eingeweihten Lebenden. Das verfügbar gemachte arkane Wissen ist relativ schlicht, es geht darum, dass die anonymen Toten die Entdeckung, wonach das Leben immer nach Maßgabe der Toten abläuft (oder danach, dass etwas Vergangenes die Gegenwart bestimmt, die wiederum zur Vergangenheit einer zukünftigen Gegenwart wird) personalisieren und somit verhandelbar halten. Die Gegenwart der Vergangenheit ist unter den *anime* sehr viel erträglicher als unter den eigenen Toten. Es sind eben keine Toten, die sich durch die Lebenden, welche ihre Rollen übernommen haben, aufspielten, sondern solche, die leiden und deshalb mit den Mühsamen und Beladenen eine größere Schnittmenge aufweisen. Wichtig ist für Lella der Hinweis, dass es sich nicht um eine Geheimgesellschaft handelt, sondern um eine ganz einfach zugängliche Gruppe von Personen, mit denen man ›Freundschaft‹ schließen kann. Sie sind Teil der Kirche, wie ein Orden, wie Schwestern, und darum kann Lella sie auch ihrer Mutter gegenüber als natürliche Begründung für ihr Hinabsteigen angeben. Was das nicht nur von Lella als problematisch geschilderte Verhältnis zum Friedhof und den normalen Friedhofstoten betrifft, lässt sich vielleicht folgendermaßen argumentieren: Der historische Weg des Todes in Neapel über die unter den Kirchen befindlichen *terre sante* hin zu den großen Friedhöfen wird invertiert. Eine Rolle spielt dabei gewiss die verlorene Intimität der Friedhöfe mit ihren Kapellen, die früher häufig offen standen, in die man ebenso wie in den Krypten Bilder und Blumen und sogar Fahrscheine legte, oder vor denen man sich auf Stühle setzte und speiste, sich mit Freunden traf, die Toten am eigenen Leben, zumal des Sonntags, teilhaben ließ, die seit der enormen Macht der Bruderschaften (»Confraternite«, »Congreghe«), der Verdichtung der Grabstätten, die nur mehr den Wohlhabenden Beerdigungen in allein stehenden Kapellen gestattet, deutlich abgenommen hat. Das hat weniger mit dem überall für das Abendland konstatierten Ausschluss des Todes aus der Gesellschaft als vielmehr mit einerseits schlicht demografischen und geografischen Faktoren zu tun, andererseits damit, dass der Tod und das Totenreich selbst auf eine Weise betretbar geworden sind, dass der Kontakt mit den

Ahnen an anderer Stelle erfolgen kann. Die Friedhöfe leeren sich, weil sie Orte der mehrfach zur *memoria* überhöhten Materialität (der Toten) darstellen, die heute aber vollständig privatisiert ist. Beinahe sämtliche Phänomene, die mit dem Toten als Geist assoziiert werden können – Bilokation, Rückkehr in den heimischen Raum – sind inzwischen durch die Ausweitung virtualisierender Techniken verfüg- und reproduzierbar gemacht worden, wodurch das Totenreich sich mehr der Invasion der Lebenden erwehren muss als umgekehrt (wobei wie in anderen Fällen auch gilt, dass Kollektivvorstellungen bezüglich der Geister und der Toten den Möglichkeitsraum ausleuchten, in dem sich neue Medien und Technologien rezipieren und entwickeln lassen).[44] Daraus entspringt möglicherweise in einigen Fällen der Wunsch, die vom Totenreich repräsentierte Andersheit zu fundieren, was heißen könnte, in intimen Kontakt mit Schädeln und Knochen zu treten und die zahlreichen virtuellen Reisen, die man selbst, aber auch Verwandte und Freunde unternehmen und die schon hinter Neapel, mit einem Umzug beginnen, zu erden. Die Intimität oder das Heil, das von der Begegnung mit den Schädeln herrührt, liegt, glaubt man Lella und weitet man den Blick auf die Einsamen, die Alten und Kinderlosen aus, in der Existenzversicherung, die über die genealogischen Zusammenhänge (Vater von ..., Tochter von ...) hinausführt. Es liegt in der Dimension des »reinen« und »nackten« Lebens, dessen rituelles und praktisches Durcharbeiten die Grundlage für die in Neapel stets prekär gebliebenen Verwandtschaftsbeziehungen bildet. Es ist nicht ratsam, diese hier durch die »Freunde« signifizierte Dimension gegen die »Verwandten« auszuspielen: »Freundschaft« rekurriert in Lellas Erzählung vor allem darauf, dass man etwas gibt und etwas bekommt (man könnte auch sagen, sie rekurriert auf die Universalität des »Gabe«-Komplexes[45]), also auf Gleichheit; Verwandtschaft hingegen auf Beziehungen, die erst durch verschiedene Gesten »enthierarchisiert« werden müssen, damit auch dort »Gleichheit« der Tauschenden, sprich

Reziprozität einziehen kann. Freunde und Verwandte stehen nicht antagonistisch zueinander, oft ist vielmehr die eine Beziehung das Modell der anderen, sodass die gelungene Beziehung im Übergang zwischen beiden Kategorien bestehen müsste, in einem Prozess, in dem die eine aus der anderen gewonnen wird.[46]

Der Komplex der Annunziata, zu dem die Kirche S. Pietro ad Aram administrativ gehört, beherbergt eine der ältesten Babyklappen Europas. Seit 1875 ist die kleine Kammer, in der hinter einer hölzernen Drehscheibe eine Nonne Tag und Nacht über mögliche Eingänge wachte, außer Dienst. Die hier abgegebenen Neugeborenen, oft mit einem Kennzeichen versehen, das eine spätere Rückübergabe an die Mutter möglich machen sollte, erhielten anstelle des Nachnamens des unbekannten Vaters einen, der an einen Spitznamen, an einen *nome napoletano* eben, denken lässt: »Esposito«.[47] Esposito meint *esposto*, ausgesetzt. Es ist bis heute der verbreitetste Name im Register der Stadt, was entweder besagt, dass die männlichen »Esposti« sich durch ihre unzuverlässige Herkunft nicht von der Familiengründung abschrecken ließen oder dass es tatsächlich sehr viele »Espositi« gab. Im Waisenhaus der Annunziata erhielten die Jungen eine Berufsausbildung, die Mädchen wurden in häuslichen Fertigkeiten unterrichtet. Die letzten unverheiratet gebliebenen Waisen teilten sich als steinalte Damen bis Ende der 1960er-Jahre ein Zimmer im Dachgeschoss. In dieser Zeit arbeiteten junge Frauen, die vor wenigen Jahren ein Kind in der Annunziata abgegeben hatten, unentgeltlich in der Einrichtung, in der Hoffnung, ihrem aufgegebenen Nachwuchs so wenigstens nahe zu sein, auch wenn sie sich gegenseitig nicht erkennen würden.[48]

Die Nähe von Waisenhaus und Unterkirche war ein rekurrentes, wenngleich nicht vertieftes Motiv zumindest der Berichte von Lella. Berichte darüber, dass Waisen aus der Annunziata unter den Toten ihre Eltern und andere Vorgänger wiederfanden, sich erträumten, sind mir sowohl für die Fontanelle als auch für S. Pietro ad Aram bekannt.[49] Dass die knöchernen Vorgänger eben auch

Daseinsvergewisserung meinten, in einer Weise, die in die neapolitanische Alltagsphilosophie eingegangen ist, erhellt vielleicht aus einem Spruch eines Handwerkers der Altstadt, der in Giovanni Cionis Dokumentation *In Purgatorio* sagt: »Sie existieren, damit wir existieren. Wenn sie nicht existierten, wäre es so, als würden wir nie gewesen sein.« Indem die Toten im Jenseits sind und in die Träume zurückkehren, in ihrer Doppelung aus Knochen und Geist, halten sie den Glauben daran aufrecht, dass auch die Lebenden weiterexistieren werden. Würden sie es nicht, so wäre auch ihr aktuelles Leben ungewiss, denn was einmal nicht mehr existiert, von dem ließe sich sagen, es habe niemals existiert.[50] Während die eigenen Toten einen in der Kette von Erbschaft und Verpflichtung fixieren, eröffnet die mit den anonymen Toten eingegangene ›Verwandtschaftsbeziehung‹ die Möglichkeit der Trennung (und anschließenden Zusammenführung), so zwar, dass der Fluss des Lebens als Modus des »Selbst-Seinkönnens« (Heidegger) kenntlich wird.

In seinem sozialpsychologisch folgenreichen, von Sozialanthropologen indes sehr kontrovers diskutierten Beitrag zu *Totem und Tabu* (1913) macht Sigmund Freud auf die Ambivalenz der Gefühlsregungen gegenüber den eigenen Toten aufmerksam, die sich anschließend auf die Eigenschaften der Toten projiziert findet: Sie, deren Tod man nicht immer nur verworfen, sondern unbewusst herbeigewünscht hat, kehren so lange rachsüchtig zurück, bis man sie durch Riten und gute Gaben befriedet hat.[51] Diese Ambivalenz trifft Verwandte, sicher auch Freunde, die anonymen Toten trifft sie weniger. Die mühselige Arbeit, ambivalente Tote in »reine« Tote umzuwandeln, kann in der Verwandtschaft möglichweise gar nicht geleistet werden, das werden andere für einen tun, dem sie fremd waren und bleiben. Allerdings weiß jeder um diese Ambivalenz, die aus starken Bindungen resultiert, und wahrscheinlich erklärt sich darüber das, was die reinen Toten im Purgatorium als ihr Gepäck mit sich schleppen: Wenn Donna Anna für Lella auseinandersetzt, was es bedeute, wenn jemand noch vier oder fünf Jahre »habe«, geht es einerseits um eine höchstrichterliche Verfügung, andererseits um einen Status jenseits von Gut und Böse. Die Beziehung, aus der sich eine projizierte Ambivalenz speist, und das Böse, das mit einer Sentenz konstatiert wird, gehen gewissermaßen ineinander über: Jeder Mensch ist schuldig, aber es ist auch jede Schuld menschlich. Der zweite Satz ist vielleicht insofern neapolitanisch, als dass eine »mediumistische« Konzeption des Menschen das Böse nicht als autonome Wahl, sondern als einflussreiche unabhängige Macht versteht, die jeden, so wie er ist, attackieren kann, ohne seine Natur zu verändern. Hinsichtlich ihrer Schuld werden die Menschen keineswegs ungleich.[52] Und es steht auch ihre Reinheit im Fegefeuer nicht zur Disposition – sind doch die Separierung von Mensch und moralisch qualifizierbarer Handlung die Voraussetzung dafür, dass einer an die Stelle des anderen treten kann, im guten Werk wie im Gebet.[53]

Wie schon angedeutet, macht Lella auf einen weiteren, auch von anderen Totenkultadepten benannten Aspekt aufmerksam: das Zukunftswissen der Toten und den Umstand, dass sich ihre Absichten in den Handlungen der Lebenden aktualisieren und verkörpern. Die Konzepte von Vorwissen – durch sukzessiv zunehmende Teilhabe am absoluten Wissen Gottes, wie die dogmatisch Geschulteren unter den Adepten meinen – und verdeckter Handlungsbestimmung (die Lebenden als Agenten der Toten) betreffen zunächst zwei kategorial unterschiedene Bereiche. Indem sie häufig in Aussagen derselben Personen wiederkehren, lassen sie die Unterscheidung zwischen dem Bereich der Prophetie als dem der großen, Gott allein vorbehaltenen Wahrheiten, und dem Bereich der Einwirkung in das alltägliche Leben als zwei aufeinander abgestimmte Ebenen zu. In diesem Fall würden sie die klientelistische Logik widerspiegeln, jene von Königen und Vizekönigen, in der Agenten wiederum als Prinzipale auftreten. An dieser Stelle soll aber anstatt einer Vertiefung des »wilden Denkens« (Lévi-Strauss) einer bestimmten neapolitanischen Unter- und unteren Mittelschicht wiederum *mit* den Knochen gedacht werden: Wenn Lella lebensweltliche Ereignisse als »Antworten« der Toten betrachtet, eingeschlossen mein Auftauchen in der Krypta, so geht es nicht so sehr um sich realisierendes »Vorwissen« der *anime* innerhalb eines großen Plans (Teilhabe an der großen Idee Gottes), sondern um das Schließen von Lücken, die, in meinem Fall, zwischen meinen ihr fremdartig anmutenden Erklärungen und ihren eigenen Vermutungen bestehen. Die reine Materialität, das nackte Leben der Toten, eröffnet allererst Übersetzungen zwischen meinen und ihren Erklärungen. Deshalb sind die Toten nicht so sehr etwas, über das nachgedacht werden kann (dies auch, und hier siedelt das weite Reich der Vermutungen und Spekulationen), als vielmehr etwas, *mit dem gedacht wird*. Aber warum? Diese Frage kennt höchstwahrscheinlich mehr als nur eine Antwort. Hier nur so viel: Ein Großteil der kulturellen und religiösen Produktivität Neapels erfolgte in Phasen ökonomischer und politischer Verdichtung, und zwar so, dass diese Verdichtungsvorgänge selbst durch ihre Reflexion in Gestalt von Miniaturisierungen Eingang in die nämlichen Prozesse fanden, derart, dass Vergegenwärtigung und magische Einflussnahme in eins fielen. Potenziell gefährliche Situationen konnten somit identifiziert, gebannt, oder ihre Energie umgeleitet werden. Die Beispiele wären der »Jettatore« (der die Verwirrung der Großstadt im unglückbringenden ›Blick-Werfer‹ personalisiert und nach seiner Ersterwähnung im 18. Jahrhundert in der Literatur und im Film des frühen 20. Jahrhunderts wiederkehren wird), der »Benino dormiente« und eben der Totenkult.[54] Jede Miniaturisierung erzeugt einen isolierbaren Situationszusammenhang dort, wo vorher die Unübersichtlichkeit des ganzen Lebens herrschte; sie rahmt etwas eigentlich Uneinrahmbares und versetzt es damit auf eine Bühne, auf der die eigenen Handlungen mitsamt ihrer Begleitumstände als Handlungen von Stellvertretern wiederkehren, die von einem selbst in der Doppelung als Handelnder / Behandelter angeeignet werden können. Das ist Magie, und sie kommt vor allem dort zum Tragen, wo Handlungen eine kognitive oder ethische Unvereinbarkeit aufweisen, wo Wertvorstellungen korrelieren – auch innerhalb einer Person, wenn man etwa, um etwas Illegales tun zu können, dieses als von den animę prophezeit nach außen gibt.[55]

Wenn Knochen Brücken bauen, so solche, auf denen man unmöglich ganz gerade zu gehen vermag. *»Ich will dir aber noch etwas sagen: In den Vierteln kann man die Devotion für viele Dinge finden. Aber in den guten, den* quartieri nobili *findet man nicht die Devotion, die man hier findet, oder in anderen Vierteln mit mehr verirrten Personen. Ich denke, das ist ... Weißt du, das ist ein Reden-Übertragen* (passavoce). *Du fragst, verlangst, und dann leitet dich das Hörensagen. Also gehst du dahin und fragst: ›Ah, ich habe gehört ... Wer ist dieser Doktor Alfonso?‹ Und jemand sagt: ›Was Doktor Alfonso für mich getan hat, das tut er auch für dich.‹«*[56] Beim Hörensagen leiten Gerüchte so, wie die Nahrung sich ihren Weg durch den Darm bahnt. Man nimmt nicht alles gleich auf, es gibt Echos, die einen Schall zurückwerfen, sodass die Frage in abgewandelter Form wie die Antwort erscheint. Das Hörensagen stellt die Unbestimmtheit des Suchenden wie der Antwort in Rechnung, deren Bestimmung sich erst vor dem Hintergrund einer für den jeweiligen Weg abschließenden Interpretation ergibt. Die durch das Hörensagen ausgelegten Wege können einmal, sie können aber auch vielmals und von mehreren begangen werden, sie sind Teil eines Konzepts von Raum, der nicht per se in »öffentlich« und »nicht-öffentlich« unterschieden ist.[57] Anthropologen haben versucht, diese Form der Kommunikation, ihre religiösen Gegenstände und die Orte, an denen sie zelebriert werden, in eine Trias von »öffentlich« – »halböffentlich« – »geheim / verfemt« einzuordnen,[58] anhand deren jeweiliger Aktualisierung ganz bestimmte Auseinandersetzungen ums Prestige geführt werden; in diesem Fall indes wird man auf eine in Auseinandersetzung mit verschiedenen Modernisierungskonzepten verstetigte vormoderne Praxis verweisen müssen, der es um die Bewahrung des Eigenen gegenüber den Universalisierungen der hegemonialen Mächte (Staat, Kirche) geht. Zum einen. Zum anderen – nicht weniger politische Praxis – geht es um die Bildung von Gruppen, die weniger durch explizite gemeinsame Interessen als vielmehr durch gemeinsame Diskurspraktiken charakterisiert sind. Denn vor der Absicht steht die Bewegung, das heißt, zwar markiert das nackte Leben einen Nullpunkt, aber niemals vor den Praktiken, die sich mit ihm befassen. Auch ist die Notwendigkeit, eine Frage zu formulieren, zweitrangig gegenüber der, eine Rolle zu haben, sich »hervorzubringen«, wobei der Ort der Hervorbringung als Bühne angesprochen werden kann, auf der man mindestens ebenso sehr für sich wie für die anderen auftritt.

In diesem Sinn war Lellas Spielraum von Anfang an größer als der Giannas. Diese zog es seltener in die unreinen Bereiche der Unterkirche, dorthin, wo Staub und altes Eisen herumlagen, und sie war auch nicht wirklich begeistert von Lellas Art, das Gebröckel und den Dreck zu sieben, um kleine Knochenstücke zu erhalten, die sie dann umsiedeln konnte, weil es sich laut beiden um »Kinderskelette« handelte. Zwar spürte auch sie »Kräfte« vor den Nischen und Kacheln, in oder hinter denen bereits die Schädel gelegen hatten, so als kehrten die Toten gerne an jene Stellen zurück, an denen ihnen früher Verehrung widerfuhr, aber im Grunde betrachtete sie Lella als *ragazza* von einer *altra cultura* (einer niederen). Und das galt auch, nachdem Lella allzu treuherzig zu ihr gekommen war, um einen Traum zu erzählen, den sie von ihrem Onkel gehört hatte und für den sie eine Deutung erbat. Ich bemerkte, *wie sich Donna Gianna immer mehr aus der Lage derer, die mit den Toten spricht, zurückzuziehen bemüht. Wie stets stellt sie sich vor Armandos Grab in der* cripta cimiteriale, *dann berichtet sie Lella und Maria (als Wissenden), mir als dem »Theologen« – immer wieder unter Verweis auf ihre niedrige Kultur und*

Bildung, um die Herzenseingebung zu beglaubigen – davon, Armando habe gesagt, dass die Körper wichtig, heilig seien, geheiligt durch die Eucharistie, dass sie nicht verbrannt werden dürften; aber auch, dass die anime *nichts gegen eine gute Ökonomie hätten (das ist vermutlich wegen Lella gesagt, die hier Geld sammelt für den Aufbau des Ortes und für Führungen und so weiter). Sie fügt aber hinzu, dass wir uns nicht auf diese Toten festlegen sollen, die Toten seien überall (offenbar hat sie zugehört, als Maria, Lella und ich über die Toten unter der Erde Neapels sprachen), nicht nur diese Toten, sondern unendlich viel mehr, und wir müssten ihre spirituelle Botschaft verstehen und bewahren. Sie redet sich jetzt fast in Rage, dass sie, wenn sie jemanden bei der Hand nimmt und zu den Toten in die Krypta führt und mit dessen Bitte nicht einverstanden ist, zwar ein* sorriso *mache, aber einen Widerstand bemerke, in sich, und die* anime *nicht zu ihr sprächen. Denn über ihnen sei Gott, und in ihm Maria, Jesus, der Heilige Geist. Sie sagt, sie erfahre die Rede der* anime *im Herzen, als handelte es sich um Engel; sie reinigt die* anime *vom Volksglauben, läutert sie zur Sprache des Heiligen Geistes,*[59] die sie aus der charismatischen Bewegung kannte. Beinahe schien es, als ob sie nicht riskieren wollte, dass unter dem Signum der *anime sante* magische Praktiken und Überzeugungen einen Platz in den Klassifikationen der Kirche bekämen.[60] Zur gleichen Zeit intensivierte Gianna ihre Bemühungen um ein Zimmer im brachliegenden Klostertrakt der Kirche. Die Frauen, die sich nach dem Rosenkranz an sie wandten mit der Bitte um ein persönliches Gebet, ebenso jene, die sie bei sich in San Giorgio a Cremano empfing, wo sich der Sohn wie weiland der Ehemann in seiner Bewegungsfreiheit daheim eingeschränkt fühlte, wollte Gianna in einem definierten Raum empfangen. Die Schmach der Vertreibung aus dem Oratorium in Barra wäre somit getilgt. Jede Woche kamen ja ungefähr zehn Kultadepten aus früheren Zeiten, die allerdings mit den Besonderheiten des Kultes in S. Pietro ad Aram weder vertraut waren noch je vertraut gemacht wurden. Gianna suchte mich zu gewinnen, bei Fra Pio für sie einzutreten, sie versuchte es wohl auch über Lella, die vermutlich abwarten wollte, ob sich eine wirkliche Allianz aus beiden Kultgruppen schmieden ließe. Der Glaube, meine Autorität und ihre durch Mönche oder Bischöfe, die ihre Visionen akzeptierten, erfolgte Autorisierung könnten die lokalen Abhängigkeiten mit sämtlichen daraus resultierenden Blockierungen aufheben – Blockierungen, die für die Vernachlässigung der Kirche von S. Pietro ad Aram konstitutiv waren – sollte sich als tollkühn erweisen. So selbstevident war der Heilige Geist offenbar nicht. Gianna beschränkte ihre heilenden Handlungen nicht mehr nur auf die Unterkirche, wo sie allein an Kultadepten nach dem Rosenkranzgebet exerziert wurden, sondern strebte in die oberen Kapellen, wo zur gleichen Zeit die Abendmesse begann. Als sich die Rosenkranzgemeinde durch den Vorstoß einer Beterin in eine obere und eine untere spaltete und die untere später stattfand, sodass sie den Gottesdienst gleichsam überlappte, konnte Fra Pio einschreiten: Im Namen der Einheit der Gemeinde wies er Gianna vor ihren Klienten zurecht, nicht, wie er nachher ausdrücklich erklärte, weil er an ihrem *dono* zweifelte, sondern weil in »seiner« Kirche der Gast Regeln zu respektieren hatte (und weil er wohl sah, dass die dort »unten« mit Geheimnissen umgingen, die die mühevoll erarbeiteten Autorisierungen derer, die »oben« sakramental wirkten, zu überblenden drohte). Einen solchen Autoritätsverlust hatte Donna Gianna nicht erwartet; sie brachte die Liste sämtlicher toter Förderer und lebender Geistlicher in Anschlag, aber sie verfing nicht. Ihr war bewusst, dass Fra Pio nur durch eine öffentlich sichtbare Wiedergutmachung ihre Reputation wiederherstellen konnte. Sie hätte diese Wiedergutmachung selbstverständlich über andere einfordern müssen, und als diese sowie erst recht das Angebot des für Heilungen zur Verfügung zu stellenden Zimmers ausblieben, ließ sie von S. Pietro ad Aram ab. Der Versuch, einen anderen Franziskaner zu ihren Gunsten gegen Pio anzuführen, scheiterte:

Dagegen gebe es einen Priester, der an den Gebeten für die animе *in der Krypta teilnehme und dort auch die Beichte abnehme, ebenfalls Franziskaner. Gianna möchte, dass ihr Charisma als überlegen anerkannt wird und die Priester ihr deshalb etwas anbieten, denn sie wurde ja auch zuerst von Lella geholt, und dann habe sie ihre Leute mitgebracht, und ohnehin könnte sie ja Busse füllen. Der Priester solle ankündigen, dass der Rosenkranz um fünf am Montag von Gianna gehalten würde, nicht bloß, dass es ihn gebe. Sie erwartet seinen Anruf, dass er sie zurückholt, sie bittet, »nach dieser Beleidigung!« Nach dem Gebet und der Messe kämen stets Leute zu ihr, um von ihr ein Gebet oder eine Fürsprache zu erbitten. Das letzte Mal musste sie diese Leute dann im Auto draußen empfangen. Welche Erniedrigung! Lella hat sich anerboten, dafür zu sorgen, dass Gianna nach der Messe vor der Petrus-Statue empfängt. Das lehnt sie ab. So wie sie den Totenkult als solchen ablehnt. Sie wolle nicht immer von Lella vor die Wand geführt werden, um dort mit Armando zu sprechen, dessen Worte sie danach Lella weiterträgt. Sie fühle sich beengt, klaustrophob. Die Toten kämen ja zu ihr, sie müsse nicht zu ihnen gehen. Und auch, dass die anderen sich ihrer bedienten: Es gebe ja Leute dort, die würden während der »Führungen« nicht nur Geld sammeln, sondern auch Karten verteilen, für das Restaurant von Lella.*[61]

Im Nachhinein sollte man Giannas Angst vor dämonischen Angriffen, vor Personen mit *fatture*, nicht unterschätzen. Sie tat sich schwer mit den neapolitanischen »Verunreinigungen«, mit einem Stück ihrer sozialen Vergangenheit, dessen sie nicht Herrin wurde, und wo ihre gut gemeinten Ratschläge nichts bewirkten. Vor religiösen Handlungen müsse man beichten – diese Ordnungsvorstellung ging dort unter, wo es den Einbruch des Anderen zu provozieren galt. Gianna akzeptierte das Zwielicht nicht, auch lebensweltlich nicht, wenn sie beispielsweise ihrer Nichte auftrug, bei Anfragen wegen einer Arbeitsstelle nie anzurufen, sondern stets hinzugehen, zu insistieren, zu sprechen. Hierarchien akzeptierte sie natürlich, doch wo sich Befehlsketten von verschiedenen Autoritäten mit verschiedenen Machtquellen überlagerten – Orden und Erzbischof, Tote und Tradition – wirkte sie überfordert.

Und Lella? Sie gab sich betrübt, aber zuckte mit den Schultern. Einerseits fürchtete sie, dass ohne die Stabilisierung der Katechese, wie Gianna sie durchführte, auf kurz oder lang auch die Franziskaner den Kult nicht mehr akzeptieren würden, aber dafür hatte sie neue, zustimmungsfähige Ideen. So dachte sie in Zeiten von Papst Franziskus I. daran, die Öffnung der Unterkirche mit einem gelegentlichen Mahl für die Armen zu verbinden. Diesen Vorschlag empfand Gianna als »außerreligiös« und mokierte sich, dass Lella ihr anders als früher Maria im Oratiorium keine Personen für die »Evangelisierung« vorstellte, denn »ich selbst kann mich ja schlecht den anderen präsentieren«. Lella traf der Verdacht von Gianna, dass sie und die anderen Totenkultadepten sich in Wirklichkeit gar nicht für Frömmigkeitsformen wie den Rosenkranz interessierten. Doch das stimmte nicht. Lella und ihre Tante, die anderen aus dem Viertel, separierten sich nur erneut: Nicht in der Unterkirche, sondern in dem durch ein Gitter abschließbaren *ipogeo* beteten sie, wenn niemand sonst zum Rosenkranz kam. In dieser Exklusivierung eines wegen seiner Allgemeinheit als besonders inklusiv geschätzten Gebets kann, wer möchte, »magische« Tendenzen erblicken. Ohne Zusätze, klassisch, mit fester Stimme, keiner weiteren Interpretation bedürftig, sagten sie das Ave-Maria auf. Bis auf Lella und ihre Familie blieb niemand zur Messe, gemeinhin wählte man den Seitenausgang in der Oberkirche. Nicht selten gab das dem Pfarrer Gelegenheit, den Gegensatz zwischen dem ungezogenen *popolino* (kleinen Volk) und den rechtschaffenen Fratres zu betonen – Fra Nunzio, der häufig den Montagabendgottesdienst zelebrierte, ermahnte beständig: »Hey, schafft ihr es auch mal, mir kurz zuzuhören, ein Minütchen?« Der Gegensatz selbst wirkte ritualisiert, er erlaubte dem *popolino* seine Abweichungen und seine eigenen Heiligkeiten, sogleich gestattete er es den Priestern und Fratres, ebenfalls zu leiden. Der Eigensinn der Totenkultadepten war im Kontakt mit den *minores*, den Anonymen, begründet und versprachlichte sich gelegentlich dahingehend, dass »hier unten« – in der Verschränkung von Marginalität und Fundament – die »wahren« und »ersten Christen« Neapels liegen würden, um die sich niemand sonst kümmere. Vor diesen konnte das *popolino* als Gemeinschaft agieren, die, obwohl durch Verwandtschaftszugehörigkeiten getrennt, von den Toten als Ermöglichern von (idealer) Verwandtschaft auch wieder vereint wurde. Indem Töchter die Devotionen ihrer Mutter übernahmen oder man sich hier unten Träume berichtete, sie auszulegen versuchte, wurden Bänder geknüpft und wieder auseinandergelegt, wurde manche Schwere des Lebens ausgelagert auf die Einwirkung eines Geistes, des Schicksals, der Stadt. Anders als jene, die über Arbeitsplätze, Kanzleien, Arztpraxen verfügten oder darauf hoffen konnten, in nicht allzu ferner Zukunft einmal zu erben, kam hierher, wer nichts anderes hatte als sich selbst, oder wem Verwandtschaft und *vicinato*, Nachbarschaft, Menschen und Ortsbezug, die primären Ressourcen waren. Er entwickelte eine über pure Halluzination hinausgehende Fähigkeit: sinnliche Wahrnehmung in Sinn umzuformen, aus Knochen Geschichten zu erhalten, aus dem Identischen Unterschiede. *Sie zeigt mir den Ort der* quattro sorelle, *wie in einem Quadrat angeordnete 4* loculi, *leer, aber mit Blumen geschmückt. »Hießen sie so, weil sie hier gemeinsam angeordnet waren?« – »Nein, es hat jemand sie als Schwestern geträumt.«*[62] Indem diese Verwandtschaft die Teilung der Welt in Oben und Unten bestätigte, bekräftigte sie einerseits eine der Stadt eigentümliche Erzählung der *convivenza* der Klassen (der Armen in den *bassi* derselben Paläste, in denen die Adeligen wohnten), andererseits den Anspruch auf die Ganzheit der Stadt, auf ihre »wahre« Ontologie (Reichtum ist Separation, Armut Versammlung, erkannte angesichts mediterraner Lebenswelten schon Franz Baermann Steiner[63]).

Wenn nach Secondigliano zu den *anime* Leute aus Secondigliano pilgerten, so in diesem Fall Personen, die einen Bezug zum Viertel Mercato hatten. Im Herzen des Viertels befindet sich der gleichnamige Platz, der einst den größten Markt Süditaliens beherbergte. Hier hatte der Nato-Hafen gelegen, die Amerikaner hatten zwischen Lungomare und Piazza Garibaldi gewohnt. Und die Wäsche für den »Corredo«, die Mitgift der Tochter, konnte man hier erwerben, feinste Ware, um Wetten auf die Zukunft abzuschließen. Im Rücken von S. Pietro ad Aram lag Forcella, berühmt wegen seines Schwarzmarktes und seines Nietzsche nachdichtenden Camorra-Bosses Lovigino Giuliano, der hier mit seinen Brüdern geherrscht hatte.[64] Angefangen hatten sie, indem sie kleine Raubzüge in die besseren Viertel veranstalteten, Autos aufbrachen, Reifen und Felgen abmontierten und sofort verkauften – »wir haben hier alle von Fiat gelebt«, wie ein Giuliano erzählte. Die Besitzverhältnisse in Forcella änderten sich nach dem Erdbeben, mancher profitierte von der Bereitschaft der Stadt, lieber eine Wohnung zu einem schlechten Preis zu verkaufen als immer wieder Reparaturen durchführen zu müssen für Leute, die nur unregelmäßig zahlten. Andere gingen, weil das Gebäude nachhaltig beschädigt war und sie fürchteten, ewig auf Instandsetzung zu warten. Ihnen wurde Wohnraum außerhalb des Zentrums angeboten, in Scampia, wo ein explosives Gemisch entstand, weil man es nicht schaffte, eine gemeinsame Geschichte des Verlustes zu erfinden, weil keine *piazza* vorgesehen war und schließlich jeder allein blieb und verhärtete;[65] oder in Barrá oder San Giorgio a Cremano, wo man den Kindern mehr Platz bieten und aufsteigen konnte. Wer in die Unterkirche von S. Pietro ad Aram wollte, dem steckten diese Umsiedlungen oder der Verlust einst traditionsreicher und lebendiger Straßenzüge in den Knochen, ihre Wandlung zu Nicht-Orten, wie sie das historische Zentrum von Secondigliano mit seiner Hauptkirche und dem urtümlichen Markt davor, auf dem alle denselben Dialekt sprechen, noch vor sich hat. S. Antonio alla Zecca in

Forcella zum Beispiel, ein in der Literatur vielgerühmtes Juwel des Barock, in dessen Unterkirche noch Luigi di Gianni drehte, blieb seit Ende 1980 geschlossen. Im Viertel Mercato öffnete die Kirche am Markt nicht mehr, und wo einst Haushaltsausstattungen verkauft wurden, rabattierte man jetzt Feuerwerkskörper, wenn es überhaupt etwas gab. Seinen Ort kann man mit Heiligenaltären verteidigen, aber die Arbeit nicht, Arbeit brachten höchstens die Chinesen, die im Hafen Textilfabriken einrichteten, in denen sie nun Neapolitaner einstellen. Die Enteignungsgeschichte der neapolitanischen unteren Mittelschicht, der Umzug der Eltern, der einen Zusammenhang aus Erzählungen, aus auf Erzählungen erbauten Solidaritäten ins Wanken geraten ließ, und zwar so, dass auf einmal die soziale Produktion von Solidarität in Kleinfamilien abgedrängt wurde, fand sich schließlich auch im Kult um die *anime sante del purgatorio* thematisiert.

Warum werden die Orte, wo früher die Schädel lagen, mehr verehrt als die Kästen, in denen sie jetzt liegen? Warum werden dort die Blumen hingebracht? Michaela sagt, dass die Toten dort waren, dass sie sie immer noch dort fühle, wenn sie davorstehe. »Sie sind nicht mehr dort. Aber ich fühle sie, als seien sie noch immer dort. ... Ich fühle sie. Sie sind nicht mehr dort. Aber es ist die Gewohnheit, die ich habe, dass ich immer dorthin gehe. ... Ich stelle dort ein Licht hin und sage, vielleicht bist du dort, vielleicht bist du dort? Jeden Montag frage ich das.«[66] Arthur Maurice Hocart stellt die These auf, dass jeder Mythos die Erinnerung an einen Brauch sei, der vergessen wurde.[67] Im neapolitanischen Totenkult wurden vergangene Verehrungen sichtbar gemacht, wurde mit dem Toten derjenige geweckt, der ihn umsorgte, oder derjenige, der noch dort war, wo sein Toter war (»i nostri morti sono dove siamo noi«, hieß es auf einem jüngeren Facebook-Eintrag zu den Fontanelle).

Wer der Toten gedenkt, bewacht sie, verhindert ihre Rückkehr, die die Welt der Lebenden durcheinanderbrächte.[68] Den Toten gegenüber trägt man eine Schuld, und sei es die, auf der Welt zu sein, an der sie nicht mehr teilnehmen, wofür man ihnen gerade dankbar zu sein hat. Als besonders virulent gelten jene Tote, die nicht im Einverständnis, sondern aufgrund eines Unfalls oder eines Verbrechens diese Welt verlassen haben.[69] Ihr nicht geleisteter Abschied muss von den Lebenden übernommen werden. Anders verbliebe eine disruptive Energie, ein Lebensüberschuss im Reich des Todes, der zu unkontrollierten Grenzverletzungen führte. Weniger esoterisch: Die Überlebenden – beispielsweise jene, die einen geliebten Menschen verloren haben – fürchten die unkontrollierte Wiederkehr ihres Zorns, der sich schließlich gegen sie selbst richtet; die anderen fürchten die nicht domestizierte Gewalt, die als unbewältigte jederzeit und ohne Grund wieder auftreten kann. Damit die Gewalt nicht das letzte, entscheidende Wort hat, müssen die Toten befriedet werden. Mitunter muss man dafür die verstreuten Knochen zusammentragen und in ein Grab legen, so wie es Lella tut, in deren Umgebung vor dreieinhalb Jahrhunderten ein Lokalheld, der Fischhändler Tommaso Masaniello in einem Volksaufstand gegen das spanische Steuersystem erst die Revolte anführte, sich dann zum »König« ausrufen ließ, von seinen eigenen Leuten verraten und auf Geheiß der Besatzungsmacht getötet wurde.[70] Um die Verehrung seines Leichnams zu verhindern, ließ der Vizekönig den Leichnam in Stücke schlagen und die Leichenteile zerstreuen. Die reuige Unterschicht, die die für ihren Verrat gewonnenen Privilegien zu gering fand und sich erneut unterjocht fühlte, versuchte, den Leichnam zusammenzufügen. Der ganze Körper sollte den Geist Masaniellos befrieden, in ihm wollte das Volk sich spiegeln, einen Ort haben für die Trauer und Bestürzung ob seiner eigenen Fehlbarkeit. Er sollte den Glauben daran stärken, dass Wiedergeburt und Auferstehung möglich seien. Die Identifizierung und Archivierung der Toten, wie sie Lella in der Krypta von S. Pietro ad Aram vornimmt, evoziert diese vergangenen Praktiken und Sinngebungen, sie bettet den Kult der *anime sante del purgatorio* in den noch enger umschriebenen lokalen Kontext der rund um die Piazza Garibaldi stattgehabten Wandlungen und Verwundungen und lässt das, was man als »kulturelles Gedächtnis« im Sinne von Jan und Aleida Assmann bezeichnen kann,[71] als kultuales Gedächtnis zu sich selbst kommen, mithin wirksam werden als Reserve in einer Stadt, die Anfang des 21. Jahrhunderts von zentripetalen Tendenzen ergriffen ist und anscheinend kein neues Bild seiner Selbst und seiner Möglichkeiten entwickelt hat. So eingebettet erscheinen Giannas »amici di San Pietro« als Teil des schlechten Gewissens der Stadt und ihrer Bewohner, die sich leichtfertig an die falschen Herren verkauft haben, an bürgerliches Leben und internationale Produktionen, an die *multinazionali* als Investoren, an eine neue Camorra, die im Gegensatz zur alten skrupellos den Tod in Gestalt von Drogen bringe.[72] Lella, die Pizzabäckerin des Traditionshauses »Da Pasqualino« – eine andere Höhle, in der mit den Toten am Leben gearbeitet wird –, hält diese Geschichte reversibel. Die Knochen unter San Pietro ad Aram gehören Freunden, die die falsche Abhängigkeit durch den richtigen Tausch ausgleichen.

5. Die *anime* und die Politik – ein nachgereichter Erklärungsversuch

Zu denen, die den *anime* bereits im Leben zu gleichen schienen, gehörte auf seine Weise auch Gaetano Bellastella. Sein Nachname ist so schön, dass man ihn nennen muss, tatsächlich wirkte er auf mich bei unserer ersten Begegnung wie den späten Komödien Totòs entsprungen. Er war im Frühjahr 2014 nach 20 Jahren wieder in die Krypta von S. Pietro ad Aram hinabgestiegen, wo ich ihn zu unserer Gebetsgruppe führte, nachher zeigte er mir in der Kirche – nicht im Friedhofsbereich – die Nische, wo er »seinen« Schädel mit alkoholgetränktem Schwamm geputzt und adoptiert hatte. Er erzählte von zwei Töchtern und einem Sohn, der noch bei ihm und seiner Frau lebte. Früher hatte er eine Bar nahe der

Piazza di Mercato, die besonders bei US-amerikanischen Marines beliebt war, bis er sie einem Bekannten vermietete, der dort angeblich Geld wusch. So habe er sie geschlossen. Gaetano hatte oft von großen Aufbrüchen geträumt, die dann in für ihn erniedrigende Momente der Verzagtheit mündeten. Mit Mitte 50 verließ er Neapel, um in London im Gastgewerbe zu arbeiten, aber schon nach wenigen Wochen ertrug er das Wetter nicht mehr, wurde krank und kehrte zurück. Seitdem vagabundierte er tagsüber im Anzug eines Mannes, der es weit hätte bringen können, über das Pflaster der Altstadt; mit seiner Frau, die zu Hause blieb, sprach er kaum. Er ersann verschiedene Besorgungen, ging alten Wegen, alten Bekanntschaften nach, die unter dem Vorwand einer zu erwerbenden Qualitätsware oder einfach meines Interesses aufgesucht wurden. Für mich verkörperte Gaetano eine süditalienische Einsamkeit, die sich in traditionellen Familien beobachten lässt, wenn die Männer pensioniert, die Kinder aus dem Haus und fortgezogen sind und die klassische Arbeitsteilung in der Ehe ebenso ihren Zweck verliert wie die Eifersucht ihr Objekt.[73] *Von welchen anime er geträumt habe? Zunächst viel von seinen toten Verwandten, von seinem toten Vater, und es gebe überhaupt keinen Unterschied zwischen der Macht der verwandten Toten und der anonymen Toten. Die ersten anonymen Toten habe er in einem Traum hinter dem Altar der Unterkirche von S. Pietro ad Aram hervortreten sehen, er habe den Traum Donna Anna erzählt, die ihn beschied, das seien die Seeleute. Laut Gaetano hat Donna Anna sehr viele Träume erzählt bekommen und träumte auch selbst. Er hat aber auch von Padre Pio geträumt, wie er mit ihm gepilgert sei. Die* anime *hätten ihm selbst nie ganz konkrete Dinge offenbart, aber sie hätten ihm einen Ratschlag gegeben, oder er hatte das Gefühl, sie würden dies tun. Und dann hat er in einer Nische einen Schädel gehabt, um den er sich kümmerte, den er säuberte. Zu diesem habe er in* maniera confidenziale *seine Geschichten und Sorgen erzählt – »wenn du einen Hund hast, redest du mit ihm genauso, auch wenn er kein Mensch ist, oder?« –, manches Mal schlicht in Gedanken (er habe ihn nie im Traum identifiziert, das heißt, es sei möglich, dass er ihn gesehen habe, aber er wisse natürlich nicht mehr genau, wer es war). Er sagt, in den Jahren, in denen er die Unterkirche von S. Pietro ad Aram frequentierte, hätten seine Töchter gute Ehemänner und sein Sohn Arbeit gefunden. Einzig, dass 15 Jahre lang Streit wegen einer Erbschaft bestand zwischen ihm, seinem Bruder und seiner Schwester, sei nicht gut gewesen. Und als der Friedhof geschlossen wurde – »jetzt vor mehr als 15 Jahren« – und er nicht mehr hinuntergehen konnte, um zu beten, habe sich der Kontakt verloren. Ich sage, er habe doch auch so daheim oder in der Oberkirche für die* anime *beten können (die meisten laut Donna Anna Soldaten); er erwidert, es sei nicht das Gleiche. Und dann habe er auch nicht mehr von ihnen geträumt. Die Unterkirche sei ihr Haus, deshalb träten die Leute vor die leeren Nischen, auch wenn dort die Schädel inzwischen fortgeräumt seien. Am Schluss ermahnt er mich, den richtigen Umgang zu suchen. Unter den Guten werde man gut, unter den Schlechten schlecht.*[74] Augenscheinlich »sah« Gaetano in den anonymen Toten die Helden seiner Jugend und offenbar verstand er es als einen – zu großen Teilen unvermeidbaren – Fehler, ihnen nicht treu geblieben zu sein. Er hatte seine Helden zeitig sterben gesehen und doch so viel Kraft aufgewendet, um mit ihnen in Kontakt zu bleiben. Ihr Tod verkörperte gewissermaßen das Realitätsprinzip, das selbst »mythische« Züge annahm. Aus diesen Niederlagen war Gaetano die Notwendigkeit geblieben, jeden Abend dem Bettler vor seiner Bar Essen und Getränke zu geben, als sei dieser eine *anima del purgatorio*. Er fütterte ihn also wie einen Wunsch, der sich nicht völlig in Nichts auflösen sollte. So hielten ihn die *anime* an, Gutes zu tun, sich treu zu bleiben, nicht zynisch zu werden. Vertraulichen Umgang mit ihnen hatte er auch anlässlich der Kulte auf dem Friedhof von Poggioreale gepflegt. Auf einer unserer Exkursionen durch die Stadt, bei denen er mich mit seiner Schwester bekannt machen wollte, verschlug es uns auf den seit Mitte des 19. Jahrhunderts von den *congreghe*, den Bruderschaften, genutzten Hügel, wo zwischen synkretistischen Gebeinhäusern, in denen sich christlicher Patronismus ägyptizistisch oder altrömisch einfärbt, die kleinen einzelnen Kapellen stehen. *Wir treffen zuerst die Schwester, die jeden Tag zum Grab ihres Sohnes kommt; er ist vor einem Jahr bei einer Lawine in den Abruzzen verunglückt. Sie teilt uns mit: »Alle träumen von ihm, nur ich nicht, meiner Schwester hat er gesagt, dass er mir nicht erscheint, weil ich wütend würde.« Das Grab, ein Familiengrab, schlicht, aber immerhin kein loculo, sei wie »ein Haus«, la casa più bella.*[75] Dieses »schönste Haus« kann zum Gefängnis werden, gerade weil der Tote, den man sucht, dort nicht wohnt. Erst wenn man hinausgeht, die Toten »vermischt«, sie als eigene Gesellschaft begreift, söhnt man sich mit ihnen aus. Zumindest ist dies für Gaetano so. In jedem Fall schafft der Tod einen Resonanzraum – für die Familie, die oft im Leben nicht einig ist, sich aber ein Monument des Wunsches nach Festigkeit und Dauer genehmigt, für die anonymen Toten, in denen der Ort der Herkunft (die Mercato-Toten, die Märtyrer) und die Lebenswünsche zusammenschießen. Die mit den Seeleuten und Soldaten, genauso wie im Falle der anderen Frauen von S. Pietro ad Aram mit Don Alfonso, den Richtern assoziierten Lebenswünsche, stellen auf der einen Seite eine Weise dar, das Unbekannte, das sozial Höhere oder Fremde, zu appropriieren, sich das zu eigen zu machen, womit man sonst über unzählige Vermittlungsstufen in Kontakt treten müsste; auf der anderen Seite kreiert man so auch den szenischen Horizont des eigenen Daseins und der dieses bestimmenden Werte, man findet einen Weg, es zu verklären, ganz besonders in dem Augenblick, da es sich als vergänglich und flüchtig erweist.[76] Auf diese Resonanzkörper, auf diese Figuren bleibt man angewiesen, weil man sich auf sie hin entworfen hat, und zwar nicht aufgrund eines Mangels oder einer viel diskutierten »Ich-Schwäche« (Anna Freud), sondern aufgrund der Fülle an Ungeordnetem, auch an Double-Binds, in die einen prekäre Familiensituationen und die Verschränkung sowie Selbstwidersprüchlichkeit des Lokalen und Universalen zwingen können, aufgrund der Fülle an Gerüchten, an genealogisch Ungeklärtem, der beengten Wohnverhältnisse, die es nicht erlauben, »reinen Tisch zu machen« und sich zu separieren, weil man denselben Leuten jeden Tag und immer wieder begegnen wird, ob es einem gefällt oder nicht.

All dies unterstützt einen klientelistischen Komplex, es spiegelt ihn aber nicht einfach wider. Gaetano ist seinem Viertel sehr verbunden, er weiß stundenlang über die auf der Piazza del Carmine gehenkten Revolutionäre der Neapolitanischen Republik zu berichten, er hat Freunde unter den Küstern der Kirche, die ihm je nach Wunsch die Unterkirchen aufschließen. Und fast sämtlich haben sie bemerkenswerte Krypten, so auch die Madonna del Carmine, wo genauso wie in S. Gaudioso die verstorbenen Mönche des Konvents auf steinerne Sessel gesetzt wurden, damit durch ein

Loch unter ihnen die Säfte besser auslaufen und die Körper besser trocknen konnten. Auch hier blieb vom individuellen Leben der Segen für den Ort, das namenlose Gebein, das in religiöse Praktiken der Rückversicherung einbezogen werden konnte, wie es bei den *anime purganti* der Fall ist. Gaetano ist den Priestern verbunden, obgleich er immer wieder versichert, sie nicht zu mögen, »in Amerika dürfen sie sogar heiraten«; einer von ihnen habe seine Macht bewiesen dadurch, dass er vor seinen Augen Giulio Andreotti, den damaligen Ministerpräsidenten, anrief, um die Versetzung eines Cousins in eine naheliegende Kaserne anstatt nach Bologna zu bewirken. Die Größe des Werts (den Cousin zurückholen) entsprach nicht ganz der Größe der Aufgabe (die Bürokratie zu überwinden), aber beide, der Pfarrer und Andreotti, sind dazu imstande gewesen. Das entspricht eigentlich einer typischen Arbeit der *anime*, denen diese Kräfte auch niemand neidet; gerät sie indes in die Hand der Priester, verschuldet man sich ihnen gegenüber langfristig und wird das Verhältnis zweischneidig: nicht wegen der Schuld, sondern wegen der Kanäle, in denen sie aufbewahrt wird. Wem man nicht danken muss, das sind am Ende die Politiker: Man kann sie beschimpfen, beleidigen, und dennoch alles Mögliche von ihnen einfordern. Die Gemeindepfarrer aber stellten den Kontakt zu Assessoren und Stadtverordneten her, damit die Jungen aus ihrer Associazione Cattolica eine Arbeit bekamen, berichtete Gaetano, und die Jungen gingen umher, um Bekannte zu überzeugen, bei der nächsten Wahl für diesen oder jenen zu stimmen. Die Macht der Priester wurde von Gaetano als ungleich größer im Verhältnis zu jener der Politiker beschrieben; paradoxerweise waren die Priester umso mächtiger, je weniger sie für sich selbst erwarben, je mehr sie das Spiel von Tausch und Umverteilung betrieben. Die durch sie hergestellten Netzwerke sind indes löchriger und instabiler geworden, und zwar in dem Maß, wie die Politiker immer weniger Ressourcen einspeisen können oder in die Rhetorik verfallen, aus strukturellen Gründen kaum etwas ausrichten zu können. Dies hat den Priestern eine Beschränkung auferlegt, die sie nicht mehr als Impresarios von Patronatsbeziehungen dastehen lässt, im Gegenteil müssen sie entweder zu Verwaltern von Knappheit, zu Quartiersmanagern oder Anwälten, oder eben zu Heiligen im Sinne von Kulturhelden und / oder Heilern werden.

Lella, gefragt nach ihrer politischen Haltung, versicherte mir ebenfalls, sie sei »traditionell«, eher politisch rechts. In ihrer Familie habe man lieber Berlusconi statt die einander abwechselnden Kandidaten der PD (Demokratische Partei) gewählt. Ähnlich wie im Fall Gaetanos geht dies mit einer durchaus kritischen bis abschätzigen Haltung gegenüber den gewählten Politikern einher – sie dächten an ihren eigenen Vorteil, räumten die Kassen leer, und so weiter. Sie und Gaetano verteidigen ein Konzept sozialer Kohärenz, lokaler Netzwerke, von Gefälligkeiten und Gefälligkeitsketten, die nicht unendlich sind, die aber weder in der Rhetorik Grillos noch im alten, von der Linken propagierten Kadergehorsam oder in Matteo Renzis Massenpartei amerikanischen Typs vorkommen. Es ist *a misura dell'uomo*, wie ein beliebter italienischer Ausdruck lautet, dem »Menschen« auf den Leib geschnitten, dem *cristiano*, bevor er zum *citoyen* wird. Lella und Gaetano stehen für das Gute in der alten Welt der Korruption.

Gianna hingegen, die Seherin aus San Giorgio a Cremano, hat seit Beginn unserer Bekanntschaft Sympathien für Beppe Grillo geäußert. Als von ihren Kindern ausgebildete Nutzerin moderner Medien, als theologische Autodidaktin und als Bewohnerin der Peripherie, die dennoch erwartet, im Zentrum zu sein, sind der direkte Zugriff aus der Ferne, die maßstäbliche Verkleinerung des Realen auf das Wahrnehmbare und dessen Invertierung nur allzu berechtigte Ansprüche. Eine Mediatisierung der ersehnten Güter, die nicht von Hand zu Hand wandern müssen wie im Fall des lokalen Klientelismus, sondern »verschlüsselt« und rückübersetzt werden dürfen, kommt der Trennung von Zeichen und Sache entgegen, wie sie in der Konvertierung von Kulten in moralische Prinzipien oder in Bildung und bürgerschaftlichem Sinn sich ausdrücken kann. Was im Fall von Grillos und Casaleggios Konzept einer durch das Internet und das Prinzip von »One man one vote« ideal regierten Welt wie ein fast schon antiquierter Techno-Optimismus wirkt,[77] ist bei Gianna eben durch den Glauben an einen Gott abgesichert, der ideale Konvertierungen garantiert – anders als dies technische Apparate je könnten. Gut möglich, dass der in Trance-Ritualen artikulierte Glaube an den Gott-menschlichen Mediumismus die eigentliche Blaupause für das Gelingen einer prometheisch anmutenden Vision absoluter Demokratie vorstellt.[78]

Und ebenso gut möglich, dass das Beharren auf den Verhandlungs- und Aushandlungsformaten von Traum, Vorzeichen, *presentimento* eine wesentliche Voraussetzung der »alten« und oft totgesagten klientelistischen Ordnung am Leben erhält – nicht wegen der Trauminhalte, sondern wegen der vorgenommenen Verknüpfungen, der unüberprüfbaren Vermutungen rund um das unabwendbar eintretende Ereignis, der vorangegangenen Zuschreibungen, aus denen man sich nicht mehr lösen, die man nicht endgültig auszahlen kann.

IV
Die religiösen Reserven der Sanità. Rhapsodie des *ganzen Lebens*

1. Die Zeit und ihr Anderes. Schädel als individuelle Prä- und Posthistoire

In all den Monaten hat mich der Totenkult eher aus der Sanità entfernt als tiefer in sie hineingeführt. Erst vergleichsweise spät begann ich, mein Viertel auf seine Übersetzungen der im Kult der *anime* ausgedrückten Aufgaben zu untersuchen. Im Vergleich zu Secondigliano erschien die Sanità geschlossener, selbst wie eine kleine Höhle, die man extra aufsuchen musste, anstatt sie auf dem Weg zu etwas anderem zu passieren. Was es woanders schon längst nicht mehr gab – oder höchstens noch auf der Via Forcella –, die informelle Ökonomie der Zigaretten, Glücksspiele, der Handschuhnäher und der in den *bassi* untergebrachten Schuhmanufakturen, schien sich in seinen Schrumpfvarianten in die Sanità zurückgezogen zu haben.[1] Mehr als andernorts wirkte in der Sanità nicht nur die Kopräsenz von Gegenwart und lange zurückliegender, glänzender Vergangenheit, beispielsweise in Gestalt des edlen Palazzo Spagnolo, sondern auch die von Jetzt und unmittelbarer Vergangenheit, wenngleich diese selbst einen archaischen Anstrich aufweisen mochte oder durch die Reden der Bewohner erhielt. Ich hatte das Gefühl, der gestrige Tag sei hier noch nicht vergangen, und Gestern war ein Tag länger als jeder andere.

Worauf war der Totenkult in der Sanità eine Antwort gewesen, und was hatte sich geändert: die Frage, oder die Antwort selbst?

Mit Blick auf Secondigliano oder auf S. Pietro ad Aram kann man zusammenfassen, dass drei der wichtigsten Funktionen des

Kultes a) in der Plausibilisierung einer Matrix für die Bildung von idealtypischen, sich durch die »mutuality of being« (Marshall Sahlins) auszeichnenden Verwandtschaftsbeziehungen, b) in der Reinigung der eigenen Toten zu prinzipiell wohlgesinnten Ahnen und c) in der Gestaltung eines »sense of belonging«, des Bewusstseins der Zugehörigkeit zu einem Ort über seine Toten, bestanden haben (die *anime* sind Freunde, ideale Verwandte, die einen »wirklich« verstehen können und die man deshalb aufsucht). Wenngleich es in der Sanità in den Jahren nach dem großen Erdbeben in geringerem Maße als anderswo Immobilienspekulation oder wirtschaftlich motivierten Fortzug und es im Gegensatz zu den Vierteln Forcella oder den *decumani*, der zentralen Altstadt, auch keine großen Schäden gegeben hatte, die nicht bereits vorher absehbar gewesen wären, desgleichen der Niedergang der ansässigen Industrie es nicht mit den Verlusten des Viertels Mercato aufnehmen konnte, so gab es doch ausreichend Belege für Unsicherheiten: Wandel der Bevölkerungsstruktur durch die Immigration der 1990er-Jahre (Osteuropäer, später Tamilen, Singhalesen, Senegalesen), Wandel der ansässigen Camorra bei gleichzeitigem Rückzug eines klammen Staates, ganz abgesehen von den unter prekären ökonomischen Bedingungen nicht ausbleibenden familiären Konflikten und fragmentierten Familien, die die Not der Verwandtschaftskonstruktion zumindest nicht verringerten. Und außerdem gab es überwältigende Ressourcen: zahlreiche Schädel in S. Gaudioso oder in den Fontanelle. Was also war mit den *anime sante del purgatorio* geschehen, warum traf ich in der Sanità nur mehr auf Erinnerungen an sie, und wie sahen diese Erinnerungen aus?

Im Folgenden werde ich dieser Frage anhand eines etwas eigenwilligen Zeugnisses nachgehen, im Bewusstsein, dass diese Eigenwilligkeit selbst eine kulturelle Formierung bezeugt.

»È un gioco di ragazzi.« Der das sagt, treuherzig blickend, weil so das gelüftete Geheimnis einen stärkeren Nachhall erzeugt, ist

Egidio, 55 Jahre alt. Er wohnt in einer Dachwohnung am Ende der Via dei Cristallini, in einem immer wieder behelfsmäßig erweiterten Haus, wo ich im Herbst 2013 in ein Miniappartment mit zehn Quadratmetern Grundfläche und der für Neapel typischen Schlafstatt auf dem Zwischenboden (*soppalco*) gezogen bin. Wo jetzt Egidios Terrasse imponiert, haben die neapolitanischen Partisanen 1945 während ihres Befreiungskampfes ihre Geschütze aufgestellt, damit die Deutschen nicht mit den Gemälden aus der Nationalgalerie von Capodimonte von dannen zogen. Außerdem hat hier Nanni Loy 1962 einen Teil seines Films über diese *Quattro giornate di Napoli* (gemeint sind der 27. bis 30.9.1943) gedreht, der den Neorealismus revolutionierte. Egidio ist der älteste von sieben Brüdern, angeblich hat er drei Lauree (Magisterabschlüsse), wichtiger ist aber, dass seine Leber und sein Blut schwer geschädigt sind, seitdem er vor zwanzig Jahren nach einem Mopedunfall eine verunreinigte Blutinfusion erhielt. Er ist erwerbsunfähig, geht aber als Abendlehrer den Schwestern der Heiligen Teresa von Kalkutta zur Hand, die ihn bei sich speisen lassen und ihm ein gewisses Prestige erhalten. Mutter Teresa habe er selbst im Arm über eine Treppe getragen (ich denke allerdings, Egidio eignet sich mit dieser Aussage eine Szene aus Paolo Sorrentinos oscargekrönter *Grande Bellezza* von 2013 an). Die Kinder eines der zahlreichen zu Hausarrest verurteilten Unterbosse des inzwischen »reumütigen« Clanführers Pirozzi bereitet er auf die Abschlussprüfung vor – sie sollen später im Norden studieren, möglichst weit weg von der Kultur ihrer Väter. Von seinen sieben Brüdern wohnt der älteste in Deutschland, ein anderer ist sein direkter Nachbar. Er heißt Massimo und wohnt mit seiner Gefährtin, einem nach einem Fußballer des SSC Neapel benannten Pudel und einer afrikanischen informellen Adoptivtochter nebenan in einer Zweizimmerwohnung. Das vierjährige Mädchen ist die Tochter einer Senegalesin, die gut neun Monate pro Jahr in Neapel arbeitet, die restliche Zeit verbringt sie bei ihrer Familie in Westafrika. »Der Clan hat entschieden, dass das Kind eine Zeit bei uns ist«, erklärt Massimo. Es ist die zweite Afrikanerin, die sie versorgen, und gleichsam Massimos viertes Kind. Die ersten beiden leben mit der Ex-Frau, von der er sich gleichwohl nicht offiziell scheiden lässt. Die Scheidung ist in Italien ein relativ junges Rechtsinstitut (1974), entgegen den Vorhersagen mehr von den Frauen als den Männern befürwortet und im Süden weniger verbreitet als im Norden. Dafür ausschlaggebend sind nicht allein finanzielle Befürchtungen, sondern auch Vertrautheit mit solchen Lebensformen: Selbst wer offiziell »zusammen« ist, ist oft genug getrennt. Massimo hat die Umstände der Trennung und seiner neuen Beziehung in eine Art biografische Novelle transponiert, an der er gelegentlich fortschreibt. Für ihn ist dieses Werk mit abrupt wechselnden Erzählern die Rechtfertigung dafür, seine alte Familie aufgegeben zu haben, er nobilitiert diesen Akt wie im bürgerlichen psychologischen Roman (und vermutlich nährt die erst seit einer Generation erfolgte Alphabetisierung den Glauben ans Schreiben als Ich-Emanzipation und höhere Kultur). Massimos Freundin hingegen hat die Rechtfertigung in ihrem Status als Pflegemutter gefunden. Und Egidio? Er ist diesem Glück gegenüber skeptisch, »aber es ist doch nichts Neues, es ist typisch für Neapel«. Egidio berichtet von seiner Tante, die an der Piazza Sanità auf der anderen Seite der Basilika wohnt. Als er ein Kind war, sei diese *figlia della madonna* von seiner Mutter in einem Karton am Anfang der Gasse gefunden worden und als seine Schwester aufgewachsen, später bei der Schwester der Mutter als Cousine und schließlich bei den Großeltern. Er spricht sie als »Tante« an, obgleich sie für ihn wenigstens drei verschiedene Status innehatte. Die Wechsel waren pragmatischen Erwägungen nicht weniger als den Wünschen der ranghöheren Familienmitglieder geschuldet und erfolgten noch im Kindesalter. Entscheidend war, dass die verwandtschaftliche Beziehung von allen akzeptiert wurde. *Nach dem Erdbeben 1980 kam eine Prostituierte und meinte, es handele sich um ihr Kind. Die Tante aber habe die Familie bevorzugt, in der sie aufwuchs. »Mein Bruder setzt also bloß eine Familientradition fort.«*[2] Zugleich weist Egidio darauf hin, dass solches Verhalten in der Sanità nicht außergewöhnlich sei; es gebe Fälle wie den Jungen im Vico Sanfelice, dem er Unterricht erteile, der im Alter von fünf oder sechs Monaten zur Nachbarin gegeben wurde, weil die Mutter eine Reise nach Amerika unternehmen wollte, von der sie nie zurückkehrte. Oder die uneheliche Tochter des Mannes meiner zweiten Hauswirtin Miluccia. Bei allem Patchwork-Optimismus sowie dem vielfach bemühten Rekurs auf die *napoletanità*, die sich hier bestätigt sehen möchte, scheint es trotzdem, als blieben die adoptierten Verwandten jeweils an der Peripherie ihrer Familien – als »Tanten« oder als Anlässe zur Fürsorge, über die sich die sozialen Erwartungen an die aufnehmenden Familien stabilisieren. Zudem bleibt der juristische Status des Adoptierten oftmals ambivalent wie im Fall der mittelalterlichen Adoptionen der *figli d'anima*. Einige werden gleichberechtigte Erben in ihrer neuen Familie, andere bleiben nominell Pflegekinder oder Kinder von lange fortgezogenen Personen, für die die aufnehmende Familie Sozialleistungen erhält. Egidios »Tante« durfte von seinen Großeltern aufgrund deren fortgeschrittenen Alters nicht mehr offiziell adopiert werden, erhielt aber gleichwohl ihren Erbteil, aus freien Stücken. In der Regel schafft die Familie mehr Anschlüsse nach außen und eine komplexere Definition nach innen, dazu kommt das Prestige, eine Grazia oder ein *miracolo* erhalten zu haben. Das entsprechende Modell weitet sich auch über die Kontexte der *locals* aus und hilft, Kriterien für Zugehörigkeit dort zu entwickeln, wo sie genealogisch schwer ableitbar sind: Egidios Bruder macht darauf aufmerksam, dass die Srilankesen der Sanità ähnlich handelten, und diese bestätigen es. Meine Hauswirtin legt großen Wert darauf, dass sie zusammen mit Carmela, die gegenüber ihrem Haus wohnt und selbst mehrere Kinder hat, als *madre sociale* agiert habe, auch für ausländische Kinder, die sie tagsüber umsorgte. Familienaufnahme, Tagesmutterschaft, freie und gegen

Entgelt gewährte Sorge gehen in diesen Erzählungen ineinander über, eben weil sie in sämtlichen Fällen immer wieder neu ausgehandelt wurden, je nach den Erfordernissen der involvierten Personen.[3] In jedem Fall ist es besser, bedürftig zu sein und sich über die Bedürfnisse in die Gesellschaft der Sanità zu integrieren. Dazu ermahnt der Fall der *americani*, einer mythenumwobenen Familie, die, nachdem der Vater lange für die Nato am Hafen gearbeitet hatte, sich in einer Wohnung in einer schlechteren Ecke des Viertels niederließ, sich isolierte und verarmte und schließlich durch die einmalige Spende eines ansässigen Camorra-Bosses über den Winter gebracht wurde, der dadurch seinen Anspruch im Viertel unterstrich. Der Familie half es wenig: Nachdem sie sich eines Tages ein Klavier gekauft und in die Wohnung hatte tragen lassen, verschwand sie hinter herabgelassenen Rolläden. Wo einst die *americani* lebten, soll es heute spuken.

Egidio, den sie einen *ragazzo* nennen und keinen *signore*, weil er keine Familie gegründet hat, der sich zu Weihnachten meine Krippe ausborgt und ihr Foto auf Facebook stellt, um zu demonstrieren, dass er das Gleiche tun kann wie ein echter Familienvater, war mit zu vielen Menschen aufgewachsen, nicht mit zu wenigen.

Er erzählt mir vom Totenkult unter S. Gaudioso, der von den anderen verschieden war, ebenso beendet durch Ursis Dekret. Da stiegen Leute in die Gänge bei den Katakomben und wandten sich an eine Alte oder einen Mann, der am Eingang für ein altes 20-Lire-Stück eine Art Adapter zum Anzünden eines flackerigen elektrischen Lichts in einem der Seitengänge »verlieh« sowie ein Putztuch, mit dem er und andere Leute die Schädel rieben, bis sie glänzten. »Und pass auf, sonst holt dich der Teufel«, wie die Frau sagte. Zur Sorge um die Toten sei man verpflichtet. (Egidio sieht dies, wie ich herausfinde, auch heute so: Er erzählt, dass in der aufgelassenen Kirche bei uns gegenüber ein Bischof, un cristiano, *seine letzte Ruhe gefunden habe. Aber was, wenn in den Räumen gezecht und gefeiert wird? »Ich würde mein Geld geben, damit sie ihn dann an einem anderen Ort bestatten.«) Woher die Schädel kamen, sagt er heute nicht. Nur dass sie im Zuge der Touristifizierung der Katakomben umgesiedelt worden seien, in ein anderes Haus rechts hinter der Brücke über die Sanità, das wohl auch der Kirche gehört. Er sagt, er habe weder einen Rosenkranz noch andere Gebete vor den Schädeln gesprochen oder sprechen hören. Auf Nachfrage, vielleicht habe jemand einmal davor gebetet. Aber weder Santini noch Bilder eigener Toter.* Lumini, *Kerzen, auch nicht, wegen der Luft, das sei verboten gewesen. Allerdings hätten sich Schädel in Kartons befunden – trotzdem, er sagt, er habe keine Grazia erbeten und davon auch nicht gehört. Die Fontanelle kennt er angeblich nicht, das sei etwas anderes, touristisch, immer schon touristisch gewesen (aufgesucht von Leuten, denen es primär um sich selbst, um ihr Begehren und weniger um die Toten gehe). Die eigene Praxis identifiziert er als »pagan«: Die Leute kümmerten sich nicht um die Messe, sondern wollten einfach zu den Schädeln. Die Angelegenheit sei »vererbt«*

worden, von der Mutter, der Großmutter, und schließlich habe ihm die Frau unten gesagt, was er tun solle. Hauptsächlich waren es Frauen sowie Jungen und Mädchen. Ihm seien die Toten nicht im Traum erschienen, er spricht auch nicht mystisch von der Verbindung zwischen Schädel und Seele (nur dass der gepflegte Schädel glänzt, gar nicht die Spuren habe wie ein »echter«, dass er etwas unecht, künstlich aussehe, zeitlos*), sondern davon, dass diese unterirdische Welt eben für ihn als Jungen gewesen sei, wie wenn man in einen anderen Stadtteil ging, oder dass man dorthin ging, wo es dunkel war – »und das gefiel mir sehr« – und wo sich eine andere Welt auftat. Die Frau, die den Eingang bewachte – er war selbst mehr als einmal wöchentlich dort, wohl jeweils für eine halbe Stunde –, sammelte sonst Kleinigkeiten als Kollekte, sie war wohl vom Gemeindepfarrer geduldet, anders gesagt informell »immer schon da« gewesen. So wie andere, die sich an kirchliche Einrichtungen assoziieren, oftmals auch die Behinderten, die* voluti di dio, *um die sich sonst niemand kümmert, die aber entweder in den* associazioni cattoliche *oder den* sezioni *der Parteien einen Platz fanden, wo sie mit den anderen Karten spielen konnten. »Das Internet hat viele sehr gute Sachen gebracht, aber heute ist man doch eher allein«, sagt Egidio. Ich frage ihn, ob seine Familie vielleicht an die Macht der Toten glaube: »Meine Mutter nicht, die ging dahin, putzte die Schädel, aber glaubte nicht, mein Vater, der nicht hinging und eine andere, höhere Kultur hatte, glaubte.« Seine Großeltern mütterlicherseits hatten den Kult »übermittelt«, sie wohnten nicht zu weit entfernt, und zwar in zwei verschiedenen* bassi *desselben* vicolo*: in dem einen die Großmutter mit den Kindern, im anderen der Großvater, der, als die älteste Tochter zwölf Jahre alt war, verfügt hatte, dass er nun nicht mehr mit ihnen in einem Bett schlafen könne. Alle Kinder waren Töchter. Es war einfacher mit zwei* bassi *als mit einer größeren Wohnung.*[4]

Egidios Bericht bestätigt en passant eine Eigenschaft des klassischen neapolitanischen Stadtviertels: Zusammen zu sein, wenn man getrennt ist, und getrennt zu sein, wenn man zusammen ist.

Das Viertel muss nicht die ganze Sanità sein, es reicht ein Ausschnitt, der für sich genommen vollständig ist, charakterisiert durch die Vollständigkeit der zum Leben notwendigen Einrichtungen (Geschäfte, Dienstleister, aber auch religiöses und soziales Zentrum). Das Wechselspiel aus Freiheit und Verpflichtung wird durch die Parallele »Vicinato«-Familie ermöglicht. Daneben scheint es zur Zeit von Egidios Kindheit Orte gegeben zu haben, die die prekären Existenzen – die Behinderten, die Armen – so anzogen, dass sie von dort wieder in die normalen Strukturen der Viertel vermittelt wurden. Die Behinderten und die Kartenspieler, wie ich sie auch andernorts sah: das Glück und das Unglück der Geburt; die Armen und die Totenkultorte; die Metonymie von sozialer und metaphysischer Bedürftigkeit. Ein Bereich deutete den anderen, Menschen wurden zu Symbolen, um wiederum existenziell davon zu profitieren. Die liminalen Orte, an denen die Unsicherheit, die Gefahr und damit auch die Chancen des Lebens sinnfällig wurden, erscheinen rückblickend als Orte der Vermittlung und Stabilisierung, sowohl für den eigenen Lebenszyklus als auch sozial. Sie lassen, was im Alltag bestürzt oder zur Verzweiflung treibt, bildhaft werden und sorgen somit dafür, dass aus einem Viertel, einem Konglomerat von Straßen und Häusern, wirklich eine Welt wird.

Die Unterkirche von S. Gaudioso ist die Unterkirche der Basilika der Sanità. Von hier gehen die Gänge der frühchristlichen Katakomben ab, in denen die Schädel gelegen haben müssen, teilweise in den Einlassungen der Grabstätten selbst. In den letzten beiden Jahren haben Restauratoren Fresken freigelegt, auf denen man erkennen kann, wie die bildliche Darstellung des Toten und seine Präsenz in Gestalt des wirklichen, eingemauerten Schädels, früher ineinandergriffen. Mannshoch erscheint auf den Mauern im ersten Abschnitt der Katakomben ein Skelett. Es steht aufrecht und führt sein eigenes Leben. Diese Bilder, meint Egidio, seien früher nicht sichtbar gewesen. Aber sie beweisen, dass die

Katakomben schon immer aufgesucht worden sind und dass die Toten hier schon immer den Lebenden ihren Tribut abverlangten. S. Gaudioso war ebenfalls der Ort, an dem die Mönche aufrecht sitzend der Verwesung übergeben wurden, bis sich unter ihren Sitzen die Knochen türmten und das Zeitliche abgelöst war. Dass die Unterkirche mithin ein Ort nicht nur der Reinheit, sondern der Reinigung selbst war, und dass es nicht lediglich darum ging, das schon Reine, Abgelöste, im Zustand der Reinheit zu erhalten, *indem man es etwa mit Schwamm und einer Alkohollösung bearbeitete, ist Egidio fremd. Später denke ich, dass Egidio dadurch seine Treue zu den Toten bewahrt: Er belässt sie so, wie er sie gekannt hat, er lässt sie nicht gehen. Sein Bruder hingegen, der begeistert vom* interramento *und damit vom neapolitanischen Zweitbestattungsritus zu sprechen versteht, schon. Egidio will darüber nicht reden und holt den Bruder, der mit Wonne erzählt: Wie die Mutter nach zwei Jahren gänzlich skelettiert war, der Vater aber noch nicht verwest, und dass dies von der Bodenbeschaffenheit abhing. Jetzt gelten fünf Jahre – die längere Verweildauer gefällt aber ebensowenig, sie blockiert die Friedhöfe. Unter der Erde der Grabhäuser befinden sich die Verwesungsorte, in die die Leiche im Sarg befördert wird, in leichter Kippposition, dann wird eine Seite des Sargs geöffnet, denn der Leichnam bläht sich auf und platzt. Bei der späteren Exhumierung und der Bestattung der Knochen an ihrer endgültigen Ruhestätte – endgültig, das heißt für 99 Jahre – muss ein Verwandter dabei sein. Wir sprechen auch über alte Beerdigungen; es gibt ein Fotoalbum von einer Tante, die mit einem riesigen Pompwagen bestattet wurde, man sieht, wie die weiblichen Verwandten in den 1950er-Jahren sich sogar das Gesicht schwarz verschleierten. Das Album ist eine Art umgekehrtes Hochzeitsalbum. Und die Tote wurde wie zur Hochzeit hergerichtet. Eine Woche lang machten die Verwandten zweiten Grades dem, dessen Mann oder Frau gestorben war, den Haushalt. Heute wie damals kommen die Verwandten von nah und fern, wenn jemand stirbt, überhaupt eine der Gelegenheiten, sich wiederzusehen.*

Wir sprechen ein wenig über die Totenbilder: ja, die bekomme man, man habe sie nach der Beerdigung übrig, weil man 200 oder 300 Stück bestellen müsse, dann könne man auch mit ihnen Karten spielen. Egidios Bruder hat seine Eltern auf Fotos in jedem Raum seines Zimmers bei sich, auch im Schlafzimmer, da stehen sie, wie die Toten der Ehefrau, neben Padre Pio. Ich frage, ob er vielleicht auch zu ihnen bete. Er sagt, er bitte schon einmal seine tote Mutter, wenn etwas gelingen solle. Und am nächsten Tag, wenn er sich besser fühle, wisse er, die Mutter habe ihm geholfen.[5] Ich interpretiere es so, dass der Bruder der Familie den Übergang vom menschlichen Toten zu weitgehend überindividuellen Ahnen gestattet habe, eben weil er sie benötigt, ist er doch selbst Familienvater. In dieser ihrer Passage spiegelt sich seine soziale Position. Dem alleinstehenden Egidio hingegen vergeht die Zeit nicht; es gibt nur die, die immer noch leben, oder die, die immer schon tot sind. *Er hat sich gegen die Sukzession gestellt, damit gegen die Heuchelei der* cara memoria *und für das Einzigartige.*

Wenn die Zeit nicht vergeht, nicht wirklich ist, so wird manch einer Faschist. Es hat ein halbes Jahr gedauert, bis Egidio mir erzählte, wie er Verantwortlicher für die Mitgliedslisten der neofaschistischen Partei, des MSI, in Neapel wurde, wie er Brandsätze für den Sitz der Kommunisten vorbereitete, aber diese erst hineinwarf, nachdem er den letzten Kommunisten in die Flucht getrieben hatte; wie er andererseits Aktionen mit der Kommunistischen Partei organisierte, etwa um das Postamt im Viertel Montecalvario zu behalten. Er wisse wohl, wer von der Familie Misso im MSI geführt wurde, aber er habe geschworen, es für sich zu behalten. (Die Clans der Misso und der Giuliano hatten sich von Ende der 1980er- bis Ende der 1990er-Jahre Neapel aufgeteilt und Übergriffe ins Territorium des jeweils anderen blutig geahndet; das galt wohl auch für die Parteien: Luigi »Lovigino« Giuliano soll sich bei den Sozialisten, Giuseppe Misso bei der Rechten eingekauft haben.) Überdies war Egidio eine Art Wissenschaftlicher

Mitarbeiter eines Parlamentsabgeordneten gewesen, der zwar für die Faschisten in Rom saß, aber ohne Mitglied zu sein. Dieses Verhältnis war klassisch patronistisch, zugleich erlaubte es Egidio, Distanz zu seiner Herkunft aufzubauen. Aber in welchem Sinn war er Faschist gewesen, in welchem nicht? *Ende der 80er wurde er in Paris Zeuge eines Filmdrehs über die Einnahme der Stadt durch die Nazis, anhand des Schilds »Straßburg« tauchte er in die Geschichte hinab und machte sich klar: »Ich bin kein Faschist.« Diese Einsicht war paradoxerweise der Anfang seiner Karriere in der Partei. Er glaubt, Faschist zu werden war für ihn viel eher eine Weise, sich der* nobilità della sconfitta *(Adel der Niederlage) zu vergewissern, gegen das System zu sein, und ich glaube, dass sich von hier auch ein Pfad zum von ihm gepflegten Totenkult ziehen ließe.* In Neapel gibt es keinen faschistischen Friedhof wie in Rom oder Anzio, das dem Militär entnommene Ritual des *presente* gehört zur monarchistischen Kirche San Ferdinando an der Piazza Plebiscito, und das »stehende Heer« im Jenseits wird repräsentiert durch die Totenschädel der verschiedenen Krypten.[6] *»Klar, in Neapel wie in ganz Italien hat der MSI keine Bedeutung gehabt.« Politik solle man machen wie Lenin, so müsse man es anfangen. Auch wenn seine Ex-camerati wüssten, dass er kein Faschist sei, so würden sie ihn unterstützen, aus einem Gefühl der Zugehörigkeit heraus, das sich nicht aufkündigen lasse. »Mit meiner Familie, die antifaschistisch war, habe ich darüber nicht gesprochen. Ich kam ja nur zum Schlafen heim. Mit meinen Brüdern kann ich nicht wirklich kommunizieren, die haben eine andere Welt gewählt, mit Familie und so.«*[7] Egidio fand sich früh als Außenseiter in der Sanità wieder, seine Aspirationen griffen über dieses Umfeld hinaus; aber weil er spürte – oder vielleicht, weil es zum Mythos jenes Viertels gehört, das sich selbst als Ghetto zu beschreiben gelernt hat –, trotz bester Anstrengungen diese Herkunft nicht hinter sich lassen zu können, sah er sich als einer der »Besiegten«, so wie ein nicht unerheblicher Teil der Kultur der (Neo-)Faschisten ihr Selbstverständnis aus einer gefühlten

Marginalisierung schöpfte.[8] In diesem Sinn teilten gerade ihre von Jugendlichen und Adoleszenten getragenen Gruppen seit den späten 1960er- und frühen 1970er-Jahren ein gesamteuropäisches Konzept von Jugend: Marginalisierung durch Selbstmarginalisierung zu beantworten und dadurch ins Zentrum zu rücken. Ich nehme an, dass Egidio dadurch seine mittlere Position verteidigen konnte: *nazionalpopolare* zu sein, als Sanità-Bewohner, und Intellektueller zu sein, als *fascista vinto* (besiegter Faschist), in einem eher sozialistisch wählenden Viertel. Den antibürgerlichen Affekt konnte ich bei ihm weiterhin beobachten: Wenn wir in die Altstadtgegenden gingen, die von auswärtigen studentischen Jugendlichen oder der neapolitanischen Intelligenz bewohnt waren, trug Egidio stets ein T-Shirt, das ihn von der besseren, der Hemden-Bevölkerung unterschied. Ebenso kleidete er sich, wenn wir mit vormaligen Exponenten seiner Bewegung unterwegs waren, die nunmehr bürgerlichen Berufen nachgingen. In der traditionellen bürgerlichen Gegend um die Riva di Chiaia war dies anders: Hier herrschte eine klassische, aus dem 19. Jahrhundert übermittelte *napoletanità* oder zumindest die Erinnerung daran, der sich Egidio zugehörig sehen wollte.

Zu den bevorzugten Autoren Egidios zählten Friedrich Nietzsche und Julius Evola (1898–1974), der Vater eines spirituellen Faschismus, in Italien mehr gelobt als Vertreter der »Tradizione« (mit großem T!), für die die Welt seit der Französischen Revolution im Wesentlichen Abfall ist.[9] Abfall, weil die Prinzipien tradierter Legitimität solchen der instantanen Willensbildung und der Vermassung weichen mussten. Aus diesem Grund kritisierte Evola den Faschismus »von rechts«[10] und fungierte er im Italien nach dem Zweiten Weltkrieg nicht nur für enttäuschte Parteigänger des PNF, sondern auch für Integralisten (Rechtskatholiken) und Terroristen als *spiritus rector*. Obgleich aus adeligem Geschlecht, bewohnte er bis zum Lebensende eine kleine Etagenwohnung auf dem Corso Vittorio Emanuele II. in Rom. Nietzsche hingegen hat in Italien nicht nur durch die philologisch-kommentatorische Großleistung seiner Herausgeber Mazzino Montanari und Giorgio Colli gewirkt, er gehörte immer schon zu den Lieblingsautoren einer italienischen Rechten, die sich antibürgerlich gerierte. Genauer gesagt gehörte es zum guten Ton, Nietzscheaner zu sein, wenn man den »Kult der Stärke« ästhetisch-moralisch begründen wollte. Der bereits erwähnte Lovigino Giuliano, Camorra-Boss in Forcella, ließ sich auf der Piazza Bellini offiziell mit Nietzsche-Schriften fotografieren und verfasste zur gleichen Zeit eigene Gedichte, für deren Präsentation er die örtliche Feltrinelli-Filiale gewinnen konnte. Es ist nicht klar, ob Giuliano die Dialektik des antibürgerlichen Bürgertums durchschaut hat oder ob er Nietzsche als den Stammvater einer italienischen Kultur ansah, in der sich Eleganz und Stärke paaren sollten wie bei Gabriele D'Annunzio, sodass er die ideologisch hoffnungslose Epigonalität der neapolitanischen Mafia verkörperte.[11] Ein weiterer deklarierter Lieblingsautor Egidios war Max Stirner, Autor des streng individualistischen Pamphlets *Der Einzige und sein Eigentum* (1845). In diesen Vorlieben sollte man mehr als eine bloße Exaltiertheit anerkennen – mehr auch als den Wunsch Egidios, mich als den deutschen Nachbarn zu beeindrucken –, nämlich die Fundierung eines gerade in seinen psycho-physischen Schwächemomenten als heroisch empfundenen Individualismus, in dem sich zugleich die unaufhebbare Zugehörigkeit zu seiner sozialen und familiären Umgebung spiegelte. Seine Brüder, darauf legte Egidio Wert, verstünden ihn nicht; in seiner Familie sei er überhaupt der Erste mit Hochschulabschluss gewesen; der *vicolo* und die unmittelbare Umgebung interpretierten ihn falsch, als einen gebildeten Verlierer eben, als einen Bedürftigen (Nachbarn stellten Essen in einen Korb, den er von seinem Balkon hochziehen konnte, wenn der Bruder und dessen Gefährtin nicht zu Hause waren); er selbst hingegen legte großen Wert auf die Feststellung, ein bedeutendes Leben geführt zu haben, wie man es sich in der

Sanità sonst nicht vorzustellen vermochte. Er war weit gereist, er hatte mit vielen Frauen geschlafen – als er mir seine Abenteuer zu erzählen anfing, war ich eine Beziehung eingegangen zu einer Frau, die ihm offenbar gut gefiel, sodass er seine Eifersucht mit Überbietungsrhetorik bekämpfte –, aber er war, tragischerweise, wie seine Mutter befunden hatte, »unfähig zu echter Liebe«.

Es war seine Idee, mich mit einer anderen Tante bekannt zu machen, die auf halber Strecke zwischen Sanità und Capodimonte in einer Erdgeschosswohnung lebte. Egidio glaubte, sie könnte mir über die *anime* von San Gaudioso Genaueres berichten. Wie stets bei Besuchen in Neapel gab es auch hier starken Kaffee, den wir draußen, an die Fensterbank gelehnt, in Plastikbechern entgegennahmen. Wie so häufig machte sich Egidio etwas wichtig, er schlug einen offiziellen Ton an, weil er »jetzt diese Arbeit mit dem Deutschen« durchführe.

Die Tante bestätigt im Wesentlichen, was ich schon weiß: dass San Gaudioso stets am Montag öffnete, wenn die Näherinnen und Schuhmacherinnen festa *machten (sie arbeiteten bis Samstag, dann war Pause, montags waren die Männer arbeiten und die Frauen allein; sie arbeiteten in kleinen Einheiten zu Hause, in den kleinen Fabriken nur diejenigen, die die Sohlen biegsam machen mussten, überwacht wurden sie vom* capo d'arte, *der zwischen Fabrikant und den verschiedenen ausgelagerten Schritten vermittelte, alles war Schwarzarbeit, Ende der Woche kam das Geld, ein Bankkonto eröffnete man erst mit der Pensionierung); dass man ein Stäbchen kaufte, um in den Gängen für Beleuchtung zu sorgen; dass einige die Toten träumten, eifersüchtig über ihre Botschaften wachten, andere wie die Tante einfach so beteten und hofften, die anonymen Toten würden es auch für sie tun, dass, wer zu San Gaudioso ging, nicht zu den Fontanelle ging, denn die waren »elitär«, mit ihren Geschichten vom Capitano und so fort. Gelegentlich stieg ein Franziskanermönch hinunter und zelebrierte eine Messe. Heute, das hat die Tante gehört, würden, um sich zu erinnern, manche Alte noch am Sonntag dort vorbeigehen, wo die Schädel waren, die nun allesamt in den Fontanelle ruhten. Wir sprechen über die Unterkirche der Basilika als neuen Bestattungsort, mit dem sie nicht einverstanden ist, mit der Privatisierung des Totengedenkens, denn vom Staub bist du genommen und zum Staub kehrst du zurück, und so sind viele auch nicht einverstanden mit der Spende von Körperteilen. Die Ursache der »an sich schönen« Devotion für die* anime *sei* l'ignoranza, *Unwissenheit: Sie selbst hat nur bis zum 10. Lebensjahr die Schule besucht, spricht ausschließlich neapolitanisch; bevor sie ihren Mann kennenlernte, wussten sie nicht, »wie man Kinder macht«; sie dachten, die Kinder steckten in einem drin, nur kleiner, der Kinderkopf im Erwachsenenkopf, die Arme in den Armen, der Bauch im Bauch, und nicht als Ganzes im Uterus. Sie lacht nachsichtig. Ihr Mann sitzt daneben und schweigt. Ihr Vater war eine Art* guappo, *Egidio präzisiert, man habe ihn »Boss« genannt, er hatte ein Barbiergeschäft und lauter Töchter, als sie größer waren, separierte er sich (der Großvater von Egidio) und schlief in seinem Laden. Er war etwas gewalttätig, mehrfach im Gefängnis, unterstützte junge Paare, die Geld brauchten für die Hochzeit, »um Frieden ins Viertel zu bringen«, und unterhielt gute Beziehungen zum mächtigen Campolongo. »Als es mit den Drogen losging in ganz Neapel, gab es überall Spritzen, aber in der Sanità nicht.« Dieser Vater (Egidios Großvater) wollte etwa nicht, dass sich Egidios Mutter mit Egidios Vater zusammentat, ja, wenn dieser sie besuchte, bereitete man heißes Wasser vor, um es über den Verlobten zu gießen, aber einmal – und das wird immer noch in der heute aus sieben Söhnen bestehenden Familie erzählt – als der Barbier den ungebetenen jungen Mann auf dem Rad anhielt, sagte dieser: »Ditemi papà« (Was möchten Sie, Vater?), und der, weil er diesen Ausdruck von einem Jungen nie gehört hatte, fand sich so gerührt, dass er akzeptierte. So heiratete die Tochter »nach oben«, was ihrem Vater ursprünglich zuwider gewesen war. Die Cerbones hatten nämlich in der Sanità in mehreren Kirchen Bänke reserviert, gestiftet, vorsorglich, um überall sicher zu sitzen. Die Tante erzählt ein wenig vom Umzug in diese gut ausgestatteten Häuser Ende der 1960er-Jahre, dann wieder lobt sie die alten* bassi *der Sanità, wo Heizkörper überflüssig waren, weil die Menschen eng zusammengedrängt spielten oder aßen, die gute alte Zeit eben.*[12]

Wie häufig entwickelte sich das Gespräch symptomatisch dafür, was es hieß, in der Sanità vom Kult der *anime* zu sprechen: es wurde zur Gelegenheit, die eigenen Wünsche und die eigene »Ignorantia« zu erinnern, die gleichwohl heimatlicher gewesen war als manches Spätere. Frauen berichteten im Zusammenhang mit den Totenkult-Orten von ihrer eigenen Subalternität – meine Hauswirtin Miluccia beispielsweise erinnerte sich, in S. Gaudioso vor allem um einen *marito buono* gebeten zu haben, dem sie dann ja auch begegnet sei (wenngleich heute eine Hausecke entfernt sein nie erwähntes außereheliches Kind wohnt). Wenn man die von der klassischen britischen Sozialanthropologie als für mediterrane Kulturen typisch betrachtete Verschränkung von »honor and shame«[13] heranzieht und dabei »Ehre« als männliches Prädikat akzeptiert, das öffentlich bezeugt und verteidigt wird, »Scham« als weibliches, das unter anderem im allgemein sichtbaren Negieren von Öffentlichkeit besteht,[14] so kann man die Sorge um die Seelen im Fegefeuer auch als Teil eines weiblichen sozialen Innenraums ansehen, in dem zuverlässige, weil »ehrenhafte« Patrone (der »Capitano«) die Bitten der züchtigen Jungfrauen entgegennahmen. Mit dem Ende der Patrone und einer klar gegenderten Gesellschaft verlor sich alsdann ein großer Teil der Totenkult-Frömmigkeit, und weil alles andere, was in S. Pietro ad Aram oder S. Cosma e Damiano thematisiert wurde (die prekäre Verortung, die auseinanderfallende Gemeinde), in der Sanità geborgen war, hatte sich die Praxis gewandelt, das heißt, es war ein großer Teil weggefallen, zumal die klassische weibliche Devotion. Dies lag als Vermutung nahe, andererseits lehrten mich neben den einschlägigen Untersuchungen auch die ersten Monate meiner Feldforschung, dass Gender-Dichotomien in Neapel nicht in der klassischen Weise durchzuhalten waren. Unter anderem Egidio hatte mich unermüdlich darauf hingewiesen, dass in der neapolitanischen Altstadt und in den Quartieri Spagnoli sowohl geschlechtliche als auch sexuelle Identität in allen Kombinationen ausgelebt und akzeptiert worden seien. »A Napoli è sempre stato accussì« (In Neapel war es schon immer so) war einer der am häufigsten vernommenen Sätze. Das betraf die angeblich »immer schon« verbreitete Akzeptanz von Homosexualität und Transgender in Gestalt der *femminielli*, es betraf auch die Priester mit ihren Geliebten beiderlei Geschlechts. Diese Bereitschaft zur Umkehrung, zur verkehrten Welt, wurde in Neapel von Egidio und anderen Einheimischen auf die Auszeichnung durch eine liminale Situation zurückgeführt, auf die Gefahrensituation unter dem Vesuv oder über den Magmakammern und -kanälen der Campi Flegrei, von denen niemand sagen konnte, wann sie den Boden aufreißen und jegliches Leben der Stadt innerhalb weniger Sekunden vernichten würden. Aus dieser Lage konnte man ableiten, dass die Gefahren gerade in Inszenierungen von Liminalität vervielfältigt, aufgelöst, sprich kulturalisiert und damit beherrschbar würden. Eine Form der Liminalität rief quasi die andere, Tod und Leben, Mann und Frau, Heute und Gestern, Hetero- und Homosexualität würden gleichermaßen vertauschbar, und die Vertauschbarkeit würde die Handlungsmacht über die Bedrohung des Liminalen zurückgewinnen helfen. In diesem Sinn antwortete eine radikale Kulturalisierung der konventionell für natürlich gehaltenen Ressourcen auf die Bedrohung durch die Natur. Zum Beispiel musste die fruchtbare Weiblichkeit nicht »naturgegeben« sein: die Betonung der ›natürlichen‹ Weiblichkeit in den unteren Schichten der Altstadt – als sogenannte *procacità napoletana*, die in der Herausstellung der sekundären Geschlechtsmerkmale sowie im übermäßigen Einsatz von Schminke und Frisierkünsten bestand – erlaubte ihre einfache Identifizierung, Aneignung und damit Umkehrung durch Transsexuelle und andere Trickster. Aber brauchte es nicht doch einen Standpunkt, eine Art normierte Normalität, um diese

Operationen durchzuführen? Die Stabilität geschlechtlicher Normen sowie des Codes von *honor and shame* jedenfalls könnte man für eine Periode annehmen, in der die Matrix der kulturellen Antwort von Liminalität als Inszenierung gegenüber der realen Daseinsbedrohung eine geringere Generalisierung besessen hatte, das heißt, an spezifische Orte verwiesen war, mit anderen Worten: innerhalb der Gesellschaft die Unterscheidungen von Struktur und Anti-Struktur lebenszyklisch, geografisch, sozial-funktional eindeutig erfolgt waren (und *die* Gesellschaft eine fest umrissene Außengrenze besaß). Doch stellte eben eine Reihe von Zeugnissen in Abrede, dass es die für solche Verweise und Unterscheidungen notwendige Autorität und Eindeutigkeit zumal in den traditionell ärmeren Gegenden der Stadt je gegeben hatte. Immer war gebastelt worden, stets hatte es »statt der Wahrheit Wünsche an sie, auch Gaben von der Katze Erinnerung«[15] gegeben. Eine andere Möglichkeit der Genderisierung der Devotion gegenüber den *anime* bestand darin, in ihr eine Inszenierung der Weiblichkeit zu entdecken, die noch einmal dem Modell von *honor and shame* folgte, indem man die Arbeit des Schicksals mit der eigenen Arbeit verknüpfte, einen *marito buono* zu finden. Für diese jungen Frauen kann gegolten haben, dass sie sich in den dunklen Höhlen von der Macht des Faktischen entlasteten, indem sie den gesellschaftlichen Mythos ins Recht setzten: den Glauben an die wundersame Erwähltheit. Und ihren armen Vätern die Hoffnung auf den reichen Schwiegersohn schenkten, der sie »Papà« nennen würde.

Die weitere Erinnerung von Egidios Tante an eine Zeit, da die Kinder die Miniaturen der Eltern und die Camorra oder die »Guappi« die Miniatur des Staates darstellten, korrespondierte mit der (symbolischen) Arbeit, die die Totenkult-Devotion an der Wohlgeordnetheit des Verhältnisses von diesseitigem und jenseitigem Leben leistete. Musste ich deshalb nicht fragen, was in Unordnung zu geraten drohte, nachdem die Devotion gegenüber den Toten zurückgefahren war – nämlich das Verhältnis von dieser zu jener Welt und damit auch die Abstände, die Autoritätsverhältnisse innerhalb dieser unserer Welt? Oder wurde diese Ordnung an anderer Stelle hergestellt, sodass Unordnung und Verlust nicht fühlbar waren? Über Ursache und Wirkung dieses Wandels wäre ich trotzdem kaum belehrt worden. Im kollektiven Gefühlshaushalt hätte es keinen großen Unterschied gemacht, ob die »alte Welt« in der Sanità aufgehört hatte, weil man nicht mehr zu den Toten ging, oder ob man nicht mehr zu den Toten ging, weil man fühlte, dass die »alte Welt« vorbei war.

»È un gioco di ragazzi, nient'altro«, wiederholt Egidio. Und doch sehe ich ihn vor mir, einige Monate nach meiner Feldforschung, als ich mit einer deutschen Filmemacherin in die Sanità zurückkehre und ihn erstmals zum Cimitero delle Fontanelle mitnehme. Die Fontanelle sind für ihn »nur mehr ein Museum« und so greift Egidio einen Schädel aus einer der *teche* und führt vor, wie er früher die Schädel von S. Gaudioso berührte, er schaut ihm in die Augen und bittet um ein Foto, das wir ihm zuschicken sollen. Furchtlosen Blicks, triumphierend geradezu, hält er den Schädel in die Kamera. Wenn es, wie die Phänomenologen behaupten, eine Koinzidenz gibt von »Tod« und »Bild«, so sind beide gleichermaßen tot und es fragt sich, wer wen überlebt hat.[16] Einerseits. Andererseits ist es die rituelle Praxis der Schädelpflege, die sich in jenem Moment beweist und sich noch durch jedes Medium durchsetzt, als sei sie nicht abzutrennen von den Gesten der neapolitanischen Unterschicht.

Einmal hat Egidio mir seine Religion geoffenbart: *Mit Egidio Cerbone geht es um Geister: Er holt mich ab, lässt sich Blut abnehmen bei S. Gennaro dei Poveri, erzählt, dass er 1979 einen Unfall hatte, wobei ihn ein Auto durch die Luft wirbelte und er mehrere Wochen im Koma lag.* Dabei *hatte er ein Erlebnis der Außerkörperlichkeit, und später hat er es, intuitiv, perfektioniert: An der Grenze zwischen Wachsein und Traum – »Träumen ist wie eine Reise zu den Toten machen und dann zurückkehren« – könne man sich selbst verlassen, aber die Schwierigkeit bestehe in der Rückkehr, »man strengt sich zu sehr an, dabei muss man es so können, wie wenn man einen Finger bewegt«. Vor sieben Jahren habe er letztmalig »neben mir dieses Sein, das aus mir ausgetreten ist« gesehen, das sich nicht mehr erhob, nicht mehr umherflog, sondern ruhte. Ich frage ihn, wer er nun war: dieses* essere *(Sein) oder der schwere, liegende Körper. Er sagt, beide, er könne auch das* essere *nicht weiter beschreiben, denn er habe es sowohl von innen und weniger von außen wahrgenommen. Dann habe er gelesen in einem deutschen Buch, dass wenn das* essere *sich nicht erhebt, dies ein schlechtes Zeichen sei. Eine Frau sei gestorben. Er aber nicht. Also irre sich der Verfasser. Er habe aber mit diesen Experimenten der Außerkörperlichkeit abgeschlossen. In seinen Augen gebe es eine biologische Basis, er ist »Determinist«. (Auch, was die Vererbung anlangt: zu fünfzig Prozent, nämlich was das Ei der Mutter betrifft, sei man schon auf der Welt gewesen).*[17] Egidio war besessen davon, die Grenze zwischen Wirklichkeit und Traum zu verschieben, ja übertreten zu wissen. Er wusste, wie gefährlich es sein konnte, aktiv zu träumen, aber er wusste zugleich, dass hier der Schlüssel lag zur Unsterblichkeit. Er stellte sie sich vor als eine Versöhnung von Natur, Kultur und Geschichte. Auf dieser Ebene einer Rückeroberung der Natur (im Sinne eines doppelten Genitivs) lag für Egidio wohl nachträglich die Funktion seiner jugendlichen Freundschaft mit den Schädeln. Sie hatte ihm eine Tür geöffnet, um in der traditionellen Welt der Sanità zu bleiben und sich dennoch von ihrem Druck befreit zu fühlen.

2. Wiedergänger, Geister, *presentimenti* – Untote? Zum Kollektiven im Gedächtnis der Sanità

Wenngleich die *anime sante del purgatorio* in zweifacher Hinsicht der Vergangenheit angehörten, schienen sie zusammen mit anderen Toten im Jetzt ihre Spuren zu hinterlassen. Dass die Sanità bevölkert war mit Untoten und Wiedergängern, mit Geistern und

Erscheinungen, mit der Wiederkehr also von Unausgesprochenem, von ungelösten Konflikten, wurde in den nächsten Monaten so selbstverständlich, dass es auch meine Träume begleitete.[18] Ich merkte, wie ich in banale Konflikte, in Missverständnisse mit Bekannten geriet, diese mich fortan mieden, bei zufälligen Begegnungen indes abstritten, ein Problem mit mir zu haben. In gewisser Weise begegneten sie mir bereits zu Lebzeiten als Geister. Dagegen habe ich gelernt, dass die im Traum erscheinenden Toten meine Wünsche besser bewahren als jeder Text.

Einer der wichtigsten Toten der Sanità war Totò, der Schauspieler Antonio de Curtis, der hier auf der Via Maria Antesecula am 15. Februar 1898 als uneheliches Kind einer Angestellten geboren sein soll. Seine Kindheit und frühe Jugend verbrachte er in der Sanità, bevor er als Tragikomiker in ihm unter anderem von Eduardo de Filippo oder Vittorio de Sica und Cesare Zavattini, den Begründern des »Neorealismo rosa«, auf den Leib geschriebenen Rollen italienischen und sogar Weltruhm erlangte. Seine angebliche noble Abkunft, deren Gerücht einmal mehr das Phantasma einer umgreifenden neapolitanischen Blaublütigkeit belegte,[19] wurde mit Geschichten des abendlich durch die Sanità streichenden Erfolgsschauspielers verbunden, der den Armen unter den Türen der *bassi* Geldnoten zuschob – der Vater meiner ersten Vermieterin wollte es selbst beobachtet haben. Vor Totòs Grab auf dem Friedhof von Poggioreale steht eine Marmortafel mit dem im Dialekt verfassten Gedicht »A' livella«, das den Disput zweier absichtslos nebeneinander Bestatteter, eines Marquis und eines Straßenkehrers, zum Inhalt hat, den Letzterer auflöst: »Nuje simmo serie ... appartenimmo a'morte« (Seien wir ernst, wir gehören dem Tod), um die finale Einebnung der Klassenunterschiede herauszustreichen. Zugleich machte die *livella* Klassenunterschiede als genealogische notwendig, in der Stadt des Theaters waren sowohl Einsetzen als auch Aufheben der Bühne »realistisch«. Der philosophische Mutterwitz der Kunstfigur Totò

(De Curtis trat bevorzugt als diese, nur gelegentlich als ein anderer Charakter auf), desgleichen ihre Fähigkeit, in sämtlichen Situationen als Neapolitaner zu reüssieren (gerade dort, wo der Neapolitaner zunächst als provinzlerisch unterschätzt wird, wie auf der legendären Mailand-Exkursion in *Totò, Peppino e la malafemmina* [1956]) trugen zur Beliebtheit bei, die sich heute noch darin zeigt, dass Männer aus der Unterschicht oder unteren Mittelschicht ganze Abende mit auswendig gelernten Totò-Dialogen zu bestreiten vermögen oder dass sein Konterfei in Amtsstuben neben dem von Padre Pio hängt. Die Mischung aus *arretratezza* (Zurückgebliebenheit), *furbizia* (Schläue) und *gentilezza* (Höflichkeit) hat Totò für die Sanità lebendig gehalten, wo die Kommune vor Jahren ein Museum eingerichtet hat, das indes aus baurechtlichen Gründen nie eröffnet werden konnte. Jahre später stand eine Wohnung auf der Via Maria Antesecula zur Versteigerung, und eine Frau aus dem Viertel kaufte sie - noch bevor sie erfahren haben wollte, dass es sich um die Geburtsräume des jungen Totò handele. Seither versucht sie mit ihrem Sohn, einem Schauspieler, dort ein Museum einzurichten - oder einfach nur den Preis für die Kommune, die ihr die ungenutzte Wohnung abkaufen soll, nach oben zu treiben, nun, da sich an einem Museum für Totò die Frage der regionalen Kulturfähigkeit entscheidet.[20] Interessant ist in diesem Zusammenhang, wie die Frau den Kauf legitimierte, wohl wissend, dass den städtischen Versteigerungen stets der Hautgout von Korruption und Nepotismus anhaftet, da in der Regel nur jene Personen darüber informiert werden, die informiert werden sollen. Das Gespräch mit der Käuferin bietet einen neuerlichen Einblick in die Wirkungsweise von Geist, Traum und Sozialität:

[T]atsächlich ist sie als Gewinnerin aus einer Zwangsversteigerung herausgegangen, sie will es vorher nicht gekannt haben, weil sie kaum die V. Maria Antesecula entlangging. Totò, gestorben wenige Tage vor der Geburt ihres Sohnes, sei ihr im Traum erschienen, aus einer

Kutsche in Rom sei er gestiegen, habe ihr unter den Arm gegriffen und gesagt, sie würde nun seine Verlobte. Und sie würde sein Haus bekommen. Später hat ihr Sohn, als sie gerade beim Gericht den Zuschlag erhielt, einen korrespondierenden Traum von Totò gehabt. Sie habe ihm jedoch vorher nichts gesagt.

Wer einen Traum erzählt, muss mehrere erzählen, damit man ihm glaube:

Ihre andere Spezialität sind Träume mit ihrer »jungfräulichen« Tante Rosa, Warnträume: Einmal habe ihre Mutter im Koma gelegen, nach einer Diabetes-Attacke, und sie habe schon alle Toten gesehen, war also auf dem Weg, als sie bedeutete, Rosa sei in die Kapelle gegangen. Da sei sie, Amelia, hinterher und habe ihre Gegenwart gespürt. Und als sie zurückkam, ging es ihrer Mutter besser. Ein anderes Mal habe ihr Rosa im Traum gesagt, dass ihre Nichte in Caserta fiebernd und sterbenskrank im Krankenhaus liege und sie zu ihr kommen solle. Auch dies stellte sich als wahr heraus. Dort habe sie begriffen, dass sie eine Heilerin sei, denn während sie im Bett lag, habe sie sich plötzlich von einer anderen Macht erfüllt gefühlt, sei aus sich herausgestiegen und habe den Bauch der Kranken massiert, bis sie gesundete. Diese Fähigkeit habe sie ein weiteres Mal bei ihrer Mutter angewandt, die Kopfschmerzen hatte: Sie habe eine Kerze angezündet und dann durch ihre Hände den bruciore *(brennenden Schmerz) aus dem Kopf zu sich herausgezogen, abgewaschen, abgeschüttelt. Außerdem hat sie eine Devotion für Padre Pio. Sie hatte einen Tumor und Padre Pio sei ihr im Schlaf erschienen und habe ihr gesagt, dass sie gesunden werde. Und dann ereignete sich eine Wunderheilung. Sie habe indes nicht mit den Ärzten gesprochen, weil diese ihr nicht geglaubt hätten. Und Christus habe sie einmal gewarnt vor einer Verbrecherin, die sie unter ein Auto stoßen wollte, weil sie glaubte, sie habe etwas Schlechtes über sie gesagt. Ihre Mutter, sagt Amelia, habe eine ähnliche Befähigung besessen. Die sei exklusiv für die Frauen der Familie. Ich sehe auf der Kommode neben dem Bett ein Buch, das bei der Traumdeutung helfen soll. Ob sie glaubt, dass eine Art von Reinheit,* purezza del sentimento, *dafür verantwortlich sei, solche Träume zu haben? Ihre letzte Geschichte betrifft den 24.11.1980, den Tag des Erdbebens: Früh habe sie ihre Tochter zum Spielen gebracht, dabei ein Kreuz gefunden, es aufgehoben und das Gefühl gehabt, »als wenn es mit mir spricht, dabei habe ich doch in mir gesprochen: ›Heute Abend wird es ein Erdbeben geben.‹« Und später habe sie den Kaffee zubereitet für Gäste, deren Kinder mit ihren Kindern gespielt haben, acht Leute, es war ein guter Abend, und nie wollte sie den Kaffee servieren, weil sie fühlte, dass dann das Unglück eintrete. Und als sie ihn auf den Tisch stellte, habe das ganze Haus zu schwanken angefangen.*[21]

Zunächst: die lokale Verehrung für Totò hatte mit seinem Begräbnis im Mai 1967 einen Höhepunkt gefunden, als – im Unterschied zum normalen »Zweitbestattungsritus« – Antonio de Curtis in einem leeren Sarg in der Kirche der Maria dei Vergini am gleichnamigen Platz unter minutenlangem Applaus verabschiedet wurde. Campolongo, damals der starke Mann der Sanità, hatte dieses Ereignis in sein Viertel geholt. Tausende begehrten offenbar diese letzte Heimkehr des großen Mimen, die Zugänge zur Sanità waren überfüllt, obwohl viele erfahren haben mussten, dass Totò bereits ins Familiengrab in Poggioreale überführt worden war. Campolongo war einer der reichsten Männer des Viertels gewesen; er besaß ein gut gehendes Möbelgeschäft, half jungen Leuten, »wenn sie in Schwierigkeiten waren«, und »sein Wort war Gesetz« (sagt Ciro, mein Vermieter). Er gab das Vorbild ab für die Rolle des Baracane in Eduardo de Filippos noch heute häufig gespielter Commedia *Il sindaco del rione Sanità* (Der Bürgermeister der Sanità, 1960). Als »*guappo*« war er Judikative und Exekutive in einem, aber so, dass er auf Konsens, auf die Einhaltung traditioneller Werte und soziale Sicherheit bedacht blieb. Der klassische Guappo gilt in Neapel als Vorgänger und Gegenbild zum camorristischen »Boss«, der anstatt der Interessen eines Viertels ausschließlich die seines Clans berücksichtigt.[22] Historiografisch wird er angesiedelt zwischen der mythischen Epoche der »Patrone« und der Zeit der »stragi«, der Attentate und Gewalttaten in einer auf Staatsorgane und Camorristi zugespitzten Auseinandersetzung. Der *guappo* setzte (Gewohnheits-) Recht durch, indem er sich situativ über das Recht stellte (qua Charisma, Kraft, Intelligenz, Reichtum), wobei jede seiner Suspensionen ihm als für die Gemeinschaft dargebrachtes Opfer galt. Das zwischen Heroismus und Lächerlichkeit schwankende Scheitern des Guappo Baracane (respektive Campolongo) hat De Filippo in seinem Stück in den Mittelpunkt gerückt,[23] an seine Stelle tritt nach der Gewalt der Banden und Clans »a'munnezza«, wie die Sanitanesen mit dem Slangwort für »Müll« sagen, das rücksichtslos um seiner selbst willen verübte Delikt. Der Guappo überhöhte sich dort, wo er sich abschaffte; die nach ihm schaffen alle ab.

Interessant ist nun, dass die Käuferin den Kauf durch eine Verlobung mit dem Toten motiviert und somit, vor dem Hintergrund kurrenter Erzählungen (etwa der des Capitano in den Fontanelle), sowohl etwaige Neider als auch sich selbst als potenziell gefährdet darstellt. Andere Träume mögen sie vor diesen Gefahren bewahren, sie beweisen statt eines im Traum ausgedrückten Begehrens ihre Unschuld und Gutherzigkeit, die sich darin zeigt, dass die Toten bei ihr einen Aufenthalt finden. Dieses Modell ist dem von Lella von S. Pietro ad Aram, die von den Toten heimgesucht wurde, eben weil sie arglos und großherzig war, nicht unähnlich. Aber neben den Toten sprechen auch Dinge zu ihr oder leiten die Dinge sie zu sprechen an, so sehr, dass sie etwas sagt, dessen sie sich noch gar nicht bewusst gewesen war (die Ankündigung des Erdbebens). Es scheint dann, als ob sich im Umgang mit bestimmten Personengruppen (Heilige, Berühmtheiten, Familienmitglieder) ebenso wie mit gewissen Gegenständen (zumal religiösen) sonst unmögliche Wahrnehmungen einstellten, die hier durch einen Zugriff auf die Totalität der Welt, auf einen momenthaften Zusammenschluss von Dies- und Jenseits, freigesetzt würden. Das Kreuz ist ein Zeichen des in der Welt anwesenden Absoluten und eines entsprechenden zeitenthobenen Wissens. Die Berühmtheiten partizipieren an einer »größeren« Welt, die Toten an einem noch verschlossenen Wissen über die Zukunft, die Heiligen können diese durch ihren unmittelbaren Kontakt mit Gott sogar beeinflussen. Wenn es im Traum und im Umgang mit religiösen Gegenständen um Vorahnungen geht, die retrospektiv bestätigt werden – nämlich dann, wenn die Bilder des Traums und die Stimmungen des Umgangs ihre Narrative freisetzen –, mithin um *presentimenti*, so geht es genau genommen darum, einen Überblick zu bekommen, der die nicht zuletzt mittels Informationsasymmetrie in Gang gehaltene Gesellschaft mit ihren klientelären und verwandtschaftlichen Abhängigkeiten durchlässiger und korrigierbar hält. Nicht nur die Käuferin, sondern viele Bewohner der Sanità haben mir von ihren Vorgefühlen berichtet, für manchen ist es gar eine typische neapolitanische Fähigkeit, genealogisch erklärbar: *presentimenti* oder *sensazioni* seien das Resultat einer *»modificazione genetica di noi napoletani« (genetische Modifikation von uns Neapolitanern), die mit der Völkermischung, den unterschiedlichen Herrschaften einhergegangen sei. »Noi abbiamo già l'occhio aperto dal primo giorno mentre voi soltanto dal 40« (Wir haben vom ersten Tag an die Augen offen, ihr erst ab 40). Der Neapolitaner müsse sich immerzu verteidigen, also achte er auf Vorzeichen, selbst wenn er in einer Diskothek sei und sich eigentlich nur um die Mädchen kümmern wolle.*[24] So bringt es der arbeitslose Pino auf den Punkt, der gelegentlich für seinen Cousin Süßwaren auf dem unversicherten Motorino ausfährt und dessen Frau zu Hause gestanzte Lederstücke zu Schuhen vernäht. Beide haben bei mir etwas Deutsch gelernt. *»Mi capita« (mir geschieht es), dass er sich plötzlich zu einem Kollegen, den er kaum kennt, sagen hört, der habe sieben Brüder oder er sehe aus wie seine Mutter, so wie auch einmal ein Junge vor der Kirche ihm ein intimes Problem angesehen und es ausgesprochen habe.* Das *presentimento* hat hier die Doppelung von plötzlicher Einsicht und unausweichlichem Ausspruch. Es stellt nicht vor eine Wahl, sondern lässt im Namen eines anderen handeln, der noch gefunden werden kann, beispielsweise im Traum, in dem Totò erscheint und die Käuferin seines Hauses an die Hand nimmt. Der Traum ist der mediumistische Kanal, durch den die Grazia zur »Bestimmung« wird. Er legitimiert, indem er sich auf eine fremde Macht beruft, die sich in ein persönliches Verhältnis begibt, das per definitionem von außen uneinsehbar bleiben muss oder sich in ein Versprechen übersetzt, sodass es den Klienten und Träumenden mindestens ebensosehr mit seinem lebensweltlichen Kontext verbindet wie ihn davon ablöst. Träume können wie in diesem Fall die diskursiven Passagen für Vorgänge der Privatisierung öffentlicher Güter bilden, indem sie am Nimbus des Unbefragbaren und Machtvollen partizipieren, der gerade zunimmt in dem Maße, wie er sich mit dem Zweifelhaften und Banalen verbindet (sodass schließlich der Traum der Käuferin den von der Kommune an sie zu entrichtenden Kaufpreis erhöht). In der Erklärung von Pino und vielen anderen Neapolitanern gehört das *presentimento* zu einer Kultur der *vinti*, der Besiegten – (während es wie andere Formen des insinuierten Wunsches, des vermeintlichen Wiedererkennens den Anfang ins Unverfügbare delegiert und damit die Unausweichlichkeit responsiven Verhaltens bestätigt. Man sollte es statt mit »Vorgefühl« mit »Vorfühlen« übersetzen) – und damit zu den Sozialtechniken der unteren Schichten, der Bedrängten, die sich Raum verschaffen.

Der nachfolgende Streit über Totòs Wohnung konnte so trotzdem nicht abgewehrt werden: Besitzer des Nachbarhauses meinten, dass die Nummern nach dem Krieg vertauscht wurden und in Wahrheit ihre Wohnung im zweiten Stock die Heimstätte des kleinen Antonio gewesen sei. Auch sie bemühen sich um öffentliche Förderung – und Totòs Tochter, Liliana de Curtis, gibt mal dem einen, mal dem anderen recht.

Neben Totò, der die Idee verkörpert, die die Sanità von sich selbst hat, erscheinen vor allem kanonische und weniger kanonische Heilige. Mitunter ist nicht klar zu unterscheiden, ob sie im Traum wiederkehren oder in anderen Dimensionen des Wachseins. Die wichtigsten Heiligen der Sanità sind San Vincenzo, dessen Statue in der Basilika S. Maria della Sanità steht (sie hat sich geweigert, aus der Kirche herausgetragen zu werden, eine Erzählung, die sich auf die Statue Padre Pios in einer vom lokalen Camorra-Unterboss gestifteten Kapelle in einer weniger frequentierten Straße übertragen hat), Padre Pio, Giuseppe Moscati, Alberto Glorioso und die Madonna in vielerlei Gestalt. Oft gewähren sie Hilfe in Krisenlagen – besonders die Madonna, die je nach »Denomination« oder Attribut Kranken und Bedrohten beisteht. Manchmal schließt man sich der Devotion für einen Heiligen an, weil er einem Nachbarn oder Bekannten eine Grazia gewährt und damit einen Beweis seiner Wirksamkeit erbracht hat. Besonders die Devotion für den aus Benevento stammenden Arzt Giuseppe Moscati (1880–1927, Heiligsprechung durch Johannes Paul II. 1987) springt ins Auge. Obwohl deutlich jüngeren Datums, sind ihm einige Votivkapellen gewidmet und bleibt der Zustrom von Bewohnern der Sanità zur Messe nach Il Gesù, wo seine Gebeine ruhen, seit Jahren konstant. Der Kult um den frommen und sozial engagierten Arzt ersetzte den Kult um San Ciro, dessen Existenz von Kirchenhistorikern um die Mitte des 20. Jahrhunderts zunehmend in Zweifel gezogen wurde.[25] Die Gräber von San Ciro und Giuseppe Moscati befinden sich in der Jesuitenkirche in einander gegenüberliegenden Seitenschiffen. Von Giuseppe Moscati sind allerdings auch noch das Wohn- und Arbeitszimmer im Bereich der Sakristei rekonstruiert worden, der große Schreibtisch mit dem Stuhl davor, zu dessen Rechter ein Hut steht mit der Aufschrift: »Wer habe, gebe, wer nichts habe, nehme.« Wenn, worauf Giuseppe Galasso, der Grandseigneur unter den Historikern des Mezzogiorno, aufmerksam gemacht hat, die Heiligen des Südens in der Regel asketische, sich selbst und andere zähmende »Thaumaturgen«, Wunderheiler, waren, im Gegensatz zu den Glaubensverkündern und vorbildlichen Figuren des Nordens, so weil sie an knappen Ressourcen teilhaben ließen, die andernorts längst vergemeinschaftet waren, die aber hier durch die Kraft ihrer Persönlichkeit vermittelt wurden.[26] Das gilt besonders für die Gesundheit. Diese wird nie nur leiblich verstanden – über die psychosomatischen Therapien von Giuseppe Moscati zirkulierten auch in meinem Feld zahlreiche Berichte. Moscati verknüpfte indes Wundertätigkeit und ziviles Leben, was bei den anderen heiligen Heilern Süditaliens – beispielhaft der »schlagende« San Donato – undenkbar war.[27] An ihm wird die spezielle, auf dem Widerspruch beziehungsweise dem Übergang von ländlicher und metropolitaner Struktur gründende Situation Neapels anschaulich: einerseits Gesundheit als verwaltetes, für alle Bürger zugängliches Gut, über dessen Zuteilung Experten kraft ihrer erworbenen Kompetenz befinden, andererseits als durch einen Patron individuell zu gewährende Gnade, bei der sich das richtige moralische Verhalten angesichts der am Hut befindlichen Anweisung mit dem Glauben an die magische Wirksamkeit des reinen oder unreinen Gewissens verbindet. Die Opazität der Gabe (der Gesundheit) und die ihr gegenüberstehenden rationalen technischen Mittel, von denen man behauptet, dass sie sie reparieren oder verantworten, die indes Black Boxes bleiben, ermöglichen hier eine Unterscheidung ebenso wie eine Vermittlung von Tradition und Moderne. Die Ikonografie Giuseppe Moscatis ist der von Padre Pio nicht unähnlich: In der Kirche Il Gesù streckt eine neben seinem Grab stehende Statue die Hand aus wie der Heilige von Pietrelcina; in beiden Fällen kommen Gläubige, um den Statuen über die Hand zu streichen. Im einen Fall begegnen sie dem überzeitlichen Christus in seinen Wundmalen, im anderen werden sie durch den gesellschaftlichen Wandel begleitet. In Traumgesichten schließlich fällt die Metonymie der beiden Heiligen auf:

Für den Sohn der noch nicht ganz volljährigen Brunella in einem abseits gelegenen *vicolo* der Sanità veranstaltete die Großmutter einen Gebetskreis, bei dem besonders die Fürsprache von Padre Pio erfleht wurde. Der Enkel litt an einem halbmalignen Tumor im Bauchbereich. Es heißt, *er habe schon mit sechs Monaten gelächelt, wenn er Padre Pios Statue im Schlafzimmer der Großmutter anschaute. Und bei San Giuseppe Moscati, dem man gedankt habe, habe er automatisch dessen Hand genommen (die Statue in Il Gesù) und sie danach auf jene Stelle am Körper gelegt, wo er operiert worden war. Außerdem habe er Giuseppe Moscati auf einem Bild erkannt und gesagt, der sei bei ihm gewesen während der Operation.*[28] Die Großmutter begann nach der Heilung, Fahrten zum Geburtsort von Padre Pio zu organisieren und häufiger das Grab von Giuseppe Moscati aufzusuchen. Die Devotion der Großmutter wurde zur entscheidenden Devotion der Familie, während der Vater fortging. Die Mutter hingegen blieb in der elterlichen Familie. Es ist vermutlich nicht übertrieben, der Familie zu unterstellen, sie habe, indem sie den Kontakt zwischen dem Kind und den Heiligen mittels der Krankheit etablierte, eine Rekonstruktion der Familie nach dem Modell der »Heiligen Familie« vorgenommen, um soziale Schwierigkeiten auszugleichen (beispielsweise den Prestigeverlust der von ihrem Verlobten verlassenen Tochter).

Ebenso die Geschichte der Traumgesichte von Carmelas Mutter, einer ehemaligen »Guappa« und einflussreichen Frau im Viertel Forcella: *Einmal, als ihr Gatte im Krankenhaus in S. Gennaro dei Poveri lag, kam ein Mann, der aussah wie ein Priester und sagte, es würde alles gut werden, und später sagte dasselbe eine Nonne. Anderntags habe man ihr auf einer Fotografie gezeigt, dass dies Giuseppe Moscati war.* Sie erklärte sich die Geister: *»Le anime camminano« (Die Seelen laufen umher). Dies, weil sie nach ihrem Tod sich einen neuen Körper suchen müssten. Sie würden auch in die Tiere, in die Hunde, einfahren. Sie fühlt auch Geister, hier in ihrer Wohnung, »li vedo come un ombra« (ich sehe sie als Schatten).*[29]

Die Erklärungen für die Geister und wiederkehrenden Heiligen weichen stark voneinander ab. Wie im letzten Beispiel zirkulieren unter der Bevölkerung durchaus Theorien, die ein dem Christentum eigentlich fremdes Modell von Reinkarnation aufrufen. *Anime* beseelen, ihr Ort bleibt letztlich diese, unsere Welt, während die materielle Realisierung in ein Jenseits übertritt, indem sie verwest. Die Trennung von Geist und Körper, die Vergänglichkeit des Körpers, machen es unmöglich, den Geist einzufangen. Das heißt, dass vergangene Konflikte unbewältigt bleiben, höchstens kann man sie bannen. Was man nicht besiegen kann, zu dem sollte man auf Abstand gehen. Wer das glaubt, für den sind wir sämtlich, Seelen und Tote, im Fegefeuer. Die Heiligen hingegen wohnen in verbindlichen Bildern, denen sie entsteigen und in die sie zurückkehren.

In der Sanità gibt es Wohnungen, für die sich keine Käufer finden und aus denen die Mieter flüchten. Derartige Erzählungen reichen nicht in ferne Vergangenheiten, sondern in die letzten Jahrzehnte zurück. Nach dem Zweiten Weltkrieg hatte die Kirche rituelle Reinigungen im Stadtzentrum durchgeführt, um Geister und Geisterglauben zu vertreiben. Die Leute hingegen behaupteten, die Toten zu sehen, wie es hieß, weil bei der Taufe der Priester ein paar Worte ausgelassen oder fehlerhaft gesprochen hatte (und dadurch der Schutz gegen die andere Welt nicht gewährleistet war).[30] Die Menschen fühlten sich nicht vollständig in die Welt der Lebenden aufgenommen, das weiße Kleid der Taufe, das Mäntelchen, durch das man ins Leben treten kann, hatte Risse, die Grenzen blieben durchlässig. Aus dieser Auskunft erhellt, dass die Fähigkeit des Geistersehens nicht ausschließlich objektverursacht ist, sondern zumindest für einige Personen den Grund in ihrer eigenen materiellen und / oder rituellen Unzulänglichkeit hat. Wo ein Geist angetroffen wird, tritt gleichsam eine Unzulänglichkeit zur anderen – und steht ihr günstigenfalls bei. Mit den Heiligen verhält es sich anders: Sie helfen einem in der eigenen Bedürftigkeit – aber besser ist es doch, wenn man (wie ich, der Gast aus dem Norden) ihrer gar nicht erst bedarf. Die Geister, die in den unvermittelbaren Wohnungen wesen, gelten nicht in jedem Fall als böswillig. Einzelne Personen bieten sich sogar an, mit ihnen vorläufig in Kontakt zu treten, um sie für die neuen Bewohner günstig zu stimmen. Die *fate delle case* (Feen) machen sich bemerkbar, indem sie zum Beispiel die Neuankömmlinge im Schlaf stören oder aber ihnen körperliches Ungemach bereiten – dann fühlt man sich gelähmt, kann nicht aufstehen und so weiter. Auf der Via Maria Antesecula, der Straße Totòs, kursierten Berichte von jungen Familienvätern, die sich in entsprechenden Gemäuern eng ums Herz und auf der Brust fühlten, sodass sie flüchteten. Die Symptomatik war der des *munnaciello*, des Mönchleins, verwandt, der einem nachts auf den Brustkorb steigt und das Atmen erschwert.[31] In jedem Fall scheinen sich ungelöste Konflikte – mitgebrachte, oder den Wohnungen als strittigem Besitz inhärente – hinter den Geistern zu verbergen.

Ihre Phänomenalität – der Umstand, dass sie handlungsunfähig machen, beschweren, einen unruhig werden lassen – führt dann zu einer Personifikation, in denen ein Konflikt abgespalten, namhaft gemacht und doch in Ruhe gelassen werden kann.

»Sono amico di tutti, ma non do credito a nessuno« ist ein häufig über der Kasse der Geschäfte zu lesender Spruch. Die Ambivalenz der Freundschaft – wie im Falle von Vincenzo: »Ich bin sein Freund, aber ich besuche ihn nicht« – ist Ausdruck einer Strategie der Konfliktvermeidung ebenso wie des Wissens, dass Nähe nicht vor Betrug schützt. In niederdrückenden Momenten geben viele Bewohner der Sanità an, jeder sei sich selbst der Nächste, selbst wenn man *molto socievole* sei. Padre Alex kritisiert, dass jeder seinen eigenen Ausweg suche und den anderen über seine Chancen lange im Ungewissen halte. Üble Nachrede, Misstrauen wirken sich in Krisensituationen lähmend aus. Aber nicht immer verschwinden dort, wo beispielsweise ein Pfarrer Verfahren der Mediation, der sozialen Stärkung einsetzt – die Comunità di base, die Padre Alex in beinahe jedem Abschnitt der Sanità aufzubauen half – auch die Geister. Woher sollte sie auch kommen, die Sprache, die die Konflikte löst, der bei uns Nordeuropäern gepflegte »Problem Talk«? Die Institutionen Gottes könnten ihn vielleicht garantieren, aber selbst ihr oberster Vorgesetzter ließ bekanntlich in Gleichnissen sprechen.

Um das Negative in Zaum zu halten, gab es die Magier. Man erinnerte sich daran, dass sie in den peripheren Straßen und Gassen des Viertels lebten, im Vico Sanfelice, im Vico Lammattari; Frauen, die aus dem Kaffeesatz die Zukunft lasen oder die jene Operationen mit Wollknäuel und *spille* durchführten, die man in Luigi di Giannis *L'attaccatura* (1968) sehen kann, wobei es vor allem um Liebeszauber geht. Aber es gab, wie mich meine Hauswirtin beschied, diese Frauen nicht mehr, sie waren zu alt oder gestorben, so wie jene Greisin, die die Toten am Ende der zu Capodimonte führenden Treppe erscheinen ließ, an die sich Egidio umsonst erinnerte. Oder es gab heute Afrikanerinnen, die statt von ihrem *dono* von einem *service* sprachen und Geld verlangten. Weder ich noch Egidio wussten, dass nicht mehr als hundert Meter von unserem Haus entfernt ein *mago* gewohnt hatte. Eigentlich wollte Egidio mir eine ältere Frau vorstellen, die den Alberto-Kult in der Sanità gepflegt habe und noch immer von dem toten Seminaristen träume, deren Schlafzimmer voller Bilder des nicht anerkannten Heiligen hänge. Nunzia und ihre Tochter hatten die Macht Giuseppinas, in deren Körper der Tote jeden Morgen eingefahren war, nicht mehr mitbekommen, aber sie hatten an den *Busreisen nach Serrardarce teilgenommen. Nunzias Mann war ein Mago, ein Heiler, zugleich Fußballtrainer. Aber vielleicht war er einfach nur ein Menschenkenner. Eine Frau, die keine Kinder bekam, hat er in die Kirche geschickt, bis ihr der Dämon ausfuhr, da habe sie merkwürdige Geräusche gemacht. Aber seine Familie glaubt, er selbst sei nicht gläubig gewesen. Dabei lacht die Tochter. Kurz vor dem Tod habe er dagegen die Beichte abgelegt. Sich selbst konnte er nicht heilen und seine Krankheit, eine Art Tumor im Rücken, habe er vor allen versteckt. Leute seien von fern gekommen, aber nach seinem Tod habe man die Familie vergessen, die nun unter mäßigen Umständen lebt. Obgleich eine Tante Magierin gewesen sei, allerdings eher eine Hexe – während er selbst nur weiße Magie, das heißt: Befreiungen, vorgenommen habe –, sei nichts davon auf die anderen Familienmitglieder übergegangen. Die Tochter habe es einmal mit Karten versucht. Der Vater war dagegen, man hole sich dadurch die Dämonen ins Haus. Die anderen auf der Via dei Cristallini hätten sich über den Wohlstand gewundert, über das Auto, als ob der Vater etwas mit Drogen zu tun gehabt habe. Er war Schuhmacher gewesen, habe den Beruf seit seinem zwanzigsten Lebensjahr nicht weiter ausgeübt, sagt lachend die Witwe. Also alles und nichts. Egidio wird ihn später verteidigen: ein Auto, gut, aber vielleicht geliehen, auch er habe »alles und nichts« gemacht.*[32] Damit rationalisierte Egidio die Schmach, den *mago* in Nunzias Mann nicht erkannt zu haben. Dessen »Macht«

rührte angeblich von der Begegnung mit einem Fischer her, von weit draußen waren ihm die Geheimnisse übermittelt worden, und so hatte sich ein Schleier über sein für einige Jahre unstetes jugendliches Leben gelegt, so als dürfte man einfach nicht wissen, was er damals, wo, mit wem, getrieben hatte.

Und Alberto Glorioso, der Untote und Lastwagenheilige? In der Sanità muss er einige Anhänger gehabt haben; Ciro, der Mann meiner Hauswirtin, der sein Leben lang selbst Lastwagenfahrer war, hatte das Rauchen aufgeben können, nachdem er im Heiligtum des Toten eine Zigarette liegen ließ. Als er mir berichtete, dass sich Alberto in einer Mauer eines Hauses in der Sanità, gleich hinter San Severo, verewigt habe, Bischöfe und Fachleute gekommen seien und das Wunder seines Bildes an dieser Stelle nicht erklären konnten, wurde ich neugierig. Er nahm mich zur alten Frau D'Aniello mit, deren Sohn in einem Bandenkrieg umgekommen war. Sie war weit über achtzig, fast taub, lebte in einem Mehrfamilienhaus und hatte im Eingangsbereich einen »Sant'Alberto«, wie sie ihn nannte, gewidmeten Altar mit den *cari defunti*, Fotografien der teuren Toten, davor. Er ging zurück auf ein Gelübde, das sie von ihrer schlechten Gewohnheit befreien sollte, Kaffeebohnen im Übermaß zu essen. Sie hatte das Foto von Alberto anstelle eines anderen Fotos gesetzt, und je nachdem, ob der Volksheilige bereit war, ihr eine Grazia zu gewähren, verfärbte es sich oder ließ die Farben ausbleichen. Ihr Mann hatte eingangs die Ausflüge nach Serrardarce organisiert, bald aber fand sie heraus, dass er sie betrog, und also bat sie den Verehrten, er möge ihren Mann an einem Schlaganfall sterben lassen. Der Schlag traf den Untreuen auch, nur dauerte es gut ein Jahr, bis er dem Leiden erlag: »Mein Sohn glaubte, als er das hörte, ich sei verrückt geworden, Alberto um seinen Tod zu bitten, doch jetzt kann auch er nicht mehr laufen.« Die alte Signora D'Aniello hat gelernt, ihren Willen vollständig mit dem Heiligen zu identifizieren, nachdem ihr Mann den seinen mit Alberto Glorioso identifiziert hatte (etwa sein Willen, dass seine Frau endlich aufhörte, Kaffee zu essen). Aus ihren Ausführungen erhellte, dass es nicht zuletzt die Umsorgung des getöteten Seminaristen und seiner Verehrung gewesen seien, die ihr das größere Privileg verschafften. Als Frau sei sie dafür prädestiniert gewesen. Ebenso wie in anderen Fällen hatte am Anfang von Signora D'Aniellos Devotion eine Traumerscheinung gestanden, die sie erst später, als sie seinen wahren Kultort betrat, zu interpretieren wusste. Dahinter konnte die Ansicht stecken, dass die Toten sich von sich aus zeigen müssen, man sie nicht suchen darf, da man sonst den Dämonen oder aber dem eigenen Tod in die Arme laufe. Signora D'Aniellos Alberto war noch ein Heiliger vom alten Schlag, wie San Vito in Apulien verlangte er vollständige Unterwerfung, zerstörte er Familien, mobilisierte er andererseits wie in millenaristischen Bewegungen. Die Fürsorge des Heiligen konnte einen gerade von seinen Mitmenschen trennen, und das Unglück anderer, mit einem selbst in Beziehung stehender Personen, musste entweder durch ehrverletzendes Verhalten gegenüber dem Heiligen, seiner Darstellung, oder einer Person, die sich um diese Darstellung und damit die fortdauernde Wirksamkeit des Heiligen verdient gemacht hat, gerechtfertigt werden.

Wie Zia Giuseppina schien Signora D'Aniello in einer symbiotischen Beziehung mit Alberto Glorioso gelebt zu haben, mitten in der Sanità. In ihrem Wohnhaus galt sie als rechthaberisch und streitsüchtig, fixiert auf ihre Votivkapelle, von der manche gar nicht verstanden, wem sie gewidmet war. Ihre Devotion hatte sie einsam und böse werden lassen, der Mann meiner Hauswirtin gehörte zu ihren wenigen »Bekannten«. Desgleichen ehemalige Lederhandwerker und ein früherer sozialistischer Parteisekretär. Das klassenkämpferische Potenzial der Alberto-Verehrung hatte sich eine klerusfeindliche Linke in Neapel nicht nutzbar machen können. Vielleicht wegen seiner Botschaft, die schon den bischöflichen Inquisoren verdächtig im Ohr geklungen hatte und eher als Weissagung für ein Land erschien, das für über ein Jahrzehnt im Terrorismus versinken sollte: Die Erde sei ein Jammertal, mit dem es zu Ende gehe.

Hält man sich die Interaktion der Sanità-Bewohner mit Toten, die wiederkehren konnten, vor Augen, so wird man einer beeindruckenden Vielheit ansichtig. Heilige, Geister, Berühmtheiten spielen weiterhin eine Rolle. Für einen Außenstehenden unterscheiden sie sich nach ihrer Setzung, im Kern danach, ob von ihnen allgemein akzeptierte Bilder existieren oder nicht.[33] Wo sie existieren, lässt sich eine Beziehung plausibilisieren, in der jemand entweder zum Impresario (die Mutter von Brunella) oder – dies gilt, wenn das Bild etwas diskutabler ist wie im Fall Albertos – zur Besessenen, zur Erweiterung des Heiligen wird (die alte Frau D'Aniello); in beiden Fällen werden Ressourcen von weit außen herbeigeholt, deren lokale Verteilung die eigenen Netzwerke und damit Handlungsmöglichkeiten erweitert.

Während man als Impresario eines Heiligen oder einer Berühmtheit seinen Ort immer schon überschreitet oder ihn für andere auszeichnet, die sich aufgrund des Einflusses und der Macht des Heiligen zusammenfinden, ist die Beziehung zu den *anime* lokal begrenzt und selbstreferenziell. Sie kann, über den Ortsbezug, die eigenen Verwandten »vermitteln« und das zu ihnen einzunehmende Verhältnis von Ferne und Nähe austarieren helfen; sie kann verwandtschaftliche Bindungen thematisieren und herstellen, um die Zugehörigkeit zum *vicinato* noch einmal auf der Ebene der *kinship* zu beglaubigen (dort, wo die Orts- und die Familienlogik einander überlagern, was einen fester im Leben stehen lässt); oder sie kann einen unruhigen Ort besänftigen, indem man dessen Toten Ehre erweist. Die *anime* sind gewissermaßen Pseudo-Heilige, sie entstammen einem süditalienischen Mittelalter, in dem aus Sündern die Schuldner Gottes und weiter die Schuldner der Menschen wurden, für deren Gebete sie aber kaum etwas geben konnten (etwa Erbschaften), weil die Rahmenbedingungen dieser Transaktionen zu brüchig waren, sodass nur die Erfüllung ganz unmittelbarer Wünsche übrig blieb. Die Bischöfe, die Pfarrer, genauso die Historiker haben diese tatsächliche Arbeit der armen Seelen nicht zu würdigen verstanden, sie haben gemeint, die Ähnlichkeit ihres Wirkungsfeldes mit dem der Heiligen sei eine Anmaßung, dabei ist sie stets Ausdruck eines strukturellen Mangels gewesen, aus dem man das Beste gemacht hat. So hat es den Anschein, als kreise der Kult der anonymen Toten eher um die Kräfte, die binden, selbst in Abschnitten, wo man die rituelle Arbeit der Trennung der Toten von den Lebenden betonen möchte (die eben stets eine rituelle Arbeit der Vermittlung bleibt), während die »echten« Heiligen und Berühmtheiten dabei helfen, eine *via d'uscita*, einen Ausweg, zu finden. Sie kann man in Bildern und Statuen mit sich führen, in denen sie ihre Macht an jedem Ort manifestieren, die Repräsentation der *anime* hingegen erfolgt *in situ*. Hat Padre Alex also recht, wenn er sagt, die übergroße Mehrheit suche heute ihren Ausweg allein? Sorgen sich immer weniger darum, zum Ort, an dem sie leben, auch zu gehören oder den Ort zu sich gehören zu lassen?

3. Teufelsaustreibungen. Kult und Kultur der Emanzipation

Die Vermutung liegt nahe, gerade die Sanità sei für ihre Bewohner so eindeutig definiert, dass das entsprechende Gefühl der Ortlosigkeit nicht eintrete. Da das Viertel sich zunehmend gegen außen definierte und definiert gefunden hat, könnte eine Binnenkohärenz entstanden sein, die gleichsam eine Welt für sich zu sein beansprucht. Eine um die *anime del purgatorio* zentrierte Devotion würde dann zwar sentimental erinnert, beanspruchte aber keine Funktionsstelle.

Aber gab es eine homogene Sanità mit einer von allen geteilten Leitkultur? Oder gab es nicht wie überall verschiedene soziale Gruppen mit den aus ihren jeweiligen geografischen, materiellen, intellektuellen Verortungen erwachsenen Lebensmodellen und Verhaltenspräferenzen, die nur eine bestimmte Schnittmenge aufwiesen?[34] Die der »klassischen Unterschicht« werden im nächsten Abschnitt interessieren. Vorerst jedoch gilt festzuhalten, dass der Kult der *anime sante del purgatorio* vielfach im Kleinbürgertum (etwa Händler, kleine Angestellte und Gewerbetreibende) anzutreffen war, bei einem Personenkreis also, der traditionell der Kirche und ihren Lehren nahestand, selbst relativ mobil war oder räumliche Mobilität in seiner Familie erfahren hatte (durch Emigration und Krieg) – wobei räumliche und soziale Mobilität oft miteinander korrelierten. Diese Menschen hatten Aufgaben im Umgang mit einer undurchschaubaren Bürokratie »dort draußen« zu erledigen – deshalb die bereits dokumentierten zahlreichen Suchaufträge an die *anime* – und waren damit jene, die häufig der klassischen Protektion durch *guappi* oder Bosse oder Kleriker ermangelten und entweder die *arte di arrangiarsi* betreiben mussten oder ihre Ansprüche auf die Durchsetzung ihrer Rechte gegenüber öffentlichen Einrichtungen geltend zu machen hatten.[35] Sie waren entweder dazu gezwungen, einen Schritt aus dem angestammten Milieu heraus zu tun (durch die angebotene Arbeit, durch Heirat und so weiter), oder sie hatten ihn selbst unternommen und wollten die Rückbindung nicht verlieren. Ihre Devotion spiritualisierte die eigene soziale Situation, spiegelte und modellierte ihre Verlorenheit an die Namenlosigkeit der Vielen. Zur Möglichkeit, durch die Toten jene Beziehungen zu reparieren, die sie anderweitig nicht mehr reparieren konnten, kam für diese Kultadepten die Aufladung des karitativen Engagements, das mit dem Besuch der *anime* verknüpft werden konnte. Wie der Fall der Frauen von Secondigliano zeigt, konnte man sich unverzichtbar machen, gerade wenn die eigene Familie einem dieses Gefühl versagte.

Für die Sanità indes lautet die nachfolgend zu plausibilisierende These, dass hier Kleinbürgertum oder untere Mittelschicht ihre Verlustgefühle und -ängste durch die identitätspolitische Mobilisierung der zahlreichen vergessenen und / oder hinsichtlich ihrer institutionellen Zugehörigkeit umstrittenen Kulturgüter (zu denen auch Traditionen, Feste und Ähnliches zählen) auffangen konnten. Überspitzt gesagt, konstituierten sich diese Gruppen als Klasse, indem ihre unbehauste Vergangenheit zur Zukunft wurde. Anders als Oberklasse und *ceto* (Unterschicht) definierte sich diese Gruppe über Passage und Transformation. Aus den Mittelklassen der Sanità drang der schiere Sound der eigenen Bedürftigkeit, deren man sich selbst anzunehmen habe. Dieser Sound war nicht neu und nicht einmal genuin neapolitanisch, er entstammte dem Ouvertürenschatz italienischer sozialer Bewegungen, in dem Fall des »Associazionismo sociale«. Er ließ hören, dass man das eigene Dasein nicht mehr antagonistischen (etwa der Mafia) oder ignoranten Gruppen (etwa den Berufspolitikern) überlassen wollte, sondern sich anhand der verletzten Rechte als Bürgerschaft organisierte, um das zu werden, was man im Sinne der Verfassung (»der besten der ganzen Welt«, wie die Gebildeteren zu deklamieren nicht müde wurden) längst war.[36] Das machte eine Rhetorik des ständigen Notstands notwendig, in der lokale Miseren als Exempel der nationalen Misere präsentiert wurden. Auf diesem Weg galt es, nationale Kräfte und Solidaritäten für die lokalen Anliegen zu gewinnen. Diese konnten dem politischen, dem kulturellen oder auch religiösen Feld entstammen.

Nicht immer, aber sehr häufig drückt diese untere oder junge oder Transitions-Mittelschicht, die eine formal höherwertige Bildung erst in dieser oder der letzten Generation erreicht hat, ein Bedürfnis nach Ich-Stärkung und Empowerment aus, das sie von den Launen der Autoritäten unabhängig und vor allem selbstbewusster macht. Das Bedürfnis kann religiös formuliert werden, es umfasst schließlich den Menschen in sämtlichen Bezügen. Im Mittelpunkt steht die Fähigkeit, Beziehungen zu anderen aus eigenem Recht eingehen zu können, gerade wenn die Beziehungsmodelle fragwürdig werden. Die Aufgabe eines solchen Empowerments wird unter anderem von den Charismatikern übernommen, die die Autorisierung durch eine geistige Macht ins Zentrum ihres Kultes stellen und dabei die Ritualisierung von Konversion und Aggregation, die Thematisierung der Passagen, leisten. Mit Blick auf die einzelnen religiösen Formate deutete sich an, dass die charismatische Bewegung eine Schlüsselrolle spielt für die signifikante Dekontextualisierung, damit zugleich für die Rückkehr und die Neuverortung – gelegentlich auch Neutralisierung – mancher traditioneller Frömmigkeitsform, deren Sinn in ihr aufgegangen ist (siehe Kapitel 2). Die charismatischen Bewegungen haben desgleichen die Gewichte von kultischen Orten hin zu besonders »erfüllten« Priestern verlagert, die im Stadtzentrum sehr territorial agieren, wobei niemand dem anderen ins Gehege kommen will.[37]

Wennzwar die charismatischen Bewegungen im Kern auf die werdenden Mittelklassen fokussiert sind, auf vergleichsweise mobile Laien sowie auf Personen, die bereit sind, die Bibel zu lesen und in der angeleiteten Weise zu interpretieren, sich selbst zu verwalten, sich religiös zu disziplinieren, um auch das Andere der Disziplin gewärtigen zu können (Glossolalie!), so ergeben sich durchaus lokale Unterschiede. Sie hängen nicht zuletzt davon ab, in welcher Weise die traditionellen und »popolaren« Formen der Religiosität eine anerkannte Ressource der Selbstermächtigung darstellen, das heißt, wie viel historisches Bewusstsein ihnen gegenüber bereits entwickelt ist, wie sehr man bereit ist, sie zu »folklorisieren«. In Secondigliano ist die Tradition umstritten und ruft der Führer der Charismatiker die Gläubigen dazu auf, im Kampf gegen die Versuchung des schlechten Lebenswandels und des falschen Glaubens nicht nachzulassen, entsprechend werden bestimmte soziale Gruppen als Gegner des guten Lebens identifiziert (die Camorristi, die Homosexuellen und andere) und ist ein guter *Secondiglianese*, wer entsprechend lebt; dagegen kann in der Sanità prinzipiell jede kultische Form als wertvoll präsentiert werden, insofern sie als Ausdruck des historischen Erbes der Sanità und der *Sanitanesi* gilt. Auch Armut, verstanden als *miseria*, kann Ausdruck dieses Erbes werden. In der Sanità beispielsweise hat sich um Padre Giuseppe Scarpitta eine *comunità personale* gebildet, zu der normale Handwerker, Arbeiter, Angestellte, aber auch von ihren Mitbürgern als »persone con una mentalità terra-terra« (geistig ganz unten stehende Leute) gehören. Ich erinnere mich an eine von Padre Scarpittas heiß erwarteten Rückkehren aus Sizilien, wo er gewöhnlich den Sommer verbrachte: *Menschen strömen schon vor der Messe zu ihm und müssen von Mitarbeitern zurückgehalten werden. Eine Medaille, die an eine Pariser Marienerscheinung erinnert, wird in der Sakristei geweiht. Süßliche Kirchenmusik erklingt von einem Synthesizer, fast wie ein San-Remo-Hit, der Kontakt zum Heiligen, welcher von der Organisatorin eingefordert wird (»Wir sollen hier mit unserem Herzen Jesus empfangen und nicht einfach so herumrennen«) scheint daraus nicht ausgeschlossen. Es gibt hier keine Orgeln, die für Erhabenes einstünden. Alles muss ganz nah, unmittelbar sein, so wie der Geliebte. Padre Scarpitta füllt den Raum, statt einer Predigt lädt er die Teilnehmer ein zur* testimonianza. *Einige Menschen erheben sich, Padre Scarpitta nimmt sie jeweils in den Arm, sie erzählen von einer Marienerscheinung, die sie gesehen haben, vom Kampf um die Ehe, wobei ihnen Gott half, oder einfach von einem freien Tag der Reflexion. All dies wird in gleicher Weise als »Wunder« dargestellt, die innere Wandlung genauso wie der bei einem Unfall noch einmal heil davongekommene Sohn. – Während der Messe laufen Ordner umher, die sich jeder Kleinigkeit annehmen, sie genießen ihren hektischen Aktionismus, ihre Armbinden, die Möglichkeit, jemand »Offizielles« zu sein. Das Glück der kleinen Leute.*[38]

Scarpitta war einer von zwei von der Erzdiözese bestallten Exorzisten in Neapel, angeblich in den letzten drei Jahren mit 5.000 Anfragen. Die große Nachfrage erklärte man sich durch die

Verschlechterung der wirtschaftlichen Lage, die knapper gewordenen Mittel, die die Logik der »limited goods« (George M. Foster) und damit der *invidia* (»Neid«, gerichtet gegen den, der angeblich die Güter an der Zirkulation hindert) und des »bösen Blicks« in Gang setzten. Vielerlei munkelte man über die Exorzismen Padre Scarpittas, die meisten schienen in der Halböffentlichkeit, sprich: unter Beisein des Besessenen, seiner Familie und einiger weniger Assistenten abzulaufen. Sie waren es, die dem Ereignis die geheimnisvolle Aura verliehen.

Die großen Auftritte hatten Exorzisten andernorts. Die Exponenten der italienweit agierenden Bewegung für »liberazione e guarigione« nutzten Neapel wohl in Erwartung einer gleißend ausgeleuchteten Bühne: Padre Massimo Pusceddu aus Cagliari etwa, den man auch den »Boxer mit der Gitarre« nannte, weil er eigenhändig Verbrecher aus der Sakristei geworfen hatte, aber so wunderbar singen konnte. Pusceddu war überdies Kaplan der italienischen Carabinieri. Er benötigte für seine Exorzismen eine Zwei-Liter-Wasserflasche und ein Handtuch, nur die Gitarre wirkte deplatziert, sonst hätte man geglaubt, er stiege mit dem Teufel in den Ring. Entweder wirkte er in S. Pietro ad Aram oder in der Petersdom-Imitation am Fuß von Capodimonte, über der Sanità: Hier versammelten sich Neapolitaner sämtlicher Schichten, viele standen, Padre Pusceddus Stimme dröhnte, bevor sie zart werden sollte, er *beginnt den Rosenkranz (die Madonna di Vallermosa, seines Herkunftsortes, der Arcangelo Michele; Heilige spielen in der Anrufung keine Rolle), danach kommt er, vor dem großen Heilungsgebet, zur »Purifikation«. Man könne nicht »Idolatrie« begehen, man müsse, weil Jesus die Macht habe, hier und jetzt und wirklich zu heilen, denn er sei auch wirklich auferstanden, man müsse sich dafür von abergläubischen, teuflischen Objekten trennen. Er schickt Leute mit schlichten Plastiktüten los, die* cornetti[39] *und ähnliches einsammeln sollen. Es ist klar, das Wirken der guten Macht, die angerufen werden soll, soll sich gegen die Verfallenheit der Idolatrie abheben, ansonsten könnte man auf solche Reinigungsarbeiten verzichten. In der ersten Runde scheppert es noch nicht in den Beuteln. Padre Pusceddu wendet sich an die Teilnehmer, sie mögen sich nicht schämen, und noch weniger mögen sie sich sagen, sie gäben es am Ende der Messe ab – wer sich jetzt nicht davon trenne, der trenne sich nie. Und er läutet schließlich eine dritte Runde ein. Dann beginnt das Heilungsgebet, die Leute sollen sich setzen und die Augen schließen. Er spricht von der Kanzel, unterstützt von seiner Gitarre, er sagt: »Gesù sta guarendo ora una donna che ha abortito … Sta guarendo un uomo che ha intenzioni di suicidarsi … ecc.« (Jetzt heilt Jesus eine Frau, die abgetrieben hat … Jetzt heilt er einen Mann, der Selbstmord begehen möchte). Körper und Geist sollen geheilt werden, intermittierend wird Gott angerufen, er möge »seinen Kindern« beistehen, dann kommt jeweils eine Passage, in der er zu sehen vorgibt, wie Jesus durch die Menge geht und einzelne Personen heilt, sogar »drei Personen« von Kopfschmerzen oder »eine Person von Rückenschmerzen«. Und von Dämonen. Ich höre, wie jemand das Geräusch macht, das ich von Exorzismusdarstellungen kenne, Husten und Klappern, als würde ein Geist ausfahren. Später werden sich die Teilnehmer im Proszenium der Kirche darüber unterhalten. Nach dem Gebet, das als »Versenkung« vielleicht zehn Minuten dauert, währenddessen ich nur verhalten weinende Menschen entdecke, wird das Allerheiligste durch die Gläubigen getragen, gefolgt von einer Weihwasserrunde. Alles sehr geordnet, nichts tumultuös.* [...] *In der Pause zwischen Gebet und Messe gehen die Zigaretten an. Es gab ein paar, die wirkten, als hätten sie es hier mit Pusceddu probieren, aber ihm nicht alle ihre Objekte geben wollen. Es gab auch einige, die sich an ihn wandten, um herauszufinden, ob ihr Glücksbringer »heidnisch« oder »teuflisch« sei. Padre Pusceddu musste selbst für die Stärke Gottes über den Teufel und damit indirekt für dessen relative Kraft bürgen, indem er sagte, dass er auf der Liste der »Satanisten« ganz oben stehe und ihm dennoch nichts passiert sei bislang. Er betonte immer wieder, dass* cartomanzia, maghi *und* streghismo *die Quellen des Übels seien, dass, wer sein Heil von dort erwarte, Probleme habe. [...] - Magie hat er im strengen Sinn nicht betrieben: Er hat Christus heilen »gesehen«, aus dem* mago *ist in seinem Fall ein* veggente *geworden. Christus blieb der freie Wille, aber er hat sich in seinem Tun offenbart. Es gab kein kanonisches Wort, durch das er gebunden worden wäre. Und jede Kritik muss sich an der Weise des Sehens entzünden, an einer Fehlinterpretation durch Padre Pusceddu oder an einem Sehen, dessen Gegenstand sich erst noch erfüllen wird.*[40]

Genauso könnte man sagen, dass er im »entrückten« Zustand den Exorzismus einleiten durfte, ohne Gefahr zu laufen, sich in einen ambivalenten Wettstreit mit den Dämonen zu begeben.[41]

Wo Padre Pusceddu in den Kampf gegen die Dämonen zog und harte Hand bewies, von der gerade aufstiegsorientierte Neapolitaner sagen, dass ihr eigenes Volk sie nötig habe, reagierte Padre Scarpitta mit Süßigkeit. Er wirkte ebenfalls in solchen Räumen: In den barock ausgemalten Kirchen der Vincenzianer im Eingang der Sanità, wo keine der gemalten Figuren auf der Erde stand, sondern alles umherflog und -schwebte, konnte Scarpitta mit entzücktem Blick die Gemeinde verzaubern. Als seine Gemeinde anwuchs, beschwerten sich die älteren Vincenzianer-Brüder und Padre Scarpitta musste sich eine neue Kirche suchen. Er fand sie auf der anderen Seite des Mercato dei Vergini, in einer barocken Hallenkirche, die über Jahrzehnte zugesperrt war, früher einer Kongregation für die *anime in purgatorio* gehört hatte, die er wiederum von seinen Gemeindemitgliedern renovieren und mit den geläufigen Bildern der Divina Misericordia sowie einer Kopie der Madonna an der Porta di San Gennaro (des früheren Eingangs in die südlich der Sanità gelegenen Altstadt) ausstatten ließ. Padre Scarpitta hatte sich eingerichtet mit seiner Gefolgschaft, die aus ganz Neapel kam, aber nun die Bewohner der Sanità aktivierte, desgleichen mit der theologischen und menschlichen Herablassung, mit der ihn seine Kollegen betrachteten (er sei ein Pfarrer für die »alten Jungfern ohne Liebhaber«, wie mir ein Berater von

Papst Franziskus, ein gewichtiger Priester, mitteilte, der seine »Zaubereien« lächerlich machte). Sein Hofstaat bestand aus Personen, die er wieder in die Kirche zurückgeführt hatte, die »wenig praktizierend« gewesen waren, bevor sie aus rituellen Gründen – etwa für eine Totensegnung – einen Priester gesucht hatten, der sie wieder zu Christus geführt habe. Padre Scarpittas Charisma – darauf wies er mich bei unserem »offiziellen« Termin hin – kam hauptsächlich in der Beichte zum Tragen; in einer Zeit, da die Beichtstühle kaum noch ausreichten, gebe er sich ununterbrochen, ja tagelang, den Werken des Zuspruchs und der Vergebung hin. Seine Äuglein blinzelten, als er sagte, dass er mit zehn Jahren bereits »ein kleiner Priester« war, und jetzt wirkte er mit Anfang sechzig immer noch wie ein Kind mit seinem weichen Gesicht, der rosigen Haut und dem Blinzeltick: »glatt wie ein Heiliger der alten Religion, scheinbar unberührt vom historischen Wandel«, hat Thomas Hauschild über diesen süditalienischen Gesichtstyp geschrieben.[42] Er gab sich niemals kämpferisch, weder gegenüber den *veggenti* noch gegenüber dem neapolitanischen Totenkult, und räumte ein, als Exorzist beim ersten Kontakt mit einer Person jeweils einen *exorcismo diagnostico* durchzuführen, wobei sich oft herausstelle, dass der angeblich Besessene eher persönliche Probleme habe, was man ihm allerdings nicht so sagen dürfe. Padre Scarpitta stammte aus Salerno, wo man die Samstagabende noch mit der »Anbetung« verbracht hatte, um den Versuchungen des Wochenendes zu widerstehen, er hegte eine sichtbare Marienfrömmigkeit, hatte eine Statue der Madonna von Medjugorje in seine Kirche überführt, deren Krone manchmal leuchtete oder sich drehte. Diese Wundersamkeiten und Padre Scarpittas Hingabe an jene mit der Heilung der leiblich Kranken und geistig Versehrten assoziierte Madonna haben seine örtliche Macht befestigt. Wo die Madonna war, war auch er; und wo er war, war die Madonna nicht weit. Ich erinnere mich an einen Gottesdienst, in welchem *sich Leute nach der Kommunion Unterstützung bei der Statue der*

Madonna holen, Srilankesen ebenfalls, sie halten die Hand der Statue und reden auf sie ein. Während der Messe erhebt Padre Giuseppe oft die Hände, beruft sich aber für diese Geste etwa auf Vorläufer wie Moses. Vor der Messe empfängt er. In der Predigt sprach er über das Gebet: Gebet und Glaube seien ineinander verschränkt und beides sei amore *– das Gebet geschehe im Herzen,* instancabile, *unaufhörlich könne es sein, kaum unterbrochen, jedenfalls keine Sache des Mundes – das Gebet sorge dafür, dass der Mensch in die Gemeinde eintreten, handeln könne (das ist fast magisch, Vor-Handeln, Handlungsermächtigung) – das Gebet als eine Art Kanal: Indem man bete, spreche Gott zu uns – wir erhalten, was in unserem Gebet beschlossen ist, nur manchmal sei, worum wir bitten, nicht das, was wir wirklich wollen. Padre Giuseppe wendet sich auch an die Arbeitslosen: Werdet zu Arbeitern im Weinberg des Herrn, dort gibt es immer Arbeit.*[43] Scarpittas Betonung des unausgesetzten Gebets transformiert die Anbetung in einen Akt der inneren Anschauung, in eine *adorazione perpetua*. Dadurch entsteht nach ihm eine Haltung, in der Aktivität und Passivität in eins fallen: Der Betende wird von seinen eigenen Vorstellungen ergriffen. *Es geschieht ein fremder Wille, der aber mit dem eigenen eigentlichen Willen identisch sei, wie sich herausstelle.* Das Gebet ist das große, sich selbst erfüllende Versprechen, es gilt auch für die Sünder. Padre Scarpitta, dieser theologisch verbrämte Lehrmeister süditalienischer Lebenskunst, nahm alle bei sich auf. »Ciro il cartomante« (Ciro, der Kartenleser) gehörte dazu, ein »Magier«, der mir einmal seine Fähigkeiten nicht erzählte, das heißt, er drohte mir eine Stunde lang, was mir alles passieren könnte, würde er jemals mit mir darüber sprechen. Er hatte flinke Augen und eine Vorliebe für das *pizzicotto* – jene eine Rauferei vorwegnehmende und dadurch beschwichtigende Geste, bei der man scherzhaft in die Wange seines Gegenübers kneift. Ciro war alles Mögliche, vom Kleinkriminellen bis zum Blumenhändler. Er war charmant zu den Frauen, eroberte mit seiner leichten Zunge eine Ukrainerin, die ihn wegen erwiesener Untreue aus der Wohnung warf. Seine Neuausrichtung, sein neues Netzwerk, baute er sich über die Gemeinde von Padre Scarpitta auf, über die glückverheißenden »schwachen Verbindungen« (Mark S. Granovetter), die aber lokal und sozial weit reichen. Er gab Padre Scarpitta Gelegenheit, an ihm den Dämon abzuwehren, er selbst kämpfte Tag und Nacht gegen die Rückkehr des Bösen; er gab sich fromm und als jedermanns Freund in der Gemeinde, und er betrat die Kirche stets nach Gottesdienstbeginn, damit jeder seine frommen Zeichen sah, wie ich glaubte, und manche, die Missgünstigen, sagten, er tue das als *truffatore* (Falschspieler), während andere mit Blick auf Padre Scarpitta ergänzten, ein *truffatore* rufe hier bloß den anderen.

In der Sanità wurde Padre Scarpitta durchaus der charismatischen Bewegung zugerechnet, die »echten« Charismatiker, darunter Secondiglianos Padre Giuseppe, sahen dies differenzierter. Unter Sanitanesen erzählte man sich, wie viele Gläubige nach dem Prozedieren des Allerheiligsten in Ohnmacht fielen – und sie durften nicht berührt werden, um diese göttliche Besessenheit nicht zu stören, die das Böse aus ihnen fahren ließ und sie für einen Augenblick schutzlos machte, für jenen exaltierten Moment, in dem der Herr seine Macht und Stärke erwies – und man schrieb dies Padre Scarpitta zu. Dieser organisierte einmal wöchentlich Gebetstreffen, bei deren Höhepunkten er auftrat, er umarmte meine Hauswirtin, die ihre Gesundung mehr oder weniger darauf zurückführte. Ich erklärte mir das damit, dass der Priester der Einzige war, der einen liebevollen Akt um seiner selbst willen, ohne Falschheit, ausführen konnte, während die mit Erwartungen einhergehenden Zärtlichkeiten vor allem ihrer eigenen Familie meine Hauswirtin belasteten. Nicht ohne Stolz sprach Scarpitta von »meiner Gemeinde«, und er wusste, dass es schwierig würde, sollten andere ein *dono* bei sich entdecken. Die sakramentale Macht würde er sich nicht aus den Händen nehmen lassen. Aber weil er klug war, spielte er auch keineswegs den Patron, sondern verkündete, dass alles Gute aus Gott, der Madonna oder den Menschen selbst komme. Und tatsächlich, wie im Beispiel der meiner Hauswirtin gewährten Umarmung, reinigte er die sozialen Beziehungen, indem er ihren Kern freilegte, als eine Art konkretisierten Prototyp. Zu wissen, dass Gesten und Beziehungen rein sein können, über den sakralen Raum hinaus, heilt und stärkt.

Nach meinem letzten Treffen mit der Gemeinde von Padre Scarpitta wurde es mir deutlich:

Noch einmal zur Krankheit: Krankheit kann Besessenheit sein und als solche Umkehrung sozialer Machtverhältnisse (wie im Fall des Mannes von Signora D'Aniello, Strafe durch einen starken Patron, »Sant'Alberto«), sich moralischer Unzulänglichkeit verdanken, in jedem Fall einer gewissen Schutzlosigkeit, die eben in moralisch erniedrigender Weise oder aber als Prüfung, das heißt im Sinne einer Verschiebung der Frage nach der moralischen Zulänglichkeit, interpretiert werden kann; in jedem Fall ist die Krankheit das, was man aus ihr macht, und somit kann man sie »besiegen«, man kann anhand ihrer die richtige soziale Ordnung herstellen beziehungsweise das Versprechen auf dieses (die Nachbarschaft der Penninata, im Fall von Brunellas Sohn Pasqualino), und deshalb wird in prekären Kontexten immer stärker als »Wunderheilung« interpretiert werden, was auch eine »normale« Heilung hätte sein können (der Zusammenhang verlangt, dass es sich um ein Wunder handelte, weil sich der persönliche oder soziale Rahmen so geändert hat, dass andere Mächte eine Rolle spielen); ebenso wird es Krankheiten geben, die einzig bestehen, um geheilt zu werden (die Knieschmerzen der Frau aus Secondigliano bei Mamma Caterina, aber selbst der »Pfropf« meiner Hauswirtin beim Atmen, den Padre Scarpitta heilt).[44]

Die Alternative hieß (wieder einmal) Padre Alex Zanotelli. Während Padre Scarpitta die Logik der Abspaltungen, der magisch induzierten Schwächungen, die auf eine Verschlechterung der sozialen Beziehungen zurückgehen, akzeptierte, ja nutzte und damit arbeitete, die Fehlbarkeit des Menschen, in seinen Wünschen zumal, anerkannte, setzte Padre Alex auf eine Änderung der sozialen Beziehungen durch *sensibilizzazione*. Er lehnte es ab, die Verwandlung von Schwäche (Hingabe) in Stärke (Empowerment) rituell auszuweisen, sie sollte sich von selbst und im Leben zeigen. Er verkündete den »Logos« inmitten eines Viertels von Menschen, die kaum lasen (oder, wie die Älteren, kaum lesen konnten), sodass man ihnen das Wort Gottes am besten nahebrachte, wenn man es zur Folie ihrer Alltagsgeschichten machte, die durch es geheiligt, aus dem Bestand des Privaten und Gewöhnlichen emporgehoben werden sollten. Der Emporhebung selbst aber gab Padre Alex keine Erfahrung an die Hand, zumindest keine auratische. Die *comunità di base* als Lesegruppen waren anstrengende Arbeit. Meine Hauswirtin nahm auf Zureden ihrer Nachbarn an solchen Treffen teil, dabei hatte sie die Bibel niemals gelesen. Nach einer Seite war ihr der Sinn bereits entflogen, weil sie die abstrakten Zeichen nicht dauerhaft in Vorstellungen und Bilder umzusetzen vermochte. Für sie war Religion »praktische Religion«, und so verwunderte es nicht, dass sie als Bibelstelle den Ausschnitt aus einem alttestamentarischen Psalm zu kennen glaubte, in dem es angeblich hieß: *»Gib deinen Kindern nicht, was du hast, sonst machst du dich von ihnen abhängig und nicht sie von dir.«*[45] Die *comunità di base* gingen eigentlich auf einen anderen Padre zurück, Padre Alex hatte sie aber verstetigt. Aus den verwandtschaftlichen und / oder nachbarschaftlich veranstalteten Rosenkranzgemeinden wurden Gruppen, in denen man neben dem Wort Gottes auch die eigenen Probleme, Beobachtungen und Aggressionen im Schutz des religiösen Sprechens, im Schatten einer Bibelauslegung, zur Sprache bringen durfte. Das galt für die seit Generationen ansässigen Bewohner der Via dei Cristallini genauso wie für die aus Zuzüglern und Altbewohnern bestehende Gemeinschaft der Via Penninata unterhalb des Krankenhauses von San Gennaro dei Poveri. Der Unterschied bestand vielleicht darin, dass auf der Cristallini wie überhaupt in der traditionellen Sanità zu den Treffen kaum Männer erschienen. Man verabredete sich entweder bei einem Mitglied zu Hause, oder aber man suchte den im Schatten des Hügels gelegenen Garten einer *casa di famiglia* auf, einer der Fürsorgeeinrichtungen für psychisch Kranke, die seit dem Erfolg der Antipsychiatrie-Bewegung Mitte der 1970er-Jahre in Italien die geschlossenen Verwahranstalten ersetzen. Beim Treffen in der *casa di famiglia* flossen die Welten der Gesunden, der Familienmenschen und der Kranken und Familienlosen zusammen und erweiterte sich das eigene Leid – genauso wie die Teilnahme am Vorschein der Erlösung der *umili* (Demütigen) und *ultimi* (Letzten) – zu dem der anderen. In den Gebeten dankte man spontan und laut für *nostra comunità*, die als »auf dem Weg« vorgestellt wurde und damit die Häuser zu Zelten und die Gärten zu Lagern werden ließ.

Die Gebete der Kranken und Gesunden, der Behinderten und Nichtbehinderten kreisen um die gleichen Themen: Frieden in der Stadt, Erlösung von Drogen, die Kraft, den Kampf gegen die Camorra zur eigenen Sache zu machen. Padre Alex hat dazu angehalten, das Böse und den Teufel als die eigene Gleichgültigkeit zu übersetzen. Derjenige, der ein Papstbild gesegnet haben möchte, sagt, Religion sei vor allem Disziplin. Sie erlöse aber nicht. Das gemeinsame Totengedenken ist zentral, über die Verstorbene sagt jeder, sie sei mit jedem befreundet gewesen, dann die beiden Extreme des Totengedenkens: Vincenzo sagt, die Person »non c'è più« (ist nicht mehr) und Padre Alex sagt, sie sei in einer höheren Weise als je zuvor mit uns verbunden. Der Gottesdienst dient der Regeneration, dem Trost, was man Felicetta ansieht. Am Ende streicheln die teilnehmenden Frauen die Madonnenstatue und überbieten sich in ihren Wünschen nach einem Ave-Maria.[46]

Patronage erscheint aus der Perspektive der Gläubigen einmal mehr mit der sehr körperlichen Dimension der eigenen Religiosität verschwistert, in dem Sinn, dass die religiösen Gefühle ein

Ausdrucksverhalten hervorbringen, das sich in Übertragungen der eigenen Schwäche und anschließend in Unterwerfungsgesten übersetzt, die die Schwäche würdigt. Padre Alex und seine Assistenten Felicetta und Vincenzo lassen dies nur zu. Vincenzo ist für die Trennung von Himmlischem und Irdischem zuständig, deshalb wohl auch sein »Fehler« hinsichtlich des Status der Toten (»non c'è più«). Er war der einzige Mann in der *comunità* der Cristallini-Anwohner; doch bei Zusammenkünften ohne den oftmals in politischen Angelegenheiten abberufenen Padre Alex musste er gewärtigen, dass die Frauen sich einen religiös und devotional eingehegten Raum der Übersetzung ihrer Sorgen und Erfahrungen erobert hatten, den sie den Jungen nicht freiwillig abtraten – da konnte Vincenzo noch so dogmatisch dagegenhalten. Gerade in »meiner« Zone der Sanità, der Via dei Cristallini, ging Padre Alex' Versuch des Empowerment durch gemeinschaftliche Reflexion nicht auf oder er wurde von den eingeschliffenen Gewohnheiten absorbiert: Man hatte hier stets »Gemeinschaften« bilden können, und die meisten Anlässe dazu waren willkommen und konnten innerhalb kürzester Zeit in die bestehende Logik der »Heiligung des Lebens« eingepasst werden – besonders, wenn Padre Alex wieder einmal andernorts zu tun hatte. Zu viel funkelndes Kristall hatten die Leute in den aus der Oberstadt herablaufenden Sturzbächen zu sehen geglaubt, sie wussten: *tutto passa.*[47]

Auf der Penninata wirkte das Konzept anders, schlicht, weil die Bewohnerstruktur anders war. Es handelte sich um eine vom sozialen und geschäftlichen Blutkreislauf der Sanità abgeschlossene Gegend, um Wohnhäuser entlang einer gut fünfhundert Meter langen Treppenstraße, die zum Schloss von Capodimonte führte, wo der Zugang versperrt war, sodass sich die Bewohner wie auf einem toten Gleis vorkamen. Die Straße war pittoresk, es gab zwei größere Gärten mit von Orangenbäumen verschatteten Statuen, sie waren auch für Filmaufnahmen genutzt worden, andererseits war der Weg beschwerlich, verkamen die Häuser, lohnten sich die

Geschäfte wegen der geringen Laufkundschaft kaum. Für junge Familien besserer Herkunft, womöglich noch mit sozialem Gewissen, war die Gegend attraktiv gewesen aufgrund der niedrigen Preise und der schönen Aussichten, die man erwerben konnte. Beispielhaft für diese Gruppe, die seit den 1980er-Jahren die Sanità bewohnt, steht Umberto Mandara.

Er macht auf mich gelegentlich einen zerknirschten Eindruck, aber das hindert ihn nicht, zugänglich und zuvorkommend zu sein. Er hat sich mit seiner Frau eine feine Wohnung auf der Penninata geschaffen, eine Art Berghöhle mit dem verwunschenen Garten samt Weinpflanzen und Ausblick in die Abendsonne; die Tochter ist auch da, schreibt ihre Abschlussarbeit in Klassischer Philologie, der Sohn ist angeblich ein Musterstudent in Philosophie. Umberto hat soeben seine Arbeit verloren, aber dafür bringt er einer Roma-Frau in einem Camp bei Gianturco ein Dach für ihr improvisiertes Haus. Er und seine Frau stammen vom Vomero, der Oberstadt, 1987 sind sie in die Sanità gezogen. Sie sind Sozialisten, haben sich über christliche Gruppen kennengelernt. Die 1980er-Jahre gehörten noch den Linken, man ging in die Stadt, wollte den Leuten helfen, machte viel gemeinsam, noch heute sind es die auf diesen politischen Treffen kennengelernten Leute, mit denen man in den Urlaub fährt. Die eigenen Kinder haben diese Gelegenheiten nicht mehr; für junge Leute gebe es in der Sanità zu wenig, auch die zivilgesellschaftlichen Möglichkeiten des Engagements (Don Antonios Gruppe sei zu geschlossen, bei Padre Alex träfen sich die älteren Bürger und Intellektuellen, »i giaccobbini«) reichten nicht, da biete das Vomero-Viertel mehr. Das einzige Ärgernis seien für ihn darum in der Sanità die fehlenden Möglichkeiten für seine Kinder gewesen. [...] *In seinem Haus wohnen nur Studierte. Er ist ein Linker, verteidigt die Politik Antonio Bassolinos, das Ende der* bassi, *weil diese nicht zum Wohnen geeignet seien, die Leute seien dort der Straße zu sehr ausgesetzt, kaum überraschend, dass dort Drogen kursierten. Bassolino und die Region Kampanien und die linke Regierung hätten damals das Momentum für eine richtige linke Politik verpasst, und daran leide Neapel noch heute.*[48] *Wie auch an der Selbstprovinzialisierung. Obgleich man daraus auch Stärke beziehe. Die Finanzkrise treffe solche Verhältnisse weniger als den italienischen Nordosten. In der Sanità sei es ein Problem, dass jeder sein* dono *und seine* difetti *nur für sich verwende. Don Antonio habe Angst und vertraue niemandem, Padre Alex sei ein Prophet, mit einer weiten Kultur und Bildung. – Was Neapel sein könnte, und was es ist, steht in einem krassen Widerspruch, sagt Umberto. Neapel habe keine richtige Industrialisierung erlebt, aber gute Handwerker, keine richtige Klasse von Landbesitzern wie Palermo, ein riesiges halbstädtisches Hinterland, eine Nostalgie und eine Über-Identität, stärker als überall sonst, für alles gebe es eine Weise, es neapolitanisch zu begehen: essen, singen, den Sonntag verbringen. Der Sonntag: Vormittags gehen Mann und Frau getrennte Wege, aber früher, schon um sieben kann man die Küche riechen; spät werde gegessen, damit man das Essen so ausdehnen kann, dass es kein Abendessen geben müsse. So verdeckt man ein wenig den Mangel. Und wenn am Strand zwölf sich um einen Schirm scharen, dann sind es Neapolitaner, die Angst haben, allein zu sein. Ich frage Umberto nach dem Vomero, er sagt, die Lebensweise sei dort anders gewesen, als sein Vater starb, habe ihn im Wohnblock niemand gekannt, unten auf dem Land aber, in seiner Kirche, seien 200 Leute gekommen zu seiner Beerdigung, obgleich auch sie ihn nicht kannten.* [...] *Umberto ist ein leidenschaftlicher* presepista *(Krippenbauer), er gerät ins Schwärmen. Früher wurden die Weihnachtskrippen des Vorjahres stets vernichtet, heute erweitere man sie und baue sie um. Ideen flüstere die Natur ein, man nehme eine Naturform und verwende sie. Immer müsse eine Grotte dabei sein. Der Zusammenhang zwischen der Grotte der Geburt und der Unterwelt sei ihm klar geworden, er verstehe aber noch nicht genau, wie er sich verhalte. Aber ihm sei es völlig evident gewesen, dass die Geburtsgrotte in einem Vulkan, dem Vesuv, dargestellt werde. – Umberto fühlt sich sichtlich schlecht, dass ich gehe, ohne dass er mich zum Essen einladen darf, seine Frau, die kocht, bleibt da cooler und erwähnt diese nicht genutzte Möglichkeit gar nicht erst.*[49]

Dieser Ausschnitt aus meinem Feldtagebuch gibt beispielhaft die Begegnung mit den *mosche bianche*, den bürgerlichen »Guten« der Sanità, wieder: ihren Versuch, die eigene Entscheidung für die Sanità als eine Verschränkung von Selbstverwirklichung (unter anderem als Verwirklichung eigener, häufig als »christlich« identifizierter Werte) und lokaler Entwicklungshilfe zu plausibilisieren, womit oft die Aufhebung der Klassenschranken gemeint ist, die sich in Neapel lange Zeit vor allem topografisch ausdrückte (Ober- und Unterstadt, aber auch nach den Stockwerken in den größeren *palazzi*, den historischen Wohnhäusern), die Tendenz zur Miniaturisierung, die auf eine »typische« Kulturleistung Neapels (hier: der Krippenbau) ebenso wie auf bürgerliche Gepflogenheiten (Freizeit, Wohnzimmer) Bezug nimmt, und schließlich das Zitat des neapolitanischen Charakters, das Zitat bleibt (die Essenseinladung). Die prekäre Situation – Umberto hatte soeben seine Arbeit verloren – war für dieses Bürgertum, wie mehrfach erwähnt, nicht neu: Diese Prekarität verhinderte die Durchsetzung eines Evolutionsnarrativs, das sonst in Europa so eng mit dem Begriff des Bürgerlichen verbunden ist. Bildung, Fremdsprachenkompetenz, zugleich Sorge um das Lokale, um die Organisation des Gemeinsinns als einer Weise, die eigene Situation zu verbessern, hatten ihren Grund in dieser fragilen Ausgangssituation. Die Verbesserung der eigenen Lage implizierte nicht schlechthin ökonomischen Erfolg, sondern vor allem den Ausgleich der Wertordnungen (der bürgerlichen mit der der Unterschichten, in deren Mitte man lebte). Im Umgang mit den Unterschichten hatten die Werte zu überzeugen, wenn dies nicht geschah, waren entweder die *mosche bianche* zu schwach oder die Werte ungenügend, was bedeutet hätte, dass die bürgerliche Übersetzung der christlichen Werte misslungen wäre. Dieser Personenkreis befasste sich entsprechend ständig mit den Voraussetzungen seiner Lebens- und

Ortswahl. Für Entlastung sorgten dabei die Messen wie jene der Comunità der Penninata, die in der kleinen Kapelle »Santa Maria Rifugio dei peccatori« Zuflucht gefunden hatte. Hier verbanden sich persönliche, politische und soziale Themen mit religiösen Begriffen und Erzählungen und wurde jene Miniaturwelt konstruiert, die ähnlich wie die Totenkultstätten unter den Kirchen oder die Krippen in der Krypta und zu Weihnachten Reserven der Regeneration anboten. Und dies nicht zuletzt, weil in dieser Kapelle ein Austausch mit der lokalen Unterschicht stattfand und beide Seiten sich in einem geteilten Humanitätsideal spiegeln durften.

Zur Penninata zum Gottesdienst. Domenico, Umberto, Margeritha, Vincenzo, Pepe, alle sind da. Ich verstehe, wie sehr dieser Comunità-Gottesdienst einerseits zur Verbalisierung und Veralltäglichung der Erfahrung mit dem Heiligen anregt, wie er andererseits die lokale Gemeinschaft »transzendentalisiert« und damit handlungsfähig machen soll, indem er Kontexte bereitstellt, die über die immer wieder entmutigenden, lokalpolitischen Handlungshorizonte hinausgehen. Anhand des Evangeliums von »Lasset die Kinder zu mir kommen« kann man über die Fragen des Vorbilds sprechen, über die Spontaneität der Gotteskindschaft, man kann beklagen, dass die Ludoteca schließt, man kann sagen, dass die Leute nicht einem 15-Jährigen Dinge versprechen sollen, die nur auf kriminelle Weise bei einem 18-Jährigen zu realisieren sind. Nachher die Begeisterung über die presepe *(Krippe), Umbertos Tochter entwirft die Kleider, Rosaria hat sicher mehrere Hundert genäht. Die* presepe *heilt. Jetzt denkt man an Rosario und seine 40 Drogensüchtigen, die vor zwanzig Jahren die große Baracke oben am Ende der Penninata bewohnten, an das Wunder, das darin bestand, dass die ganze Penninata mit diesen Menschen gelebt hat, mit ihnen kochte und wusch, obwohl Krankheiten kursierten. Man gedenkt eines jungen schwulen Abhängigen, der einen Sinn für die* presepe *hatte, für die Dekoration, und den sein Bruder aus Florenz via »Chi l'ha visto?«, einer Sendung im öffentlichen Fernsehen, suchte. Zudem erinnert man sich, wie Regen und Überschwemmung erst die Baracke wegschwemmten und dann die Adeligen dem Bauern das Recht entzogen, es an Rosario und die Seinen zu vergeben. Und wie Rosario glaubte, die Bewohner der Penninata hätten etwas gegen ihn gehabt und er mit seiner Associazione davongegangen sei im Groll. Auf dem Heimweg spreche ich mit Umberto und Pepe, Umberto erzählt noch einmal beeindruckt, was ich ihm von der friedlichen Revolution 1989 in der DDR berichtet habe.*[50]

Tatsächlich war die DDR unter diesen Linkskatholiken häufiger Thema, die Revolution mit ihrer kanalisierten Energie und der Selbstbefreiung von Eingeschlossenen, die sich neue Möglichkeiten eroberten. Die Geschichte eines von seinen Bürgern nachdrücklich, aber friedlich der »Kaste« aus der Hand genommenen Staates machte Mut. Umberto und seine Freunde dachten vor allem an Arbeit, an die Möglichkeit, sich in einer durch Ignoranz, Vetternwirtschaft, schlechte Infrastrukturen und wenig Investitionsbereitschaft gänzlich ins Hintertreffen geratenen Wirtschaft Arbeitsmöglichkeiten in geschützten, nach ethischen Standards vermessenen Räumen zu kreieren, die ökonomisch wie sozial sinnvoll wären. Man dachte an Kooperativen, in denen Ältere und Jüngere zusammenwirkten, in denen die generelle Verschlechterung der betrieblichen Ausbildung durch bessere persönliche Beziehungen zwischen Meister und Lehrling wettgemacht würden, und man hoffte, dass möglichst viele andere ebenfalls Kooperativen gründeten und man sich so zum gegenseitigen Nutzen verhelfen könnte. Die Perspektive in diesem Fall war lokal, zielte auf Näheverhältnisse, und sie setzte auf Netzwerke und kleine Freundes- und Tauschgemeinschaften.

An diesen Stellen trafen sich die Gebildeten, die Neubürger und die jüngeren Teilnehmer der *comunità di base* mit der seit 2009 in Neapel und Kampanien insgesamt immer erfolgreicher werdenden Bewegung Beppe Grillos, dem »MoVimento Cinque Stelle«. In Neapel hatte die Antiparteienbewegung ihren Rückhalt in den verschiedenen Bürgerinitiativen (unter anderem gegen Giftmülldeponien, die Camorra, Privatisierung öffentlicher Güter), die angeleitet von charismatischen Führungsfiguren innerhalb weniger Jahre das Dach der Bewegung formten. Dieser Verbindung von Basis- und direkter Demokratie eignete ein quasi »räteparlamentarischer« Zug, der die Repräsentation der Interessen über die aktive Vermittlungsarbeit der Repräsentanten stellte. Mindestens ebenso viel wie über das Misstrauen gegenüber der nur repräsentativen Demokratie konnte man hier über den Wunsch nach einem gemeinsamen Willen lernen, der durch den Abgeordneten zu verbürgen war. Die Absage an das System der *raccomandazioni*, der Empfehlungen und persönlichen Verflechtungen, zugunsten eines Idealbilds von Kompetenz, die sich eben in einem System der *raccomandazioni* nicht überprüfen ließ und darum erst einmal der *gente bella e buona* (schönen und guten Leute) bedurfte, besaß, wie verschiedentlich angedeutet, eine nicht zu leugnende religiöse Seite. Wenn Italien als 1861 errichteter Einheitsstaat eine besonders in seinen ersten fünfzig Jahren virulente Suche nach einer *religione civile* auszeichnete, die das Erlebnis der staatlichen Einheit mit der Festigung ziviler Werte verbinden sollte und in ähnlicher Weise, wie es seit Jahrtausenden der Katholizismus leistete, die familiären Bindungen in Richtung universaler Werte öffnete und von ihnen her begründete,[51] so bedurfte es doch Personen, die durch eine persönliche liminale Auszeichnung auch zu Vätern zivilreligiöser Bewegungen wurden und die *gente bella e buona* inspirierten. In dieser Hinsicht hatten die »Pentestellati« der Region Kampanien von Anfang an um den landesweit berühmten Padre Alex geworben, mit dem lokale und regionale Interessen als universale Interessen propagiert werden konnten (etwa der Kampf um Trinkwasser als *bene comune*) bis dahin, dass sich der Mythos der Italiener als *brava gente* erneuern ließ – überall schließlich sollte es jene vernetzten lokalen Aktivisten geben, und genau diese würden »die Italiener« bilden, die das *bel paese* aus der Krise hoben. Als im Mai 2014 die Europawahlen anstanden, verlegte Beppoe Grillo seinen Auftritt in Neapel auf den zentralen Platz in der Sanità; die staatlichen Medien blieben im Gegensatz zum zwei Wochen darauf stattfindenden Auftritt des Premiers Matteo Renzi unsichtbar, die Fensterläden auf dem Platz häufig heruntergelassen, sodass, wie Grillos Anhänger später erklärten, niemand sich rechtfertigen musste, weil er von *onestà* (Ehrlichkeit) und »Gesetzestreue« habe sprechen hören. »Für diese Leute wäre es doch nicht gut gewesen, wenn sie sich auf den Balkonen gezeigt hätten, das hätte zu Diskussionen geführt«, erklärte man. Dagegen bezog sich Beppe Grillo auffallend häufig auf Padre Alex und ließ gar nachher die Botschaft verbreiten, er habe sich in dessen Turm vorab zu einem längeren Gespräch getroffen. Roberto Fico, der parlamentarisch bestellte Kontrolleur der staatlichen Rundfunkanstalt RAI und neapolitanische Gewährsmann Grillos, unterstrich noch einmal die grundlegende Bedeutung von Padre Alex. Und dessen Gefolgsleute, die *mosche bianche*, erklärten, er habe sich eben unparteiisch zeigen müssen, er habe nicht Partei für Grillo ergreifen können.

Der aus heutiger (2017) Sicht vorübergehende Erfolg des »Movimento Cinque Stelle« in Neapel[52] wird gewöhnlich mit einer nur schwach ausgebildeten bürgerlichen Mittelschicht erklärt, die keine dauerhafte Präferenz für eine politische Partei entwickelt habe. Tatsächlich haftet der Idee der Mittelschicht in Neapel etwas Illusionäres an, sie gilt als ideale Kombination ziviler, religiöser und familiärer Werte, und um zu ihr zu gehören, so heißt es oft, seien weniger finanzielle Voraussetzungen notwendig als vielmehr »un cambio dello stile di vita«.[53] Die selbst von den lokalen Exponenten des MoVimento vorgebrachte Betonung des »Stile« schlägt eine Brücke zu anderen historischen Bewegungen: die *Enciclopedia Italiana* von 1932 verzeichnet auch den Faschismus unter den Stil-Fragen.[54] Um das MoVimento als postfaschistisch zu diffamieren, wurde indes öffentlich eher auf die Macht von

Grillo und Casaleggio abgestellt, der die Software und damit die Plattform bereitstellte. Der »Stile« wurde mehrheitlich als Savonarolismus kritisiert.[55] Meine Hauswirtin befürchtete, dass nun alles »transparent« würde und sie ungeschützt bliebe. Ein Achille Lauro, Neapels erster Bürgermeister nach dem Zweiten Weltkrieg, hatte dem, der für ihn Stimmen sammelte, Arbeit gegeben. Später waren es nur mehr 50 Euro. Sie selbst habe stets gewählt, was ihr Mann ihr sagte, denn »mio marito mi fa mangiare ed io non capisco niente della politica« (mein Mann sorgt dafür, dass ich zu essen hab und ich verstehe nichts von Politik). »Reinheit als einziges Instrument und als Ziel der vita pubblica« erscheine ihm falsch, quasi faschistisch, schreibt Francesco Piccolo in *Il desiderio di essere come tutti* (2014, Gewinner des Premio Strega). Derartige Invektiven übersahen geflissentlich, dass Beppe Grillo als Vorbestrafter an sich selbst das Exempel des Unreinen statuierte, der deshalb nicht auf den Wahllisten seiner Gruppe erschien: Er nimmt alle Unreinheit auf sich, sodass die anderen entweder rein bleiben müssen – oder zu gehen haben. Dagegen korrespondierte die Rhetorik des »Reinen«, wie sie ein Padre Giuseppe in seinen Messen in der charismatischen Gemeinschaft von Secondigliano anstellte, durchaus mit jener von Teresa, der im kleinbürgerlichen Vorort San Giorgio a Cremano aufgewachsenen und erst vor wenigen Jahren in die Sanità zurückgekehrten Koordinatorin des Movimento Cinque Stelle in der Sanità: »Man muss sein Leben ändern, seine Lebensweise. Wenn man das ändert, ändert man auch die Politik.« Vittorio Genovese, Betreiber einer privaten Post in der Sanità, Elektronikunternehmer, internetaffin, dessen vor zehn Jahren gegründete Gruppe der »Jungen Väter der Sanità« sich hauptsächlich von Padre Alex inspirieren ließ, bevor sie nun mit Don Antonio sich das Viertel wieder aneigneten – Padre Alex war ihnen zu ätherisch, »ein Genie, ein Heiliger«, so Genovese, aber keiner, mit dem sie Politik machen konnten –, bestätigte diese Notwendigkeit. Die prinzipielle Idealität des Netzes, die

Reinheit von Papst Francesco, die Konsequenz des MoVimento bildeten für ihn einen Verweisungszusammenhang.[56] Für Teresa wie für Vittorio war das MoVimento ein Übergang: Es sollte die Politik besser machen, und zwar durch ein gutes Beispiel. Einige Monate später war dieser Anspruch aber gerade im Fall von Teresa obsolet geworden – andere Exponenten des MoVimento brachten ihre unordentliche Buchführung als Betreiberin eines Bekleidungsgeschäfts, ihre nicht gezahlten Rechnungen bei den öffentlichen Versorgern oder ihre Steuerersparnisse durch die angebliche Trennung von ihrem Ehemann ins Spiel. Sie selbst dagegen sah sich als Opfer eines frauenfeindlichen Komplotts.[57]

Während der Reinheitsbegriff und der mit ihm assoziierte Gewinn von Handlungsmacht durchaus religiöse Elemente aufwiesen, war die unter dem Schlagwort der »cittadinanza attiva« zusammengefasste Vorstellung von Bürgerschaftlichkeit, gutem Leben, lokalem Handeln und globaler Verantwortung, wie sie in die Sanità vordrang und den aus etablierten Mittelschichtszusammenhängen Stammenden aus der Seele sprach – mithin jenen, die ihre professionellen Bezugspunkte oder ihre Arbeitsplätze außerhalb des Viertels hatten –, kaum auf eine bereits überlieferte Praxis der durchschnittlichen Bewohner des Viertels zu beziehen. Andererseits war die zugrundeliegende Rollenteilung von *cittadino* (Bürger) und Privatperson in den Erlebnissen der Fremdheit, der Depersonalisation vormodelliert, und vielleicht konnten die mit solchen Entfremdungen und ihrer Vereinigung befassten Riten, Geschichten, Körpertechniken genutzt werden, um sie zu popularisieren. Padre Alex aber fuhr fort, den »Fatalismus« seiner Landsleute zu beklagen, der sich anhand der »somatischen Religiösität« artikulierte, die ihm zufolge Schmerz und Negativität um ihrer selbst willen evozierten. Eine auf leiblicher Erfahrung basierende rituelle Integration hielt er für gefährlich. Padre Alex' Glaube an diskursive Integration prägte stattdessen die Zusammenkünfte des »rete della Sanità«, in denen er »die

Politik« zurückwies – mithin Gespräche explizit nicht als Interessenausgleich verstanden wissen wollte. Weil hier jeder sich in erster Linie als Vertreter der Sanità verstand, konnte Padre Alex als primus inter pares fungieren. So sahen alle das »nicht politische« *rete* trotzdem als »demokratisch« an (ein weiterer, mit den Grillini geteilter »Reinheitszug«). Die Idealität des Netzes sollte seine Realität verbürgen.

Man darf nicht glauben, die unregelmäßig stattfindenden Treffen des *rete* hätten keinen Inhalt gehabt. Sie waren nur nicht inklusiv genug, seit Langem nicht, sodass viele der frühesten Aktivisten sie längst wieder verlassen hatten. Die aktivsten Mitglieder waren allesamt Zugezogene: ein aufgrund seiner Vorliebe für Mülltrennung »der Deutsche« geheißener Architekt aus der Basilikata, eine Familie aus Poggioreale mit zwei studierenden Kindern, ein sich als Laienmissionar verstehender ehemaliger Drogensüchtiger aus Rom, eine Lehrerin, eine Ärztin und Getreue von Padre Alex. Vertreter der verschiedenen in der Sanità aktiven *associazioni culturali* und *sociali* waren dabei, darunter ein arbeitsloser Ingenieur namens Dario, der mit Fördermitteln eine Kooperative von Kartonsammlern einrichten wollte und sich von einem absurden Gesetz gegängelt fühlte (in Neapel gilt jeder Müll als Eigentum der kommunalen Entsorgungsbetriebe und private Müllentsorgung entsprechend als Diebstahl, was in einem vermüllten Stadtteil durchaus zu Interessenskonflikten führen kann, außerdem die telegene Vermüllung der Stadt 2005 mitverursacht hat), und gelegentlich stießen Menschenfreunde aus den besseren Kreisen hinzu, die über die »Ethikbank« das System lokaler Mikrokredite förderten, oder es kamen Projektemacher aus dem Rest Italiens oder gar aus der Schweiz, die mit der ansässigen Bevölkerung eine Kunstaktion durchführen wollten und einen entsprechenden letter of intent benötigten – nicht unbedingt des *rete*, das außerhalb der Sanità unbekannt war, aber doch von Padre Alex. Das *rete* protestierte in öffentlichen Briefen gegen die

Schließung von Schulen, den Abzug von Polizeistationen, gegen die Mitteleinstellung für Assoziationen, die sich um Straßenkinder verdient machten. Der ehemalige Sportlehrer, Gewerkschafter und Lokalhistoriker Rocco Civitelli wollte den Friedhof der Fontanelle einerseits als *terra santa*, andererseits als Monument des Risorgimento bewahrt wissen und verlangte entsprechende Eingaben an die Stadt – ohne dabei des Problems zu gedenken, dass die Kultstätten des Risorgimento vor allem daran gekrankt hatten, dass sie im Gegensatz zu Märtyrerstätten der Kultort von Toten ohne Wiederkehr waren, eine Vergangenheit betrauernd, der sich »die Besten« geopfert hatten. Man lud Kommandanten der Carabinieri ein, nachdem ein Großgangster entlassen worden war. Vermutlich hatte er jugendliche Banden entsandt, um durch nächtliche Schüsse auf der zentralen Via della Sanità Geschäftsleute einzuschüchtern, damit sie ihm Tribut zollten (vielleicht aber hatten die Jungen auf ihren Motorini-Corsi auch eigenmächtig gehandelt oder die Gunst der Stunde, ein gewisses Vakuum oder ein Fragezeichen in den Machtzirkeln der *malviventi* genutzt und sich wichtig gemacht, wer wusste das schon). Die Leute des *rete* wünschten die Durchsetzung der Verkehrsregeln auf dem chronisch maladen Kopfsteinpflaster der Sanità oder dass sich die Händler mit ihren fliegenden Ständen auf dem Mercato dei Vergini an die Begrenzungen ihres Standorts hielten. Sie forderten mehr Polizisten und funktionierende Ampeln. Zugleich protestierten sie, wenn das Lager der Sinti und Roma vor die Stadt abgeschoben werden sollte oder die zugesagten Obdachlosenunterkünfte nicht kamen. Sie waren unbezweifelbar die Guten, die glaubten, der italienischen Verfassung und dem sie bestimmenden Geist der Vernunft und der Menschenrechte zur Geltung zu verhelfen. Damit soll ausgedrückt werden, dass diese Gruppen wie die Exponenten des »Associazionismo« im Ganzen keineswegs antiinstitutionell argumentieren und handeln. Vielmehr gewärtigen sie den enormen Abstand zwischen Sein und Sollen, überzeugt davon, dass der ›Geist‹ des Sollens mit christlichen und humanistischen Prinzipien gleichermaßen übereinstimme – und zwar, weil er selbst ein Geist des Widerstands sei, gegen Trägheit, Eigennutz, all das, was seine Realisierung erschwert. In den Räumen des *rete* in einem fahrenenen *vicolo* trafen sich zu festen Zeiten Selbsthilfegruppen der »anonymen Spieler« sowie die »anonymen Alkoholiker«. In der Sanità tranken nur die zugezogenen Osteuropäer öffentlich, aber mancher Sanitanese soff sich heimlich in den Tod. Außerdem nahmen die Guten an den langwierigen Vergabediskussionen für die Mikrokredite teil, deren Verantwortliche – darunter ehemalige Mitarbeiter der Banco di Napoli – sich zweimal wöchentlich für vier Stunden trafen, innerhalb von vier Jahren aber auch nur fünf Antragsteller mit den Hilfsleistungen ausstatteten.

Padre Alex' konsequent gesinnungsethischer Ansatz wurde von der Mehrheit gutgeheißen. Pragmatisch legitimiertes Handeln gehörte in ihren Augen ohnehin zu den Camorristi oder den »Politikern«.[58] Zwei vom alten Schlag hatten in der Sanità den Absturz der alten Parteien durch die Aktionen der Mani Pulite (1992–1994) ebenso wie die vielfältigen Häutungen der Berlusconi-Parteien überlebt. Einer, Vincenzo Perez, hatte seine politische Rolle quasi von seinem Vater ererbt, er betrieb ein CAF[59], in dem man sich bei der Steuererklärung helfen lassen konnte, und wusste daher gut über die Einkommensverhältnisse, das wahre und das erklärte Eigentum Bescheid, und er bekannte sich zur nationalbolschewistischen »destra sociale«; der andere firmierte nur mehr unter dem Namen »Ciro il cameleonte« (Ciro, das Chamäleon), weil er in jedem Sommer die Parteifarbe wechselte. Ausgehend von seiner Beschäftigung als Angestellter der Patientenverwaltung des öffentlichen Krankenhauses hatte dieser sich zur Politik berufen gefühlt; er hatte Personen bessere Behandlungstermine angeboten und sie damit für sich eingenommen. Mit seiner Frau lebte er in Torre del Greco, gut eine Stunde entfernt am Golf von Sorrent. Seine Ambitionen, endlich Präsident der Bezirksversammlung und damit zum Mann mit Einfluss zu werden, hatte ihn etliche neu zu renovierende Lokale gekostet, die er von links bis rechts allen möglichen Splitterparteien anbot – von denen er sich jeweils dann trennte, wenn sie anstatt ihm den zugesagten Listenplatz einzuräumen nur mehr von seinem *consenso popolare* profitierten und ihm andere Kandidaten vorsetzten, sodass seine Stimmen etablierten Parteigrößen zufielen. »Ich bin der Überzeugung, dass in der Politik der Mensch zählt, nicht die Partei«, wiederholte er bei mehreren Gelegenheiten, und das war glaubhaft: Er kam selbst nach seiner Pensionierung beinahe täglich in die Sanità und trieb sich in der Nähe seines alten Krankenhauses herum, schüttelte Hände in der Bar und strich kleinen Kindern über die Wange. Er sah sich als »Volksfreund«,[60] dabei war er ein Süchtiger. Die Zuwendungen als Stadtverordneter – gut 3.400 Euro jährlich – hatte er in die Miete dieser Lokale gesteckt, am Schluss hatte er dafür sein Elternhaus veräußert. Nun fühlte er sich »verraten wie Jesus Christus«.[61] Lediglich ein Politiker schien in der Sanità zu tun, was man auch nördlich der Alpen für Politik hält – und dieser fühlte sich Padre Alex in kritischer Solidarität verbunden: Francesco R. leitete den »Circolo dei Comunisti« mit seinen 43 Mitgliedern, war Lehrer und schrieb Eingaben, organisierte Demonstrationen gegen die Schließung von Krankenhäusern, verteilte Listen für den Erhalt von Postämtern, zählte Regelverstöße der ambulanten Händler und ließ hitzig diskutierte Vorträge über den Kommunismus in aller Welt organisieren. Sie wurden in einer ehemaligen Werkstatt in einer der ärmsten Straßen gehalten, wo sich nun das Lokal der »Rifondazione Comunista« befand. An den drei Politikern kann man drei Typen kennzeichnen: den Politiker als impresario eines Patrons (Vincenzo Perez, der für andere Wahlkämpfe organisierte und sich für das Fest des Heiligen Vincenzo engagierte. Wenn er es gut machte, würde sein Gefolge ihm den persönlichen Profit durchaus gönnen); den Politiker, der, indem er allen Herren dient, glaubt, größer zu sein als diese (der typische Vizekönig also, ein Kolonialisierungsphänomen); und den Politiker als Bürgerrechtler, der seine leeren Hände mit den leeren Händen aller verbindet, auf dass aus Ohnmacht Macht werde. Zählbaren Erfolg hatten der erste und der dritte. Der zweite Typus war gescheitert, weil er Distanzen nicht einschätzen konnte, weil er nicht verstand, dass es inmitten einer Vielzahl von *mediatori* keine Treue geben konnte, zumal da er den Leuten den nur »geliehenen« Aspekt seiner Macht über die Jahre deutlich genug vor Augen geführt hatte. Ciro wurde eine wehmütige Erinnerung, Freund pensionierter Arbeiter, die ihn in ihren Clubs an den Kartentisch luden. Der dritte Typus hingegen war nahe an Padre Alex – aber diesmal gerade, weil er Politik betrieb.

Politiker wie Priester waren häufig das Objekt übler Nachrede einerseits; andererseits konnte man durch einen Politiker wie Vincenzo Perez an bislang verschlossenen Gütern teilhaben oder sich gegenüber dem Nachbarn einen Vorteil verschaffen, kurz: Man konnte seine Netze erweitern und gab Perez dafür die Stimme oder lobte ihn öffentlich, um sich dann wieder über ihn lustig zu machen. Francesco R. indes blieb stur und rechtschaffen, ein Mann für jene, die nichts oder nicht viel mitbrachten: für die Alten, für die Immigranten, für die linken Studenten, die sich in der Sanità niederließen. Deshalb war er »consigliere municipale« (Bezirksabgeordneter). Vincenzo Perez hingegen hatte stets ein realistisches Modell verfolgt, seine Macht war Vermittlungsmacht geblieben; im Gegensatz zum von Ciro Varriale verfolgten Programm, der den Ursprung der Ressourcen (der Fähigkeit, Menschen einen besseren Platz auf der Krankenhausliste zu verschaffen, oder andere *favori*) verschleierte und sich selbst zugeschrieben wissen wollte – nicht den Parteien, in denen er ausschließlich Buchhalter des Tausches von *favori* und *voto* sah, aber auch nicht jenen Leuten, die ihn innerhalb des Krankenhauses gewähren ließen und auf die eine oder andere Art von ihm bedacht wurden –, benannte Perez die Geber unmittelbar: Er hatte ja nichts aus eigener Kraft erreicht, war aber immerhin Zugschaffner in Schnellzügen (also jemand, der es aus der Sanità herausgeschafft hatte und trotzdem in sie zurückkehrte), und er kannte sowohl die großen Parteiführer als auch die Förderinstrumente der Europäischen Union, und genau diese Zusammenhänge unterstrich er auf seinen Wahlplakaten (»Mehr Europa in der Sanità, mehr Sanità in Europa«, plakatierte er 2014). Als Realist konnte ihm der periodisch von den »Guten« vorgebrachte Mafiavorwurf nichts anhaben. Statt ein Programm zu entwerfen, gab er sich Mühe, neue Ressourcen ausfindig zu machen oder das, was vor aller Augen lag, als eine Ressource für die Sanità zu benennen. Im Hintergrund surrte die Verfallsgeschichte: Seit Ende der 1980er kompensieren für ihn die CAF die Politik.

Politik ist für ihn Assistenz, Patronat. Aber er beklagt zugleich, dass italienische Politiker nicht mehr aus ihrer Herkunft, ihrer politischen Identität aktiv werden. Er ist EU-kritisch, das heißt, er fordert das Ende der Verschuldung, um neu beginnen zu können, er glaubt, dass sonst die »Italiener [...] keinen Vorteil von der EU haben«. Gleichzeitig prangte auf seinen Plakaten lange: »Più Europa nella Sanità / più Sanità in Europa«. Warum? »Die Sanità ist das am meisten ghettoisierte Viertel Neapels. Wer von den historischen Vierteln spricht, spricht immer von den Decumani. Ich dagegen denke, dass die Sanità gleiche Bedeutung hat wie die Decumani. Und wenn ich den Spruch sage – mehr Sanità in Europa, mehr Europa in der Sanità –, dann weil, wie du siehst, wir viele Sehenswürdigkeiten haben, die keiner weiter kennt, wir haben mit der Sopraintendenza, der Stadt zu tun, also, ich möchte, dass Europa sich für dieses Viertel interessiert, das eine Stadt ist ...« Vincenzo P. macht also deutlich, dass Europa für ihn der größere Patron ist, während Italien oder die Stadt als Patrone nicht mehr ausreichen. Über den Friedhof der Fontanelle sagt er, dass in dem gegenwärtigen Zustand jede Sehenswürdigkeit ökonomisch sinnvoll sein müsse, so will er Eintritt dafür erheben, ein prezzo popolare, *um Aktivitäten in der Sanità zu finanzieren. Besonders am Wochenende stünden die Leute Schlange, um den Friedhof zu sehen, hinterließen aber im Quartier sonst keinen »ökonomischen Abdruck«. »Die kaufen hier nicht mal eine Flasche Wasser.« Er denkt an Theater, ein Konzert im Friedhof. Er glaubt, dies würde die Wirtschaft im hinteren Teil der Sanità ankurbeln. Seine politische Kultur als Rechter sagt ihm, der Friedhof gehöre der comune, nicht der Kirche. Dadurch könne er nützlich werden für das Viertel – ökonomisch nützlich.*[62]

Man sollte sich davor hüten, in Perez einen säkularen Neoliberalen zu erblicken: Er sah seine Rolle als Mittler und damit als jemand, der weitere Mittelgeber identifizierte, durch einen Patron bestätigt, der ihn selbst beinahe providenziell auflud. Dieses Jahr leitete Perez sogar das Organisationskomitee zum Fest von S. Vincenzo, er war dort der Einzige, der den Namen des Heiligen trug, der Einzige, dessen Namenstag mit dem des Patrons der Sanità zusammenfiel. Die Leute mochten das lächerlich finden, aber das ließ ihn nicht schwanken – Vincenzo Perez würde während der großen Prozession in unmittelbarer Nähe der wunderwirkenden Statue laufen und er würde die Segensbilder austeilen und später, am Jahresende, Grußkarten im Namen des Komitees und des Hauptpfarrers, Don Antonio Loffredo, verteilen. Zähneknirschend ließ der ihn gewähren. Perez machte eine schlichte Rechnung auf: Sein »consenso popolare« sei dreimal so hoch wie sein »consenso elettoriale« (also die tatsächlichen Wählerstimmen). »Consenso popolare« bedeutete, dass er explizit mit für die Bewohner des Viertels nützlichen Ereignissen in Verbindung gebracht werden musste, wie genau, das war zweitrangig. Das Verhältnis zum Pfarrer hingegen lief vollständig über das Patronatsfest. Und über eine gemeinsame Grundidee: In einem verarmten Viertel die kulturellen Ressourcen zu identifizieren, die sich verwerten ließen, ohne sich zu erschöpfen, ja deren Verwertung weitere Verwertungsmöglichkeiten hervorbrachte und damit den *senso di appartenenza* eher stärkte als schwächte.

Für den Friedhof der Fontanelle lag damit auch seitens der rechten Politiker ein Konzept vor. Don Antonio Loffredo hatte sich ein wenig zurückgezogen, im von Enthusiasten, Assoziationen und ein paar Gläubigen stellvertretend zwischen Kirche und Kommune geführten Streit über das Eigentum am Ort wollte er sich nicht einmischen. Die Zone der Fontanelle, dort, wo die Bauern gelebt hatten, war auch nicht mehr »seine Gemeinde«, sondern die von Padre Evaristo. Es reichte, wenn seine Jugendgruppe dort Führungen veranstalten konnte. Ansonsten versuchte er, sämtliche Devotionen und ihre touristische Ausstellung in seiner Basilika zu konzentrieren, wo er sie besser kontrollieren konnte. Im Gegensatz zu ihm und zu Vincenzo Perez, der die von den *anime* zu erbringende Gabe in ihrer Zurschaustellung für zahlende Besucher sah, also darin, dass sie endlich wirklich jenes Versprechen gegenüber ihren Gläubigern einlösten, das am Beginn der Purgatoriumsidee stand, hatte Padre Alex zusammen mit einigen Mitgliedern des *rete della Sanità* den Friedhof der Fontanelle zu einem öffentlich wirksamen Symbol des Todes und seiner Überwindung gemacht. Zumindest 2013 und 2014 ließ er nämlich hier die Via Crucis enden, an der knapp hundert Gläubige am Karfreitag teilnahmen; ebenso aber veranstaltete er hier an Allerseelen, dem 2. November 2013, eine Prozession der Gräbersegnung, die die Reinigungspädagogik in den Augen mancher Kritiker auf die Spitze trieb, anschließend an die in der nebenstehenden Kirche Santa Maria delle Grazie zelebrierte Messe.

*Padre Alex hat ein Kreuz eines Tischlers aus Lampedusa und einen Halbmond vorbereitet, er will diese Messe und die anschließende Prozession durch die Fontanelle zwar den lokalen anonymen Toten, den eigenen Toten auch, gewidmet sehen, aber ebensosehr dem »*cimiterium nostrum, *dem Mittelmeer mit seinen 50.000 toten Flüchtlingen«. Bei der anschließenden Prozession, der Gräbersegnung, werden*

deshalb im Eingangsbereich der Fontanelle zwei Berichte und Gebete von Reisenden auf Schiffen aus Nordafrika und Arabien verlesen. Auf diese dramatischen Berichte wird mittels eines Minuten währenden, aus einem Lautsprecher in die Zisterne projizierten Sounds vorbereitet, der den Untergang, die Leiden der Schiffbrüchigen ausdrücken soll, man hört so etwas wie gurgelnde Schreie und man hört die Wellen des Meeres. Das Ganze ist suggestiv und es ist billig, fast Horror. Es ist der Übergang vom Leben zum Tod, also das Sterben – parlaci della morte *(sprich mir vom Tod) – das Padre Alex hier vorführen lässt, und damit werden die lokalen anonymen Toten – »20.000 sind hier mindestens an der Cholera gestorben. Sie waren die* ultimi«, *wie der Pfarrer sagt – als ›Gefäße‹ und Träger für die ebenso für uns Hiesige anonymen Toten des* Mediterraneo *genommen, sie werden delokalisiert, entprovinzialisiert, wie es Padre Alex vermutlich lieber hören würde, und die Fontanelle werden von einem persönlichen in einen kulturellen, aber durchaus geografisch-geschichtlich assoziierten Resonanzraum transformiert (so wie die Konkretheit des Kreuzes, des Bildes, den Glauben als solchen nicht lokalisiert, sondern erst dazu befähigt, über die Lokalisierung hinauszugehen, universal zu werden, denke ich später). Als ob man an den Toten der Fontanelle lernen sollte, was der Tod sei, der Übergang, die Verwesung, das Vergessen, die fragmentarischen Erinnerungsversuche. In beiden Fällen bleibt ja die orale Tradition, das schwierige Nachverfolgen der wirklichen Identitäten, und deshalb kann das eine das andere verkörpern.*[63]

Die von Padre Alex hier angebotene Übersetzung hätte einer Verortung, einer historischen und kultischen Lokalisierung der in den Fontanelle versammelten Schädel bedurft – aber gerade über jene Verortung herrschte im *rete*, nicht zuletzt provoziert durch die zivilreligiösen Ambitionen Rocco Civitellis, große Uneinigkeit. Somit blieb das Spektakel der dunklen Höhle, der Schädel, der an die Wände projizierten Schatten von Schädelbergen, die genauso gut Wellen hätten sein können, der undurchschaubare, schwankende Grund, auf dem Geschichte und Leben der Sanità mitsamt dem schlechten Gewissen der Zivilgesellschaft sich bewegten. Für einige, für die in der Sanità Geborenen, entfaltete das Spektakel tatsächlich Evidenz, aber eben weil die Universalisierung von Padre Alex als Vermischung, als Überlagerung von Bildern und Geschichten aufgefasst wurde und man die Ansichten diskriminierte, die behaupteten, hier an den Kern einer Sache rühren zu wollen. Gleichwohl bildeten diese Überlagerungen keine narrativen Übersetzungsketten aus, die sie auf dem Grund der Sanità oder Neapels verankert hätten. Civitelli empörte sich nachher über die »Vermischung« von Pesttoten mit den Opfern vor Lampedusa. Und mancher Gefolgsmann von Padre Alex mokierte sich, dass die Leute den Sinn der Musik nicht richtig verstanden hätten: Ennio Morricone selbst hatte sie auf Anfrage komponiert. *Padre Alex hatte eigentlich einen Imam für die Prozession und den Halbmond gewinnen wollen, dieser sei, ohne abzusagen, nicht erschienen.*

Don Antonio, lässig an der Zigarette ziehend, hält es für einen Fehler, einen Konvertiten angesprochen zu haben, die hätten halt mehr Probleme mit dem Katholizismus. Vincenzo, vor sich hin eifernd, tritt ab.[64]

4. Der Kult des *ceto basso*

Während die *sensibilizazzione* als Methode, den alten Adam aus den Bewohnern der Sanità auszutreiben und sie zu guten Bürgern zu erziehen, an ihre Grenze geriet, als die alten Rituale mit ihren Lokalisierungen des Universalen, von Tod und Unsterblichkeit, sich in Erinnerung riefen, gab es in der Sanità auch dauerhafte Ritualisierungen und Übermittlungen von Werten. Ihre Träger waren weder mit den *mosche bianche* noch mit anderen Gefolgsleuten von Padre Alex identisch. Es handelt sich um die Adepten des Kultes der Madonna dell'Arco. Ihre Mitbewohner klassifizierten sie mir gegenüber entweder als popolino, als »heidnisch« aufgrund ihrer *vanità* (Eitelkeit) oder eben als *mariuoli* (abschätzig für »Marien-Devote«) und *camorristi*. Meine erste Begegnung mit diesem Kult ereignete sich während des Festes von San Vincenzo, dem Patron der Sanità. Anfang Juli begleitete ich die gut zwölf Stunden währende Prozession, auf der auch die vernachlässigsten Zonen des Viertels abgeschritten wurden, das dem in seiner Statue anwesenden Heiligen huldigte und sich ihm unterwarf.

Die Prozession wurde angeführt von den Standarten der Vincenzo-Vereinigungen, dann kamen die der Vereinigungen der Maria dell'Arco, von Kindern (auch Mädchen) getragen, mitunter bloß in Socken. Die Jungen übten sich während der Pausen beim Schwenken der größeren Standarten. Dahinter zogen die »portatori di San Vincenzo«, an jeder Seite der Statue ungefähr sechs bis acht Mann, die sich abwechselten; zwischen Madonna dell'Arco und Priesterzug eine Musikgruppe, eine weitere hinter S. Vincenzo. Dieser brachte kontinuierlich die Prozession zum Stehen: Menschen reichten über zwei Sammler beziehungsweise einen Hauptorganisator 5- oder

10-Euro-Banknoten, woraufhin der Heilige vor ihren Häusern, ihren Geschäften oder Balkonen kurz anhielt; die Menschen bekreuzigten sich, winkten dem Heiligen und erhielten in der Regel eine Blume aus seinem Gebinde (die anschließend vor die Hausaltäre gelegt wurde). Auch Kinder wurden zum Heiligen emporgehoben, anschließend küsste man sie, dankbar, dass sie die Gnade des Heiligen für einen selbst erreichbar machten. Mancher hieß die Prozession durch ein selbst zusammengemischtes, übel riechendes Feuerwerk willkommen; die Familie nahm es auf Smartphones auf. Einen Mann sah ich, der das Bildnis eines Verstorbenen beim Gruß des Heiligen hinausstellte, er hatte Geld gestiftet und ein Feuerwerk; er sagte mir, dass der Heilige noch für die Verstorbenen wirksam sei (wie in den Märtyrerkulten der Alten Kirche, laut Peter Browns Cult of the Saints). Die Singhalesen in ihren Bassi sah ich sich bekreuzigen, oder sie blickten wenigstens neugierig durch die Fensterläden, ohne an der Prozession teilzunehmen. Diese führte zuerst von der Basilika über S. Maria Antesecula und über einen Teil der Cristallini zum Borgo die Vergini, von dort zurück über die Via Sanità und unter die Brücke, dann hinauf Richtung Capodimonte, wieder über San Gennaro dei Poveri, über die Piazza Sanità zur P.ta Fontanelle, dann Richtung Materdei, von dort wieder zur Basilika und über den Vico Lammattari und erneut die Via Sanità entlang zum Ausgangsort. Eine Strecke von etwa 14 Kilometern. Zwischendurch hielt man Rast bei Getränkeläden, machten größere Pausen bei Gasthöfen, die Essen und Bier spendierten, die Musik trieb die Träger an, es war keine notwendig fröhliche, sondern eben auch eine durchaus leidvolle Blasmusik. Das ganze Leben. Eine Art Dionysoszug, wegen der Blasinstrumente, der Begrüßungen durch Feuerwerke, der Geldspenden, der teilweise mitgenommen wirkenden Gesichter und Körper, Akte der Verschwendung, auch der Schmerzen. Am Ende wurde die Statue dreimal aus dem Inneren der Basilika nach draußen zum Gruß herausgetragen, die Leute applaudierten. Die Statue nahm ihre Kirche vor dem Priester in Besitz, der ihr beim Eintreten mit Weihrauch huldigte. Später, bevor sie unter einem letzten Applaus in ihrer Vitrine eingeschlossen wurde, nahmen zwei Männer auf einem Podest neben ihr Taschentücher oder auch Handtücher entgegen, um damit über das Antlitz des Heiligen zu wischen und sie anschließend an die Leute zu verteilen. Wer ein Tuch in die Hand bekam, vergrub sein Gesicht darin.

Die Prozession hatte keine stabile Anzahl an Teilnehmern, auf dem Weg nach und von Capodimonte waren es außer den Trägern und Organisatoren vielleicht zehn weitere Personen, am Ende aber füllten sich Platz und Kirche. [...] *Die Prozession war sicher ungeeignet für lokale Händler, um ein richtiges Geschäft zu machen. Die Granita in Plastikbechern und die mit Salz und Mayonnaise bestrichenen Maiskolben verkauften sich vielleicht besser als sonst. Die Einnahmen der San-Vincenzo-Träger: Ich weiß nicht, wozu sie dienen werden. Es hatte mitunter den Anschein von »Schutzgeld«, im religiösen Sinn. Die Leute waren hervorragend organisiert, sie bewegten sich unabhängig vom Pfarrer, der bis auf das Ende überhaupt keine liturgische Funktion übernahm. Mitunter verschwanden sie in schlecht beleuchteten Seitenstraßen, wo sie schon irgendeine Familie am Fenster erwartete und so den Pfarrer zwangen, innezuhalten. Berührung, Segnung der Toten, Segnung der Kinder, das scheinen die wichtigsten Momente zu sein. Und die Fenster oder Gitter vor den Votivkapellen waren sämtlich geöffnet, damit auch hier der Segen ankommen konnte, um gespeichert zu werden und sich weiter zu verteilen. Bestimmt hatte die Bewegtheit manches Anwesenden mit der mnestischen Funktion der Prozession zu tun, mit der Erinnerung, die durch jede Tradition provoziert wird, mit dem strengen Versiegeln des Heiligen hinter Glas, jetzt, wo der Sommer groß und schwer über der Stadt hängt und man nicht weiß, ob das Geld für ihn reichen wird.*[65]

Meine Erstbegegnung verlief also im Rahmen des Gemeindefestes, dem Vincenzo Perez zusammen mit Don Antonio vorstand und auf dem diejenigen, die eine besondere Devotion für die Madonna dell'Arco hegten, sich in den Dienst der Gemeinde stellten. In der Folgezeit lernte ich zu verstehen, dass diese Einordnung keineswegs unproblematisch war und die Anhänger des Kultes der Madonna dell'Arco spaltete.

In einer Art kleiner Kapelle im Rücken meines Wohnhauses war ich vor Kurzem auf Cenzino getroffen. In einer von außen schlecht einsehbaren engen Gasse flankierten bunte Keramiktafeln und ein üppig dekoriertes Messinggitter den Eingang zu einem nicht mehr als zwanzig Quadratmeter großen Raum, in dem sich Heiligenbilder, Pokale, in Aluminum gestanzte Urkunden, zwei Meter hohe Fahnen neben einem kleinen Altar mit Padre Pio und dem Bild der Muttergottes mit der verletzten Wange gruppierten. Den ganzen Sommer widmete der stattlich tätowierte, auch *filofierro* (Eisendraht) geheißene, gut sechzigjährige Mann der Reparatur und Ausstattung dieser und anderer *sedi* (Sitze), der Vereinslokale und Kapellen einer jeweiligen »Associazione santissima della Madonna dell'Arco« (Allerheiligsten Vereinigung der Madonna dell'Arco). Ansonsten verdiente er sein Geld durch allerlei Bautätigkeiten, war Maurer und Maler. Seine Brüder hatten einen zweifelhaften Ruf, sämtlich wohnten sie auf der kleinen Straße in meinem Rücken, doch bei Cenzino unterstrich jeder dessen Untadeligkeit. Er war für einen mehrfach vorbestraften Bruder sogar ins Gefängnis gegangen. Auf Cenzino ließ nicht einmal meine Hauswirtin etwas kommen. Dass sein *sede* sich in einer Gasse befand, an deren Eingang täglich ein junger Mann auf seinem Motorino auf Kunden für *erba* (Gras) und Kokain lauerte, und wo jeder Schritt von älteren Frauen beobachtet wurde, die aus ihren *bassi* herausschauten und dem jungen Mann Hinweise gaben, führte diejenigen, die Cenzino kannten, keineswegs dazu, illegale Aktivitäten zu vermuten. Und doch scheint es zumindest zeitweilig so gewesen zu sein, dass der *sede* selbst als Drogenlager benutzt wurde, aber mehr von den Nachbarn, die sich ein gewisses Recht vorbehalten hatten, da sie Cenzino den Raum kostenlos überließen. Diese Metonymie von Kleinkriminalität und

Religiösität drückt sich im Begriff der »Mariuoli« aus, mit dem die Kultanhänger bezeichnet werden. Es wäre aber falsch anzunehmen, Funktion der Religion sei hier, illegale Geschäfte abzuwickeln (so wie Heiligenverehrung bei einigen Prozessionen in Kalabrien und auf Sizilien Schutzgelderpressungen maskiert, sie gewissermaßen »sakralisiert«, »enthistorisiert« und einer normalen Zurechenbarkeit entzieht) – vielmehr arbeitet sie die Elemente des kollektiven und individuellen Lebens heraus, gerade dort, wo es am meisten gefährdet ist. Die Madonna schützt – aber sie gefährdet auch das Gewohnte. Denn es ist gerade nicht auszuschließen, dass sie diejenigen bestraft, die ein ihr gewidmetes Haus als Verbrechernest nutzen.

Cenzino fand vor allem Freude daran, mir seine sommerliche Arbeit zu zeigen. Und nicht nur das: Ich hatte ihm bei unserem ersten Treffen eine DVD mit dem nie gesendeten Dokumentarfilm von Luigi di Gianni über die »battenti e fujenti«, die Adepten des Kultes, mitgebracht, in dem Cenzino seinen früh verstorbenen Vater erkannte. Er wurde mir schnell sympathisch, weil er mir nichts zu beweisen, nichts aufzudrängen suchte, sondern lediglich seine in handwerkliche Meisterschaft aufgegangene Marienbegeisterung mitteilte. *Vor 50 Jahren wurde mit diesem* sede *im Vico Carette della Sanità begonnen. Das Haus gehöre einem anderen, Cenzino habe nur die Wände zur Verfügung gehabt, und deshalb dort die verschiedenen Stücke aufgehängt, gemalt und so weiter. Sein ganzer Stolz. Die Fahnen der Associazione der Madonna dell'Arco – beim Fest von San Vincenzo habe er zwanzig bereitgestellt, die anderen vier – darunter eine mit dem Exvoto für seine Frau, die lange krank war, in einer Art Koma lag und dann gerettet wurde. Ein schönes Bild, eine schöne Stickerei. Aber man findet auch eine Krippe, die er »einfach so« gemacht haben will und zu Weihnachten hinausstellt in die windige Gasse.* Gleich zu Beginn unserer Bekanntschaft und später wiederholt kritisierte Cenzino *die Vermischung von Madonna dell'Arco und San Vincenzo, das seien zwei verschiedene*

Dinge, und das gelte auch für die Prozession; diese Zusammenführung funktioniere nicht (aber sie müsse sein, weil San Vincenzo sonst zu wenige Leute mobilisiere). Die Lieder, die Verehrung, das sei jeweils etwas ganz anderes. Und San Vincenzo bringe Geld (oder habe Geld gebracht). Cenzino aber stifte seine Arbeit unentgeltlich, »für die Gemeinde«. Er ereifert sich, dass die Madonna dell'Arco doch eigentlich nichts in der Basilika zu suchen habe – und sieht darin einen taktischen Kniff Don Antonios, Akkumulierung von Macht und Ausgleich bei einem schwächer werdenden Kult (San Vincenzo).[66] In der Tat stand seit weniger als einem Jahr in der Basilika eine jener Madonnenstatuen, wie sie die Adepten der Madonna dell'Arco auf wichtigen Umzügen in Bewegung zu setzen pflegen. Dies war in Neapel ein absoluter Sonderfall – höchstens vergleichbar jener Kirche hinter dem vom letzten Bourbonenkönig eingerichteten Armenhospiz, die im Zug ihrer Umwidmung zu einem *sede* geworden war. Dabei hatten Vertreter anderer der Madonna dell'Arco gewidmeten Gruppen – sprich andere Associazioni mit ihrem *sede* – eine wichtige Rolle gespielt. So hatte sich Maurizio, *presidente* der Associazione auf der Piazza San Vincenzo, erhofft, durch die Bündelung der Aktivitäten rund um San Vincenzo und die Madonna dell'Arco schließlich das große Fest um den Quartiersheiligen wiederbeleben zu können, das bis zu seinem verordneten Ende aufgrund camorristischer Infiltrationen die besten Sänger Neapels und Besucher von weit außerhalb der Stadt angezogen hatte (Adriano Celentano hatte hier gesungen). Angesichts der Umtriebigkeit von Don Antonio war in diesem *presidente* selbst der Geist eines religiösen Entrepreneurs erwacht, gleichwohl mit Rückgriff auf traditionelle Ressourcen: Statt mit der Clinton-Foundation oder den wohlhabenden Emigranten der Stiftung »L'altra Napoli« wollte er mithilfe von Gebühren selbst organisierter Lottoziehungen einen lokalen Tourismus zu Padre Pio nach Pietrelcina oder zu Santa Rita nach Cascia in den Marken aufbauen, was ihm zwischenzeitlich sogar gelang. Cenzino hegte diesen Personen gegenüber Misstrauen, sie wollten sich wichtig machen, es gehe ihnen gar nicht um die Madonna. Doch worum sollte es gehen, wenn von der Madonna dell'Arco die Rede war? Hier ist ein Exkurs notwendig.

Der Kult der Madonna dell'Arco nimmt seinen Anfang an einem Ostermontag um 1450, als ein bislang wenig beachtetes Kultbild der Muttergottes mit ihrem Sohn an einer Straße zwischen Neapel und dem Vesuv – Dell'Arco hieß die Ortschaft aufgrund der Überreste eines römischen Aquädukts – von einem Ball getroffen zu bluten anfing. Der unbedachte jugendliche Werfer wurde von einem zufällig vorbeikommenden Polizisten der spanischen Besatzungsmacht festgenommen und gehenkt; er war einem entlaufenen Verbrecher zu ähnlich. Ein Jahrhundert später fielen einer Frau, die das Kultbild beschimpfte, die Füße ab; sie hängen seitdem in einem Käfig, der in der nur wenige Jahrzehnte später um das Kultbild errichteten Kirchenanlage ausgestellt ist. Das Kultbild soll verschiedenen Versuchen, es zu erneuern, widerstanden haben;[67] verkrustetes Lavagestein ließ sich nicht abschlagen, viele Gebete waren nötig, bis die Madonna nachgab.[68] Offenkundig eignet dem Gegenstand der Verehrung eine Resistenz, die sich in der Verehrung selbst wiederfindet, welche von sämtlichen Akteuren aufgenommen und in den Kult integriert wird. 1593 zogen auf päpstliches Geheiß die Dominikaner die Hoheit über Kirche und Bild an sich und versuchten, beides im Sinne der Volksmissionierung einzusetzen.[69] Der Bettler- und Predigerorden rückte den Zusammenhang von Reue und Gnade, wie er aus den Legenden um die Madonna dell'Arco ersichtlich wird, ins Zentrum, und erlaubte ihm, sich während der einmal jährlich stattfindenden großen Wallfahrt im Komplex des Heiligtums darzustellen. An jedem Ostermontag nämlich – für einige Kultgruppen auch in den folgenden Tagen bis zu einer Woche später – finden sich allmorgendlich auf dem letzten Straßenstück vor der Kirche so viele Pilger zusammen wie sonst im ganzen Jahr.

Gegen vier Uhr morgens drängen Kultgruppen mit bis zu 50.000 Personen gegen das Hauptportal, das, nachdem es geöffnet wird, bis zu acht Personen starken Reihen Einlass gewährt. Den Kultadepten selbst sieht man ihre Erschöpfung an, die sichtbar auf die Nacht und den Weg und den Verzicht auf Speise, Getränke und Genussmittel zurückgeht, sich zugleich aus dem gesamten Jahr und der Erwartung der Gnade oder der Schwere des jeweils für sich zu behaltenden Gelübdes (*voto*) speist, das man im Vorjahr an gleicher Stelle abgelegt oder erneuert hat. Nahezu sämtliche Kultadepten fallen auf der Schwelle auf die Knie und bewegen sich in demütiger, sich selbst erniedrigender Haltung, oft auch mit dem gesamten Körper den Fußboden entlangschleifend, vor die Balustrade ihrer Madonna. Sie weinen, schreien, fallen in Ohnmacht oder werden von sogenannten *mosse epilettiche* (epileptischen Zuckungen) bewegt. Zwischen Kultbild und Balustrade nimmt sie ein Geschwader vom Orden lizenzierter Fotokameras ins Visier, das die Kraft des Kultes nicht weniger eindrücklich dokumentiert als das aufgewühlte Meer der Zuschauer zu beiden Seiten des Hauptschiffs. Dazu hört man die Stimme eines Dominikanerpriesters, der um fromme Gesänge, Ave-Marias und vorsorgliches Beichten wirbt. Gleichzeitig tragen die Kultadepten »ihre« Lieder vor, harren länger als erwartet vor dem Bild aus, rufen ihr Leid heraus oder dringen auf eine Grazia – jedenfalls demonstrieren sie eindrücklich den Zusammenhang von Renitenz und Penitenz, von Widerspenstigkeit und Reue.[70]

Der Kult der Madonna dell'Arco ist zuvörderst ein ›Kult der Straße‹ und eine Besonderheit liegt darin, dass er sich der Integration in normale Pfarrkirchen verweigert hat. Einzig in St. Anastasia kommt es zur Versöhnung von Kult und offizieller Kirche. Ansonsten mögen zwar Gemeindepfarrer in Neapel darum werben, die statuarischen Nachbildungen der Madonna dell'Arco – ihre dreidimensionalen Verlebendigungen, Verzeitlichungen und Aggregationskerne, über die quasi jede der ihr gewidmeten

Kultgruppen verfügt – in ihrer Kirche zu beherbergen und damit Macht über jenen Teil von Frömmigkeit zu demonstrieren, der das Intimste, das Leben, die persönliche Schuld, aus dem Geltungsbereich des Gesetzes und seiner Hüter (Polizei, Lehrer, Priester) auszuschließen und einer übergeordneten Patronin darzubringen sucht. Doch die Madonna ist nicht nur die Madonna der Kirche, sondern steht über ihr (entgegen dem kanonisch-theologischen Bild, das sie mit der Kirche identifizieren will). Die Bemühungen der Priester sind am Ende vergeblich, so wie Gemeinschaft nicht in Gesellschaft absorbiert werden kann, was genau Letzterer zugutekommt, in dem Maße nämlich, wie die Heilskraft der in St. Anastasia besuchten Madonna am Abend nach der Rückkehr ins Viertel durch ein Fest, durch Zeremonien vor den ihr zugeeigneten Votivkapellen und Straßenaltären, lokal verteilt wird. Wenige andere Kulte in Italien, vom Rest Süd- und Westeuropas zu schweigen, sind derart komplex und dennoch deutlich strukturiert wie der der Madonna dell'Arco, der überdies zum Heiligtum mit der größten Anzahl an Exvoti geführt hat, die wir in Europa besitzen. Allein in der Kirche sind 4.310 Votivtafeln an den Wänden angebracht; dazu kommt die große Kollektion im Museum der Dominikaner, (wobei mehr als die Hälfte der Gegenstände aus dem 20. Jahrhundert stammen).[71] Trotzdem steht die Erforschung dieser Devotion erst am Anfang.[72]

Während die allgemeine Verehrung der Madonna dell'Arco seit dem 15. Jahrhundert gut nachweisbar ist und anhand der zahlreichen Votivbilder auch hinsichtlich ihrer Funktion und ihres sozialen Orts bestimmt werden kann, sind die in den Vierteln Neapels und seiner Umgebung bestehenden rund 400 Associazioni mit ihren etwas weniger als 30.000 *battenti* und *fujenti* nicht viel älter als hundert Jahre (Associazioni gibt es dank neapolitanischer Emigration in Mittel- und Norditalien, in New York und sogar in Australien). Obgleich das Begriffspaar der *battenti* (Stampfer, Geher) und *fujenti* (»Fliehende«, die die letzten hundert Meter

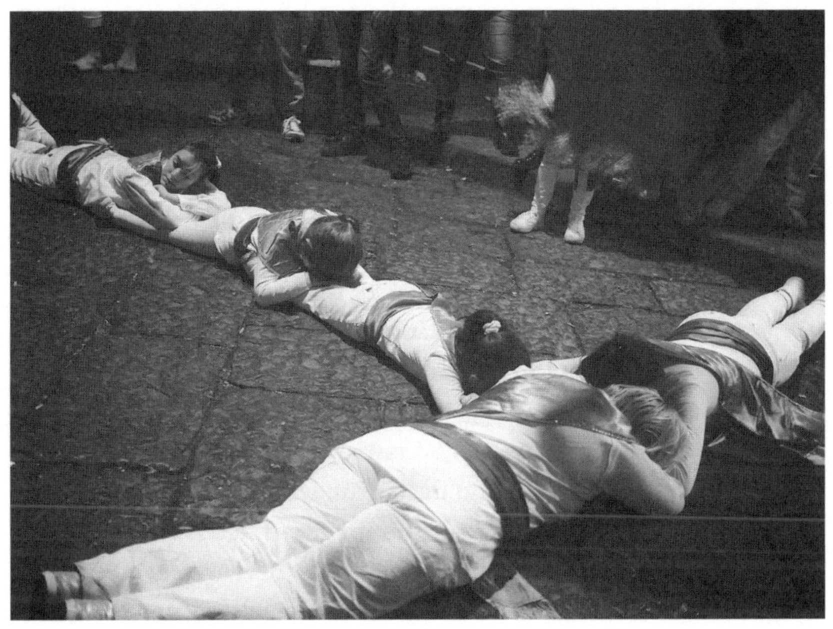

zum Heiligtum rennend zurücklegen) für die weißgekleideten Pilger bis heute für diesen Kult als exklusiv angesehen wird, gab und gibt es in Kampanien weitere Devotionen, die sich seit 1900 der gleichen Termini und ähnlicher Praktiken bedienen (einheitliche Kleidung, barfuß gehen, Formationsläufe, kurz vor Erreichen des Ziels Rennen statt Gehen; siehe die Devotion um S. Filomena in Mugnano del Cardinale[73]). Unter *battenti* muss man heute den organisierten Teil von Kultadepten verstehen, der sich nach lokalen und / oder verwandtschaftlichen Kriterien einer Associazione anschließt, wodurch die Devotion in einem eng beschriebenen Kontext institutionalisiert und mit anderen Aktivitäten des täglichen Lebens und der Freizeitgestaltung (Spiel, gemeinsame Ausflüge) verbunden wird. Während es über die normalen *circoli* der *operai cattolici* (Klubs der katholischen Arbeiter), die ebenfalls einen Heiligen (oft den *santo protettore* eines Viertels) oder eine Madonna (am häufigsten die von Pompeji) im Titel führen, heißt, dort handele es sich um Freizeittreffs älterer Herren mit Kaffee und Kartenspiel, wird den Adepten der Madonna dell'Arco ein amoralisch-familistisches Profil unterstellt.[74] Diese Engführung in der Mitgliederstruktur führt unweigerlich zur Annahme, man trete gezielt in Opposition zum Konsens des Viertels, habe etwas zu verbergen, verkaufe Drogen, wolle (kriminelle) Macht an sich reißen. Im Unterschied zu den anderen Vereinigungen sind die Associazioni der Madonna dell'Arco sichtlich bemüht, das Verhältnis zu ihrer Patronin auszustellen und sich darin zu überbieten: (Auto-)Exklusion und rituelle Demonstration bilden einen Zusammenhang. Der Wettstreit kann mit dem fordernden Wesen der verehrten Madonna begründet werden, ebensogut über die Tatsache, dass die Anzahl der ihr gewidmeten Vereinigungen enorm ist (allein die Sanità zählte 2014 deren sechs). Der Eifer drückt sich aus in der unermüdlichen Gestaltung und Pflege der *sedi*, der eigenen Fahnen, von denen noch die Rede sein wird, der Statuen der Madonna. Sämtliche Statuen haben einen einheitlichen Gesichtsausdruck, auch die Haltung des Jesuskindes ist genau vorgegeben, der Fleck auf der Wange, sowie die »marianischen« Gewänder, und dennoch bemüht man sich um Abgrenzung durch das gewählte Material, die Größe oder durch winzige Details im Gesicht – besonders aber in der *bravura* (Meisterschaft) der *funzioni*. Eine *funzione* ist die ritualisierte Selbstdarstellung einer Associazione meist in der Zeit zwischen Januar und Ostern, wenn die *battenti* nach Altersgruppen geordnet außerhalb ihres Viertels den anderen der Madonna dell'Arco gewidmeten Straßenaltären in auf den ersten Blick militärisch, dann aber vor allem akrobatisch anmutenden Exerzitien des Fahnenschwenkens, des Formationsmarschs, des Tänzelns, des Springens, des Niederkniens die Ehre erweisen, wobei jeweils Einzelne oder eine kleine Gruppe aus der Gesamtschar heraus- und der Madonna gegenübertreten, während die übrigen Mitglieder einer *squadra* (Mannschaft) einen

mehr oder weniger uniformen Hintergrund abgeben. Unterwerfung und Eroberung sind miteinander eng verschränkt; so kommt es zwar darauf an, vor jeder nicht zur eigenen Vereinigung gehörenden Madonna eine eindrucksvolle Performance aufzuführen, dabei aber deren »Eigentümer« nicht zu demütigen, sondern sie sich als »Freunde« gewogen zu halten. Die Beziehungen zwischen einzelnen Associazioni sind außerordentlich komplex und greifen meist über den ritualisierten Teil hinaus; nach eigenen Beobachtungen ermöglicht Ritualisierung hier, das Maß an vorhersehbarer Unordnung, an Neid und Missgunst einzudämmen und Vertrauen aufzubauen, sodass man nicht in Verdacht gerät, etwas vom anderen ungebührlicherweise zu wollen, sondern sich mit ihm gemeinsam auf ein Drittes zu beziehen, das als »Mamma di tutti noi« (Mutter von uns allen) Verbindungen eigenen Rechts stiftet (und den Bruch dieser Verbindungen strafen wird). Die

funzioni sind dabei eingebettet in eine Mischung aus Spaziergang und Prozession, die *uscita*, an der neben den zur *squadra* vereinten *battenti* mittlerweile auch eine aus mehreren Bläsern und Trommlern bestehende Musikgruppe teilnimmt (früher war dies den letzten *uscite* vor der finalen Pilgerschaft nach Sant'Anastasia vorbehalten). Die Musiker stammen häufig aus anderen Vierteln und besseren Kreisen (heute sind es meist Studenten des Konservatoriums), aber auch »echte« Straßenmusiker sind darunter, manche Nachfahren afroamerikanischer Soldaten, die einmal eine Leidenschaft für die Madonna dell'Arco entwickelt haben. Dass die Musiker in vielen Fällen keine Anhänger des Kultes sind, gibt Anlass zur Kritik; andererseits verkörpern sie das Modell der in Italien bei vielen Patronatsfesten engagierten *bande musicali*, deren Können für das Prestige der Gruppe entscheidend ist. Zu den klassischen Stücken der Madonna dell'Arco kommen italienische Märsche – so die nach dem unverhofften Sieg gegen die Habsburger 1918 kurzzeitig zur Nationalhymne aufgestiegene *Leggenda del piave* – oder auch Adaptionen erfolgreicher Soundtracks – aus Giuseppe Tornatores Kinodebüt *Il camorrista* (1986) oder Ridley Scotts *Gladiator* (2000).[75] Zusammen vermitteln sie das Ethos der Devotion: die Reinheit des marginalisierten Einzelkämpfers, der für sich und die Seinen eintritt, auf wundersame Hilfe hoffen darf und im Kern unbefleckt bleibt, weil er sich nicht an seiner Patronin versündigt. Unterstrichen wird alles in allem ein maskulines Ideal sozialer Auftrittsformen und Bindungen, dem das Schlimmste – Verrat und Tod – jederzeit gegenwärtig ist. Der amerikanische Ethnologe Jason Pine hat dargelegt, wie im Umfeld krimineller Gruppen das aus den Massenmedien angeeignete kulturelle Bild als Selbstentwurf zurückwirkt, und dies gilt sicher auch im Fall der Madonna dell'Arco. Ihre letzte Prozession / Pilgerschaft führt durch die Randgebiete Neapels zum Kultbild nach Sant'Anastasia. Wenngleich auf diesem Weg große kollektive Erfahrungen und Tote beschworen werden – im Fall der *Leggenda del Piave* die Gefallenen des »Grande Guerra« und im Falle der letzten *funzioni* vor dem Monument auf der Piazza del Carmine die Gefallenen des Zweiten Weltkriegs –, so sind diese das kollektive Gedächtnis prägenden Momente doch Erfahrungen der radikalen Vereinzelung, des Austritts aus der Gruppe, Schwellen- und Grenzerfahrungen bis hin zum Tod. Stefano de Matteis hat in seinem grundlegenden Essay über die *Madonna degli esclusi* (2011) darauf hingewiesen, dass die *funzioni* der einzelnen *squadre*, an denen die Bewohner des Viertels zumindest beobachtend, mitunter applaudierend oder Geld spendend teilnehmen, sich an Dichte und Intensität im Verlauf der Winter- und Frühjahrsmonate steigern, und zwar so, dass am Schluss das Pilgern nach Sant'Anastasia einer Befreiung der aufgestauten Energien gleichkommt. Zugleich kann man die zunehmende Spannung zwischen dem Kollektiven und dem Individuellen als

Motor dieser Dynamik ansehen, die am letzten, entscheidenden Tag vor dem Kultbild umgesetzt wird – und es ermöglicht, dass die Gemeinschaft bestehen bleibt.

In den *associazioni* der Madonna dell'Arco, die ich in der Sanità kennenlernte, spielte die Familie eine große Rolle, aber wie stets in Neapel keine unproblematische. Eine stabile Kernfamilie, die als unhintergehbarer Bezugspunkt einer Vereinigung hätte dienen können, war in kaum einem Fall anzutreffen: Cenzino hatte zwar ein *voto* von seinem Vater geerbt und an seinen unehelichen Sohn weitergegeben; er lebte aber mit einer Frau zusammen, die wegen ihrer dunklen Haut *la zingarella* (die Zigeunerin) gerufen wurde, an einem Lungenemphysem litt und die ebenerdige Wohnung nicht verlassen konnte; sie hatte einen Jungen namens Alfonso mit in die Beziehung gebracht, von dem man wusste, dass er der Sohn ihrer Tochter war, deren Partner man erschossen hatte. Cenzino hatte Davide zum »Präsidenten« seiner Vereinigung wählen lassen, einen jungen Textilarbeiter, der sich leidlich um das Wohl seiner aus ihm, seiner Frau und einem Jungen bestehenden Kleinfamilie sorgte – den Sohn ließ er statt Animationsfilme lieber Aufnahmen von *funzioni* auf Video sehen, damit er der jüngste *battente* des Viertels würde – und der selbst einer zwischen lokalen Zuordnungen und entsprechenden Bandensolidaritäten zerrissenen Familie entstammte (er war mit der Mutter als Junge aus der Sanità nach Secondigliano gezogen und von dortigen Gangs im Gegensatz zu seinem jüngeren Bruder nicht akzeptiert worden). Salvatore, der Gründer einer anderen, tatsächlich als *gruppo familiare* intendierten Vereinigung auf der Via delle Fontanelle, hielt auf den kleinen, fast mitleiderregenden *uscite* seiner *squadra* zusammen, was ihm an Familienmitgliedern noch nicht davongelaufen war, unterstützt von seinem Sohn Vincenzo, der regelmäßig Frauen und Arbeit verlor; und Alessandro, der im nach den einst hier ansässigen Eisenschneidern benannten Vico Tagliaferri mit Cenzinos Hilfe eine neue Associazione ins Leben rufen wollte, hatte sich mit den jüngeren Teilen seiner Familie von den älteren, die bereits eine offizielle Vereinigung führten, abgegrenzt – und ehrte sie dennoch. Die Familie befand sich in sämtlichen Fällen in einer mehr oder weniger auffälligen Schwierigkeit. Die Adepten der Madonna dell'Arco rekrutierten sich zumeist aus dem sogenannten *ceto* oder *ceto basso*, der Unterschicht. Das sollte man wörtlich nehmen: Im Gegensatz zur Oberschicht, die über die richtigen Beziehungen verfügt und darauf erpicht ist, ihre Vererbungskanäle sauber zu halten – damit die Anwaltspraxis oder die Immobilien in den richtigen Händen zirkulieren –, und entgegen der Mittelschicht und der unteren Mittelschicht, die auf die Gerechtigkeit der Gesetze, auf den Staat und damit auf Chancengleichheit und Bildung hofft, die ein Überschreiten der ursprünglichen Kontexte ermöglichen, ist die Unterschicht auf ihr lokales Wissen, ihre lokale Verwurzelung, auf primäre Praktiken der ›Einnistung‹ angewiesen, die über den Familienverband geleistet werden. Wenn Neapel bis heute eine der wenigen europäischen Städte ist, in denen die Gentrifizierung der Innenstädte nicht gelang, so liegt dies nicht zuletzt an der Dichte der einander überlappenden Orts- und Familienbeziehungen, die es Neuankömmlingen erschweren, sich etwa als Immobilienbesitzer in der Altstadt oder der Sanità zu betätigen. Meine Beobachtung in der Sanità, beispielsweise anhand der unmittelbar bevorstehenden Räumung (*sfratto*) eines einstmals von verwandtschaftlich lose verbundenen Familien besetzten Hauses, lehrte mich, dass entgegen den Ansichten der Mittelklasse (aber nicht entgegen ihren geheimen Befürchtungen), entgegen auch den Verdikten von Padre Alex Zanotelli, der *ceto* in der gebotenen Eile aufgrund seiner Netzwerke in der Lage war, gemeinsame Handlungsoptionen zu identifizieren und dann auch anzuwenden: Es war, als würde durch einen Notfall ein Netzwerk innerhalb der Sanità plötzlich herausgehoben. Es artikulierten sich nicht notwendig enge, nach mitteleuropäischen Begriffen des Wohlwollens und des Vertrauens formierte verwandtschaftliche Beziehungen, und man half seinen in Not geratenen Verwandten auch nicht unbedingt selbstlos, sondern weil man fürchtete, sonst an die eigene verwandtschaftliche Verpflichtung erinnert zu werden, »seine« Leute bei sich zu beherbergen. Aber sei es aufgrund der Blutsbeziehungen, sei es aufgrund des engen lokalen Bezugs, die richtigen Informationen zirkulierten in Windeseile, Pfarrer, Bezirksvertreter und Sozialhelfer wurden mobilisiert, und der Versuch des Hausbesitzers, endlich Miete einzunehmen, konnte vereitelt werden. Natürlich spielten dabei die viel beschworene *napoletanità* sowie das Wissen um die notwendigen sozialen Assistenzleistungen eine Rolle und ließen die von der Zwangsräumung bedrohten Bewohner, die vornehmlich aus Vertretern der unteren Mittelschicht bestehenden *associazioni sociali* vor Ort sowie das aus derselben Schicht rekrutierte Personal der staatlichen Behörden eine sich wechselseitig legitimierende Verknüpfung von Werten eingehen. Dergestalt offenbarte sich das nach innen wie außen reichende Differenzierungsvermögen des *ceto*, der im Gegensatz zur Oberschicht die über ihn kursierenden Zuschreibungen affirmativ aufgreift und als Kapital einbringt. »Familie« wird sowohl als Ausdruck der Krise (im Familismus, auf den die staatliche Wohlfahrt abstellt) gleichwie als deren Lösung akzeptiert.[76]

Familiäre und individuelle Krisen werden durch den Kult interpretiert, der sie durch Zeichen und symbolische Handlungen verschränkt und aus dieser Verschränkung Segen erzeugt. Segen meint hier eine unverdiente, nicht reziproke Gabe: die Voraussetzung für Leben, Macht und Lebenskraft, deren Ursprung wie auch im Falle der in der Anthropologiegeschichte berühmten *mana*-Kategorie nicht aus den sozialen Beziehungen selbst abgeleitet werden kann.[77] Ein Beispiel mag dies verdeutlichen: Cenzinos Lebensgefährtin Maria Zingarella erzählte mir einmal anlässlich eines mir zu Ehren veranstalteten Abendessens, was es mit der Szene auf sich hatte, die sich auf ihrer im *sede* untergestellten Familienfahne aufgestickt fand. Anlässlich der Fahnenweihe hatte Cenzino ein Fest für sechstausend Euro veranstaltet:

Maria will die inneren Werte hochhalten, nicht die weiße Kleidung der battenti *(sie trägt die Madonna als Tattoo auf dem Arm). Sie berichtet von ihrer Rettung: Drei Monate lag sie halbsediert im Krankenhaus, dann fiel sie, als man die Medikamente reduzierte, unkontrolliert in einen komatösen Schlaf, aus dem sie mithilfe der Madonna erwachte. Sie träumte nämlich, sie sei tot, sie träumte von ihrer Familie, mit der sie am Tisch saß – und wohl das Brot des Heiligen Antonius aß, das sie seither isst –, und schließlich hörte sie die Musik der Madonna dell'Arco. »Ach, ist jetzt das Fest der Madonna dell'Arco?« Auf der Bandiera indes sei, so Cenzino, die Szene zu sehen, so wie sie die Familie gesehen habe: er, die Tochter und Alfonso hinter der Glasscheibe, herabblickend auf die Kranke, und dann das Licht, das zuerst vom Hl. Antonius von Padua auf Maria falle. Denn genauso sei es gewesen. Maria weint, während sie es erzählt, und Cenzino hat vielleicht Angst um sie; ich fürchte, unsere Abmachung, nicht mit Maria über ihre Krankheit zu sprechen, gebrochen zu haben, aber schließlich ist sie es gewesen, die zu erzählen anfing, nicht ich. Die Madonna dell'Arco ist die, von deren Heiligtum und deren Präsenz man nur mit Tränen sprechen kann. Es gibt noch ein kleines Wunder, eher eine Ungereimtheit, die mit Padre Pio verbunden ist, der deshalb ebenfalls im Schlafzimmer steht. Als sei der Schlaf der kleine Tod und muss deshalb überwacht werden von all diesen Heiligen, die einem einmal das Leben retteten.*[78]

Über das gefährliche Ereignis im Leben Maria Zingarellas stellt sich der kultische Ausdruck und die Sukzession dieses Ausdrucks in der Familie her – zumal dort, wo diese Familie willkürlich zusammengesetzt und in sich gefährdet erscheint. Alfonso, der in keinem Blutsverhältnis zu Cenzino steht, wird über diese Grazia und schließlich den Kult der Madonna dell'Arco in Cenzinos Verwandtschaft eingegliedert. Das an Maria Zingarella bewirkte Wunder hat dafür gesorgt, dass es eine Familienfahne geben kann.

Und Cenzino stiftet einen Betrag, mit dem er die Grenzen der Verschuldung zu überschreiten droht, um wahrhaftig diese Fahne zu zelebrieren, die die Einheit seiner Familie verbürgt – etwas, das man nicht »machen« kann, sondern das geschenkt wird und das mehr ist als bloße Biologie oder bloße Sozialität. Schließlich gibt Cenzino ein Fest, um die Errettung seiner Frau zu feiern. Beides, Fahne und Rettung, sind eigentlich nicht zu trennen. Man könnte schließen, dass durch die Selbstdarstellung auf der Fahne – und durch die Verschuldung! – soziales Prestige erzeugt würde, das auf einer übernatürlichen Erwählung gründet und das, weil es den kollektiven Optimismus steigert, einen Wert für die Gemeinschaft (des Viertels, der *associazione*) besitze; doch angesichts des existenziellen Moments erscheinen diese Ausdrücke kleinmütig, geht es doch um die Umwidmung einer Gefahr in ein Glück. Und um die Legitimation einer Familie durch eine Patronin, die sich im Krisenmoment zu erkennen gibt. Woraus sich ableiten lässt, dass eine richtige Familie in erster Hinsicht aus Krisen besteht.

Bevor näher auf den Zusammenhang von Familie und Gemeinschaft und ihren Ortsbezug eingegangen sei, ein weiteres Beispiel, um das soeben Ausgeführte zuzuspitzen: Im August 2013 diskutierten die drei Tageszeitungen Neapels *Il mattino*, *Cronache di Napoli* sowie *Il Roma* und zahlreiche Blogs über mehrere Tage den Tod zweier »guaglion' di mezza strada«, im betreuten Wohnen untergebrachter jugendlicher Kleinkrimineller, die beim Versuch, in einer besseren Gegend einem jungen Mann ein Smartphone abzujagen, selbst zu Opfern geworden waren. Der Geschädigte, angestachelt von seiner Geliebten, hatte die beiden auf ihrem Motorroller Flüchtenden verfolgt und einen der beiden mit der Kühlerhaube seines Wagens an einer Mauer zerquetscht. Bei einer *funzione* in der Sanità sah ich zu Ostern des folgenden Jahres auf der Fahne von Alessandros noch junger *squadra* aus dem Vico Tagliaferri das mir aus der Zeitung hinlänglich bekannte Konterfei des Getöteten neben dem eines anderen Jugendlichen, der, wie sich herausstellte, ein aus der Sanità stammender, im Bandenkampf erschossener entfernter Verwandter Alessandros war. Auch zu Emanuele, dem Toten vom August 2013, bestand angeblich ein verwandtschaftliches Verhältnis. *»Ich habe ihn geträumt, wie ich vor unserem Straßenaltar stand mit der Fahne und er mir die Hand auf die Schulter legte: diese Fahne gehört mir.* [...] *Die Tochter der Schwester meiner Mutter ist die Frau von Emanueles Onkel«*,[79] erklärte Alessandro. Emanueles Mutter lebte in der Sanità und unterhielt zum Heiligtum der Madonna dell'Arco eine enge Bindung. Der Vater war ein Camorrista gewesen und ebenfalls umgekommen. Eine Tante wohnte von ihren Kindern umgeben in einer Einbahnstraße zwischen Sanità und Capodimonte – in einer verwahrlosten Gasse, die wiederum zu einer anderen *associazione* führte und ein beliebter Weg für die *uscite* der *squadre* aus der Sanità war. Schließlich lebte in einem armseligen Tal unterhalb der herrlich morbiden Panoramastraße Vittorio Emanuele die Familie der Freundin, die zum Zeitpunkt von Emanueles Tod schwanger gewesen war. Nachdem Alessandro die Fahne seiner *squadra* am *basso* von Emanueles Tante vorbeitragen und an einer provisorischen Kapelle, die an den Toten erinnerte, die *funzione* hatte durchführen lassen, bestand der Höhepunkt der *uscita* in einer einstündigen *funzione*, bei der das Kind, das seinen Vorfahren niemals kennenlernen würde, auf dem Schoß Alessandros das Bild seines Vaters und das der Madonna dell'Arco hielt. Zudem widmete ein ehemaliger Neomelodico-Sänger, Pino Santoro, der sich nunmehr ganz auf die Zeremonien der Madonna dell'Arco-Gruppen spezialisiert hatte, den Toten einen Hymnus an die Madonna, die die schwierige Lage der Jungen gekannt habe und dennoch mit ihrer unbeirrbaren Liebe beiden zugetan gewesen sei, bevor er gemeinsam mit einem Behinderten der *squadra* das Ave-Maria anstimmte.[80] Zweifellos ging es in diesem Auftritt nicht zuletzt um die Integration des Outlaw, um die Bejahung des rechtsfreien Raums, der den vermeintlich Armen

gehört, deren Lebensanspruch private Mittel zu allgemeinen Ressourcen umschreibt und damit den Humus jener *napoletanità* als eines kollektiven Gutes bildet, ohne den die Stadt nicht existieren könnte. Dazu sollte die von Fackeln und Kerzen vor den Heiligenfiguren erhellte Szenerie (ein Haus am Eingang zum Tal hatte einen gigantischen Padre Pio mit Neonbeleuchtung ausgestellt) die Teilhabe an der gemeinsamen »Machtquelle Liminalität« (Erhard Schüttpelz) herausstreichen, die den Verbrecher, den Bettler, den Heiligen, den Priester, das Reine (das Kind Emanueles) mit dem Unreinen (die camorristische Aktivität) verbindet[81] und damit eine Ideologie des sozialen und existenziellen Grenzgängers plausibilisiert, für die bisweilen Erinnerungen umgeschrieben werden müssen (Davide sagte mir hinterher, Emanuele hätte zu keiner *squadra* gehört, er sei verhasst gewesen, weil er immerzu mit gestohlenen Motorrollern angab und schnell ausfällig wurde) – aber in alledem ging es ebenso um Alessandros Projekt, aus einer Spaltung eine Familie zu begründen, indem er seine Leute in einer *squadra* vereinte, die wiederum, indem sie eine andere Familie anhand ihrer Geschichte sichtbar machte, einem Kind seinen Vater zurückgab, eine Rolle für ihr Milieu, ihr Territorium, ihren Kult erwarb. Und dieses Band – jeder Teil dieses Bandes – war gewebt aus dem Exzess von Tod und Leben, oder besser: aus dem Exzess des Lebens im Tod, aus Emanuele, der ob seiner Hinterlassenschaft zum Gegenstand eines Totenkults werden konnte, welche wiederum die Madonna dell'Arco bekräftigte, die alte Füße abfaulen und neue wachsen lässt.

Alessandro war die Wette eingegangen, sich auf Emanueles Familie einzulassen. Weil er unnachgiebig war und sie auf sämtlichen *uscite* besuchte, sich sein großflächiges, geradezu klassisch-hellenisches Gesicht für den Ausdruck aufrichtiger Erschütterung eignete, hatte er eine gute Chance, sie zu gewinnen. Mit dem Konterfei des anderen Jugendlichen auf der Fahne, Giuseppe, war ihm das weniger gelungen: dessen Familie war inzwischen komplett zu den *evangelicali*, den Pentecostali, konvertiert und konnte zumindest offiziell der Vereinnahmung durch eine katholische Devotion nicht zustimmen. Alessandros offensiver Kampf für seine Interessen brachte ihm viel Skepsis, aber schließlich Anerkennung. Seine Arbeit in einem Wettbüro, das zwischenzeitlich von der Polizei geschlossen wurde (Wettbüros waren die einzigen Geschäfte, von denen man wusste, dass sie den Clans *tangenti*, Schutzgeld, zahlten), hatte ihn vielleicht dazu bestimmt, stets mit ganzem Einsatz zu spielen. Die allgemeine Regel besagt, dass, wenn die Differenz zwischen Traum und Realität schwer zu überbrücken ist, aus dem sonst durch kulturelles Kapital und Habitus kontrollierbaren Game of Life das unkontrollierbare Game of Chance wird, das erst Hab und Gut, später den eigenen Körper als Einsatz verlangt.[82] In dem Fall aber entsprach die Rolle als Impresario einer lokalen Kultgruppe, die alles auf die unerzwingbare

Gnade der Muttergottes setzte, genau der eines Wettbüroagenten, der die Leute dazu anhalten musste, ihr Glück im Zufall zu suchen. Dazu passte, dass Alessandro sich nicht zum Präsidenten wählen ließ, sondern jemanden vorschickte, der dieses Amt schon immer übertragen bekommen wollte. Diese Bereitschaft, quasi ins Nichts zu springen, mit Begeisterung die Leute zusammenzutrommeln, trieb schließlich einen Keil zwischen Cenzino und Davide. Letzterer wandte sich gegen Alessandros Gruppe, unterstellte ihnen *esibizionismo*, während Cenzino sich darüber erregte, dass ›sein‹ in widerstreitende familiäre Zugehörigkeiten eingespannter *presidente* eben nicht die Kraft fand, dauerhaft eine Gruppe aus einem Guss und mit genügend Korpsgeist zu formen. Cenzino distanzierte sich anfangs von Alessandro und warf ihm »Vandalismus« vor, schließlich half er ihm bei seiner Votivkapelle im Vico Tagliaferri und übernahm auch die Rolle des *portabandiere* (Fahnenträger).

Davide hingegen habe im Moment Schwierigkeiten mit den Jungs, weil er die Associazione 53 aus Fuorigrotta zur besten erklärt habe. Außerdem müsse er den Jungs etwas organisieren, sie wollten sich schließlich zeigen, sie bräuchten mal eine Tour auf einem gemieteten Lastwagen nach Secondigliano oder zu einem Treffen mit anderen Gruppen. Dafür müsse man Geld auslegen, richtig, aber das komme auch wieder herein. Stattdessen spare Davide lieber. Zudem erweise er Maria nicht die gebührende Reverenz: Er fahre während stundenlanger uscite *zur eigenen Verwandtschaft, aber nicht ans Haus von Maria, die doch eine Fahne gestiftet und ihm 500 Euro für die* associazione *gegeben habe. Man müsse auf Geschenke Wert legen. Und dann müsse man Fotos machen mit Geschenk und Schenkendem. Davide achte kaum darauf. Alessandro hingegen sei noch zu viel* forza, *und er habe sich auch geirrt, als er behauptete, den jungen Emanuele, der gestorben ist, mit dem Argument auf die* bandiera *zu bringen, er hätte von ihm geträumt. In Cenzinos Augen ist dies ein Versuch, Spenden zu generieren, weil von nun an die Verwandten je zwischen 30 und 40 Euro zahlen würden. Dabei habe er das Porträt auf der* bandiera *billig produzieren lassen. Das Gleiche gilt für das andere Porträt, das von Giuseppe, das dessen Vater eben nicht akzeptierte. Daran müsse man sich halten. Zur Zukunft seiner* associazione*: Er, Cenzino, habe sie dem Quartier geschenkt. Aber klar sei, dass sie von* erede in erede *gegeben werde, am Ende also an seinen Sohn (er meint Alfonso, nicht den anderen, der seine Drogensucht in einer* casa di famiglia *kuriert), oder, wenn dieser Kinder habe, an dessen Kinder. Davides Präsidentschaft betrachtet er als geliehen. Er selbst mischt sich ein, zeigt, dass die Leute im Viertel ihn wollen, so wie sie auch früher wegen ihm, Cenzino, gekommen sind. Und morgen wird er das Fest bei Alessandro eröffnen.*[83]

Alessandros wirkliches Problem bestand seit der Ausgründung aus der früheren, vom Großvater angeführten *associazione* darin, dass er sich nicht offiziell registrieren ließ. Jedoch mussten sämtliche Kultgruppen mitsamt ihren Besitztümern (Fahnen, Kapellen) bei der erzbischöflichen Kurie eingeschrieben sein, was wiederum einen Jahresbeitrag erforderlich machte, der zur Wahl des *presidente* nochmals fällig wurde, indes den Gruppen einräumte, auf ihren *uscite* auch um Spenden für die Madonna – für die eigene Associazione – bitten zu dürfen. Mitunter kontrollierte die Polizei die Offizialisierung. Die erzbischöfliche Kurie verwies darauf, dass die Registrierung die Einflussmöglichkeiten seitens lokaler Camorra-Bosse begrenze: Die Präsidenten dürften nur einmal wiedergewählt werden, die *associazione* selbst würde mitsamt ihrem *sede* und ihren Fahnen im Fall einer Auflösung an die Kurie beziehungsweise an die Dominikaner von Sant'Anastasia gehen, wodurch außerkultische Interessen minimiert würden.[84] Tatsächlich aber schuf diese Verordnung eine Pseudodemokratie und einen stärkeren Familismus. Der Gründer eines *sede* setzte ihm genehme Präsidenten durch und ließ die Fahnen nicht in die Liste eintragen, sie blieben Privateigentum. So verfuhr auch Cenzino. Alessandro hingegen suchte sich, um seine *uscite* durchzuführen, eine eingetragene *associazione* ohne *squadra*, aber mit einem *sede* als Partner: eine Win-win-Situation.[85]

Um Cenzino warb er, weil er um dessen besondere akrobatische Künste während der *funzioni* wusste: Cenzino galt als Künstler, als von der Madonna Ergriffener, der die Standarte vor einer Votivkapelle so zu halten wusste, dass sie in einem spiegelsymmetrischen Verhältnis zu seinem Körper stand, das heißt, dass er beinahe auf dem Boden saß und die Fahne knapp über dem Kopfsteinpflaster schwebte. Unterstützt von der Musikkapelle setzte Cenzino zu einer Art Tanz an, drehte sich um sich selbst und ließ die Fahne als Höhepunkt die Kopie des auf dem Votivaltar befindlichen Kultbildes aus Sant'Anastasia »grüßen«, das heißt sie fast berühren. In vergangenen Jahren hatten zahlreiche Vereinigungen um Cenzino geworben, denn sie wussten um die von seiner Performance bei allen Beteiligten hervorgerufene Mischung aus Begeisterung und Bestürzung. Cenzino legte Wert auf die Feststellung, dass er im Moment der *funzione*, mit der Fahne in der Hand, oder, was seine Spezialität war, die Standarte auf der Stirn oder gar mit den Zähnen balancierend (wobei ihm, wie er stolz bekanntgab, ein paar Zähne herausgebrochen waren), nur mehr sich und die Madonna wahrnehme – »solo io e la madonna« –, als wollte er jeden Verdacht des *esibizionismo* von sich weisen. Mitunter setzte seine Erinnerung aus. Wichtig war ihm in unseren Unterhaltungen die Macht der Performance, *so erzählte er die Geschichte der kleinen blauen* bandiera*, die ihm von einer Bekannten, ebenfalls mit Namen Maria überreicht wurde. Er habe sie einmal zu einer* funzione *mitgenommen zum Altar in der Via Maria Antesecula und dann dort in der Votivkapelle gelassen, über Monate, weil es regnete, und dann kam er wieder, als die Madonna Assunta (Himmelfahrtsmadonna) in einer kleinen Prozession überführt wurde und diese Maria ebenfalls im Koma lag: er nahm die Fahne spontan für die* funzione*, und in derselben Nacht, um Mitternacht, erwachte die Kranke. Er könne sich das nicht erklären.*

Er glaube nicht, dass er es gewesen sei. Aber wer sonst? Einen anderen Fall erzählt er, von einer funzione *vor dem Straßenaltar einer Bekannten im Rollstuhl, die ihn darum gebeten hatte, und davon, wie diese Frau von einer Verwandten sprach, die krank sei und für die er doch diese* funzione *durchführen könne, und er ging hin und ließ die Kranke herunterbringen aus ihrer Wohnung und wickelte sie in die* bandiera *ein und sie gesundete. Cenzino erzählt diese Dinge mit vornehmer Zurückhaltung, hält jedesmal kurz inne und staunt erneut. Die Madonna dell'Arco kann Tote erwecken, Lahme gehen machen, und sie kann den Frieden in der Familie wiederherstellen. Ob die Leute etwas für die Madonna empfinden, sehe man in ihren Augen. Da müsse man hinschauen.*[86] Der Sinn (*sense*, nicht *significance*) der *funzione* bestand folglich in der Verbindung einer Person, einer Straße, eines konkreten Lebenszusammenhangs, mit der heilbringenden Kraft der Madonna dell'Arco, wobei derjenige, der die Performance durchführte, aufgrund seiner Reinheit – also dadurch, dass er in der Aktion aufging, was sichtbar wurde, wenn er sich wie Cenzino der Fahne, der Begegnung mit der Madonna auslieferte – einen Kanal zu öffnen vermochte. Die akrobatische Leistung, deren Anstrengung unsichtbar zu werden hatte, wurde, wenn sie gelang, selbst als von Gnade gewährt verstanden. Im Fall des *portabandiere* Cenzino ergab sich zudem eine Bindung zwischen den Leuten seines Viertels und ihm, die ihn selbst nicht als »Patron«, weniger auch als »Impresario«, sondern eher wie einen Künstler – und manchmal auch wie einen Volksheiligen mit rauer Außenseite und frommem Herzen – anschauten. Die ganze Sanità war stolz auf Cenzino, denn seine performative Vergegenwärtigung der Madonna ließ ihren Segen unmittelbar für das Viertel wirksam werden und steigerte die Autonomie gegenüber heiligen Stätten wie Sant'Anastasia. Umso schwerer traf ihn das relativ geringe Ansehen ›seiner‹ *squadra*.

Mit Davide, dem Präsidenten, verbrachte ich einige halbe Tage und blieb ihm freundschaftlich verbunden. Er war mir schon ganz zu Anfang meines Aufenthalts aufgefallen mit seinen kurzrasierten Haaren und der Tätowierung einer Frau – »eine mexikanische Frau« – auf der Kopfhaut. Er hatte noch weitere, die Madonna dell'Arco an der Seite etwa – dort, wo bei Jesus Wasser und Wein herausgeflossen sein sollen –, aber das Beeindruckendste war die von ihm zur Schau getragene Mischung aus buddhistischem Mönch und lateinamerikanischem Gangster. »Ich hätte auch sterben können, eine falsche Bewegung, und man ist tot«, sagte er über sein mexikanisches Tattoo, das ich als Adaptation der »Santa Muerte« interpretierte.[87] Es figurierte hier weniger als Accessoire denn als Beute eines Wettkampfes, dem preisgegebenen eigenen Leben abgerungen, das nun dieses Leben beschützen würde. Im Gegensatz zu meinem früheren Untervermieter Alessandro G. spielte Davide sich nicht auf in seinem Hang zum gefährlichen Leben; ich verstand mit der Zeit, dass er es kannte und mir wenig darüber erzählen würde. »Je weniger du weißt, desto besser ist es«, sagte er. Er hatte lange in einer Gürtelfabrik gearbeitet, als Vorarbeiter nicht zuletzt für seine Frau, die er »gleich allen anderen behandelt« habe. Sie als Näherin verlor ihren Job zuerst, dann kündigte man auch ihm mit fadenscheinigen Argumenten. Er nahm sich ein paar Gürtel mit, die sie für Gucci produziert hatten, und versuchte, sie an die Händler auf den kleinen Märkten zu verkaufen. Als ich ihn kennenlernte, hatte man Davide gerade sein Auto gestohlen, außerdem war er außerhalb des Viertels beim Fahren ohne Helm erwischt worden, weshalb sein Führerschein konfisziert worden war. Cenzino gab ihm für 30 Euro am Tag Arbeit, aber Davide verstand, dass er sich dadurch nur noch mehr auslieferte. *Seine Frau würde selbst für Arbeit niemals aus Neapel fortziehen. Nur die Familie helfe, auch außerhalb, er selbst kennt viele Beispiele von Neapolitanern, die seit Jahrzehnten zurückpendeln, so stark sei die Sehnsucht (sein Bruder putzt die Zimmer bei Don Antonio, aber was sei das für eine Perspektive mit 30, denn wenn ihn Don Antonio eines Morgens nicht mehr wolle, habe er nichts). Er zeigt mir weiter die Gegenstände – Reliefs, Rahmen, Kronen aus Karton –, die er in seiner Garage und in Mondragone, der vergifteten kleinen Stadt am Meer, während der Ferien für die Madonna dell'Arco gefertigt hat, zwischen April und September, wenn der Kult etwas ruht. Er sagt, er würde jetzt, vor allem wegen seines Sohnes, nicht mehr »die Straße wechseln« und »ehrlich« bleiben. Die Kraft dafür demonstriert der Schmerz, die 30 Kilometer, die er mit nackten Füßen zur Madonna zurücklegt.*[88] Im November 2013, als es nicht unbedingt kälter, aber regnerischer wurde in Neapel, trafen wir uns Sonntagvormittag auf der Piazza vor der Basilika der Sanità. Es gab eine Bar, die direkt unter dem *sede* der Vereinigung »La Centrale« lag, wo sich die Präsidenten, die Stifter sämtlicher *associazioni*, trafen, um Neuigkeiten hin- und herzuschieben, Kaffee zu trinken, sich gegenseitig ein wenig aufzuziehen und ansonsten ein traditionell neapolitanisches Leben zu führen: die seligen Stunden auszunutzen, die die Frauen in der Kirche verbrachten, sich auf das Ragù zu freuen, das seit dem Vorabend oder spätestens seit sieben Uhr morgens im Topf schmorte, und über die Missgunst der von den Fernsehkanälen beeinflussten Schiedsrichter sowie die Unfähigkeit des aktuellen Trainers zu klagen, der den SSC Neapel wieder einmal unter seinen Möglichkeiten spielen ließ. An diesen Sonntagvormittagen traf man jeden, es gab angeregte Gespräche, und ich hatte kaum je das Gefühl, dass die Männer so sehr in ihrer kulturell zugewiesenen Rolle aufgingen wie in diesen Stunden. Auf dem Markt der Vergini am Eingang der Sanità absolvierten Frauen die letzten Einkäufe, in jeder Kirche gab es mindestens zwei Vormittagsgottesdienste, das Movimento Cinque Stelle warb mit einem Stand um den *consenso popolare* und zog die jüngeren, kritischen Zugezogenen an; spätestens eine halbe Stunde nach der Mittagsmesse aber würde die Sanità wie ausgestorben wirken, während sich das *pranzo domenicale* in den Wohnungen bis zum frühen Abend hinzog, wenn man wieder auf die Straße trat und die Schaufenster auf der Via Roma besichtigen ging.

Ich sehe auf der anderen Straßenseite gegenüber der Basilica Davide und einen anderen jungen Mann sitzen und geselle mich zu ihnen. Der andere heißt Giuseppe, hatte einen Laden für Waschmittel im Rione Alto und sucht nun wieder Arbeit in der Sanità. Nächstes Jahr wird er heiraten, eine Frau aus der Oberstadt, dort, wo die Leute geiziger seien – »das popolino *hat kein Geld, aber gibt es aus, im Rione Alto haben die Leute Geld und geben es nicht her« – und wird aller Voraussicht nach zu ihr ziehen. Davide erklärt mir das so: »Die Frau ist der Familie stärker verbunden, also zieht man zu ihr.« Davide spricht davon, dass er demnächst die Statue der Madonna Addolorata, die einstmals in der entsprechenden Kirche auf der Via dei Cristallini und heute in der Basilika stünde, auf eine Prozession mitnehmen wolle. »Wenn ich mir eine solche Sache in den Kopf gesetzt habe, dann führe ich sie auch durch.« Stolz erzählt er nochmals das vor einem Jahr gestochene Tattoo am Kopf und behauptet, die* donna messicana *erst beim Tätowierer gesehen zu haben (und nicht als Bandensymbol im Fernsehen oder im Internet, wie ich vermute). Wir sprechen ein wenig über Frauen, ein Thema, bei dem jeder Experte sein will. Er habe mit 19 geheiratet, kenne seine Frau seit 15 Jahren. Zu Hause herrsche sie. Überhaupt bestimme sie den Plan: Am Sonntagnachmittag seien sie daheim oder bei Verwandten, am Abend zur* passeggiata, *also auf einemSpaziergang, gerne auch in den Vierteln Mergellina oder Posillippo. Den Sonntagvormittag aber habe er für sich, er gehe dann immer in die Sanità. Frauen, sagt er, lerne man bei den Motorini-Corsi kennen. Mit 13,14 verlobe man sich. Es gebe 13-,14-Jährige, die seien, weil ihr Partner auch mal im Gefängnis ist, mit allen möglichen Männern zugange. Die könnten deshalb nur noch einen* fidanzato *außerhalb ihres Viertels finden, in dem sie keiner wolle für eine ernsthafte Beziehung. »Ognuno ha la sua croce in famiglia« (Jeder hat sein Kreuz zu tragen). Überhaupt träfe beim Fremdgehen Frauen die Schuld, sie müssten stoppen, während ein Mann, einmal angeregt, nicht mehr an sich halten könne. Anders wäre es zwar besser, ginge es aber nicht. Die Hörner setze man sich ununterbrochen auf, klar. Er kenne eine Familie auf dem Vico Lammattari, da habe eine Frau Mann und Kind verlassen, um mit einer anderen Frau zu leben. »Una scelta di vita« – und ein Mann könne das nicht verstehen, wogegen für einen anderen Mann verlassen zu werden rational sei. Wir sprechen über das Verhältnis zu den Fremden, es sei in der Regel gut. Bei den Srilankesen kauften ganze Familien; Davide mag sie trotzdem nicht, da sie Motorini stehlen und diese in ihre Heimat exportieren würden. Er kaufe weiße Hosen und Hemden für seine* associazione *bei den Chinesen. Das sei allemal billiger als bei den Neapolitanern.*

Periodisch kommen Männer vorbei, die Augen hinter Sonnenbrillen, auch wenn es bewölkt ist, die Frauen vorgeschickt, und begrüßen vor allem Davide, der allen caffè *spendieren möchte. Auch dafür ist er* presidente. *Breitbeinig sitzt er da, der arbeitslose Familienvater. Jetzt*

hat er einen Job als Komparse in der TV-Fortsetzung von Gomorra [*deutscher Verleihtitel* Gomorrha – Reise in das Reich der Camorra], *dank Vincenzo Pirozzi.*[89] *Er will auch wissen, wie es mit meinem Buch weitergeht, ob er mir nützlich sei. Ich erkläre ihm, was ich vorhabe. »Ah, du erklärst den Leuten die Religion? Unsere Religion!« Wir sprechen über das kriminelle Leben, über die Modifikationen an den Motorini, darüber, warum es sich für ihn und seinen Kumpel nicht lohne, einen Mikrokredit zu erfragen (»Wenn die Leute dann wissen, was ich alles nicht bezahlt habe. Du musst sauber sein dafür. Das bin ich nicht«). Über die Spannung mit Secondigliano, wo es viele Jugendliche und entsprechend viel Drogenverkehr gebe, darüber, dass sein Bruder in Secondigliano als einer der ihren akzeptiert sei – die Mutter lebt immer noch dort – er aber nicht. Dass sie ihn schon einmal umbringen wollten in einem Billard-Lokal, zwanzig gegen einen, er dann aber eine Gruppe aus der Sanità organisiert habe, Schlägereien,*

Messer, Billardstöcke und so fort. Dass es gut sei, »den zu kennen, der regiert«, dass das manchmal allerdings zu ärgerlichen Verpflichtungen führe. Die Augen wandern, sie sondieren das Terrain. Ich frage ihn, wann man das lerne. Früh. Man wisse schnell über die Leute Bescheid, offenbar zuerst über Besitzverhältnisse: »Wenn der und der zweimal mit seinem Auto hier entlangfährt, weißt du, wer zu wem gehört.« Als ich über Ciro o'Milionario *spreche, sagt er beiläufig, es sei stets besser, keine Namen fallen zu lassen. Denn sonst würde man gefragt, was weißt du über den oder den? Und dann weiß man auch, zu wem jemand gehört. Cenzino setzt sich zu uns, auf seiner klapperigen Honda kommt er angefahren, rosa Hemd, kariertes Sakko, edler Schal, sein Sonntagsstaat.*[90]

Die Vereine der Madonna dell'Arco sind neben ihrer Funktion, Familiarität auszudrücken, auch damit befasst, lokale Identität zu stiften. Lokale Identität wird über Familien gebildet, über Erzählungen darüber, wer wo wann gelebt hat. Menschen ohne Familie sind, so eine schlimme Beleidigung, *uomini soli*, Alleinstehende, fast nichtexistent, jederzeit in der Gefahr, davongeschwemmt zu werden vom Strom der Zeit. Anlässe für solche vergewissernden Erzählungen sind Feste, Prozessionen, Rituale, die einen Schutz und zugleich ein Fenster darstellen zur ›großen‹ Welt. So wie ein Sonntagvormittag in der Bar gegenüber der Basilika. Wenn über Einwanderer gesprochen wird, so unterscheidet man zwischen einzelnen Migranten – den Polen, Ukrainern –, die angeblich immer weiterziehen, und den Srilankesen mit ihren Familien, die bestrebt seien, Fuß zu fassen. Die Familie kann einen abschließbaren Bereich meinen, aber sie meint immer auch den ›dritten Raum‹ einer Vermittlung zwischen innen und außen. Familiengebundene Menschen, so die allgemeine Haltung in der Sanità, haben Interessen, man kann sie einschätzen, Alleinstehende hingegen haben nichts anzubieten – sie suchen Schutz und Halt und gehen einem meist auf die Nerven. Dabei ist Familiarität ein Ausdruck für existenzielle Verbindungen; sie können, wie bereits erwähnt, auch teilweise über die geteilte Lebenswelt eines *vicolo* entstehen, aber sie bedürfen einer rituellen oder symbolischen Beglaubigung. Davides *squadra* wählte genau diesen Weg: Zum einen setzte sie sich aus Verwandten zusammen, zum anderen suchte sie, einzelne Jungen – seltener Mädchen – aus dem *ceto* des Viertels zu gewinnen. Als *battenti* mit ihren weißen Hemden präsentierten sie auf ihren *uscite* die Unschuld und die Gleichheit, aber sie standen für diese allgemeinen Werte durch ihre Zugehörigkeit zu einer besonderen *associazione* und einer besonderen Patronin. Egalität gab es nur innerhalb einer nach familistischer Logik konstruierten Gemeinschaft. Trotzdem konnte die familistische Logik nicht davon absehen, dass Familien durch Ereignisse geschaffen wurden; dass das Band über einen gewaltsamen Tod gewebt wurde oder über eine Rettung in letzter Minute. Familiarität entstand, indem man sich zu diesen Ereignissen verhielt, sie sich aneignete: in einer zweiten Geburt und wie eine zweite Natur.

5. Der Weg nach Sant'Anastasia

Noch in der Nacht, aber schon am Ostermontag, treffen sich die meist jungen Mitglieder der Kultvereinigung in ihrem kleinen *santuario* in einer verwinkelten Gasse der Sanità. Ihre Jacken und Hosen tauschen sie gegen weiße Anzüge, in denen sie sich als Gefangene ihres Kultes ausweisen. Über die Brust verläuft eine Schärpe oder um den Hals ein Collier, jeweils in den Farben blau und rot. Die Schuhe lassen sie zurück, manch einer zieht weiße Socken über, wer kann, geht von nun an barfuß. Dann treten sie vor ihren Straßenaltar, die *edicola* mit der Kopie des Kultbildes der Madonna dell'Arco, und einer von ihnen, der sich dieses Jahr besonders berufen fühlt, schenkt ihr seine Stimme (*dà voce*). Anschließend laufen sie gemeinsam mit den Fahnen ihrer lokalen Vereinigung oder mit solchen, die ein an ihren Familien gewirktes Wunder bezeugen, durch die vicoli der Sanità. Diese münden alsbald in die Arterien der Stadt, dann geht es stumm weiter durch die Industrieregion hinter dem Hauptbahnhof, bis die *devoti* die öden Landstraßen erreichen, die Ortschaften im Schatten des Vesuv. Vier oder fünf Stunden brauchen sie, je nachdem, wo sie aufgebrochen sind, je nachdem, ob Pausen notwendig werden für die Jüngsten, um zum Heiligtum der Madonna dell'Arco in Sant'Anastasia zu gelangen.[91]

Immens ist die Bedeutung der ›Straße‹ für diesen Kult, der einen längeren nächtlichen Aufenthalt auf Landstraßen erforderlich macht. Man könnte meinen, dass die Nachbildungen des Kultbilds, aber auch die ausgestellten Statuen oder Büsten in Straßenaltären und Votivkapellen ihren Platz auf den Straßen behaupten, so wie sich ›die Straße‹ in der Peripherie oder in der Stadt *i vicoli* gegen den Zugriff der hegemonialen Institutionen (Polizei, Stadtbauamt) behaupten. Dass der Kult in vielerlei Hinsicht Leute der Straße versammelt, ist gesichert. Traditionell schließt dies die Klientel der Prostituierten, der kleinen Diebe, der Produzenten und Verkäufer ›gefälschter‹ (aus dem autorisierten Distributionszusammenhang entwendeter) Markenartikel, kurz all jener ein, die nicht zu den großen, geschützten Verbünden zählen – weder zu den staatlichen und kommunalen Angestellten noch zu den *camorristi* – und die darum tatsächlich »guaglion' di mezza strada« (Jungs mitten von der Straße) sind. Man sieht, wenn man den Kultgruppen über längere Zeit bei ihren *uscite* folgt, dass gerade *contrabbandieri*, Schmuggler oder Verkäufer von Schmuggelwaren, an Markttagen ihren Obolus entrichten. Weiter wird der Kult von jenen organisiert, die man »einfache Leute« nennen kann, die über wenig formale Bildung verfügen, traditionell Konflikten mit dem Gesetz (nicht zwangsläufig mit den Gesetzeshütern) nicht abgeneigt sind, die entweder sehr viel Zeitaufwand und Geld investieren oder andererseits als religiöse Unternehmer auf Prestige in ihrem sozialen Umfeld hoffen. Diese Leute sind stark devotionalistisch, sie gehen eher zur *adorazione* (Anbetung) als in die Messe, ihr Familismus oder Klientelismus mag sich in der Anhänglichkeit gegenüber bestimmten festen Heiligen spiegeln. Der Vorwurf, zum Erfolg mafiöser Strukturen beizutragen, ist nicht völlig von der Hand zu weisen: Es gibt *associazioni*, die von Mäzenen aus der Halbwelt gesponsert werden, mit so aufwändigen *funzioni* um Ostern, dass die Tage vor dem Fest stattfindende »Umfrage« unter lokalen Geschäftsleuten, wer bereit sei, zwischen achtzig und zweihundert Euro zu spenden, es sei eine einmalige Gelegenheit für das Viertel, mit Umzug, Feuerwerk, der Madonna, der *banda musicale*, sich zwischen Bitte und Schutzgelderpressung bewegt. Die Vereinigung des legendären Mezzofila vom Rione Mercato leistet sich dieses Gebaren. Dort gibt es außer der Madonna nur mehr wenig zu feiern. Ansonsten gilt, dass die Madonna dell'Arco zwar den Insassen der Gefängnisse gehört, den Frauen und Kindern, die sich gemeinsam mit ihren inhaftierten Familienmitgliedern auf sie beziehen, aber die Madonna rechtfertigt weder die Gewalt noch gibt sie zu ihr Anlass, sie sorgt lediglich dafür, dass im Leben die großen Narrative von Schuld und Umkehr, von Reue und Wunder bewahrt werden dürfen und zu mobilisierbaren Reserven werden wie jeder Ritus, in dem sich der »kollektive Optimismus« der Magie gespeichert hat. Diese großen Narrative machen das Leben für einen selbst sichtbar, sie machen aber auch einen selbst im Leben sichtbar. Ein Großteil der jungen Kultadepten – und es ist offensichtlich, dass in den letzten Jahren nach einem deutlichen Niedergang die Anzahl junger Leute wieder zunimmt – begründet seine Zugehörigkeit stark mit dem Wunsch nach Sichtbarkeit, nach Präsenz, und wird selbstredend ob ihres *farsi vedere* (sich sehen lassen), *mettersi in scena* (sich inszenieren) genannten »Ausstellens« auch denunziert – besonders, nachdem man sich via sozialen Netzwerken, Facebook, Instagram, ins Bild setzt –, aber eben weil Sichtbarkeit (und: richtiges Sich-Geben, Sich-Präsentieren) zu den traditionellen Werten einer auf der Bezeugung von Ehre und Anerkennung basierenden Gesellschaft zählt.[92] Die neuen technischen Medien haben gerade zum Wiederaufschwung des alten Kultes um die Madonna dell'Arco geführt. Er ist ein legitimer Grund, in den Bilderverkehr einzutreten.

Die Straße ist Lebensraum, zugleich Bühne. Wo immerzu andere durch die eigenen Straßen defilieren, bringt das Angeschautwerden die relevanten Sozialtechniken hervor. Für Neapel gibt es diesbezüglich einen mindestens ein Jahrhundert alten Diskurs, der von Walter Benjamin über Jean-Paul Sartre bis zu den jüngsten neapolitanischen Hervorbringungen selbst reicht. In erster Hinsicht sei Neapel szenisch, mit ständigen Wechseln von Vorder- in Hinterbühne, wie Sartre 1936 angesichts der *bassi*, der ebenerdigen Wohnräume, notiert, die sich abschließen, aber auch zu Erweiterungen der Gassen umfunktionieren lassen.[93] Diese Rezeption eines suggestiv szenischen Neapel, das im Echtkontakt die auf Leinwand oder Fotografie überlieferten Bilder nur mehr erweitert, hat auch zur Eingemeindung negativer Vorkommnisse als kultureller Stereotype geführt: Müll und Verelendung der neapolitanischen Straßen werden früh als Teil des Schauspiels integriert und damit ihres sozialpolitischen Skandals entledigt. Tatsächlich nutzen die Bewohner die Straße als szenischen Ort, um ihren Unmut über die fortschreitende Verelendung und die Ignoranz der Stadtregierung zum Ausdruck zu bringen. Wie zum Zeitpunkt der Auseinandersetzung um die Verbrennungsanlage im Norden Neapels wird die Vermüllung noch einmal szenisch aufgearbeitet und kommt so ins Fernsehen. Rezipiert wird sie dann als Übertreibung eines pittoresken Zustands, als ihr Kippmoment – und die nationale Anstrengung zielt darauf ab, die Altstadt wieder auf eine normale Unzulänglichkeit zu stutzen. Die Bewohner wissen das, ihnen ist vor allem klar, dass sie ihre Ansprüche einzig vor dem Hintergrund ihrer als zivilisatorisch deviant wahrgenommenen Eigenheiten vertreten können. Was sie tun, erklären sie deshalb vorsorglich zum Teil ihrer kulturellen Identität.

Besonders gilt dieser Rückgriff auf die neapolitanische Gruppenidentität für die Teilnehmer an religiösen Riten. Ob San Gennaro, dessen Blut sich an jedem 19. September verflüssigt, die *anime sante del purgatorio* oder die Madonna dell'Arco – all diese Gestalten sind, so sehr sie in ihrer »Heiligkeit« an der universalen Liminalität der Grenzüberschreitung von Leben und Tod partizipieren, zutiefst lokal gebunden. Sich auf sie zu berufen bewirkt dabei, dass die lokale Spezifizität nicht aufgehoben, vielmehr heraus- und emporgehoben und in ihrer universellen Dimension sichtbar gemacht wird, was zweierlei Resultate zeitigt: auf der einen Seite die »Heiligung« des Lokalen durch eine überlokale Heilskraft, sprich: eine »Segnung«, was gleichbedeutend ist mit der Transformation des konkret Lokalen zu einem weiteren Teil der Szene in einem Heils-Theater. Zum anderen wird das Lokale in seiner Unübersteigbarkeit gefestigt, besagt doch der christliche Heilsmythos, dass dessen Geschichte im Prinzip schon erfüllt ist. Alltagspraktisch betrachtet heißt das, dass die szenische und verweisende Funktionalisierung der Stadt eine ganze Menge sehr konkreter Aktivitäten und Kooperationen ins Werk setzt. Diese verwirklichen ereignishaft, was als Ziel der zeichenhaften Bemühungen dauerhaft am Ende stehen soll: das gute Leben in der Stadt als Festgemeinschaft.

Dieses nicht weniger auf Organisationstalent als auf frommen Übermut angewiesene Verhältnis von Besonderem und Allgemeinem, von Lokalität und Universalität findet seinen Ausdruck nicht zuletzt in Praktiken wie Prozession und Pilgerwallfahrt. Neapel ist eine Stadt zahlreicher Prozessionen, und Neapolitaner gehören zu den pilgerfreudigsten Menschen Europas. Ein Wallfahrtsort relativ jungen Datums, Medjugorje in Bosnien-Herzegowina, ist mittlerweile neben Lourdes das von neapolitanischen Reisebüros am häufigsten angebotene und das zweifellos preisgünstigere Ziel. Wie im Fall von Fest und Ritual ist die anthropologische Forschung bislang kaum zu einer überzeugenden Unterscheidung von Prozession und Wallfahrt gelangt.[94] »Pilgrimage« gehört allerdings zu den religionsethnologisch gerade in den letzten Jahren verstärkt bearbeiteten Themen, vor allem mit Blick auf die Anthropologie des Islam,[95] wobei daran erinnert werden muss, dass die Kategorien im Wesentlichen von Victor und Edna Turners Studie aus den 1970er-Jahren zu christlichen Heilsstätten abgeleitet werden.[96] Man ist übereingekommen, dass *Pilgerwallfahrten* eine Änderung des Pilgernden bewirken sollen und dass das Pilgern eine Art zusammengezogenes Leben meint, sprich: die Metaphorisierung des Lebens zum Lebens-Weg zum Zweck seiner Veranschaulichung. Dementsprechend hat die Forschung viel über die Situationen und das Erleben der Akteure zusammengetragen, über Initiation und Aufbruch, über die Ankunft und Rück-Sendung und über das Verhältnis von Pilgernden und Kulthütern.[97] Die Pilgerlandschaft blieb dagegen oft unterbelichtet oder verschwand in Generalisierungen. *Prozessionen* hingegen werden ausgehend von ihrer Topografie analysiert, der Ausgang vom Erleben der Akteure scheint weniger vielversprechend zu sein. Prozessionen können als »ritualisiertes Gehen« Teil der Pilgerschaft als »ritualisierter Reise« werden (etwa die Prozession um die Kaabah als Höhepunkt der Hadj, zu der sich jeder Moslem einmal im Leben verpflichtet sieht). Die Dichotomie von Zivilisation und Wildheit, die beim Pilgern herausgearbeitet wird, scheint bei Prozessionen weniger bedeutsam; die Übernahme, Aneignung und Umschrift der Wildgeister, wie sie rituell in den Amuletten, den Schutzvorschriften und -gebeten der Pilgernden sedimentiert ist, ist bei den weniger raumgreifenden Prozessionen wohl aufgehoben. Andererseits habe ich in Neapel einen Sinn für Prozessionen beobachten können, der mir an der Grenze zur Pilgerfahrt und trotzdem von ihr unterschieden zu sein vorkam. In den einzelnen Stadtvierteln erfolgende Umzüge zu Ehren der Patronatsheiligen oder bestimmter Erscheinungsweisen der Muttergottes verstärkten den Eindruck, es handelte sich hierbei nicht nur um Versuche, göttliche

Heilskraft durch mitgeführte Statuen, Bilder oder das Allerheiligste der geweihten Hostie auf eine fest umschriebene Lokalität herabzurufen, sondern anhand der prozessierenden Statuen, der Repräsentanten und Vervielfältiger des Heils also, Fremdheitserfahrungen zu machen, die die zu heiligende Umgebung selbst in ein mythisches Licht tauchten. Bei abendlichen Prozessionen erhielten die Madonnen, wie die Teilnehmer bezeugten, eine andere Farbe; die ganztägige Prozession in sämtliche Winkel des Viertels ließ die Adepten des Hl. Vincenzo in der Sanità schließlich einen anderen Sinn der Orientierung gewinnen, und zwar, indem sie ihn erst einmal verloren: Sie unterwarfen sich ihrem Heiligen, der sie zu Gästen, zu Fremden in ihrem eigenen Viertel machte. Das somatisch erfahrene Fremdwerden des Eigenen scheint eine Voraussetzung für die Legitimation und Glaubwürdigkeit der Heilskraft des Patrons zu sein, und es ist offensichtlich, dass dafür der Heilige sehr »konkret«, das heißt in seiner Repräsentation (seiner Statue) anwesend sein muss, denn das Fremdwerden ist eine Angelegenheit konkret ausgeübter und nicht einfach symbolischer Macht. Die Straßen eines Stadtviertels werden in solch einem Fall tatsächlich andere.[98] Anlässlich der etwas historistischen Prozession im Flughafenviertel Capodichino / Secondigliano, bei der die Statue Mariens auf einem Karren mit störrischem Pferd gefahren wurde, die Leute, die zur Gemeinde gehörten, ihre beste Wäsche (Bettdecken) heraushängten, »um Maria zu ehren«, wie jemand sagte (und um den Segen für ein gutes Familienleben zu erhalten), wurde deutlich, was die Funktion von Prozessionen ist: die Aktivierung und Transformierung einer sozio-geografischen Einheit in eine Reisegruppe, so wie es am deutlichsten dort stattfindet, wo die Prozessionsträger unterwegs verköstigt und eingeladen werden müssen. Man ist zugleich Gastgeber und reist mit. Der feste Ort wird von der Erde gelöst, mobil, er ist lokal und universal zugleich, indem die alltäglichsten Tätigkeiten – das Geben, das Zubereiten von Essen – in diesen Aktivitäten in den Vordergrund treten,

1 Classe
Sweet Years
Keys
Café Noir

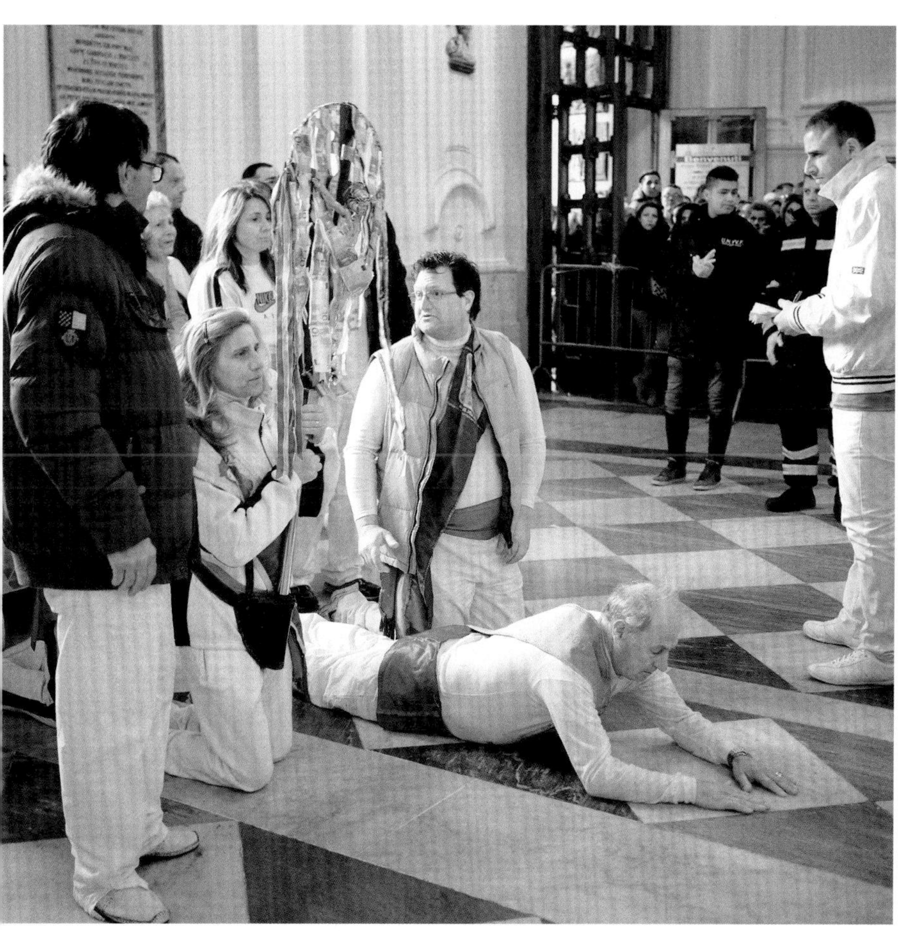

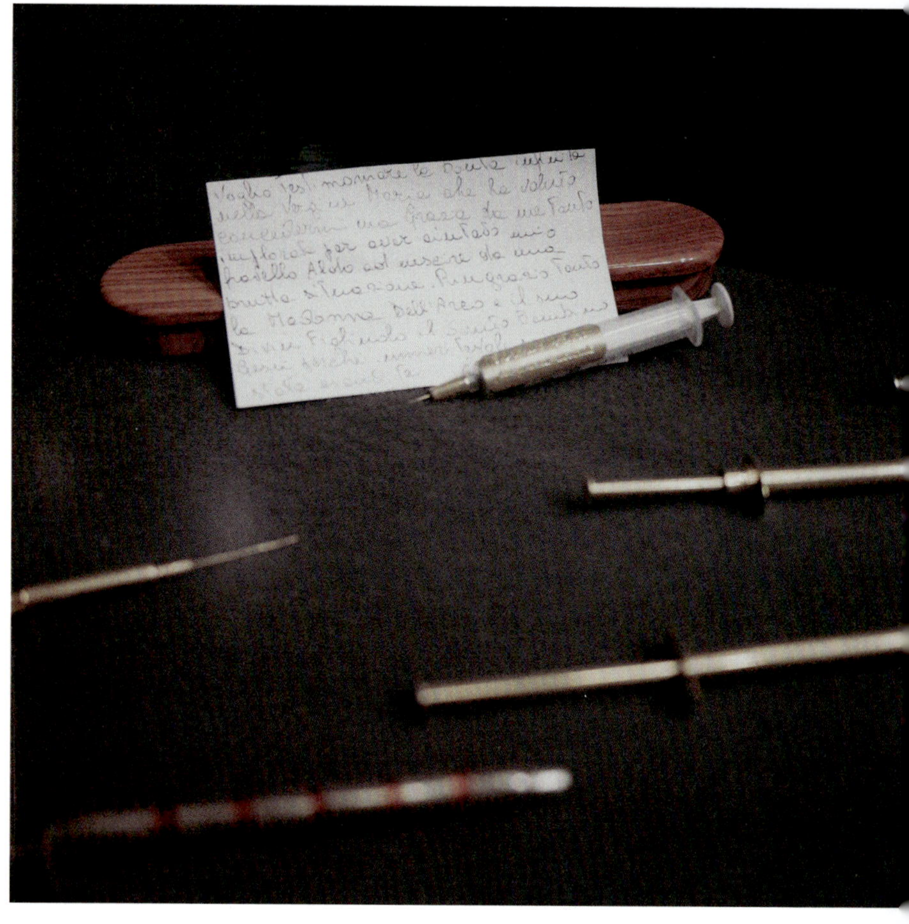

MADONNA DELL'ARCO
Mostro
ANNA
TI AMO

MADONNA DELL'ARCO

ja auf die Bühne gebracht werden. Das eigene Dasein wird folglich bildhaft verstanden. Freilich kann man sagen, dass die Statue den Alltag »heiligt«; aber er wird eben geheiligt, indem man eine Reise antritt. Unabdingbar dafür ist es, in eine auch körperlich explizite Beziehung zu jenem Objekt zu treten, dem die Prozession gilt – und genau hier liegt der Unterschied zur idealtypischen Pilgerfahrt. Bei dieser findet ein Opfer statt, das idealerweise die Wegstrecke, den Schweiß und die Mühe, in Heil oder zumindest Vergebung verwandelt, eine Verwandlung, die am Höhepunkt der Pilgerfahrt in Form einer Prozession gebündelt werden kann. Prozessionen sind ein einziger Unterwerfungsritus, während Pilgerfahrten jene Heilsbedürftigkeit ausdrücken, die zu erregen eine genuine Qualität ihres Ziels ist. Daraus folgt, dass Prozessionen zum Pilgern drängen oder aus ihm hervorgehen.

Bezogen auf die je nach Ausgangsort drei oder vier Stunden Fußweg zur Madonna dell'Arco in S. Anastasia, scheint die Frage, ob es sich um eine Prozession oder um eine Pilgerwallfahrt handelt, einigermaßen entschieden. In erster Linie führt man sich selbst und Symbole des Eigenen mit – die Familienfahne, ein Bild, einen Votivgegenstand, der wie ein Porträt der Madonna gestiftet werden soll, alles Dinge, die erneut oder erst noch »aufgeladen« werden müssen. Ab dem Hauptbahnhof führt die Strecke über Industriestraßen, unter den »sette ponti« (sieben Brücken) entlang durch ein Niemandsland, das lediglich von Autohöfen oder halbfertigen Fabriken unterbrochen wird. Sobald es heller wird, sieht man die Konturen des Vesuv näherrücken. Ein besonderer Reiz des Wegs nach S. Anastasia liegt in der Entrücktheit dieser Landschaft, die gleichwohl noch zur Stadt gehört, auf der indes die Wildheit des Lebens, die zahlreiche Biografien der Kultadepten imprägniert hat, sinnfällig wird. Es ist eine klassische Gegend der *mariuoli*: Hier kamen früher Zigarettenladungen an, mit den Autokonvois aus Bari weitergeschmuggelt, und hier wärmen sich nachts am Feuer die Prostituierten aus Schwarzafrika ebenso wie die Femminielli, die Transsexuellen. Stumm ziehen subsaharische Flüchtlinge, von Medien und Organisationen in diesem Jahr des IS-Terrors vergessen, in ihre Barackenunterkünfte. Wie die meisten öden Straßen ist diese nur scheinbar verlassen: In den Topografien derjenigen, die hier ihren Geschäften nachgehen, ist so gut wie jeder Meter genau markiert und füllt eine Stelle aus im Netz der täglichen Verrichtungen. Ebenso wie die »natürliche« Natur ist dieses Stück »gemachter« Natur gefährlich und fruchtbar in einem. Vorne am Gelände geht eine Autobahnauffahrt ab, dann folgt das kurze Stück, das die Passage in die nach dem Erdbeben von 1980 stark besiedelte »klassische« Peripherie Neapels erleichtert (nach S. Giovanni di Teduccio, Barra, Ponticelli), der Rest des Weges führt zur Madonna dell'Arco. Jeder Meter dieser Straße ist auf seine Weise ein Millionengrab und steht für in die Taschen von Baulöwen abgezweigte Fördermittel. Jeder Meter dieser Straße ist ein Schritt, für den man Reue zeigen oder anklagen müsste. Am Ende des Weges durchs Niemandsland, dort, wo die Straße in die Vororte von S. Anastasia mündet und sich für einige Hundert Meter das Bild einer sozialen Idylle des 19. Jahrhunderts mit seinen arkadengesäumten Trattorien und Landhäusern einstellt, haben seit Mitternacht die Verkäufer von Socken und Spielzeuggewehren ihre Stände aufgebaut. Die Socken sollen jenen helfen, die auf dem Asphalt und dem anschließenden Kopfsteinpflaster nicht barfuß weiterlaufen können, die Gewehre daran erinnern, dass ein Großteil der Menschen, die sich heute Nacht auf den Weg gemacht haben, gefährdet sind und Schutz bei sich oder der Muttergottes suchen. Die Ideologie der Selbstverteidigung, letztlich einer Einsamkeit, die aus sozialer Deklassierung und Ächtung, aus der Erfahrung eines unzuverlässigen Staates ebenso wie aus einem fatalistischen Begriff der Existenz folgt, in der jeder jeden umbringen könnte, ist zum einen die des historischen Camorrista, zum anderen verspricht sie Würde dem, der in keine stabilen Netzwerke eingespannt ist. Die Komplementarität des Bildes der Madonna dell'Arco und des Spielzeuggewehrs oder

der Spielzeugpistole erschließt sich über den Zugriff der Wildnis, die durchlaufen wird, in der es keine moralischen oder Sittengesetze gibt, sondern höchstens ›Zuflüchte‹. Ebenso stellt sie sich zur narrativen Sequenz um: Auf die Nutzung der Waffe folgt der Penitenzritus. Die Stände am Straßenrand betonen den Charakter der Pilgerschaft und überhöhen den gemeinsamen Weg nach Sant'Anastasia zum existenziellen Sinnbild.

Die Landstraße zwischen Neapel und Sant'Anastasia wird als liminaler Ort in Szene gesetzt, auf dem Versuchung, Umkehr, selbst Heilung möglich werden. Die Verlassenheit der Straße geht in die Verlassenheit der Personen über, die keine andere Wahl haben, als der »Mutter von uns allen«, wie sie die Madonna dell'Arco nennen, zuzustreben. Wenn man die drei von Arnold van Gennep in seinem Klassiker *Rites de passage* (1909) identifizierten Elemente eines Übergangsritus heranzieht – die Abtrennung, der »nackte« Übergang, die Angliederung[99] – so repräsentiert der Weg über die Landstraße, der sich zwischen der Verabschiedung vor dem eigenen Madonnenbild, einer Reproduktion, und der Ankunft bei dem wahren Urbild befindet, das selbst wiederum ein Abbild ist, den Moment des Übergangs, in dem sich noch alles entscheiden kann. Die Ankunft vor dem *santuario*, die Öffnung des Tores, das Übertreten der Schwelle bilden den Angliederungsritus und die Statuserneuerung (wenngleich in der Kirche selbst sich noch einmal sämtliche Elemente der Passage wiederholen und steigern). Bei der ersten Ankündigung des Morgens, wenn die Überwindung der Nacht gewiss ist, öffnet sich die Pforte. Auf der Landstraße hingegen ist die Nacht groß und weit, unterbrochen nur von einzelnen Lichtern, vom Feuer der Prostituierten oder dem seltenen Aufflackern eines Autolichts.

Es würde zu weit führen, hier dafür zu werben, andere rituelle Gestaltungen des neapolitanischen Lebens auf Parallelen untersuchen zu wollen – die Weihnachtskrippen zum Beispiel, die nicht nur die Darstellung des bösen Berges, sondern auch der gefährlichen Wege beinhalten –, die darlegen könnten, wie sehr hier ähnliche Landschaften einander spiegeln. Die symbolische Interpretation des Realen ist dann ein Mittel der Überhöhung, zugleich festigt sie die Brüchigkeit einer Welt, die zu solch ausgiebigem Symbolverhalten anhält. Davon legt nicht zuletzt der Zustand der Straßen als immer wieder bearbeiteten Provisorien Zeugnis ab. Der bereits erwähnte deutsche Soziologe und Ökonom Alfred Sohn-Rethel meinte, dass in Neapel die Reparaturlust groß sei, endgültige Reparaturen indes ein Grauen bewirkten. Man kann diese Beobachtung durch den »Mangel an Mitteln« (George M. Foster) erklären, wonach dort, wo es wenig zu verteilen gibt, dieses Wenige ständig verteilt und in Zirkulation gehalten werden muss. Aber es gilt noch ein Zweites: Vor der Ungeheuerlichkeit der Dinge, die man aus soziogeografischen, aus politischen, aus geologischen Gründen nicht beeinflussen kann – oder bei denen man sich im Laufe vieler Jahrhunderte daran gewöhnt hat, sie nicht beeinflussen zu können –, erhalten Dinge, die man reparieren kann, umso größeren Wert. Das ist auch eine Theorie der rituellen (An-)Verwandlung des Lebens und damit eine Theorie des Kultes, zumindest dort, wo man ihn als Miniaturisierung interpretieren kann, als Versuch, das Lebensganze abzubilden und ihm im Akt der Abbildung einen Maßstab angedeihen zu lassen. Das singuläre Leben wird dann aufgefasst als maßstäbliche Übersetzung kosmologischer Konflikte, des Grundkonflikts zwischen Gut und Böse, und aus dieser Miniaturisierung erwachsen die Spannungen, die das einzelne Leben festhalten, ihm Form verleihen.

Kurz nach Mitternacht mit der Associazione von Davide gen Sant'Anastasia gezogen. Ich bekam eine Schärpe, »die steht dir«. (Davide glaubt, Schärpen, Abzeichen seien etwas »Deutsches«, was ihm gefällt). Vor Aufbruch wurde am Altar der Madonna der Stecker gezogen und das Lied durch O'Biondo (»der Blonde«) angestimmt. Die Madonna würde eine Nacht lang in der Sanità »schlafen«. Das Viertel würde schutzlos bleiben, bis die squadra *ihre Patronin wiedererweckte.*

Der Weg führte durch kaputte Industriezonen. Davide, der wie die Hälfte der Jungen a piedi scalzi (barfuß) lief, sah sich nach allen um, mir erzählte er, es sei ihm lieber, solch eine Gruppe von Jungen anzuführen als von einem Mächtigen bezahlt zu werden, der die funzioni vor seinem Haus wolle – einem Camorrista, einem Boss. Wir sprechen über den Unterschied zwischen Associazione Madonna dell'Arco und den circoli der Facharbeiter, Letztere sind laut Davide fürs Kartenspiel und so weiter, die Associazione der Madonna für Verwandtschaft und vicinato (die Operai haben berufsständische Gemeinsamkeiten und Ressourcen, die sie höher erachten können, während die »Marioli« um ihre Basics kämpfen, sie aufpolieren, vorzeigen, rituell darstellen, immer wieder aus dem Nichts ins Licht heben müssen). Dabei gilt es zu bedenken, dass die Associazioni der Madonna aus zwei Motiven »verwandtschaftlich« sein können: Jemand will als devoto der Madonna eine associazione gründen und findet zunächst Mitwirkende im verwandtschaftlichen Nahebereich; jemand will mit und für die Verwandtschaft etwas tun und findet die Madonna dell'Arco (oder bekommt sie überliefert). Neben uns lief ein Musikagent, der seinen Sohn dabeihatte, welcher wegen eines Gelübdes nicht sprach, sondern vor der Madonna singen sollte (und vermutlich der einzige Klient des Vaters war, kostbar) und selbstbewusst in weißen, mit Strasssteinen besetzten Schuhen marschierte, ein neomelodico mit sakralisierter Stimme. Wie Davide fastete ich und verteilte Kaffee und Wasser an die anderen. Die letzten zwei Stunden wechselte niemand ein Wort.

Am santuario nach vier Stunden Wanderung bildete sich schnell eine Masse, von beiden Seiten der Straße drängte sie zur Öffnung der Pforte (von oben kamen die aus den circumvesuvianischen Kleinstädten, von unten die aus Neapel, jede Seite bezichtigte die andere egoistischer Vorteilsnahme beim Einlass). Nach gut dreistündigem Anstehen kamen wir in die Kirche, von allen Seiten wurde fast panisch geschoben, nur auf der Schwelle ließ man Platz. Es machte mich verlegen, dass alle unsere battenti auf die Knie fielen oder sich der Länge nach hinlegten und sich wie Schwimmer über das Parkett schoben, den Stein nach

Möglichkeit mit dem ganzen Körper bedeckend. Wo war mein Platz? Somit vor zur Madonna, gelegentlich brach jemand in einen Gesang aus, der wieder abriss, oder es kollabierte einer und wurde sofort von Krankenhelfern weggeführt. »Falli finire, mi mettono sotto« (lass sie aufhören, sie drücken mich runter), schrie markerschütternd eine Frau mit weit aufgerissenen Augen, offensichtlich Befreiung von bösen Kräften ersuchend. An der Balustrade vor dem Kultbild waren »Kussstätten« angebracht, Reproduktionen des Bildes. Hart, so kurz vor dem Ziel das Bild nicht berühren zu dürfen. Davide, aber auch Gianluca, blieben am längsten davor, weinend; ein anderer, battente *und offenbar auch* portabandiere*, schrie, lehnte sich dann an eine Säule des Baldachins, weinte bitterlich, später wischte er wie alle anderen unermüdlich und unter Weinkrämpfen auf der Rücktafel des Bildes, des einzigen berührbaren Teiles, auf dem die Wundergeschichte und der Wille der Dominikaner, sich des Bildes anzunehmen, eingraviert sind. Die Gesichter danach leer, erschöpft, kraftlos. Etwas Wichtiges war geschehen. Man stärkte sich am Imbiss im Hof, ging zur Circumvesuviana (S-Bahn). Ich hingegen suchte Anja, die Fotografin und Filmemacherin; wir trafen uns in den Seitenschiffen der Kirche, die erst um 6 geöffnet worden waren, die einzig einen gewissen Ausschnitt des Geschehens öffentlich machen: die innere Prozession aus der objektiven (folkloristischen) »Seitenperspektive«. Währenddessen fotografierten aus einer Art Käfig um das Kultbild unablässig die Fotografen die Gesichter der hinzuströmenden* devoti. *Sie nahmen ihnen ihr Bild ab und legten es gewissermaßen dem Bild der Muttergottes als Beute vor. Die Kultadepten schienen dieses Zeugnis zu suchen, die Präsenz der Fotografen stachelte sie an. Man braucht zum Fotografieren eine Genehmigung, ansonsten ist es verboten und wird als »räuberisch«, respektlos gebrandmarkt. Dazu die mahnenden Worte der Dominikaner, wenn sich zuviel Ekstase ankündigte: Man solle das Kreuzzeichen machen, man solle beichten gehen einmal im Jahr, gerade zu Ostern, man könne das nun anschließend in den entsprechenden Räumen tun. Kanonisch gewordene Kirchen- und Marienlieder wurden angestimmt,* *um die Devotion zu kanalisieren. Ich dachte, dass ich als Devoto die Dominikaner hassen würde, aber offensichtlich funktioniert ein solcher Ort aus dem Widerstreit der beiden Seiten.*

Jedes Voto (Gelübde) gelte für fünf Jahre, dann müsse es erneuert werden, sagt der Musikproduzent. Es ist ein Tausch mit der Madonna, geknüpft an eine Bitte um eine Grazia für einen anderen. Man darf das Voto niemandem mitteilen.

Spielzeuggewehre und gestärkte weiße Socken auf einer Auslage am Straßenrand. Beute machen, sich verteidigen, fliehen.

Die abschließende funzione, *die »soddisfazione per mio quartiere« (»Befriedigung für mein Viertel«, für verschiedene Ecken und Gassen) in der Sanità: beeindruckend die Akrobatik der Truppe, Cenzinos Spannung und wie er das Üben öffentlich vormacht (denn gerade darum geht es, wenn er den Kindern und* battenti *etwas beibringt). Cenzino war auch beim Heiligtum in S. Anastasia, er hatte seiner Frau die Atemmaske aufgesetzt morgens und war dann aufgebrochen; doch dauerte es ihm zu lange und er kehrte zurück. Er wird mit den Leuten aus Aversa nach Sant'Anastasia gehen, die anders als die Neapolitaner eine Woche später aufbrechen. Er will »seine Sache« machen, kein Aufsehen erregen.*[100]

Der Kult der Madonna dell'Arco ist nach Meinung sämtlicher mit der populären Religiosität Neapels befasster Wissenschaftler der einzige, der sich trotz aller gerade von seinen Adepten vorgetragener Abgesänge in der Stadt in seinem Umfang halten konnte.[101] Dafür spricht vor allem, dass er denjenigen Sichtbarkeit verleiht, die sonst unsichtbar bleiben. Der Kult fungiert als Maske, in der man sich zeigt und in der man die eigene Wahrnehmung den Erfordernissen der Maske anpasst.[102] Er maskiert aber auch das Leben selbst, verleiht ihm Dramatik, Exposition, Peripetien, Stauung, retardierendes Moment, Lösung – dies besonders im Übergang von den *uscite* zur Wallfahrt nach Sant'Anastasia.[103] Verschiedentlich wurde darüber diskutiert, ob die ekstatischen Szenen in oder unmittelbar vor dem Heiligtum als Szenen von Alterität und

Trance anzusehen seien. Der stark inszenierte Charakter, der in der ritualisiert anmutenden Entgegensetzung von Volks- und Spezialistenreligion, von Kultadepten und den das Innere der Kirche kontrollierenden Dominikanern auffällt, sowie der auch unter den Anhängern selbst gepflegte Diskurs über die Echtheit der Absencen, der Zusammenbrüche vor dem Kultbild, über die *mosse epilettiche* (epileptischen Zuckungen), die bei einigen Gläubigen, kurz nachdem sie mit ihrer Gruppe die Schwelle zur Kirche überschritten haben, zu einem Hochspringen, wildem Schlagen, Weinen mit anschließender Verkrampfung führt, sodass die aufmerksamen Freiwilligen des Zivilschutzes und des Roten Kreuzes herbeieilen, stellen jedoch die Maske unter Verdacht, frömmigkeitsfremde Interessen zu mobilisieren oder »Folklore« auszuagieren.[104] Dabei sind alle Kulte »gemacht« und ist die Suche nach dem Substrat der reinen Empfindung wenig ergiebig.[105] Das gilt auch angesichts der nostalgischen Erinnerungen mancher Teilnehmer. Verfallsgeschichten sind der Madonna dell'Arco immanent – und weil niemand wirklich weiß, wie diese spezielle Frömmigkeitsform in vergangenen Jahrhunderten beschaffen war und was insbesondere seit der Aneignung und Anverwandlung »höherer« und »hegemonialer« Kulturmerkmale durch die Aktivitäten der *associazioni* nach dem Ersten Weltkrieg und während des »Ventennio« (1923–1943) des Faschismus in Italien neu erfunden wurde, wird sich eine Unterscheidung zwischen Original und Anlagerung kaum treffen lassen. Das Vergessen angemessen frommen Verhaltens ist der Gegenstand der Ursprungslegende von 1450 – wer ohne Sünde, ist, werfe den ersten Ball, müsste es heißen – und wird gespeichert in den Entbehrungen und mühevollen Tätigkeiten, denen sich die Körper der Kultadepten während der *funzioni* und der Wallfahrt unterziehen. Lohnender ist darum der Blick auf den durch den Kult und von seiner Struktur bereitgestellten Erfahrungsraum, in dem sich die menschliche Erfahrung konzentrieren und damit wenn nicht Heilung, so doch Linderung bestehender Leiden, Traumata,

Verfehlungen bewirken kann. Diese Strukturierung selbst ermöglicht das Erleben des Wunderbaren oder der Grazia, der man, wie es im Barock hieß, »verzückt« inne wird.[106] Es bedarf zahlreicher Umwege, um das Anliegen, die Anklage, die Bitte, die mit dem eigenen *voto* zusammenhängt, endlich vor die Madonna zu bringen, aber diese Umwege, auf denen das eigene Gelübde mit der lokalen Geschichte, den befreundeten Kultgruppen und *squadre*, anderen Vierteln in Beziehung gesetzt wird, nicht explizit, aber doch schon anwesend in der Steigerung der *uscite*, die in den Pilgerweg nach Sant'Anastasia münden werden, sind notwendig, weil sie mit einer zunehmenden Allgemeinheit verbinden und somit die in der Mehrzahl jungen *battenti* in die Gemeinschaft, in die Familie, in den Zusammenhang von Familie und vicinato und Viertel und Stadt integrieren. Vor dem Kultbild erfolgt wiederum die Individuierung als Ereignis: Gemeinsam tritt man oder rutscht man über die Schwelle, aber das Weinen, das Schreien, die Absence, gehören dem Einzelnen. Man kann sich gegenseitig stützen, Mut zusprechen, aber die Erschöpfung auf dem Geländer vor dem Kultbild der verwundeten Madonna ist die eigene, und die Erschöpfung draußen, die große Sprachlosigkeit in den Gängen zwischen Kirche und Kloster, mit den vom Weinen geröteten Augen, bilden ebenfalls das Gegenteil von Kommunikation. Die Bestürzung, der *rimorso*, wie es im Kontext eines anderen süditalienischen Kults heißt, die Schwere des *voto*, das nicht zuletzt, weil es ein Versprechen ist, im Moment seiner Erfüllung die ganzen nicht gehaltenen Versprechen einschließt und damit die eigene Schuld und Unzulänglichkeit transportiert. Ich erinnere mich an meine Bestürzung, als ich, ein Jahr vor meiner Feldforschung, zum ersten Mal die Weinenden und die »geschüttelten« Väter an den Händen ihrer Kinder auf Knien durch das Hauptschiff ziehen sah und darin die Inversion familiärer Herrschaftsverhältnisse, ein gleichsam karnevaleskes Moment am Werk glaubte, das für die Kinder nicht expliziert wurde, sie vielmehr traumatisierte und sie somit motivierte, dessen Interpretation in der eigenen Fortsetzung im Kult der Madonna dell'Arco zu suchen. Diese Bestürzung separiert und verbindet: ein nichtverstehendes Verbinden (niemand darf das *voto* kennen, aber man muss denjenigen, der es hat, auf seinem Weg stützen), in dem sich ein mögliches Konzept von Familiarität selbst darstellt (als vorsprachliches Teilen des Schicksals), und ein trennendes Wissen, das sich dann aktualisiert, wenn man sich ins Nichts stürzt und merkt, dass man sich nur in diesem Sturz (der sich möglicherweise mit »Trance« oder »Verzückung« beschreiben lässt) als Person konstituiert. Diese Phase kann man mit der zentralen Phase von van Genneps Modell des Übergsangsritus identifizieren; sie tritt nicht für jeden und jedes Mal ein, sondern ist mit externen sozialen und biografischen Kontexten verknüpft. Diese Phase wird semantisiert, indem sie somatisch wird – davon legt der Tippgeber, der die Ergriffenen vorab für die Helfer des Roten Kreuzes identifizierte, Zeugnis ab: *Es gibt das Stürzen und die* mossa epilettica*. Für ihn sind beide »authentisch«. Sie hängen für ihn mit der ersehnten Gnade – ihrer Größe und Unmöglichkeit – zusammen, einer psychischen Anspannung, die kaum etwas mit den Pilgeranstrengungen zu tun habe. Die* mossa epilettica *sei gefährlich, wenn man sich und andere verletze. Aber man könne auch in diese Zustände geraten, wenn man gerade vorher eine Grazia erhalten habe, diese seien die schönsten. Ihm sei es einmal passiert, dass er auf einem Auge einen Fleck hatte, lange Zeit, und kurz vor Lunedì in Albis (Ostermontag) sei er verschwunden.*[107]

Die Rückkehr aus S. Anastasia, im Auto oder einer Vorortbahn, in die Gassen des eigenen Viertels mündet nach einer kurzen Erholungspause im Kreis der Familie oder der Associazione in eine Prozession, wenn bis spät in die folgende Nacht die Heilskraft des Kultbildes über Fahnen, die in akrobatische Spiele eingebunden sind, vor den eigenen Altären erneuert wird. Schweiß, Blut und Tränen, katatonische und epileptische Momente, finden sich umgewandelt in Kraft und Anmut. Noch einmal haben alle Teil an der Verwandlung des Lebens in ein großes Bild.

6. *To everything, turn – turn – turn, there is a season*: Die *Pentecostali*

Wenn der Kult der Madonna dell'Arco als Gesamtdurchlauf zu verstehen ist, in dem sich mythisch-rituell die Hervorbringung von Familie und Person in ideologischer und praktischer Konkurrenz zum Mehrheitschristentum vollzieht (der ›unchristliche‹ Charakter der willkürlichen und mächtigen Madonna; die Usurpation des Ostermontags, der die Bedeutung des Ostersonntags verdrängt), so könnte es gerechtfertigt erscheinen, nicht nur von einem Kult innerhalb des Katholizismus als vielmehr von einer Religion sui generis zu sprechen, die – durkheimianisch gesprochen – Ausdruck einer distinkten Gesellschaft ist: Man kann den Abstand zwischen Unterschicht und Mittelklassen, aber auch die Kraft des *ceto* anhand dieses Kultes und jener seiner in der offiziellen Kultur absorbierbaren Elemente fassen.[108] Aber ist der Katholizismus selbst eine Religion? Nach einem Vorschlag des italienischen Philosophen Mario Perniola ist er weniger als feststehende Lehre denn als eine »Gefühlskultur« zu begreifen, ungeachtet der von seinen Experten betriebenen Dogmatisierung. Das »Gefühl« begründet eine bestimmte Weise, Dinge und Ereignisse miteinander zu verknüpfen, vielleicht auch, abstrakte Eigenschaften jeweils »verkörpert« zu sehen. Perniola hat die »lateinische« Variante des Christentums im Blick.[109] Auf der anderen Seite kann in der Sanità im »katholischen« Süditalien der Katholizismus sehr wohl als »Religion« thematisiert und abgelehnt werden: nicht von jenen, die eine singuläre Devotion an Stelle des Lehrgebäudes setzen, wie der *ceto* der Madonna dell'Arco, sondern von jenen, die eine stärkere Verinnerlichung zum äußerlichen Ereignis machen: den Evangelikalen und »Pentecostali«.[110] Da sie statistisch gesehen in Neapel ihr südeuropäisches Zentrum und in der Sanità wiederum ihren Ursprungsort haben,[111] wird an dieser Stelle noch einmal auf sie eingegangen.

Ein Frühsommertag 2014, mit intensiven Gerüchen und Stimmen. Ich begebe mich zur Gedenkfeier für einen von einem römischen »Faschisten« erschossenen Fan des SSC Neapel in den übel beleumundeten Vorort Scampia, der wie kein anderer für die missglückte Erneuerung der Stadt nach dem Erdbeben steht. Es ist der Nachmittag der funerali *von Ciro Esposito. Der Parco von Scampia ist in weiß-hellblaue Farben getaucht, überall* tifosi *von Napoli aus den verschiedenen Städten des Landes. Junge Frauen, Würdenträger, tätowierte Männer, bewegt und den Tränen nahe, die Sonne knallt, und nur unter einem kleinen Schirm stehen die Familie von Ciro, der Sarg, der Präsident des SSC, der Municipalità (Stadtbezirk), der Bürgermeister Luigi de Magistris, der Sänger Nino D'Angelo, Freunde der Familie. Ich kann die Sprecher nicht sehen, nur hören, schlängele mich durch das Gedränge, es geht friedlich zu, ungefragt stützt man sich aufeinander, es gibt keine Aggressivität. Jemand hat provisorisch einen Platz nach Ciro Esposito benannt. Die Reden werden unterbrochen durch Ciro-Ciro-Chöre, aber keine Hassgesänge. Es spricht der Präsident der Municipalità, der Tod möge nicht sinnlos sein, er soll erinnern, dass die Institutionen für dieses Land mehr tun mögen, Aurelio de Laurentiis, der Vereinspräsident, erklärt, der Fußball sei gestorben, werde aber wieder auferstehen, alle loben insbesondere die Mutter von Ciro, die »die Stadt gelehrt hat«, nicht Hass, sondern Demut, ja Liebe; De Magistris spielt die Süd-Karte, die Leute, die erst in Ciro einen* terrone[112] *sehen wollten, dann aber anerkennen mussten, dass er tatsächlich sich zwischen Hassfans und friedliche Fans im Bus gestellt habe, wo es Frauen und Kinder zu schützen galt; ein anderer spricht, dass man das Vermächtnis Ciros erst morgen oder in der Ewigkeit entdecken werde; die Mutter erzählt, dass sie gleich zu Anfang gebetet habe, es möge ihrem Sohn an moralischer und physischer Gesundheit nicht mangeln, dass Gott sie mit Ruhe erfüllt habe, dass auch ihr Sohn keine Flüche ausgesprochen habe, gebetet habe stattdessen; dass jemand anderes ihm geholfen habe, sein* sacrificio *auf sich zu nehmen. Die ganze Familie, sagt sie, habe in dieser Zeit durch Gott viel Beistand erhalten, desgleichen durch einige Römer, zum Beispiel durch einen Herbergsbesitzer, der der Familie eine kostenlose Unterkunft für den Zeitraum der Behandlung anbot. Die Verlobte liest Worte von Augustinus, wonach der Tote »nur in ein anderes Zimmer gegangen« sei, ja er nun bei uns ist, und schon im Himmel. Überall geht es darum, Hass und Rache keinen Raum zu geben (meine Nachbarin Carmela hingegen, die ich auf dem Rückweg treffe, erzählt mir, dass sie weitläufig mit diesen Esposito verwandt sei, und spricht von einer Vendetta); aber auch um Ciro Esposito als Neapolitaner, der »jeden von euch hier repräsentiert«, wie es ein Politiker ausdrückt, so wie die Familie jede Familie repräsentiert, die »das Wertvollste, ein Kind, verloren« habe, besonders die Mutter, die in ihrem Schmerz dennoch keine Rachegedanken gebiert, sondern offen ist für alle, und der Vater, dessen Schweigen eine Interiorisierung des Leides ausdrückt, die quasi heroisch genommen wird, aber natürlich auch ein wenig ambivalent (vielleicht wird er eines Tages zur Rache schreiten?). Einzig Nino D'Angelo ist peinlich, weil er sich auf Scampia konzentriert und auf seinen früheren Song über Scampia, auf »Tanta buona gente«. Aber Scampia wird durch dieses Leid und diese Leidbewältigung ebenso ins Zentrum gerückt. Nachdem das Leid jeden der Anwesenden in seiner Würde hat erstrahlen lassen, erweisen Fangruppen dem Sarg einen Gruß, er wird mit Fahnen eingedeckt, man küsst ihn, bekreuzigt sich anschließend, und als der Sarg, getragen von einer Gruppe junger Männer mit der T-Shirt-Aufschrift »Orgolio partenopeo« (Stolz Neapels) durch das Tor des inzwischen ganz aus niedergedrücktem Gras bestehenden Parco di Scampia hinausgetragen wird, regnet es weiße Konfetti wie zu einer Hochzeit. Die Abreise gestaltet sich ruhig und besonnen.*[113]

Ciro Esposito ist der neapolitanischste Name, der sich denken lässt. Und sein Träger stammt aus der Sanità. Sein Vater pflegt noch immer gute Beziehungen im Viertel, und es scheint, als gäbe es in diesen Tagen niemanden, der nicht mit dieser Familie verwandt sei. Der Erzbischof hingegen hat einen großen Fehler begangen, indem er nicht zur Trauerfeier erschienen ist. Man unterstellt ihm, er habe die Einladung abgelehnt, weil Ciro wie seine Mutter einer Pfingstgemeinde angehörte und sich vom Katholizismus losgesagt habe.

Die Frage nach der richtigen konfessionellen Zugehörigkeit dürfe in diesem Augenblick keine Rolle spielen, finden alle. Wenn jemand nicht eine, sondern diese Stadt symbolisiert, werden andere Kategorien hinfällig. Und der Erzbischof hat oft genug damit gespielt: In seiner Predigt zum Wunder der Blutverflüssigung des Heiligen San Gennaro im September 2013 wagte er sogar den Vergleich, dass so wie Jahwe eine besondere Beziehung zum Volk Israel unterhalte, Gennaro jene zu den Neapolitanern eingegangen sei. Gennaro, der 305 in der Solfatara enthauptete Bischof, kann teilweise als Christianisierung der antiken Gottheit Januarius gedeutet werden, der Schwellengottheit, die in beide Richtungen schaut und vor dem Erdbeben schützt, weil der Türsturz in jenem Moment der sicherste Ort ist. In der Predigt des Erzbischofs war der Stadtpatron größer nicht nur als die Konfessionen, sondern überstieg noch Christentum und Judentum. Und dies korrespondierte mit religiösen Gewohnheiten: Auf meiner Straße in der Sanità lebte ein aus Sri Lanka stammender Lebensmittelhändler, über dessen Kasse Shiva und das Volto Santo und San Gennaro thronten, für ihn allesamt Inkarnationen der einen Gottheit. »Den Neapolitanern kann man das nicht richtig erklären, sie verstehen nicht, dass der Hinduismus die wahre Religion ist. Sie ist viel älter, die Briten haben doch vor Kurzem unter Sri Lanka eine Insel entdeckt, auf der schon Shiva verehrt wurde.« Der gelehrte Diskurs über das Ältere und Identische war den Sanitanesen aber vermutlich eher deshalb fremd, weil es ihnen nicht um den aufgedeckten Ursprung, sondern um die Wiederkehr des Ursprünglichen ging. Und hier war der Lebensmittelhändler in keiner besseren Situation als der Erzbischof.

Wenn Ciro Esposito zu den Evangelikalen, den *pentecostali* (Pfingstlern) gerechnet wurde, so repräsentierte er nicht einfach eine religiöse Minderheit, sondern eine seit geraumer Zeit stark wachsende Gruppe.[114] In der Sanità existierten 2014 zwei pfingstkirchliche Gemeinden, eine in der ärmlichen Gegend um das Krankenhaus von S. Gennaro dei Poveri, die andere an der Piazza Cavour und damit näher zur Altstadt hin. Vertreter der ersten lernte ich kennen, als sie mit Lautsprecherbox und Chor versehen eine Serie von *testimonianze* auf meiner Straße organisierten, angeleitet von einem Mann, der angeblich eine lange Karriere als Drogenabhängiger hinter sich hat, *sich Strom bei den SNAI (Wettbüros) oder den Werkstätten leiht, singt und missioniert. Von den Türen, die man dem Bösen öffne, indem man diese oder jene Droge probiere, ist die Rede, aber auch davon, dass nur Jesus helfe. Auf den T-Shirts seines Gefolges steht »Gesù«. Die Leute, teilweise gut bekannt mit dem Gefängnis, hören interessiert zu. Das übrige Gefolge scheint auch aus ehemaligen Gefängnisinsassen zu bestehen. Sie haben nun ein Lokal bei S. Gennaro dei Poveri und sind nach ihren Flugblättern Teil der »neugeborenen Christen«. Pasquale erzählt mir später in seinem Geschäft, ja, diese Leute glaubten nur an Jesus, er sei auch einmal zu ihnen gegangen, aber sie hätten die Vorstellung von einem Gott, der mit dem Finger zeigt, und keinem, der die Leute aufnimmt. Es würde einem stets von seinen Fehlern gesprochen. Ein Freund, ein Homosexueller, sei völlig fertig gewesen, nachdem er sich ihnen anschloss.*[115] Auf die andere Gemeinde machte mich Egidio aufmerksam, der mich zu seinem *barbiere* führte. Der Friseur war ein Mann Anfang fünfzig, redselig und offenherzig und führte einen Salon ohne Heiligenbilder, aber mit frohen Farben. Egidio stellte mich vor, und noch während er das Haupthaar eines Kunden schnitt, begann er ausführlich über sich und seine Beweggründe zu sprechen:

Vor 19 Jahren hatte er ein Geschäft auf der Maria Antesecula, zwischen »schlechten Leuten«. Es ging ihm eigentlich gut, allerdings verhielt er sich schlecht zu seiner Frau; dann erkrankte seine Schwester an einem Tumor, sie frequentierte die Gemeinde, wurde geheilt, er ging ebenfalls hin und fühlte bald, dass diese Konfession »recht« habe. In der Familie gab es keine Probleme mit der Ablehnung der Heiligen, der Statuen und Bilder (»Ich hatte immer eine Vorliebe eher für das Abstrakte«), bei Freunden und Bekannten schon. Aber er sei stärker geworden im Glauben. Nun hat er ein auch stark von Gemeindemitgliedern frequentiertes Studio. Während des Gesprächs fundiert er seine eigene Motivation immer durch Bibelauslegung. Der Kunde im Friseurstuhl muss leiden, die Arbeit wird immer wieder unterbrochen. Ein anderer, jüngerer, tritt ein und bekennt, auf seinem schlechten Weg (camorra) *oder im Gefängnis – »das ist eine menschliche Konstante, leider«, wenn man ganz unten und »der Stolz gebrochen ist« – errettet worden zu sein (er gehört zur Gemeinde hinter dem Krankenhaus von San Gennaro). Hören, Verstehen, Taufe. Umkehr. Das Prinzip der »sola scrittura« ist ihm sehr wichtig und er erregt sich über katholische Priester, die keine Ahnung von ihren eigenen Grundlagen hätten. Die Bildung, das Bescheidwissen. Über die Sünder: Ja, jeder ist vor Gott ein Sünder, deshalb sei die Konversion für jeden wichtig. Der ist im Gefängnis, aber jener, der frei ist, lügt. Also ist auch er nicht frei. Die gemeinsame Nivellierung der Schuld führt hier zur Notwendigkeit der Konversion, und die Notwendigkeit der Konversion lässt die Sünde ebenfalls milder erscheinen (anders gesagt, ist die Konversion die ausgezeichnete Möglichkeit der Aneignung des Bösen auf Grundlage einer ›mediumistischen‹ Anthropologie). Der Camorrista, so meine Vermutung, kann bei den Evangelikalen aus seiner Marginalisierung etwas machen (zumal dann, wenn er schon an deren Rand steht, nämlich im Gefängnis) und er kann auch seine camorristische Vergangenheit integrieren. Zungenreden, ähnliche ekstatische Erfahrungen, sage ich, gebe es auch bei den Charismatikern. Ja, aber eben als persönliches Charisma und schließlich bete man doch wieder zu Maria, den Heiligen, also Menschen. Dann nivellieren sie wieder: Die Konfession sei ja gar nicht wichtig, sondern was man tue. Wie man bete. Er selbst, sagt der Jüngere, habe in sich jedes Mal nach dem Besuch der Kirche weitergebetet. Sie alle sagen, dass katholische Kirchen für sie ästhetisch interessante, auch ansprechende Räume darstellten, aber Christus eben nicht dort wohne, sondern dort, wo Menschen versammelt sind.*

Tage vorher war ich bei einem Gottesdienst an der Piazza Carlo Terzo, in einem ehemaligen Kino, ebenfalls bei einer Pfingstgemeinde. Die dort Versammelten waren festlich gekleidet, wie ich in der Sanità und bei den Kultzusammenkünften später niemanden gesehen habe. Männer und Frauen saßen getrennt, die Frauen hatten ihre Häupter mit weißen Tüchern bedeckt, ein für Neapel ungewöhnliches Bild. Die Gemeinde schien über professionelle Prediger zu verfügen. *»Sono tosti« (sie sind hart), sagt Egidio am Ende. Das Self-Empowerment ist hier fühlbar, weniger assistenzialistisch, insgesamt aber denke ich angesichts jener Leute und ihrer* testimonianze *an die »mohammedanische Versuchung«, sie liegt, glaube ich, auf derselben Ebene. Die Männer sind gegen Tätowierungen (magischer Akt, Levitikus 19,28) und davon überzeugt, dass wie früher in der ersten christlichen Missionierung, die religiöse Erneuerung aus dem Süden kommen werde. Der starke Gott, die Entscheidung.*[116]

In der Stube des Barbiers saßen fast ausnahmslos *fratelli*, Mitglieder der Gemeinde, die sich innig begrüßten und umarmten. Jeder von ihnen war zu einer *testimonianza* bereit, wollte erzählen, wie Gottes Wort sie mehr und mehr ergriffen hatte. Anstatt von Bilderstürmen, Entwertung der Heiligen zu zeugen, berichteten sie lieber davon, wie sie, wenn sie »ganz am Boden« lagen, wieder Zuversicht gefunden hatten. Es sind prototypisch männliche Geschichten von gebrochenem Stolz und von Hoffnung, während die Heilungserzählungen zum Grundbestand sowohl der charismatischen wie auch der klassischen katholischen Narrative gehören. Die Betonung des Gefängnisses ist ebenfalls ein genuin männliches Motiv, es verweist auf Isolation und Einsamkeit und ist daher im Vorhinein für einen Passagenritus prädestiniert, der dann in den Erzählungen einer sukzessiven Umkehr gestaltet wird. Die Pfingstler nicht weniger als andere evangelikale Gemeinden finden für die Umkehr starke Bilder, sie stiften eine Gemeinschaft dort, wo der katholische Ritus nur mehr eine allgemeine Versöhnung zelebrieren kann. Die Wiedertaufe derer, die ein »rinnovemanto dello spirito« (Erneuerung des Geistes) erlebt haben, ist den Katholiken aufgrund ihres sakramentalen Verständnisses versagt. Der Umstand, dass die Taufe, die Darstellung und Sichtbarkeit der vergebenen Schuld und der Aufnahme in die Gemeinschaft Jesu Christi, ersehnt wird, kann man so lesen, dass die *pentecostali* in Neapel Fleisch vom Fleisch des Katholizismus sind. Daneben entsprechen die Narrative von Schuld und Umkehr jenen Erfordernissen der Reuigen, der *pentiti*, die sich entweder aufgrund eigener Abwägungen oder der Angst, ins Visier feindlicher krimineller Clans zu geraten, von ihrer bisherigen kriminellen Tätigkeit verabschieden und die ihr Leben in seinen Brüchen kohärent zur Geltung gebracht wissen wollen. Umkehr und ihr sichtbares Zeichen erweisen sich als generalisierte Motive der neapolitanischen Ideologie und erzeugen dabei das Paradox, dass ein individueller und gleichsam voraussetzungsloser Akt kulturalisiert werden muss. Auf dieser Grundlage werden *amici* zu *fratelli*, Freunde zu Brüdern, deren Zusammengehörigkeit in der Teilhabe an liminalen Zuständen gründet, die sie einander nur ansatzweise vermitteln können – aber immer wieder vermitteln sollen, weil sich in diesen Zuständen Gott selbst artikulierte. Darin erkennen sie ihre familiäre Verbundenheit, nicht so sehr in der von Marshall Sahlins »mutuality of being« geheißenen Reziprozität lebensweltlicher Bezüge (die häufig gleichwohl gegeben ist).

Es gibt in der Sanità auch andere Erklärungen für den Erfolg der Evangelikalen: *Warum gehen die Camorristi zu den Evangelikalen, frage ich Egidio. Weil die Evangelikalen Pfarrer hätten, die nachts ins Gefängnis kämen und* bigliettini *(Briefchen) mitbrächten. Nur Abgeordnete und Pfarrer dürften auch nachts ins Gefängnis. Die Katholiken brächten nichts mit, die Evangelikalen schon, außerdem ist es leichter, evangelikaler »Pfarrer« zu werden.*[117] Und gelegentlich lehnt man sie nicht nur ab mit dem Hinweis, sie wollten sich nur wichtig machen, sondern unterstellt ihnen gar, dämonische Lehren zu verbreiten. Andererseits ist es die Seherin Gianna, die auf die Nachricht vom Treffen zwischen Papst Franziskus und seinem Freund, dem Pfingstkirchen-Pastor Giovanni Traettino aus Caserta, zustimmend reagiert: *Das sei gut, die charismatische Bewegung komme von ihnen beziehungsweise später von den Passionisti. Es ist der egalitäre, gegen die Priesterherrschaft wehende Geist, den sie explizit als positiv benennt.*[118] Wie in vielen religiösen Praktiken Neapels kann man hier den Versuch erkennen, klientelistische Abhängigkeiten zu brechen, ebenso, den Klientelismus dort zu reparieren, wo seine Erfolge abnehmen – zumindest legt dies der nicht nur von Egidio geäußerte Verdacht nahe.

»Italian Pentecostalism has remained distinctly Italian«, schrieb George Saunders in einer Analyse ihrer Narrative Mitte der 1990er-Jahre. Und dies obwohl – oder weil – die Konfession durch italienische Emigranten aus den USA nach Italien exportiert wurde. Auch in seiner Studie über die Mitglieder zweier Pfingstgemeinden in Florenz erscheinen in den Konversionsberichten Semantiken der Isolation, aber vor allem der Entleerung, die fast so etwas bezeichnen wie einen vorweggenommenen Tod: »Cioè non esistevo appunto« (Ich existierte eigentlich überhaupt nicht), berichtet eine Frau von jenem entscheidenden Moment. Hier – verstärkt bei den Frauen – tritt die mediumistische Anthropologie wieder in ihr Recht, die von männlichen Adepten eher verschwiegen wird, dort sind es in meinem Fall eher Semantiken der Niederlage, aber nicht der Auslöschung. Gleichwohl berichtet Saunders von Alteritätserfahrungen, die männliche *pentecostali* für ihre Konversion verantwortlich machen:

»In the interview, as well as in other conversations, and in one testimony in the church itself, Alessandro made it clear that on the day of his conversion, and for some time before it, he had felt himself so thoroughly enraged that he was unable to contain himself. He had lost control of his own emotions and thus risked either losing his own life or killing those people who ought to have been most dear to him.«[119]

In sämtlichen Fällen sieht Saunders die von Ernesto de Martino als kulturelle und religiöse Ursprungserfahrung diagnostizierte »crisi della presenza« (Krise der Präsenz) am Werk, die durch eine »Enthistorisierung des Negativen« – die Aufhebung der konkreten Gefahr der Auslöschung oder Zerstörung im Mythos des all diese Erfahrungen überwindenden Gottes – integriert werde. Es handele sich jeweils um Erzählungen, die auf einen Moment verdichten, was eigentlich eine lange Geschichte habe: das Gefühl der Inexistenz aufgrund von Entscheidungsunfähigkeit und Alkoholismus, das Erlebnis des Agiertwerdens aufgrund ungebändigter Emotionalität. Und gerade, wenn eine Serie von Einstellungen narrativ gefasst werde, verdichte sie sich zu einem Kippmoment. Dadurch eröffnet sich ein anderer Zeithorizont, der selbst als *liberazione*, als Befreiung aus den Zwängen einer persistierenden Krise erlebt wird. Es wäre verkürzt, die *liberazione* auf ein kognitives Ereignis einzuschränken, vielmehr geht sie mit dem Wandel somatischen Erlebens einer sozialen Position einher. Im Fall meiner Bekannten konnte ich überall die ausladende, paternalistische Behäbigkeit beobachten, die man auch in Nordeuropa mit dem guten Leben im Süden assoziiert. Die Integration des neuen Ich erfolgte im für gut und brauchbar befundenen Horizont der neapolitanischen Kultur.

Für Ciro Esposito und seine Familie konnte dies nur bedeuten, dass sie sich als »Befreite« zu präsentieren hatten. Die Vergebenswünsche, der Dank an hilfsbereite Römer, der Verweis auf ihren Sohn, der noch im Krankenhaus darum gebeten habe, von Rache abzusehen, rückte die Mutter Antonella in den Vordergrund. Sie erschien in einem Gegensatz zur traditionellen Auffassung der neapolitanischen Mutter, die ihre Kinder gegen jede äußere Bedrohung, und habe sie auch einen objektiven Grund, in Schutz nahm und sich als Zufluchtsort für ihren Sohn darbot, gleich welcher Untat man ihn beschuldigte.[120] Ciro Esposito hatte keine Untat begangen, aber er war gestorben, und Antonella bekräftigte vor der ganzen Stadt, dass sie ihn ungesühnt gehen lassen wollte. Ihr Vater fand Monate später Trost darin, ihm ein Buch mit Aufsätzen zu widmen, die Ciro als paradigmatisch für das Schicksal der Stadt vorstellten.

Der Fall verdeutlicht, an welchen Stellen die Pentecostali den gemeinen Katholizismus treffen: in seiner liturgischen Erstarrung (es gibt eine Liturgie, aber diese wird von Experten verwaltet und den Bedürfnissen der Einzelnen nicht angepasst), in seiner Unchristlichkeit (Antonellas Vergebung wider die Sühnementalität des »familistischen« Mezzogiorno), in seinem Klientelismus. Diese Schwachstellen gehen jeweils aus verschiedenen Ausprägungen und entsprechend verschiedenen Krisen des Katholizismus hervor (die erste der aufgeklärten Rationalität, die zweite dem auch vom Klerus praktizierten Pragmatismus, die dritte der Verbindung von Religion und politischer Macht), die untereinander durchaus im Widerstreit stehen können. Der Drang zur Konversion und damit zur Unterscheidung zwischen »Fremden« und »Eigenen«, »früher« und »heute«, teilt dabei mit einem im Rahmen des verfassten Katholizismus ausgeübten Kult wie dem der Madonna dell'Arco immerhin den Wunsch nach der Dramatisierung der eigenen Biografie. Dass man mit vielen anderen allein vor Gott steht, könnte nach einer bestimmten religionssoziologischen Lesart der Beginn einer modernen westlichen Gesellschaft sein – während er hier neapolitanisch bleibt oder sich in den Echoraum des »struggle for honor« (Christian Giordano) einrichtet: Im öffentlichen Agon der *testimonianze*, der an einem bewirkten Grazia.[121] Ein klarer Unterschied besteht hinsichtlich der Dynamisierung der Zeit: Wenngleich ein katholischer Kult wie jener der Madonna dell'Arco eine Intensivierung der Zeit kennt, eine Zuspitzung, die in Szenen der Ergriffenheit, der Ergebung oder Umkehr mündet, bilden diese doch ein Repositorium, das im Jahreszyklus thematisiert werden und aus dem man schöpfen kann. Präsent ist damit die Krise einer (präurbanen) Gesellschaft, die noch auf das Land

(Sant'Anastasia und die fruchtbaren Hänge des Vesuv) und dessen ›antike‹ Rhythmen zurückgreift.[122] Nicht zuletzt Pfarrkirchen und Kathedralen verkörpern dieses Repositorium, indem sie als nach Belieben aufsuchbare Inseln ebenso zur Verdichtung wie zur Zerstreuung religiöser Handlungen und Gefühle anregen. Dagegen legitimiert sich die Konversion, die Umkehrung der Pentecostali als einmaliges Ereignis.[123] Es wird auf andere Ziele abgestellt – auf persönliche und wirtschaftliche Autonomie (der Barbier), auf erhöhte Selbstkontrolle und damit auf eine gewisse Emanzipation von familiären Rollen (Antonella Esposito). Menschen, die ihrem Anderssein und ihren stärker mit modernen europäischen Gesellschaften als mit Neapel assoziierten Neigungen einen narrativen Rahmen verschaffen wollten und darum eine biografisch relevante Teilstrecke in der evangelikalen Bewegung zurücklegten, äußerten sich allerdings nicht selten enttäuscht von der *ipocrisia* (Heuchelei), der nur vorgeschobenen Konversion bei ihren Mitbrüdern und bald der ganzen Gemeinschaft. Der homosexuelle Fleischer Pasquale auf meiner Straße, der sich eine Wohnung an der Piazza Garibaldi genommen hatte, in verschiedenen Chören sang und sein Anderssein gegenüber Familie und Freunden, wie sie glaubten, nobilitieren wollte, indem er sich als Missionar bewarb, war nach einigen Jahren bei den Pfingstlern wieder zum Katholizismus zurückgekehrt. Er hatte gedacht, durch die Konversion sein Wesen autorisiert zu finden, und war doch in neuen Argwohn und böse Nachrede verstrickt worden. Mit anderen Worten, er machte die Erfahrung, dass man für eine Konversion nicht nur selbst konvertieren muss, sondern Menschen braucht, die einem den Glauben, ein neuer Mensch zu sein, vorschießen. In Pasquales Fall wurde die einmal erfolgte Konversion in die wiedergewonnene katholische Identität integriert und schuf dort einen Mehrwert. Dies wurde auch deshalb möglich, weil Pfingstler und Re-Konvertiten ihre Konversion oft weniger als Bruch denn als Entfaltung und Erfüllung des vorangehenden Lebensabschnitts auswiesen: So wie die tätowierten »ali della libertà« (Schwingen der Freiheit) am Hals eines »Bruders« des evangelikalen *barbiere* nach dessen Entlassung aus dem Gefängnis verschwinden mussten, weil das Alte Testament es genauso nachdrücklich verlangte wie die erreichte Freiheit selbst.

7. Kult und Kritik. Noch einmal zur Frömmigkeit der Sanità

Der neuseeländische Anthropologe Michael Jackson schreibt, menschliches Dasein »[a]t times [...] takes the form of a search for oneself, at other times as a search for belonging.«[124] In den meisten Fällen religiöser Betätigung, beispielsweise bei den evangelikalen Konvertiten, aber auch bei den Pilgern der Madonna dell'Arco, treten beide Tendenzen zugleich in Erscheinung, bedingen einander. Für die Frömmigkeit gegenüber den *anime del purgatorio* wiederum scheint heute die »search for belonging« die Oberhand zu haben, weil man sich selbst in seinen Nicht-Orten verloren hat. Aus diesem Grund scheint es, als seien die entsprechenden Praktiken eher dort anzutreffen, wo deklassierte, fortgezogene, mitunter falschen Versprechungen aufgesessene Neapolitaner ihren Anspruch auf Herkunft, auf »ihre« Toten, die zu den Toten der eigenen Familie führen, aktualisieren. Das heißt dort, wo die neapolitanische Ideologie hinreicht, aber nicht mehr ihre Verwirklichung – wo nicht mehr gilt, was man mir überall sagte: *»Wir Neapolitaner haben ein Herz, die anderen nicht«*, oder *»Du wirst schon sehen, wer einmal in Neapel war und dann wegzieht, der kommt in Windeseile wieder zurück«*. Im Gegensatz zur an der Piazza Garibaldi gelegenen *cripta* von S. Pietro ad Aram oder zum vom Dorf zur urbanen Peripherie mutierten Zentrum von Secondigliano lässt sich mit den Knochen der Sanità der Diskurs von Selbstvergessenheit, Enteignung, Vertreibung und Wiederverortung schwerer fortschreiben. Viel zu lange ist die Sanità

»draußen« und »drinnen« zugleich, je nach Akzentuierung werden zwei Sanitanesen untereinander diese Zuschreibungen für ihr Viertel gebrauchen. Und auch die Toten sind zugleich »draußen« und »drinnen«, als *anime sante del purgatorio* sind sie das ohnehin, aber hier, in der Sanità, glauben manche, wenn man bei ihnen »drinnen« sei, sei man »draußen« und umgekehrt. Don Antonios Jugendliche der »Paranza« pflegen die historischen Katakomben als kulturelles Erbe, und bei den Fontanelle überlegt man, wie man sie für eine noch nicht gefundene italienische Zivilreligion verwenden kann. Indem man die Schädel dort forträumte, wo heute die Katakomben unter S. Gaudioso für von jungen Sanitanesen geführte Besucher zugänglich sind, hat sich der Totenkult als symbolische Praxis der Kritik am Bestehenden erst einmal aufgeschoben. Viel wird davon abhängen, ob die alten Ressourcen eine Zukunft vor Ort ermöglichen, ob das historische Bewusstsein die Zugehörigkeit mental *und* ökonomisch nachhaltig stärkt, damit auch ohne *santi nel paradiso* ein einträgliches Leben in der Sanità möglich ist.

Der matrilokale Kult der *anime del purgatorio* bezieht, wie im ersten Teil dieses Buches gezeigt wurde, seine kritische Funktion für die Stadt und ihr Selbstbild aus seiner Kritik an Sozial- und Verwandtschaftsformen, die dem endlos antizipierbaren, von niemand je erlebten Zustand der primordialen, eine Gesellschaft erst ermöglichenden Gemeinschaft widersprechen. Diese Kritik hat ihre Voraussetzung darin, dass der Tote noch nicht dort ist, wo er eigentlich hingehört – dass es eine zweite Tür zum Jenseits gibt und damit einen dritten Raum (das Purgatorium).[125] Im Vergleich dazu präsentiert der mehrheitlich patrilinear vermittelte Kult der Madonna dell'Arco »richtige« Familie – das Mittelglied zwischen Individuum und lokaler Einheit – als durch ein Ereignis, nämlich die Gnadenerweisung Mariens begründet. Auch hier gibt es also einen zweiten Schritt nach dem offensichtlichen ersten (der biologischen Verwandtschaft). Dieser zweite Schritt korrespondiert der Einsetzung des Vaters und wird ermöglicht durch eine Konzentration der Mutter in der Mütterlichkeit der *mamma di tutti noi*, der Madonna dell'Arco. Daraus resultiert eine symbolische Unterwerfung des Vaters – aber eben nicht gegenüber der realen Mutter oder einem anderen, männlichen Vorfahren – und damit letztlich ein Heroismus des Faktischen, der innerhalb der spezifischen Kultur der Devotion ausgestaltet wird und zu jenem ästhetischen Reichtum führt, der Besucher aus dem Norden in den Bann zieht. An keiner Stelle erlaubt er eine Kritik an den Verhältnissen, die sich nach Belieben ändern können, ohne dass sie den Kult tangieren. Das ist vielleicht der tiefere Grund für seine *longue durée*, in der Sanità und anderswo.[126]

V
Letzte Worte.
Nach dem Bildungsroman

1. Liminalität und Macht.
Abschluss einer Theorie

In einer Stadt, die einen unermüdlich darauf hinweist, dass sie mehr ist als eine Stadt, bedurfte es auch für den Forscher eines Rückzugsortes, an dem er drinnen und gleichzeitig ganz draußen war. Dieser befand sich unterhalb des früheren Wohnhauses von San Giuseppe Moscati in einer Seitengasse der Piazza Dante in der Altstadt und hörte auf den Namen SuperFly. Im neonblauen Licht, umgeben von Porträts internationaler Soul-Artisten, trafen sich der ironischen Melancholie eines vergangenen Zeitalters frönend, vornehmlich Männer und Frauen, deren lebhafteste Zeit die 1980er-Jahre gewesen waren, als in Neapel mit James Senese und Pino Daniele eine musikalische Avantgarde entstand und man von der Erneuerung des Südens durch seine kulturelle Kraft oder auch bloß durch »el pipe« (Diego Maradona) träumte – vor dem großen Aderlass, der viele der im SuperFly abends Cognac, Whiskey und Gespräche Suchenden für Jahre, wenn nicht Jahrzehnte nach Rom, Mailand oder Turin spülen sollte. Das SuperFly war als Bar ein hervorragender Ort, um Neapel in seiner Miniaturisierung zu reflektieren, die sich selbst dort noch anzeigte, wo es galt, vor den Zudringlichkeiten dieser Stadt zu fliehen.[1]

Stefano mit dem weißen Haarkranz hat die Welle der Folklorisierung miterlebt und begleitet, auf der mittlerweile der gesamte Süden Italiens reitet, und zwar weil hier die Wünsche und Existenzformen von Alten und Jungen, Fortgezogenen und

Dagebliebenen, *ignoranti* und Intellektuellen am besten miteinander verbunden werden können und es den Anschein hat, als profitierten alle von allen. Wer in den Sommermonaten den Apennin, das Rückgrat der Halbinsel, entlangreist, wird sich in einem nicht enden wollenden Zug von lokalen Festen wiederfinden, von Schweinen und Pilzen und Kastanien und Wein gewidmeten *sagre*, auf denen gastronomische Eigenheiten, die sich oft nur minimal von denen des vorangegangenen Ortes unterscheiden, den Anlass für lange Nächte, von den Gemeinden organisierte Konzerte, aber auch für gut besuchte Diskussionsrunden bieten. In die sonst das Jahr über verlassenen Ortschaften der Basilikata[2] kehren die Emigranten und deren Nachkommen zurück; die Twentysomethings, die hauptsächlich auf den Airports dieser Welt sozialisiert wurden, lernen hier das Konzept von *casa* kennen, bei dem das Nächste ritualisiert, somit verfremdet wird, um es sich anzueignen. Einwohnerzahlen verdreifachen sich, die großen Prozessionen finden statt, man sieht das eigene Dorf auf der Leinwand, die Bürgermeister verleihen Ehrenbürgerwürden und jeder Anwesende erhält eine Aluminium-Plakette. Andere Orte erinnern sich ihrer religionshistorischen Bedeutung, veranstalten Festivals wie die in Albano della Lucania abgehaltenen »Notti della magia«, in denen neben traditioneller und neuer Musik mehrere Nächte lang der bäuerlichen Zauberpraktiken gedacht wird, denen Ernesto de Martino sein Buch *Sud e magia* (1959) widmete. De Martino selbst hat 2015 seinen fünfzigsten Todestag, und darum gibt es nun einen Wanderzirkus aus Vortrags- und Rezitationsveranstaltungen, in Neapel, in Matera (der europäischen Kulturhauptstadt für 2019) und sogar an der Provinzuniversität von Salerno im verschlafenen Fisciano.

De Martino stammte aus Neapel, er war erst ein Schüler des Religionshistorikers und experimentellen Mystikers Vittorio Macchioro, dann schloss er sich Benedetto Croce an und entschied schließlich, dessen Historizismus zu historisieren, indem er die Geschichtsfähigkeit des Ungeschichtlichen – vulgo der bäuerlichen und magischen Welt – erprobte. Von Anfang an hatte er seine Forschung mit einem starken politischen Ansinnen unterlegt; als »organischer Intellektueller« (Gramsci) eigenen Rechts wusste er, dass seine Forschung selbst gesellschaftliche Praxis war und sich nicht außerhalb der Geschichte stellen konnte, die sie untersuchte. Die Emanzipation des italienischen Südens und seiner angeblich geschichtslosen Unterschicht gerierte sich bei De Martino zugleich als Ausdruck eines klassenspezifischen Schuldbewusstseins des aufgestiegenen »meridionalen Kleinbürgers« gegenüber seiner Herkunftswelt. De Martino stammte aus dem Viertel Materdei, war in Bari als »Linksfaschist« sozialisiert worden, dann nach Rom gezogen, und schließlich als sozialistischer Politkommissar in den Süden, nach Lukanien und Apulien, zurückgekehrt.[3] Dort besuchte er die *circoli* der kommunistischen Partei, um darin die »progressiven« Bauern zu interviewen, während seine Gefährtin in die Häuser der Frauen ging. Aus dieser Tätigkeit entstanden drei durchaus erfolgreiche Monografien, in denen sich historische Untersuchung, soziologisch-religionswissenschaftliche Durchdringung und literarische Sensibilität eindrucksvoll verschränken. Sie situierten sich im Kontext einer bis in die 1980er-Jahre anhaltenden Tradition essayistisch reflektierenden, empirisch investigativen und zivilgesellschaftlich engagierten Schreibens, die zum Besten der italienischen Literaturgeschichte zählt. Ihr Ausgang war dabei das Werk Carlo Levis, der in *Cristo si è fermato a Eboli* (*Christus kam nur bis Eboli*; 1946) seine unter dem Faschismus erfolgte Verbannung in das lukanische Grassano (eigentlich Aliano) schildert. Der Welterfolg dieses Buches beruhte nicht zuletzt auf der Entdeckung einer italienischen Binnenexotik, die mit dem Fortleben einer anderen, archaischen Antike in Verbindung gebracht werden konnte und damit ihr Sujet nobilitierte.[4] Die bäuerliche Magie, die fremde Fremderfahrung, wurde mit einer weder von der Kirche noch von den zahlreichen Kolonisatoren, schon gar nicht von der forcierten Modernisierung der faschistischen »Repubblica

Sociale« zu domestizierenden Kraft identifiziert, die fortan zwischen Aneignung und hegender Bewahrung – beides im Werk De Martinos – verblieb. Sie wurde darüber hinaus zur Quelle der Selbstfindung des nach Norden geflüchteten Süditalieners, zum Symbol universaler Humanität, gerade weil die Verschränkung des Alltäglichsten mit dem Heiligen – das heißt: die permanente Universalisierung des Lokalen und die Lokalisierung des Universalen – hier als Programm erblickt wurde. In dieser Alltäglichkeit wies der fremde Süden über sich hinaus und rettete den Alltag, der im bald einsetzenden Wirtschaftswunder und im Massenkonsum entwertet zu werden drohte. Davon legen Filme wie der bereits erwähnte *Viaggio in Italia* von Rossellini, ebenso wie die Literatur (Elio Vittorinis *Conversazione in Sicilia* [*Gespräch in Sizilien*], Pasolini) bis weit in die 1960er-Jahre Zeugnis ab.

Ein halbes Jahrhundert später ist es die Krise, die den Süden wiederzufinden hilft. Die Wiederentdeckung vollzieht sich nicht unter dem Signum der Schuld, sondern der Exploitation der Vergangenheit. Die intimen Verhältnisse mit dem Archaischen, das Staunen und Sich-fremd-Fühlen machen der Eventisierung Platz, auch dort, wo diese sich bewusst *slow* gibt. Es gilt, viele in Lohn und Brot zu bringen: durch die Organisation von Assoziationen, von Kooperativen. Das bedeutet vor allem, dass viele vielfach die gleiche Geschichte einer gleichen »kommensurablen« Vergangenheit erzählen. Es klafft ein Abgrund zwischen dem Wunsch, einen anderen, nachhaltigen Tourismus zu etablieren – für die Reichen aus dem Norden, über deren Wohlstand man sich immer noch Illusionen macht – und der Notwendigkeit einer unmittelbaren Verwertung, damit nicht doch eine Generation abtritt, die trotz aller Versuche niemals für sich hat selbst sorgen können. Stefano, der Universitätslehrer, weiß das. Giovanni und Ida, die jungen Intellektuellen ohne gesichertes Einkommen, wissen es. Mangels Alternativen haben sie für einige Jahre ein Gebeinhaus in Poggioreale gehütet, polyglotte Universitätsabsolventen beide, während Lehrstuhlinhaber ihre Verwandtschaft mit Zeugnissen versahen und auf Dauerstellen hieven ließen.[5] Auch hinsichtlich dieser Diskrepanz zwischen Amt und Qualifikation erinnert der Mezzogiorno an die ehemalige DDR. Die Hoffnung der Jungen ist, dass die »Rückkehr der Feste« in den südlichen Provinzen die stagnierende Zeit befreie, dass jahreszyklische Zelebrationen dort, wo sie lange nicht begangen wurden, den Orten ihren Charakter und den Dagebliebenen einen Sinn vermitteln, der für jede politische, soziale und kulturelle Erneuerung unabdingbar ist.[6]

Die Folklorisierung ist nicht auf den Süden und den ländlichen Raum beschränkt. Sie hat auch Neapel ergriffen, Stefano hat als Buchautor zu ihr beigetragen, sie lebt vom Halbwissen dessen, der in seinem halbwegs gut beleumundeten Stadtteil verbleibt und sich in die anderen nur verirrt, weil es dort gefährlicher zugehen soll. Allerdings bleibt so die Fähigkeit lebendig, staunen zu können. Neapels Bessergestellte leisten sich den Luxus, gleichzeitig in der Stadt und abseits von ihr zu leben – was die Immobilienpreise in die Höhe treibt, ohne dass Außenstehende sich dies rational erklären könnten. Viertel wie Chiaia oder Rione Alto oder Posillipo sind schön gelegen, gestatten Ausblicke auf den Golf und das so oft nebelumschleierte Capri und werden darüber hinaus kaum von öffentlichen Verkehrsmitteln frequentiert, die die Kleinkriminellen aus Scampia oder der Sanità transportieren könnten. Die *napoletanità* dieser Art von Mittelklasse ist entsprechend ahistorisch und sentimental; sie wiegt sich im Glauben an das Einfache als das Reine und an die ungenutzten Chancen der Vergangenheit, in denen die Unterschicht hätte »gehoben« werden können, an die vom Klerus und vom zufällig anwesenden Admiral Nelson beendete »parthenopäische« Revolution von 1799, an die nicht angenommene Aufklärung durch eine bürgerliche Linke nach dem Zweiten Weltkrieg. Dass der Faschismus als der rabiateste Versuch der Aufklärung gelten muss, indem er staatliche Prinzipien und zumindest kurzfristig den Kampf gegen die Camorra zum

Ziel erhob, erwähnt man ebenfalls. Die ewige Schuld der Kirche, die wie die Mafia ihre Rechnung mit den natürlichen Schwächen der Menschen macht, gilt es zu beklagen. Diese Mittelklasse sieht Neapel aus der Vogelperspektive, ohne sich dadurch freier zu fühlen; im Gegenteil rechtfertigt diese Sicht für sie, was sie auf Seiten des *ceto* abstößt: den »Fatalismus«.[7]

Fatalismus ist eine Haltung, die historisch eher mit agrarischen Gesellschaften in Verbindung gebracht wird, mit solchen, die im blinden Kreislauf der Natur ihre Position nur notdürftig verbessern konnten. In der Geschichte des Christentums kann sie auf den *dolorismo* spanischer Prägung bezogen werden, in dem die dunklen Töne dominierten, die Lebensfreude hinter dem Todesernst zurücktrat. Wenngleich künstlerische Ausformungen des *dolorismo* durch die spanische Herrschaft in Neapel einzogen, sind die entsprechenden Insignien doch vom gestischen Manierismus am Vesuv transformiert worden. Hier stellen die Geißelungsszenen nicht den Schmerz aus, sondern die Lust am Körper, an seiner Präsenz.[8] Fatalismus ist schließlich eine menschliche Haltung, die just vor der philosophischen Veredelung, der Melancholie, abbiegt. Sie bringt auch nicht den glücklichen Sisyphos des Camus'schen Existenzialismus hervor,[9] den Franco Cassano, der Chefideologe des »pensiero meridiano«, bemüht.[10] Fatalismus anerkennt stattdessen eine ewige Unterordnung und lässt als Lebenstechnik neben dem Betteln lediglich die *furbizia*, die auf die wenigen Krumen der Gnade absehende Schläue, gewähren. Und das Gefühl, dass die Zukunft schon gewesen sei, also in der Vergangenheit liege. Vor allem aber gehört zum Fatalismus das Bewusstsein, eingeschlossen zu sein, seiner Ausgangssituation nicht zu entkommen, vermutlich deshalb nicht, weil man das Leben bereits in seiner Ganzheit repräsentiert. So gelesen ist es die Lokalisierung des Universalen selbst, von der sich der Fatalismus nährt. Eine der eigenen Perfektion, der Lebens- und Kunsthandwerklichkeit inhärente Versuchung.

Wenn die vorstehenden Kapitel anhand der neapolitanischen Totenkulte auf die »Möglichkeit einer Stadt« orientierten, so deshalb, weil Neapel in seiner Topografie, seiner Geologie, in seinen rituellen und kulturellen Praktiken die Elemente eines urbanen Lebens, einer Stadt, oder auch: der Stadt schlechthin, darbietet, sie aber in einem prekären Status, in dem der Möglichkeit, belässt. Damit gibt es weder etwas emphatisch Neues noch verliert sich die Tradition ganz. Ob und inwiefern städtisches Leben nicht stets krisenhaft ist und damit im Möglichkeitssinn verbleibt, ist eine unmöglich erschöpfend zu diskutierende Frage. Wer sie bejaht, wird meinen, dass es in symbolischen Praktiken darauf ankäme, diese Krisen zu Ressourcen umzugestalten. Solche »Provinzen des Menschen« (Elias Canetti) braucht es um so mehr, je weniger die krisenhaften Momente abfließen können. Neapel bezeugt die Möglichkeit einer Stadt im Provinzialismus, in der nicht vollzogenen Anbindung an moderne Infrastrukturen - ein Hafen, der kaum mehr Handelsbedeutung besitzt, weil keine weitere Anbindung nach Süden existiert,[11] eine Messe, die aus den ähnlichen Gründen irrelevant ist, ein Hinterland, das sich gegen Neapel zu definieren versucht[12] - kurz in allem, was die von der Historie ausrangierte Hauptstadt eines untergegangenen Reichs auf die Überlebensstrategie der Selbstbezüglichkeit verweist. Und Neapel bezeugt sie in den zahlreichen Wiederholungen und Verdoppelungen, die keinen funktionalen, sondern eher einen symbolischen Zusammenhang der Straßen und Viertel erstehen lassen. Neapels Viertel sind gelegentlich als Stadtfragmente im Sinne afrikanischer akephaler Siedlungszusammenhänge beschrieben worden - auch hier haben sie mit dem Ländlichen zu tun, das sie inkorporieren, selbst wenn es kaum noch agrarische Subsistenzwirtschaft gibt, nicht einmal am Rande Secondiglianos oder Mianos.

Neapel als »Möglichkeit einer Stadt« hat in der italienischen Anthropologie dazu beigetragen, die entsprechenden Kulte im Entweder / Oder, im Bezug auf den urbanen oder auf den ländlichen

Raum zu untersuchen, als Residuen und Ressourcen einerseits, als Assemblagen andererseits. Es hat seitens einer neapolitanischen Mittelklasse dazu geführt, die modernen oder emanzipatorischen Tendenzen nicht als genuine wahrzunehmen, sondern in ihnen wahlweise Verfallsformen des Eigenen oder faule Kompromisse entdecken zu wollen. Dem Verdacht, die eigenen Ressourcen zu folklorisieren, um Kasse zu machen, ist jedenfalls das religiös empfindsame *popolino* stets ausgesetzt geblieben. Selbst der auf Jahrzehnte die Kulturanthropologie prägende Ernesto de Martino macht dabei keine Ausnahme. Er habe Neapels Kulte nicht untersucht, weil er dann Phänomene des sozialen Wandels hätte berücksichtigen müssen, meint seine Schülerin Clara Gallini.[13] Andererseits scheint es der mangelnde emanzipatorische Impetus, die Gleichgültigkeit gegenüber ideologischen Imperativen und damit der krude Materialismus der unteren Klassen gewesen zu sein, die De Martino abschreckten. Stattdessen analysierte er einen Kompromiss, den die aufgeklärten Gebildeten mit dem magisch-fatalistischen Unterbau der Stadt geschlossen hatten, und zwar den zum Glauben an den »Jettatore«, den Unruhestifter wider Willen, gewandelten Bösen Blick.[14] Heute kann man diesen Text als Allegorie auf die Sündenbockfixierung des Faschismus lesen, der seine Anhänger gerade unter selbsterklärten Volksfreunden fand. In den von ihm untersuchten lukanischen Ritualen hingegen sah de Martino die Klassengegensätze reiner ausgedrückt, dort die Herrschenden und hier die Beherrschten, was sie geschichtstheoretisch wertvoller machte. In diesem Sinn blieb De Martino wie die gesamte italienische Anthropologie »klassistisch« oder auf Modelle der (Feld-)Forschung an ethnischen Gruppen fokussiert, die als abgeschlossene Ganzheiten konzipiert worden waren.

De Martinos heuristische Modelle – und besonders die schon erwähnte Theorie der »crisi della presenza« – wurden nicht nur, aber vor allem in Italien einflussreich. Während De Martino auf der Suche nach einer anthropologischen wie zivilisatorischen

Urszene die Identifikation der »presenza« (eine eigentümliche Entsprechung zu Heideggers »Dasein«) mit den sie bedrohenden Kräften, dadurch die Individuierung und Anverwandlung dieser Kräfte durch ein in diesem Prozess geschaffenes Selbst, seine Hingabe und seinen Selbstgewinn ins Zentrum rückte, sah er in der rituellen Speicherung dieser Urszene die Bewahrung eines kollektiven Optimismus, der eine Gesellschaft vor dem Zerfall zu bewahren vermochte.[15] De Martino begann als expressionistischer Kulturtheoretiker, wie andere Zeitgenossen mit der Idee eines vom »Kulturhelden« durchzuführenden »Sprung ins Nichts«, der dann den Inhalt eines Kultes bilden konnte. So galt es für die schamanistischen Gesellschaften, und so galt es fürs Christentum. De Martinos »crisi della presenza« verdankt vieles einer idealistischen Lektüre der sibirischen Ethnografie Sergei M. Schirokogorows (1933–1935),[16] dem sie einen Echoraum schuf, der bis zu Fritz Kramers »Passiones«-Lehre[17] weiterhallt. Zugleich versuchte er einen Zugang zu einer nichtreduktionistischen, wiewohl komparativ auslegbaren Säkularisierung der christlichen Religion. Die »crisi della presenza« wurde von ihm als Dispositiv der im italienischen Süden anzutreffenden Trance-Phänomene interpretiert, die dadurch sowohl auf einen nicht mehr rekonstruierbaren paganen Ursprung als auch auf die Ideologie des Christentums bezogen erscheinen konnten. Dieses Dispositiv verwandelte die Labilität der Lebensbedingungen, der politischen Verhältnisse, der meteorologischen und oft auch geologischen (Erdbeben!) Ausgangslage in eine Chance. Der rituellen und / oder induzierten *crisis* entsprachen die Mytheme von der endgültigen Überwindung allen Übels als Horizont, dieser konnte zu einer religiösen Lehre ausgebaut sein, als Spruchweisheit überleben oder einfach die sedimentierte Erfahrung der zeitenthobenen Trance selbst benennen. Als »Enthistorisierung des Negativen« verwies er auf einen Zustand, in dem kein Übel existierte; dieser Zustand war der eigentliche Zustand der Welt, der dem »historischen« sowohl vorauslag, als auch seine

Richtung angab. Emanzipation hieß dann für De Martino die sukzessive Anverwandlung eines metahistorischen Ideals als Teil der Geschichte, die Anerkennung von Geschichte als Aneignung ihres Begriffs, die Aufhebung der Trennung zwischen einer »guten« und einer »schlechten« Welt. Diese Aufhebung besaß für ihn einen logischen Zug, und diese ihren Praktiken bereits implizite Logik galt es den Leuten des Südens offenzulegen. Er unternahm nach der Grundlegung seiner Konzeption knapp zehn Jahre lang *spedizioni* (Expeditionen) in den Süden, auf denen er seine zivilisatorischen Ursprungsideen überprüfte. Der Süden nahm folglich die Form eines historischen, theologischen, soziologischen, aber auch individualpsychologischen Labors an. Unterschiedliche Phänomene wie die Bestattungsriten mitsamt ihrer Klagerituale oder die Trancen der Tarantelbesessenheit, die kleinen Exorzismen der ländlichen Magier (*fattucchieri*) wurden vor dem Hintergrund der »crisi« und der »Aneignung« der »presenza« gedeutet. Sie galt es zu verstehen, als Artikulation des Volkes sowie der mediterranen Lebenskunst.

George R. Saunders und weitere Anthropologen wendeten später das Modell auf die populärreligiösen Phänomene in Italiens Städten an. Auf der Hand lag der Vorteil, »magische«, also »populare«, und hochreligiöse Diskurse zusammen zu sehen und die langwierigen theologischen (und in der Vergangenheit auch ethnologischen) Diskussionen um »Magie« und »Religion« praxeologisch auszuschalten. Mit Blick auf die in diesem Buch untersuchten Phänomene kann man sich erneut nach der Überzeugungskraft der demartinianischen Kategorien fragen. Auf der einen Seite wird von den Protagonisten die »Crisi« als Technik angeeignet in dem Sinn, dass sichtlich veränderte Körperzustände als Symptome für Auseinandersetzungen zwischen (nicht notwendig guten und bösen) Kräften deutbar werden, die eine ›mediumistische‹ Verfassung des Menschen unterstreichen. Dies gilt bereits für den jungen Beter, den Peyrefitte im Friedhof der Fontanelle trifft, und es gilt für die Mythologeme um Padre Pio, für Donna Gianna, für die vom Allerheiligsten Affizierten in der Messe von Padre Giuseppe, und schließlich selbst für jene, an denen sich ein Exorzismus vollzieht, und sei es in den Massenaufläufen der von Padre Pusceddu singend begleiteten Gottesdienste für »guarigione e liberazione«. Sie fallen sämtlich in kritischen Momenten auf ihren Körper zurück (oder lassen sich auf ihn zurückfallen), um ihn in seiner Beziehung zur Außenwelt neu einstimmen zu lassen. Der gestimmte Körper kann darüber hinaus das Werk werden, in dem sich die Gemeinschaft als in ihrem »natural symbol« (Mary Douglas) selbst erkennt und sich ihrer Integrität und Heilung vergewissert – darin besteht beispielsweise der soziale Aspekt des Exorzismus. Wichtig ist am Ende jedoch nicht nur das Gemeinsame dieser Phänomene, sondern das Unterscheidende. Und hier könnte sich die »Crisi« und ihre Aufhebung in der rituell präsentisch gemachten »Enthistorisierung des Negativen« als zu pauschal erweisen. Denn zum einen geht es in den Trancen um die Aneignung und Verteilung von persönlicher und kollektiver Handlungsmacht; zum anderen verweist die konstitutive Leiblichkeit dieser »anderen Zustände« eben auf den Körper als ein Instrument, dessen Stücke, ob durch interne Spannung oder einen von außen bewirkten Kollaps der »Presenza«, zunächst improvisiert werden, bevor sie sich zu einer »Partitur« verhalten. Peyrefittes Beter könnte auf ein antikes Modell rekurrieren, wie es dem Orakel des nahe gelegenen Cuma nachgesagt wird, das ebenfalls in einer Höhle residierte; Padre Pios heroischer Schlaf etabliert sich als Grenzwächter und Garant für eine im italienischen Kleinbürgertum noch nicht vollständig habitualisierte Trennung von empirischer und jenseitiger Welt (und damit von Zweck- und Wertrationalität). Dass für die *piccolo borghese* beide Welten zusammenfallen, führt De Martino auf die »Crisi« zurück; die vom Allerheiligsten in Ohnmacht Versetzten beglaubigen die Macht Gottes und des Priesters, deren »Prestige« sich gegenseitig steigert; während mancher Pilger zur Madonna dell'Arco, der in der Kirche seine negative Besessenheit ausagiert, die Priester zu Zeugen nimmt, um sie demonstrativ vom Heilungsgeschehen auszuschließen (sie können sich in solchen Augenblicken nur helfen, indem sie den »Verrückten« auslachen). Anhand von Donna Gianna ließ sich beobachten, wie passivische Zustände (etwa im Ausgang von Krankheiten) sich steigernd als initiale Krise modelliert werden, in Vorbereitung einer Umkehrung, die weder rein subjektbedingt noch rein von außen bewirkt erscheinen darf, sondern um so mehr die eigene ist, je weniger sie von einem selbst induziert wird. Die Erzählung Giannas folgte dabei ganz der offiziellen theologischen Interpretation dieser Zustände, während sie auf der anderen Seite durchaus über ein Wissen hinsichtlich der »wilderen« Trance-Zustände verfügte, die Seherinnen eigentümlich sind und für Konflikt mit der Amtskirche sorgen. Gerade indem Gianna die leibliche Dimension ihrer Berufung zur Sprache brachte, schien sie zu offenbaren, dass sie sie als problematisch betrachtete – und ihr offensichtliches Unwohlsein bei der Kommunikation mit den Toten unter San Pietro ad Aram, ihr Versuch, aus der Exklusivität dieser Kommunikation auszusteigen, deuten an, dass ihre altered states gewissermaßen das Problem der legitimen und nichtlegitimen anderen Zustände verkörperten, auf die das *popolino* einen vorurteilsfreieren Zugriff besaß. Mehr noch als in anderen Fällen wird man Giannas *crisi della presenza* im Hinblick auf ihre soziale Rolle und ihre Klasse auslegen müssen. De Martinos symbolische »Enthistorisierung des Negativen«, die aus der Trance und dem Selbstverlust erst ein Ritual macht, ist vermutlich in ihrer umfassenden Perspektive und ihrer kulturellen Statik zu utopisch.[18] Denn weder die mythisch-rituellen Dispositive der Politik (Georges Sorels Generalstreik, klassenlose Gesellschaft)[19] noch der Religion (die Erlösung der ganzen Welt) scheinen in den hier beobachteten Phänomenen wirkmächtig oder handlungsleitend, vielmehr die Medien ihrer Aneignung (etwa das »Netzwerk« der Grillini) oder einfach ihre Vorbedingungen (Familien).

Die Seher, die Politiker und die Akrobaten der Madonna dell'Arco arbeiten vielleicht wie Störungsbereiniger, die die große Zirkulation zwischen drinnen und draußen, oben und unten, dem Heiligen und dem Profanen, dem Körper und der Erde am Laufen halten – mit offenem Ausgang.

Abschließend möchte ich vorschlagen, die Heuristik der *crisi* um die von »Liminalität und Macht« nicht einfach zu ergänzen, sondern zu spezifizieren. Im Ausgang von Victor Turner kann man »Krisen« als ritualisierte oder Ritualisierung verlangende Rückgriffe auf Liminalität oder auf die Umschrift liminaler Erfahrungen zur Ressource verstehen (eine liminale Erfahrung kann wiederholt oder erinnert und in diesem Augenblick hinsichtlich ihrer Überwindung betont werden).[20] Liminale Erfahrungen betreffen Grenzerfahrungen oder besser Erfahrungen der Grenze, und das nicht so sehr als deren Überschreitung – etwa in der Überlagerung von Status –, sondern im Außerhalb der für den jeweiligen Status geltenden Regeln. In einer Welt, die geprägt ist durch die in kleinen Einheiten augenscheinlich gemachte Lokalisierung, ist der Status (einer Person, einer Topografie) von enormer Bedeutung und wird sich ferner jede Einheit um eine möglichst rasche Adressierbarkeit eines Neulings bemühen, ergo ihm einen Status zuweisen. Status kann in lebenszyklischer Hinsicht (Mädchen, Ehefrau, Mutter, Großmutter) oder topologisch (drinnen / draußen; Fremder / Freund) markiert werden; in jedem Fall scheint es, als hätten bestimmte Gesellschaften – beispielsweise agrarische und mediterrane – einen besonders großen Bedarf an Statusklärung und damit an der Ordnung ihrer Übergänge. Damit einher geht eine verschärfte innergesellschaftliche Aufmerksamkeit auf das Außerhalb der Ordnung – und genau das bezeichnete Victor Turner als »liminal«, während Industriegesellschaften die Statusübergänge weniger existenziell ausstellen (sie beispielsweise in Freizeitaktivitäten verstecken) und darum als »liminoid« gelten.[21] Liminalität kennzeichnet die Übergangsphase von einem Status zum anderen;

sie ist – wie schon Van Gennep erkannte – durch ihre Regellosigkeit und Verkehrung ausgezeichnet, und gerade diese Phase wird in Gesellschaften mit starker Notwendigkeit, den Status auszudrücken, zu einer Ressource, zu einer Zone, auf der das weitere gesellschaftliche Wohl basiert.[22] Das impliziert, dass Personen, die das schlechthin Unrepräsentierbare dieser Zone darstellen – und sie stellen es oft durch ein Fehlen von Status dar oder durch ein als ungeordnet erscheinendes Wuchern der Signifikate, die *sovrabbondanza* oder ein Überfließen, wie es Heilige ebenso auszeichnet wie die überaus fruchtbare Natur zu Füßen des Vesuv –, in Abhängigkeit vom nicht »machbaren« Wohl der Gesellschaft an Prestige gewinnen. Priester, also unmännliche Nicht-Väter, Seherinnen, sprich gefährliche Frauen (weil ihre Initiationen nahelegen, dass sie dem Tod nicht ferner stehen als dem Leben), sind neben Transsexuellen oder Krüppeln prädestiniert für das Tricksterwesen des Sowohl-als-auch, des Sowohl-hier-wie-dort, der Zugehörigkeit zu mehreren Ordnungen, die sie überblenden.[23] In jedem Fall kommt aus diesem Außerhalb und diesem Personenkreis die Macht, die Ordnung der Gesellschaft darzustellen, sie in ihrer Ganzheit zu bestätigen, aber auch die Gesellschaft als *communitas*, Gemeinschaft, zu mobilisieren und damit die »Struktur« aufheben zu lassen. Dabei verbleiben Figuren der Liminalität auf der Grenze; jedes ihrer Engagements in der Gesellschaft schwebt in der Gefahr, ihr Engagement für die Gesellschaft zu verringern, denn es ginge notwendig mit Statuszuweisungen einher. In diesem Sinn bleiben auch Politik und Liminalität aufeinander bezogen, jede mit ihrer eigenen Machtsphäre, und ohne dass man sie ineinander übersetzen könnte.

Anzeichen des liminalen Zustandes einer Person sind unter anderem die oben zitierten Trance-Momente, die zur *crisi della presenza* gehören. Diese sind aber alles andere als selbstevident, der Prozess ihrer Evidenzierung erfordert Verhandlung: Die kulturelle Kontextualisierung von Trance, etwa in einem Ritual und an einem bestimmten Ort, entscheidet über die Zuschreibung der entsprechenden Macht beziehungsweise bestätigt die Autorisierung einer Person, die sich auf diese Weise hervorbringt. Analoges gilt für die politische Macht, sei sie »legaler« oder »traditioneller« Herkunft. (Charismatische Macht, die mit der Änderung der Sozialstruktur verbunden ist und bereits in Max Webers Definition mit Zeichen des Außerordentlichen – Wundern – einhergeht,[24] ist in vielen Fällen mit Liminalität assoziiert;[25] es ist dann der Weg ihrer Veralltäglichung als politische Macht, in der sie sich verbraucht, oder der des Millenarismus, in dem sie implodiert.) Ein entscheidender Aspekt von liminaler Macht ist ihre Verbindung mit dem Gleichheitsgrundsatz: Es darf keinerlei gesellschaftliche Regel geben, die einen von vornherein von ihr abschneiden könnte. Daraus folgt indes nicht, dass Liminalität eine demokratische oder gar konfliktbereinigende Ressource darstellte. Konflikte spielen sich dabei nicht auf der Ebene der Liminalität, sondern der ihrer Beglaubigung, anders gesagt der Interaktion von liminaler und politischer Macht ab. Am Verhältnis von Priestern und Seherinnen ließ sich dies aufzeigen.

Politische Macht ist auf Liminalität angewiesen, scheitert aber, sobald sie sich mit ihr identifiziert. Belehren mögen die Schicksale der Priesterkönigtümer oder der unmöglichen Königreiche, in denen der König die Ganzheit (und damit auch das Außerhalb) der Gesellschaft verkörpern sollte und schließlich zu keiner Bewegung mehr fähig war, was bereits laut James George Frazers Erzählungen zu einer Art Sklavenkönigtum führte.[26] Rein pragmatisch entspricht vielmehr der Anwesenheit der politischen Macht die von dieser zu beschützende anwesende Absenz (etwa durch Trance) der liminalen Macht. Was auf dieser Ebene komplementär erscheint, zeigt sich, wenn es um tatsächlichen Einfluss auf Menschengruppen geht, wieder konflikthaft. Wenn eine der beiden Kräfte ihre Machtquelle vergisst, wird sie unglaubwürdig und zieht zugleich die andere in Misskredit. Dann muss der König sich nicht selten einen neuen Priester suchen.[27] Das Verhältnis zwischen beiden

Kräften kann man annäherungsweise als Gabentausch charakterisieren, bei dem ein Gut nie durch das andere neutralisiert werden kann, stattdessen seine Herkunft an ihm haften bleibt.[28] Die Reinigungsversuche schlagen fehl, die Abhängigkeit wächst, und um sich Handlungsfreiheit zu erhalten, ist eine Multiplikation der Akteure das Mittel der Wahl. Zugleich schießen damit auch die Versprechen auf Macht ins Kraut, eine gegenseitige Potenzierung ist die Folge, und schließlich erhält man dieses Gewimmel aus Baronen, *guappi*, klientelistischen Politikern, Ordensleuten, *veggenti*, Priestern, rituell besetzten Transsexuellen.[29]

Aus dem soeben Skizzierten lässt sich ableiten, dass es in dieser historisch gewachsenen Konstellation die Versuche, Liminalität zu kontrollieren, schwer haben. Die Amtskirche und ihre hierarchische Gliederung, die zumal in einer »strukturschwachen« Umgebung immer noch überwiegend Funktionäre statt Charismatiker hervorbringt, ist eher Anlass für Variation als deren Maßstab. Katholizismus in Süditalien und in Neapel ist Volkskatholizismus, mit sämtlichen anderen Lebensbereichen unauflöslich verschränkt, oder er ist Intellektuellenreligion, die dafür plädiert, sich aus dem Spiel von Liminalität und Macht herauszuziehen – und sich damit häufig selbst täuscht. Sogar Padre Alex, der für eine entsprechende Reinigung der Religion, für ihre Verinnerlichung und ihre Umbildung zu einer die emanzipierte Persönlichkeit stützenden Kraft wirbt, der die Prozessionen verboten sehen möchte, weil sie mafiös seien (und mafiös sind sie, weil hier der Überschuss an Liminalität mit dem Überschuss an Ansprüchen auf politische Macht verrechnet wird), muss über seine Mittelsleute – etwa über Felicetta – das Spiel des Gabentausches zwischen den zwei Quellen mitmachen: Er kann Luigi de Magistris die Unterstützung entziehen, er kann die *piazza* zum Kochen bringen. Geschickter als andere haben Beppe Grillo und seine Unterstützer die Verbindung der beiden Sphären zum Klingen gebracht: Er wusste, dass ihn Padre Alex nicht »salben« würde, also hat er die Rednertribüne unter dessen Campanile errichten lassen, sich auf ihre Begegnungen berufen und damit Alex auf eine Antwort verpflichtet, die er auch schweigend geben musste.

Im Fall der charismatischen Bewegung und ihrer Liturgien gilt, dass hier die Machtquelle Liminalität auf der einen Seite eingehegt wird (in Liturgie und Gebet), auf der anderen die Machtträger demokratisiert werden. Der Priester steht in der und zugleich außerhalb der Liturgie, er ist also fast schon ein Politiker – und sobald ihm dies vorgeworfen wird, wird sein Prestige bröckeln. (Ein Priester wie Don Antonio hingegen versucht diesem Risiko des Prestigeverlustes auszuweichen, indem er religiöse Tätigkeiten in erster Linie als Service, sich selbst als zum Kultdienst verpflichteten Organisator darstellt. Sein Prestige, so das Kalkül, kann so nur wachsen.)

Dieser ungeteilten präsentischen Ausstellung von Liminalität stehen ältere Formen entgegen, in denen man den Zugriff auf Liminalität andeutete, hervorscheinen ließ, aber zugleich Liminalität und Ordnung gegeneinander absetzte. Im Kult der Madonna dell'Arco beispielsweise treten an *Lunedì in Albis* (Ostermontag) in S. Anastasia Liminalität und Ordnung einander gegenüber, sie begegnen sich in Gestalt der erschöpften und ekstatischen Pilger und der Unerbittlichkeit der Dominikaner, und sie begegnen sich wie die zwei Seiten einer auf ein komplementäres Verhältnis der beiden Sphären angewiesenen Welt unter den Augen der verwundeten, liebenden und eifersüchtigen Muttergottes. Dominikaner und *popolino* haben sie über ihren Widerstreit gestellt und sich damit wechselseitig die Existenzgrundlage gesichert. Die Liturgie – also das, was sich mit sämtlichen Akteuren im Raum der Kirche abspielt – dient als stabilisierende Plattform, aber nicht als Medium, in dem oder durch das die Liminalität erscheinen würde. In den charismatischen Gottesdiensten wird genau diese Unterscheidung verwischt, womit eine Hypostasierung der Liturgie vorbereitet wird, die ihre »klassischen« Formen als abgeleitete desavouieren und eine Art millenaristische Dynamik vorbereiten könnte – würde nicht eben diese Dynamik durch die Vielfalt von Frömmigkeitsoptionen abgeschwächt, sodass zwar die *emozioni* und damit die Bestätigung authentischer Fremderfahrung, nicht aber die dogmatische Dimension prägend werden können. Im Fall des Kultes um die *anime* ist der Rekurs auf Liminalität ganz deutlich dem Ordnungswunsch selbst verpflichtet (siehe besonders die Erzählung des Mediums Lella Gallifuoco, sowohl im Hinblick auf Verwandtschaftsbildung als auch auf die Bewältigung von Alltagsproblemen), und zwar teilweise so, dass liminal beglaubigte Kräfte zwischen den politischen Mächten operieren, die anders unbeweglich und auch »kraftlos« blieben. Folgt man der von Salvatore Lupo vorgelegten Analyse der Mafias, wird man hier, als einen Aspekt, eine Reinigung der intermediären Rolle der Camorra gewärtigen.[30] Aber wie im Fall des Verhältnisses von Toten, Seherinnen und Priestern kann eine Reinigung durchaus zu einer umfassenden Arbeitsteilung führen: Die Seherinnen deuten die Toten (durch die von diesen gesandten Träume) und korrigieren die Priester insbesondere dort, wo diese sich von ihren Vermittlungstätigkeiten, für die sie ursprünglich geweiht sind, entfernen (die Rückkehr der Priester in die Beichtstühle und damit zu den psychischen Ambivalenzen der Gläubigen beschneidet auch die Ansprüche der Seher und der Toten, wie Gaetano Errico genau zu wissen schien). Die vorgestellten Fälle lehren, dass religiöse Reinigung nicht »vereinheitlicht« oder gar »vereinfacht«, sondern entweder in Delegation mündet (die Toten und die Seherinnen) oder wenigstens in die Multiplikation der Amtspersonen (die vielen Beichtstühle, die es rund um die Uhr zu besetzen gilt). Ontologisch gesprochen wird dadurch eine Zunahme des Seienden bewirkt, eine Überdetermination, die zugleich die Möglichkeit neuer Unordnung hervorbringt. Und dadurch das Brodeln einer Stadt am Leben erhält, die ihre eigene »Möglichkeit« vorführt, ihre Unmöglichkeit eingeschlossen.[31]

Schließlich ist nicht zu vergessen, dass Liminalität statusbezogen auch so naturalisiert werden kann, dass sie als Machtquelle ausfällt. Dies ist der Fall bei den großen Marienerscheinungen (Lourdes 1848, Fatima 1917, Medjugorje 1981), die allesamt Kinder als erste Zeugen hatten, deren Aussagen von Priestern interpretiert wurden. Hier gibt es keine sich gegenseitig aufladende liminale Macht wie bei Toten und als Therapeuten tätigen *veggenti*, sondern alles bleibt an seinem Ort. Die Kinder werden ihrem ebenso unschuldigen wie todesnahen Status entwachsen, vergeblich werden sie darum kämpfen, die Deutungshoheit über ihre Erinnerungen zu behalten.[32] Ihnen bleibt höchstens die Möglichkeit, die Priester, die sie auslegen, des Missbrauchs zu bezichtigen.

Ganz unabhängig von seinen geografischen Bedingungen ist die Ressource Liminalität nicht. Mehrfach wurde in diesem Buch auf die reale Wirkkraft von Symbolen hingewiesen; daneben gibt es eine Realität, die symbolisch aufgefasst wird und von dort her ihre Wirkung entfaltet. Neapel ist eine Stadt der Höhlen, der Zisternen, der Krypten, der langen Gänge im Tuffgestein. »Höhlen-Faszination«, so der Religionsphilosoph Klaus Heinrich, kennen wir von kleinauf:

»Kaum aus der Höhle herausgekommen – aus der individuellen Höhle, aus der jeder herausgekommen sein muss –, beginnen wir schon wieder, in Höhlen einzutauchen. Wir machen uns Höhlen mit den Betten; und wenn wir etwas mehr krabbeln können, machen wir sie uns überall [...].«[33]

In die Höhlen bringt man seine Lichtquellen mit, in ihnen versucht man sich an dem, was es draußen erst noch umzusetzen gilt. Sie sind Provisorien, aber vor allem sind sie Miniaturisierungen, und Miniaturisierungen erheischen ihre Höhlen schon aus Gründen maßstäblicher Plausibilisierung. Deshalb, und nicht wegen Platons »Höhlengleichnis«, spricht Heinrich davon, Höhlen hätten etwas mit Aufklärung zu tun – aber, gilt es hinzuzusetzen, diese Aufklärung ist nicht denkbar ohne die Initiation, die jemand in ihnen und durch sie oder durch die Akte und Objekte der Miniaturisierung erfährt. In ihnen gilt, gleich ob sie den Traum oder eine Unterkirche in Secondigliano bedeuten, eine andere Zeitlichkeit. Auch der eigene Leib ist hier anders präsent, in einer Höhle kann jemand durch seinen Körper gehen. Mit diesen in Höhlen erfolgenden Umstülpungen hängt vielleicht zusammen, was man der Stadt als anarchischen Grundzug nachsagt. Der Höhlenreichtum Neapels ist ein liminales Reservoir, das seit langem dazu anhält, Behausungen im Alltag als »Höhlen, ins Licht gebaut«[34] anzusehen und zu bewohnen.

2. Suggestion und Gerücht. Ende einer Praxis

Die langen Abende im SuperFly gaben mir zu verstehen, dass ich Neapel unmöglich würde hinter mich bringen können. Auch die anderen, so dachte ich, hatten es vergeblich versucht und dann ihren Kompromiss geschlossen. Woran lag es, dass ich in gewisser Weise Neapolitaner bleiben wollte, ohne es gewesen zu sein, und zwar so, dass ich mich über die Dinge, die mit diesem Wunsch zusammenhingen, auch noch beklagte? Vielleicht teilte ich ja wirklich mehr mit den Menschen in meinem Feld, als mir lieb sein konnte, und handelte es sich gar nicht um Suggestionen, wie mir meine nordwestliche Kultur riet? Sowohl die Leute im SuperFly als auch jene aus meiner Feldforschung sagten, wenn sie etwas besonders schön fanden, es sei *suggestivo*. Suggestivität ist etwas anderes als Winckelmanns »edle Einfalt, stille Größe«.[35] Was *suggestivo* ist, ruft *emozioni* hervor, intensiviert die Sinne und die Wahrnehmungen. Was nun, wenn dieses Konzept von Schönheit auf einen Wunsch nach *essere afferrato* (Ergriffenwerden) verwies, dessen Ideal eben nicht die (westliche) Autonomie der Selbstrealisierung, sondern die Medialität der »passiones« (F. Kramer) war? Und was, wenn das Konzept genau jenes war, das alte mit modernen

Mediengesellschaften verbindet und damit den Möglichkeitsraum von Medialität auch für uns Nordeuropäer neu denken ließ?[36]

Affekte also, Suggestionen, Ergriffenheiten. Feldforschung als sinnliches Interagieren mit Menschen (und Dingen) ernährt sich von Affekten, die bei den anderen erst einmal hervorgerufen werden müssen. Nach dem Ende kann es mitunter zu einem Entzug kommen, ähnlich dem eines Drogensüchtigen. Das Substrat der Affekte ist der Wunsch, den es herauszufinden gilt. In Neapel erlebte ich von Beginn an Situationen, in denen ich mit starken Wunschübertragungen konfrontiert wurde – sowohl von Seiten der eher säkularen *mosche bianche* der Sanità, als auch seitens der Frauen, die den Kult der *anime sante del purgatorio* zelebrierten, oder jener, die immer wieder zu einer der beiden Seherinnen aufbrachen, die ich kennenlernen sollte. Bis auf die zweier Priester und einer traditionsreichen Camorra-Familie in der Sanità erlebte ich keinerlei Zurückweisungen, wenngleich mein Forschungsinteresse mitunter kanalisiert werden sollte. Es gab vor allem jüngere Personen, die sich mir gegenüber in eine Expertenrolle zu begeben suchten, um mir ihre Sicht auf spezifische Kulte nahezubringen oder mich in den Umkreis ihrer Assoziation zu führen. Ich hatte rasch verstanden, dass der Bruch innerhalb der Bewohner Neapels nicht so sehr zwischen »Gebildeten« und »Ignoranti« verlief, zwischen Studierten und Nicht-Studierten, sondern zwischen solchen, die eine touristische Praxis pflegten, und solchen, denen dies unmöglich war. Tourismus, und besonders Kulttourismus, bedeutet, eine Grenze zu ziehen zwischen sich und dem Anderen, den Bezirk zu definieren, innerhalb dessen das Eigene in Erscheinung treten darf, und auch die Fragen des Anderen soweit zu kalkulieren, dass sie beantwortet werden können. Eigene Kult- und Kulturgüter können so im Ansehen steigen, insofern sie zirkulationsfähig werden, aber der Tausch, der mit dem Fremden zustande kommt, wird immer abstrakter, muss er doch die weitere Globalisierung des zirkulierenden Objekts ermöglichen. Kommodifizierung auf der Objektseite, Abstraktion (etwa Geld) und damit weitgehende Bestimmungslosigkeit auf der anderen Seite des Tausches sorgen langfristig für Desillusionierung auf beiden Seiten – und sind nicht zuletzt das Gegenteil des Tausches zwischen Heiligen (Schädeln, Madonnen) und *devoti*, in der die Abstraktion und Bestimmungslosigkeit durch eine Entkommodifizierung (den Blick, die Gnade) gerade aufgehoben werden soll. Die nicht-touristische Praxis dagegen entlockt einem Wünsche, die in keiner Abstraktion aufgehen dürfen. Die Frauen in den Krypten, aber auch die jungen Frauen der Sanità, die srilankesischen Flüchtlingsfamilien Italienischunterricht erteilten oder sich um Wohnungen für *extracomunitari* (Nicht-EU-Ausländer) sorgten, waren jederzeit bestrebt, mich nicht auf der Seite des Fremden zu belassen. Vielmehr insinuierten sie das Fremde in mir – durch Reden und Gesten, die mir schmeichelten: »Du bist kein Deutscher, du bist ein italienischer Spion, du bist schlimmer als ein Neapolitaner« oder »Seht ihr nicht, dieser junge Mann ist voll des *spirito santo*« oder »Du bist zu uns [zum Totenkult] gekommen, weil sie [die Toten] dich geschickt haben«.[37] Offenkundig wollten sie auf diese Weise meine Wünsche herausfinden, die im besten Fall darauf hinausliefen, dass wir ein gemeinsames Projekt teilten. Lella erhofft sich vermutlich noch immer, dass dieses Buch den ersten Märtyrern Neapels diene – und bitte, ich hoffe es! Die Wünsche in die Redensart »Du willst es doch auch« zu übersetzen, wäre vielleicht banal, indes behielt diese Technik bis zuletzt ihren verführerischen Charakter. Oder war er gar magisch? Mir wurde schließlich weniger unterstellt als vielmehr prophezeit, ich wurde als Erfüllung von Prophezeiungen ins Geschehen aufgenommen.[38] Daraus resultierte ein beidseitiger Vertrauensvorschuss, offen für Veränderungen, für meine freien Entscheidungen, der mich dennoch darauf einstimmte, diese im Horizont ihrer Prophezeiungen zu deuten und deuten zu lassen.

Nein, ich entkam ihnen nicht. Und ja, ich wurde ihnen ähnlicher, als ich vermutet hätte.

Durch seine »student-counselling experiments« hat der Begründer der modernen Ethnomethodologie, Harold Garfinkel, einsichtig gemacht, dass Orakel und »Divination« in erster Linie Prozeduren eröffnen, in denen man »behandelt« wird, in denen also Agieren und Agiertwerden, *actio* und *passio*, ununterscheidbar werden.[39] In Neapel begegnete ich der Divination als einer anscheinend lange eingeübten Technik sozialer Integration, die in meinen Augen die Substanz klientelistischer Organisation bildete. Denn Patron-Klientenverhältnisse sind zuvörderst Verhältnisse der übertragenen Wünsche oder der wunschhaften Übertragungen, durch deren Kontinuität sie sich stabilisieren. Sie haben durchaus agonale Züge, wie sich in Momenten der Erstbegegnung deutlich zeigte. Ich denke nur an die Priester im Hinterland oder die »respektable« Person, die mich mit der Begrüßung »Ma io ti conosco« / Ich kenne dich doch« aus dem Gleichgewicht zu bringen versuchten, Anerkennung und Unterwerfung erlauernd. Antwortend hätte ich auch hier mich unauflöslich in den Zusammenhang mit ihnen gebracht (»Woher kennst du mich? Wie willst du wissen, dass ich die Wahrheit sage?«). Und schon wäre ich gefangen gewesen in den Blicken und Gesten der anderen, auf eine Art, in der ich es anders als bei Gianna oder Maria in S. Pietro ad Aram nicht gewollt hätte. Die sozialanthropologische Erklärung dieser »Begrüßung« hingegen besagt, dass in Zeiten, in denen die reale Macht der Patrone von offizieller Seite, etwa durch stärkere Integration (Nationalstaat, EU) unter Druck gerät und meritokratischen oder administrativ-rationalen Zugriffen weichen soll, der Klientelismus selbst nur mehr als Gerücht überlebt (à la »Du wirst sehen, wenn du XY von mir erzählst, wird alles gut werden ...« – »Und siehst du nicht, es ist alles so gekommen, wie ich es dir vorrausgesagt habe ...«). Dieses wird von Klienten und Patronen gleichermaßen bedient und lässt eine »alte« Welt mit ihren aus Beziehungen bestehenden Blackboxes in der neuen der technischen Blackboxes, der computerisierten matchings für einen Job im Staatsdienst etwa, überdauern – gerade weil das »Überpersönliche« den Verdacht der persönlichen Einflussnahme am wenigsten widerlegen kann. Gleichwohl lässt er sich dort am wenigsten beweisen. Diesen technischen Zusammenhang von (angeblich überpersönlichem) *presentimento*, Geheimnis und Gerücht, habe ich erst am Ende sehen können, als ich meine Forschung in der Stadt beendete und mich mehr dem neapolitanischen Hinterland zuwandte, wo die bis zur Berlusconi-Ära mächtigen Männer Kampaniens (Ciriaco De Mita, Vincenzo De Luca, Antonio Bassolino) als eiserne Greise auf ihre Rückkehr drängten und deutlich machten, dass sie ihr Erbe nie an Jüngere oder demokratisch Legitimierte abgegeben hatten. Als im Herbst 2016 der »Verschrotter« Matteo Renzo als italienischer Ministerpräsident nach einem verlorenen Referendum zurücktrat, fuhren diese Herrschaften ihren Pyrrhus-Sieg ein.

3. Haut und Knochen. Bildakte der Auferstehung

Bleibt die Frage, ob der Klientelismus immer in der Bestätigung der Macht für den einen, der fortgesetzten Abhängigkeit für den anderen aufgeht. Oder ob nicht vielleicht jener zwischen Liminalität und (politischer) Macht ablaufende Tausch modellhaft auch dort zu entdecken ist, wo weder jemand eine Initiation erfahren hat, noch Stimmen vergeben werden. Vielleicht kann man dadurch etwas über die unaufrechenbare Gabe des Klienten lernen, der seinen Patron dazu anhält, ihm gegenüber verantwortlich zu handeln, als stünde er in des Niederen Schuld.

Als ich mich nach meinem Feldforschungsaufenthalt in Neapel in römische Bibliotheken zurückzog, lief ich abends oft rund um den Petersplatz nach Hause. Unter den Bögen am Ende der monumentalen Via della Conciliazione ruhten auf Kartons und neben Plastiktüten Obdachlose jeder Provenienz, es ging, bis auf wenige Ausnahmen, friedlich zu, und gar nicht so selten war eben jemand vorbeigekommen und hatte Decken gespendet oder ein anderes kleines Geschenk gebracht. Ich sollte erfahren, wie ganze Vereinigungen, entweder als *comunità* (hervorzuheben ist die des Hl. Egidio) oder als *associazione* abends Streifzüge zu den *senza tetto* (Obdachlosen) unternahmen und wie deren alltägliches Handeln, ihre Hoffnungen und Konflikte, durch die Gesten dieses »Assistenzialismus« geprägt wurden. Ich lernte eine Bettlerin kennen, die zwischen Petersplatz und Piazza di Risorgimento auf dem von sonntäglichen Pilgern überströmenden Fußweg eine Art Mahnwache hielt; sie hatte sich hinter Pappkartons ein Refugium aufgebaut, das noch einmal mit Grablichtern abgesichert war, als wollte sie die Zugehörigkeit ihres Gevierts zur Welt der Toten unterstreichen. Auch diese Frau erbat und erhielt Geschenke, aber keines davon schien über die instantane Hilfe hinauszugehen. Das Zentrum der katholischen Christenheit gewährte den Armen Aufenthalt, Papst Franziskus ließ für 150.000 Euro Duschen bauen, die Armen selbst konnten in der Nähe des Petersdoms dem einzelnen Passanten gegenüber ihrer Bedürftigkeit Nachdruck verleihen, aber ohne dass ein strukturelles Interesse an der Überwindung ihrer Lage zu bestehen schien. Vielmehr hatte ich nach oberflächlichem Hinsehen den Eindruck, als würden die Armen und die Kirche sich gegenseitig zelebrieren, jeder zur Wahrung seiner Würde auf den anderen angewiesen. Tatsächlich erhielten die Obdachlosen in der Nähe des Zentrums des obdachlos geborenen Religionsgründers eine Funktion, die sie an mehreren Kategorien teilnehmen und »mächtig« erscheinen ließ. Sie waren Ebenbild und Stellvertreter Christi[40] und damit die natürlichen Verwandten des Papstes. Sie waren aber auch wirklich arm und damit Ziel des erbarmenden, sittigenden Handelns der Einzelnen und der Kirche als Körperschaft, die sich über die »Nachfolge« ihres Religionsgründers definierte. Sie nahmen konkrete Gaben an und wurden zu Medien des Heils, sie waren sehr real und gleichzeitig sehr symbolisch – wirksames Symbol. Doch welche Macht hatten sie dabei? Was würde geschehen, wenn die Bettler in den Streik träten, wer wären sie dann? Sie stellten eine vergleichsweise verlässliche Ressource für das dar, was ich unter Rückgriff auf Julian Pitt-Rivers als »Grace« definieren möchte,[41] was seine Bedingungen letztlich darin besaß, dass es bei dem Tausch auf der einen Seite um die Gabe, auf der anderen Seite um eine Emanation der Person, um einen Akt der Zuwendung einer bestimmten Person, des Bettlers (oder Christi) nämlich, ging, und dass der Tausch mit dem An-Blick oder Rück-Blick zum Abschluss kam, in dem sich die Person des Erbarmenden konstituierte, ohne die Nachwirkungen eines Bösen Blicks (eines »Malocchio«) fürchten zu müssen (eben weil der Arme aus dem normalen Zusammenhang des »do-ut-des« ausgeschlossen war). Diese Grazia des reinen Blicks oder der unvordenklichen Anerkennung (gewissermaßen ein Wiederholen des ersten Blicks), wie man in der Nachfolge von Emmanuel Lévinas und Marcel Hénaff formulieren könnte,[42] schien kein schlechthin universalisierbares Phänomen, sondern besonders zum mediterranen Kulturraum mit seiner Obsession für gefährliche Blicke zu gehören. In einer nicht zuletzt durch die Finanzkrise des dritten Jahrtausends wieder evident gewordenen Welt der »knappen Güter« war sie das Gegenteil des Verdachts der Vorteilsnahme, des blanken Neids, der verschwiegenen Ablehnung.[43]

In einer mediterranen Gesellschaft, die, wie Nicholas Purcell und Peregrine Horden in ihrem monumentalen Werk erarbeitet haben,[44] durch Nischenhaftigkeit und Konnektivität geprägt ist – oder, wie in diesem Buch dargelegt, durch die Lokalisierung des Universalen – und deshalb »Mediation« zu einem sozialen und kulturellen Prinzip erhoben hat, können die Armen die Toten vertreten und damit die Gesellschaft momentweise als ganz erscheinen lassen. Das christliche Evidenzerlebnis, das in der Begegnung mit der Armut zum Tragen kommen soll und die Armen um St. Peter wie eine Ressource der eigenen Wahrheit auszeichnet, liegt nicht allein darin, dass man sich im Anderen als seinem Gleichen in seiner Ausgesetztheit, Fragilität und damit Gottesverwiesenheit erkennen möge,[45] sondern im Anderen (im Armen) als dem (sozial) Toten, der einen aus dem Jenseits anblickend ein Nachleben darstellt, aus dem an die Gegenwart eine Forderung und zugleich der Vertrauensvorschuss ergehen, ihr entsprechen zu können (ist es doch stets und ausschließlich die Zukunft, die einen beanspruchen kann). Und weil, was in Rom vor allem als bürokratisiertes Verhältnis von Heil und Ohnmacht zu beobachten ist, in Neapel, wo die Bürokratie keinen guten Leumund hat, stets szenischer in Erscheinung tritt, bilden die Überlagerungen von Tod und Armut dort den Grund, auf dem die Zuversicht auf ein Morgen gedeiht.

Dies scheint sich nicht zuletzt auf jene übertragen zu haben, die Neapel künstlerisch beizukommen versuchten, sei es in der Malerei (etwa in der bestürzenden Leiblichkeit Jusepe de Riberas), sei es in der Literatur. Eine atheistische Rettung des Christentums, wie sie wohl dem ethnologischen Historizismus De Martinos vorschwebte, zugleich den Versuch, den Roman als Gattung in einer Stadt zu etablieren, in der er nie angekommen war, unternahm der in Kanada geborene und als junger Mann nach Kampanien übergesiedelte Luigi Incoronato (1921–1970). Er schrieb 1950 das vielleicht »dunkelste Buch, das jemals über Neapel geschrieben wurde«[46] und nahm sich, untypisch für einen Neapolitaner, zwanzig Jahre später das Leben. Auf der *Scala a San Potito*, zwischen Galleria Umberto und Montesanto, kampierten in der Nachkriegszeit die Ausgebombten neben den ohnehin Mittellosen. Zu ihnen verirrt sich der namenlose, von irgendeiner Zeitungsredaktion beschäftigte Erzähler. Nachdem sich mit seiner Kündigung das Alibi, über jene Menschen zu berichten, verflüchtigt hat, zieht es ihn dennoch unstillbar auf jene schmutzigen Treppen, in die Händel um den verdienten Platz, der nur vor meteorologischem Unbill schützt, vor allem aber in die halbseidenen Aufbrüche der Protagonisten, in ihre Versuche, aus dem nackten Dasein heraus durch noch so geringen Geld- oder Besitzerwerb so etwas wie Schutzzonen zu bauen. Alles scheitert, kaum etwas findet Worte, die seitenlangen Dialoge sind repetitiv, wie es der Autor wohl dem US-amerikanischen Großstadtroman von Dos Passos bis Theodore Dreiser abgeschaut hat. In der Morgue angesichts des toten Giovanni, eines arbeitslosen Arbeiters, erschlagen vom ehemaligen Arbeitgeber eines Delinquenten, der ebenfalls seinen Posten verloren und die Bewohner der Treppe von S. Potito durch sagenhafte Erzählungen in der Hoffnung auf Reichtum gewogen hat, erfährt der Erzähler als eine Art Karfreitagserlebnis den Sinn seines Aufenthalts bei den Armen:

»Und also befriedete sich die Spannung in den letzten Momenten, als sei mit der Dunkelheit die Ruhe eingekehrt, als vertraute der nunmehr unförmige Schatten des Körpers auf dem Tisch mir jetzt den Sinn seiner Niederlage an. Es war, wie wenn man etwas zu sehen bekommt, wonach man sich lange Zeit vergebens verzehrt hat, als ob in mir das Leben eine Bedeutung annehmen würde nach Jahren der Leere.«[47]

Giovanni enthält das »wahre Leben«, das er erst als Leichnam preisgeben kann, wie ein gut gehütetes Geheimnis, das sterben muss, um in der Erzählung einen Anfang zu finden, und das die Erzählung von Anfang an schuldig werden lässt. Die Reise des Erzählers ans Ende des finsteren inneren Korridors führt zum reinen Leben, zu seinen Möglichkeitsbedingungen – der Erzähler schreibt, wie sich »la vita, la bontà, il coraggio« vom Toten zu lösen beginnen, und wie doch klar wird, dass sie nur mit ihm existieren können; ebenso beschreibt er, wie er sich berufen fühlt, »alte Worte« des Ritus zu sprechen, obwohl er nicht an ihn glaubt. Vor allem die Schlussszene des Romans wird als Inbegriff der kompletten Hoffnungslosigkeit rezipiert, gleichwohl kann man versuchen, den zitierten Worten zu vertrauen, wonach hier etwas gefunden wurde: die Erklärung für das dunkle Verlangen, die Treppe hinabzusteigen. Die Sehnsucht nach einer Enthüllung, die vielleicht vom »Ideal des Kaputten« gar nicht weiter entfernt ist als vom Wunsch, in der Prädikatlosigkeit des Lebens, in seiner Reduktion, wie es die Armut repräsentiert, sein Geheimnis zu entdecken. Neapel als Stadt wird hier zum Topos des Totenreichs, wo man bis auf den Grund gehen kann, um einen Begriff vom Leben (wieder) zu gewinnen. Die Treppe steht bei Incoronato (wie die Wendeltreppe in der Kapelle von Sansevero) für Auf- und Abstieg, sie täuscht Reversibilität vor, wo sie als solche der Ort des sozialen Todes ist. Aus der Differenz von Anspruch und Wirklichkeit – oder von Idee und Geschichte – gewinnt die Scala a San Potito ihre ästhetische Form, ihr existenzielles Pathos und ihre politische Anklage. John Turturro, ein anderer Re-Emigrant, hat das Motiv der Treppe in seinem überaus erfolgreichen Doku-Musical, das Neapel mit *Passione* (2010) identifiziert, genutzt: Hier tanzen sich auf einer Treppe des Palazzo Spagnuolo in der Sanità langmähnige Frauen die Seele aus dem Leib und preisen, so zu sein, »cumme mamma ti ha fatta« (wie Mutter dich gemacht hat). Diese tanz- und fortpflanzungswütigen Frauen machen in ihrer pyramidalen, auf den szenischen Aufbau orientierten Positionierung die Treppe zur Attrappe. Für Luigi Incoronato war die Treppe als Mobilitätssymbol eine jener vielen Verheißungen der Moderne, die sich in Neapel nicht erfüllt haben. Ex negativo leuchtet sein Roman das Bild einer kreatürlichen Solidarität des nackten Lebens an, jener anderen, voraussetzungslosen Gemeinschaft, die in Neapels Unterwelt wie der Ausschnitt eines alten Freskos sichtbar wird und Zeiten und Religionen überdauert.

Anmerkungen

Vorwort

1 Zum damit verbundenen Problem der »Autoreferentialität« vgl. Ian Chambers, *Le molte voci del mediterraneo*, Mailand 2007, S. 83ff. Sie scheint Besucher mit Evidenzerlebnissen versehen zu haben, so etwa Walter Benjamin, der auf Capri einen großen Teil seiner Trauerspiel-Studie verfasste und in Neapel Natur als geschichtsphilosophische Allegorie aufzufassen lernte. In Anbetracht des überwältigend präsenten Historischen, das aber nicht dokumentiert werden kann, ist Geschichtslosigkeit auch für die hier anzuzeigenden religiösen Phänomene Geschichte. Im schönsten Schrift-Neapolitanisch heißt es in der größten Kirchen- und Kultgeschichte des Südens: »Malagevole, anzì difficilissimo assunto egli è voler narrare le istorie della Chiesa napolitana in tutti i secoli. [...] Da poi che, in questo lungo periodo di tempo, i moltissimi cangiamenti avvenuti nel governo della città, per le tante invasioni [...], la barbarie [...], e di poi il risorgimento a novella civiltà [...] produssero infinite mutazioni negli accidenti esteriori, che son comuni alle sacre e profane cose. I qua' mutamenti furon talvolta così tempestosi per la Chiesa, che disperdendone le memorie, oscura ne rendettero, o affatto sconosciuta la più gran parte de' fatti.« (Stanislao D'Aloe, *Storia della chiesa di Napoli. Provata con monumenti*, Bd. 1, Neapel 1861, S. 4).

2 Il mattino, 01.07.2014.

3 Giovanni Russo brachte es 1964 auf den Punkt, mit voreiligem Optimismus hinsichtlich der ökonomischen Entwicklung des

weiteren Mezzogiorno: »Bisogna arrivare a Napoli dal Sud, non da Milano o da Roma, per capire come questa città stia pagando, e senza colpa vera del popolo, il suo attaccamento a miti sorpassati.« (»L'economia del vicolo«, in: Giovanni Russo, Goffredo Fofi, *La terra inquieta. Memoria del Sud*, Cava dei Tirreni 2003, S. 121).

4 Vgl. Ermanno Rea, *La fabbrica dell'obbedienza*, Mailand 2010.

5 Zur Geschichte der neapolitanischen Küche vgl. John Dickie, *Delizia. Die Italiener und ihre Küche*, Frankfurt/Main 2008, S. 159–178, sowie S. 223–237. »Cosa hai mangiato?« (Was hast du gegessen?) ist eine einzig in Süditalien täglich gestellte Frage unter Verwandten und Freunden, die der Frage nach dem allgemeinen Wohlbefinden und nach den sozialen Kontakten entspricht.

6 Vgl. Giuliano Capecelatro, *Un sole nel labirinto. Storia e leggenda di Raimondo di Sangro, Principe di Sansevero*, Mailand 2000.

7 Feldtagebuch vom 20.05.2013.

8 Ohne Aussicht auf Besserung: 2014 lag laut dem italienischen Statistikinstitut ISTAT die offizielle Arbeitslosigkeit bei 26,5 % (landesweit bei 13,6 %), die Jugendarbeitslosigkeit wurde gar nicht erst erhoben (für Süditalien allerdings bereits 60,9 %).

9 Diese Zuschreibung geht auf klimatheoretische Erklärungen für ein menschliches Verhalten zurück, das nach dem Wechsel des ökonomischen »Weltsystems« vom Mittelmeer zum Atlantik im 16. Jahrhundert (vgl. Immanuel Wallerstein, *Das moderne Weltsystem*, Bd. 1, Frankfurt/Main 1986) in Süditalien sowohl im Hinblick auf die Eliten als auch auf die Armen als besonders träge, bedürfnislos, kurzum: unternehmerischem und eigenverantwortlichem Handeln entgegengesetzt erschien. (Vgl. Jennifer D. Selwyn, *A Paradise Inhabited By Devils. The Jesuit's civilizing mission in early modern Naples*, Aldershot 2004, S. 25–30). Die Offensichtlichkeit sowie die Abgeschlossenheit (durch die Sprachbarriere des Dialekts, aber zu früheren Zeiten gewiss ebenso durch die schiere Not, die die Menschen mehr mit sich selbst beschäftigt sein ließ) hat seit jeher angereiste Betrachter dazu verführt, in Neapel Lehrstücke über die

Natur des Menschen sehen zu wollen. Offensichtlich ist dies bei Sartre der Fall. Er entdeckt in Neapel »vielleicht die einzigen Leute in Europa, über die ein Fremder, auch wenn er nur acht Tage in dieser Stadt verbringt, etwas sagen kann, weil sie die einzigen sind, die man von vorne bis hinten leben sieht« (*Briefe an Simone de Beauvoir*, Bd. 1, Reinbek [6]2008, S. 67), inmitten aller Armut »kontingente[s] Fleisch, das gemeinsam verdaut und atmet« (S. 69) und dessen »Sinn [...] Pest, Cholera, Diphtherie« (ebd.) sei. Diese tragische Disposition des Menschen bilde den Inhalt des Stücks »Schicksal von Neapel«, »wie [Raymond] Aron sagen würde«. (ebd.) Sartres exotistische Verdichtung rechtfertigt ihre kolonialistische Schreibposition aus der Ähnlichkeitsrelation zwischen Neapel und Nordafrika: »[Neapels] Straßen haben uns oft an die marokkanischen Straßen von Tetouan erinnert, wegen jener kranken Körper in prachtvollen Stoffen, wegen jenes Lebens auf den Straßen und auch weil sie hier wie in Tetouan eine Art extra Stadt, eine Eingeborenenstadt, bilden, die von großen europäischen Boulevards [gemeint sind wohl Corso Umberto und Via Foria] umschlossen wird.« (S. 72)

10 Der Weg vom Überfluss zum Elend entspricht historisch dem von der »Luxuslandschaft der römischen Führungselite zu einer Hungerlandschaft der breiten Massen« (»Pisani, Neapel-Topoi«, in: Salvatore Pisani, Katharina Siebenmorgen, *Neapel. Sechs Jahrhunderte Kulturgeschichte*, Berlin 2009, S. 28–33).

11 Vgl. Johann Wolfgang von Goethe, *Italienische Reise*. Gegen den Gemeinplatz der müßiggängerischen Lazzaroni heißt es nach eingehenden Reflexionen über Arbeit in Neapel am 28.05.1787: »Es ist wahr, man tut nur wenige Schritte, ohne einem sehr übelgekleideten, ja sogar einem zerlumpten Menschen zu begegnen, aber dies ist deswegen noch kein Faulenzer, kein Tagedieb!«

12 Axel Munthe, *Letters from a Mourning City* [*Fran Napoli*], London 1887.

13 Vgl. Martin Mittermeier, *Adorno in Neapel. Wie sich eine Sehnsuchtslandschaft in Philosophie verwandelt*, München 2013.

14 Sämtlich in: Alfred Sohn-Rethel, *Das Ideal des Kaputten*, hg. und mit einem Nachwort von Carl Freytag, Bremen 1990, S. 33-39.

15 Vgl. den Blog von Beppe Grillo, {www.beppegrillo.it}, letzter Zugriff 28.09.2017.

16 Einer der Vorbehalte gegen Sansevero und Grillo ist dabei, dass sich die »schwarze Magie« doch einer Hand willfährig zeige und das, was allen – aber nicht als Kollektiv, sondern als »jedermann« – gehören sollte, nun bei einem Einzigen liege. Die aktive Fragmentierung technischer Systeme, von der Sohn-Rethel spricht, sorgt dagegen sowohl für Privatisierung (andere Funktion als vorgesehen) als auch für Sozialisierung (das Netz der Reparateure, die mit ihrem Bastlerwissen auftrumpfen können) der Güter. Der allgemeine Tauschwert, der Vergleichswert des Objekts, sinkt dadurch, denn die Berechnungsgrundlage wird komplizierter: Sie ermisst sich daran, wie sich ein Objekt der Lebensführung und den konkreten Bedürfnissen eines jeweiligen Tauschpartners anpasst. Auch hier wird Verhandlungsbedarf, weiterer, über das Objekt hinausgehender Austausch erzielt, ein Rahmen geschaffen, in dem weitere Transaktionen wahrscheinlich werden. Genaugenommen erhöht der Entzug des Objekts aus der Sphäre seines normalen Funktionierens die Frequenz und den Umfang von sozialen und ökonomischen Zirkulationen, und zwar gerade dort, wo diese aufgrund weniger Mittel »limited goods« im Sinne von George M. Foster sind (siehe George M. Foster, »The Anatomy of Envy. A Study in Symbolic Behaviour«, in: *Current Anthropology* 13 (1972), S. 165-186.

17 Ein mehrfach notiertes Paradox der Feldforschung: Gute Feldforschung ist für die Erforschten unsichtbar, schlechte stellt sich aus (vgl. Lisa Breglia, »The ›Work‹ of Ethnographic Fieldwork«, in: James D. Faubion, George E. Marcus (Hg.), *Fieldwork Is Not What It Used to Be*, Ithaca 2009, S. 129-142). Ob der Gleichzeitigkeit von Vermischung und Trennung scheint Internetkommunikation dem Ideal »teilnehmender Beobachtung« relativ nahezukommen,

muss dann aber plötzlich extrem historisiert und in einen Deutungsrahmen gespannt werden. Die für das vorliegende Buch konstitutive Verwendung von Tagebuchmaterialien hingegen sucht den Text als Beobachtung zweiter Ordnung auszuweisen, die von einem nie vollständig durchsichtigen Tagebuchautor profitiert, aus dessen Schreiben sich die wesentlichen Zusammenhänge erst im Rückgang vom Ganzen auf seine Teile destillieren.

18 Während Bronisław Malinowski bei den Trobriandern (1914–1917) ein verhinderter Odysseus war, ein Kriegsgefangener, der als Forscher das Beste aus seinem ausgeschlossenen Eingeschlossensein machte (vgl. Justin Stagl, »Malinowskis Paradigma«, in: Wolfdietrich Schmied-Kowarzik, Justin Stagl (Hg.), Grundfragen der Ethnologie, Berlin 1993, S. 93–106), so perpetuiert sich dieser Riss aufgrund andauernder Kontaktmöglichkeiten und -zwänge heute in der Person, die geteilt zwischen Forscher und Freund und Helfer mitläuft und diese Rollen auch im privaten Bereich gegen einander auszuspielen gehalten ist.

19 Der erste Zugang ist der traditionalistische, der indes in Teilen anhält, seit den Studien des aus Neapel gebürtigen, später als Neugründer der italienischen Kulturanthropologie begriffenen Philosophen Ernesto de Martino sich oft mit der zweiten Perspektive – dem sozialen Engagement – verbindet (vgl. dazu das Schlusskapitel). Die Trajektorien einer archaischen Antike werden im Gefolge De Martinos als Ausdrücke einer arm gehaltenen Unterschicht interpretiert, die auf der einen Seite hegemoniale Vorgaben befolgt (indem sie sich zur Religion der Päpste, Bischöfe und der *baroni* bekennt), auf der anderen untergräbt (in lokalen Heiligenkulten, in denen sie ihre Interessen vertritt; vgl. besonders Annabella Rossi, *Le feste dei poveri*, Palermo 1986). Laut Thomas Hauschild gelang es erst ab den 1960er-Jahren, »die Dialektik von Gemeinschaft (lokaler Kultur) und Gesellschaft (Oberschichtskultur) in Süditalien« anhand familiärer Netzwerkbeziehungen und der Rolle des Lokalen im Nationalen zu analysieren (Thomas

Hauschild, »Mein Mezzogiorno. Religionsethnologische Feldarbeit in Süditalien«, in: Hans Fischer (Hg.), *Feldforschungen*, Berlin 1985, S. 239–262), vor allem durch stadt- und mikrohistorische Arbeiten (Percy Allum, Gabriella Gribaudi).

20 Schlagend die religionshistorischen Untersuchungen des evangelischen Pastors in Neapel, Theodor Trede, »Volksleben in Süditalien«, *Klasings Monatshefte* 98 (1897); ders., *Wunderglaube im Heidentum und in der alten Kirche*, Gotha 1901.

21 Thomas Hauschild, *Macht und Magie in Süditalien*, Gifkendorf 2001.

22 Nach dem Zweiten Weltkrieg hat eine religionssoziologische Forschung in süditalienischen Heiligenkulten chiliastische Momente entdecken können, die mit jenen der gerade in Dekolonialisierungsprozessen befindlichen der sogenannten Dritten Welt Gemeinsamkeiten aufwiesen, und somit ausgehend von Italien den Zusammenhang von Religion und Revolte studiert (vgl. Vittorio Lanternari, *The Religion of the Oppressed. A Study of Modern Messianic Cults*, New York 1965). Zivilisationshistorische Deutungen, die Auseinandersetzungen von Agrar- und Jäger-, Sammler- und Händlerkulturen betreffend und somit um eine Theorie der Weltbürgerkriege im Ausgang des Zweiten Weltkriegs besorgt, finden sich hingegen bei Wilhelm Mühlmann, der mehrfach in Italien forschte (vgl. *Chiliasmus und Nativismus*, Berlin 1961).

23 Vgl. rezent v. a. Jason Pine, *The Art of Making Do in Naples*, Minneapolis 2009, zuvor Italo Pardo, *Managing Existence in Naples*, Cambridge 1996. Einen fruchtbaren Beitrag, religiöse und gesellschaftliche Organisation zusammenzudenken, hat in der Mittelmeerethnologie – aufgrund von Forschungen auf Malta und Sizilien – Jeremy Boussevain mit *Friends of Friends. Networks, Manipulators and Coalitions*, Oxford 1974, unternommen, dessen Ausführungen zu Brokern und »Vermittlern« an anderer Stelle interessieren werden.

I

Das Purgatorium? Die Sanità!

Feldforschung in Neapel

1 Roger Peyrefitte, *Du Vésuve à l'Etna*, Paris 1952, S. 72. Sämtliche Übersetzungen in diesem Buch stammen, wenn nicht anders vermerkt, vom Verfasser.

2 Hier und folgend: ebd., S. 74f.

3 Die Rekonstruktion einer »Geburtsstunde« oder einer ursprünglichen Form des neapolitanischen Kultes, so gerne sie in der regionalen Literatur bis heute unternommen wird, ist utopisch, Spekulationen blühen jeweils vor dem Hintergrund politischer und religiöser Präferenzen (vgl. Antonio Emanuele Piedimonte, *Il cimitero delle fontanelle. Il culto delle anime del purgatorio e il sottosuolo di napoli*, Neapel 2003). Unterstellte Kulturmigration, z. B. von Südasien in den Okzident oder zwischen Nordwesteuropa und dem Mittelmeer, soll dann keltische Jenseitsvorstellungen (besonders die des Totenreichs als Ort eines kompletten Wissens) oder agrarische Knochenkulte in Neapel an Land gespült haben, wo sie auf eine mythologisch ausführlich vorbearbeitete Landschaft trafen (die Stadt als Ausdruck des Totenkults um die Sirene Partenope, vgl. Roberto de Simone, *Il segno di Virglio*, Neapel 1982). Detailliertere Überlieferungen des Rituals gibt es seit Ende des 19. bzw. Beginn des 20. Jahrhunderts (vgl. Francesco Terranova, »Le fontanelle«, in: ders., *Napoli che non muore*, Neapel 1906). Sie legen nahe, dass seine hier interessierende Gestalt mit der Marginalisierung Neapels als ehemaliger Hauptstadt auf der einen und dem Beginn moderner Urbanisierungsmaßnahmen auf der anderen Seite zusammenhängt.

4 Unter »Reserve« verstehe ich ausgehend von Thomas Hauschild (vgl. *Ritual und Gewalt*, Frankfurt/Main 2008, S. 217f.) die in symbolischen Handlungen, Ritualen gespeicherten und weitergegebenen Kollektivvorstellungen einer Gesellschaft, mit anderen

Worten die Fundierungsebene der Kultur , die in Notzeiten aktiviert werden können.

5 Vgl. die film- und mentalitätsgeschichtliche Studie von Marco A. Bazzocchi, *L'Italia vista dalla luna. Un paese in divenire tra letteratura e cinema*, Mailand 2012.

6 Eric Hobsbawm hat dies als »invention of tradition« bezeichnet: »A set of practices, normally governed by overtly or tacitly accepted rules, and of a ritual or symbolic nature which seek to incalculate certain values and norms of behaviour by repetition, which automatically implies continuity with the past.« (Eric Hobsbawm, Terence Ranger (Hg.), *Invention of Tradition*, Cambridge 1983, S. 1)

7 Di Gianni (geboren 1926) begann seine Karriere als mittelloser Absolvent der römischen Filmhochschule, der eines Tages ein Inserat in der Tageszeitung *Il messaggero* fand: Der Ethnologe und Philosoph Ernesto de Martino suchte einen Filmschaffenden, der ihn auf seiner Exkursion in die unwirtlichen Zonen der Basilikata begleitete. Di Giannis ästhetischer Eigensinn zeigt sich seit den ersten Aufnahmen, thematisch indes blieb er De Martino treu. Sein Schlüsselerlebnis war der Trauerzug für einen frühverstorbenen Jungen, der ihn an ein Jugenderlebnis im lukanischen Herkunftsort seines Vaters erinnerte. Mit ihm kann man für eine ganze Generation von Filmemachern die Geburt des italienischen Nachkriegsfilms aus dem Geist des Rituals erzählen (vgl. Gianluca Sciannameò, *Nelle indie di quaggiù. Ernesto de Martino e il cinema etnografico*, Bari 2006; Michaela Schäuble, Ecstatic Encouters. Spectacle and Reenactment in the Work of de Martino and its Successors, Berlin 2015). Die neapolitanischen Kurzfilme Di Giannis beweisen die tiefe Verwurzelung ritueller Praktiken im die Stadt umgebenden ländlichen Raum und zeigen die Assemblagen, die sie in der Stadt eingehen.

8 Dieses inzwischen weltweit anzutreffende Phänomen hat in Italien seine Vorbedingung in der Suche nach einer authentischen Säkularisierung, die die vielfältigen, von hegemonialen Kräften

kontrollierten religiösen Aktivitäten in Süditalien wieder in seinem widerständigen Charakter freisetzen sollte. Emanzipatorische und archaisierende Vorstellungen verbinden sich dabei, wie anhand des wohl erfolgreichsten von Anthropologen wiederbelebten Kultes, der Tarantelbesessenheit im apulischen Salento, deutlich wird. Vgl. Ernesto de Martino, *La terra del rimorso*, Mailand 1961.

9 Warum diese Berührung Glück bringt oder gegen Unglück immunisiert, ist eine wichtige, aber ungelöste Frage. Für Neapel kann man eine Erklärung finden, wenn man die Berührung der Totenschädel mit der des »Gobbo«, des Buckeligen, parallelisiert: Niemand wolle einen Buckel haben, heißt es, weshalb die Verkleidung als *gobbo* vor dem bösen Blick schütze. Wer ihn berührt, identifiziert sich passager mit ihm und wird entsprechend unangreifbar. Dagegen muss man von den femminielli, den neapolitanischen Transsexuellen, berührt werden: auch hier geht es um Stärkung, zumal um sexuelle. Indem sie die klassische Geschlechterordnung überschreiten, partizipieren die Femminielli an liminalen Zuständen, die sie u. a. für religiöse Dienste prädestinieren (Zur kulturellen Repräsentation und zum Selbstverständnis vgl. Marco Atlas, *Die Femminielli von Neapel. Zur kulturellen Konstruktion von Transgender*, Frankfurt/Main, New York 2010). Soziale Marginalisierung und rituelle Kraft bedingen sich augenscheinlich in beiden Fällen, wobei anhand des *gobbo* vielleicht noch klarer wird, inwiefern die Partizipation / Assoziation an eine marginalisierte Sozialfigur zum Glück verhilft: der *gobbo* kann ohne Neid zu erregen berührt werden, mit dieser (Teil-) Identifikation schließt man sich aus der normalen Überwachung aus und erobert sich einen Freiheitsraum. Für die Berührung durch die Femminielli, die Scherze, die anschließend andere über einen machen, gilt Ähnliches, und auch für die Berührung der Totenschädel, die die Toten im Fegefeuer und damit in einem liminalen Zustand par excellence präsentieren.

10 Vgl. die Archivforschungen, die die Assoziation ICARE im Netz publiziert. Der Ursprung des Friedhofs der Fontanelle ist

umstritten; indes verweisen einige Quellen – z. B. der Stadtchronist Carlo Celano in seinen *Notizie del bello dell'antico e del curioso della città di Napoli* [1692], Neapel 1856 – auf die Präsenz griechischer Nekropolen im Tuffstein der nördlichen Sanità.

11 Die für diesen Prozess notwendige Bedingung einer in Spätantike und Mittelalter erfolgten Transformation von Verwandtschafts- und Sozialordnung, aus der sowohl die Ausweitung menschlicher Einwirkungsmöglichkeiten über den Tod hinaus als auch der Kohäsion von Gemeinschaften (Blutsverwandter, Bruderschaften, Familienbünde) resultieren, findet sich ausführlich beschrieben in Jacques Le Goffs *La naissance du Purgatoire* (Paris 1981).

12 Verschiedentlich wird auf den Zusammenhang zwischen dem aufgehobenen Wucherverbot und der Temporalisierung jenseitlicher Strafen ab dem 13. Jahrhundert aufmerksam gemacht (Vgl. Jacques Le Goff, *La Bourse et la vie. Économie et religion au Moyen Âge*, Paris 1986). Seit dem berühmten Brief von Innozenz IV. an seinen zypriotischen Legaten vom 6. März 1254 ist das Fegefeuer gleichsam institutionalisiert, wenngleich es nie dogmatische Aufmerksamkeit erhält, sondern vor allem damit beschäftigt sein wird, den verschiedenen religiösen Praktiken im Umgang mit den Verstorbenen einen Rahmen zu geben. Zudem scheint ganz allgemein dem – in Italien – aufkommenden Kreditwesen (das Geldleihe nach Zeit berechnet) eine Verzeitlichung der Sündenstrafen zu korrespondieren, sodass aus demjenigen, der fehlgeht, erst recht ein Schuldner Gottes wird. Ableisten aber wird er seine Strafe gegenüber den Menschen, die individuelle Schuld wird zu einem sozialen Gut. Der ökonomische Fortschritt wird durch die ›Schuldzahlung‹ nach dem Tod gestärkt: Akkumulation von Gütern für die Erben, Stiftungen etc. stärken das Band zwischen Verstorbenen und fürbittenden Lebenden. Wo die Voraussetzungen für solche Transaktionen fehlen, aus politischen, demografischen u. a. Gründen, scheint sich die Kompensation auf die unmittelbare Erfüllung durch jenseitige Vermittlungsleistungen konzentriert zu haben.

13 »O'refrisco« wird hier wörtlicher interpretiert, als dies für das »refrigerium« in der Antike der Fall ist: Dort bezeichnet der Ausdruck ein Mahl am Grab der Verstorbenen, deren die Gemeinschaft gedenkt. Die Lebenden erfrischen sich in der Erinnerung an die Toten. Erst das Christentum macht daraus ein Werk für die Seelen der Verstorbenen. (Vgl. Eliezer González, »Refrigerium and the Roman Cult of the Dead in the Passion of Perpetua«, in: ders., *The Fate of the Dead in Early Third Century North African Christianity. The Passion of Perpetua and Felicitas and Tertullian*, Tübingen 2004, S. 129–162).

14 Laut Pierroberto Scaramella sind für die neapolitanische Devotion für die *anime del purgatorio* entscheidend die Caritas-Theologie des 15. Jahrhunderts, die »Entdeckung« des Todes als Frömmigkeitsfeld bzw. der zahlreichen Toten durch Klerus und besonders den Franziskanerorden, sowie eine um die Gottesmutter Maria konzentrierte Gnadentheologie, die die in der Ikonografie der »maria lactans« ausgedrückte Sorge Mariens um ihren göttlichen Sohn zur Sorge der nunmehr in den Himmel Aufgenommenen um das ganze Volk – die Lebenden und die Toten – erweitert. Die Grazia Mariens wird zum Exemplum der »caritas«. (Vgl. Pierroberto Scaramella, *Le madonne del purgatorio. Iconografia e religione in Campania tra rinascimento e controriforma*, Genua 1991, S. 16ff.).

15 Peter Brown (*The Cult of the Saints. Its Rise and Function in latin Christianity*, Chicago 1981) hat nachgezeichnet, wie zwischen dem zweiten und sechsten Jahrhundert sich die christliche Religion in dem Maße entwickelte, in dem die vormals außerhalb der Städte liegenden Gräber zu neuen Zentren des religiösen Lebens wurden. Die Verbindung von Wundern (*grazie*) und dem ortsansässigen Körper bzw. dessen Überresten wurde bereits von frühesten Inschriften proklamiert. Die Verehrung der Toten in ihren sinnlichen Spuren kennzeichnet laut Brown den Bruch mit der bisherigen paganen und jüdischen Welt des Mittelmeers.

16 Die Fremdheit onirischer Zustände, die zugleich einen Bezug zu einem täglichen Leben besitzen, das in seinen Verflechtungen nie durchsichtig werden kann, und nicht zuletzt die Kulturalisierung des Traums im Mittelmeerraum bilden für Lombardi Satriani und Mariano Meligrana den Hintergrund zur Überlegung, in religiösen Praktiken »techniche di provocazione del sogno e di propiziazione delle figure oniriche« (Lombardi Satriani, Mariano Meligrana, *Il ponte di San Giacomo. L'ideologia della morte nella società contadina del Sud*, Palermo 1989, S. 278) zu sehen; entsprechend ließe sich der neapolitanische Totenkult als ursprüngliche Traumtechnik deuten. Denn wie ein Mann aus dem Süden seinen Gesprächspartnern sagt: »Io credo [...] che quando sogniamo noi, non è che sogniamo, ma sono i morti che ci parlano e ci fanno vedere le cose che poi ci succedono il giorno dopo o dopo più giorni.« (ebd., S. 277)

17 Vgl. Matilde Serao, *Il ventre di napoli*, Mailand 1884.

18 Vgl. Rocco Civitelli, *Il cimitero delle Fontanelle. Una storia napoletana*, Neapel 2010, S. 47.

19 Vgl. Stefano de Matteis, *Napoli in scena. Antropologia della città del teatro*, Rom 2012. Der hier und im Folgenden vom Gegenstand nahegelegten Verbindung von Bühne und Traum – nicht zuletzt im Hinblick auf die gerade in einer barocken Stadt immer wieder hervorgehobene Ambivalenz von Schlafen und Wachen – kann im Rahmen dieses Buchs nur ansatzweise nachgegangen werden. Klar ist jedoch, dass eine Soziologisierung des Theatralischen in Neapel die des Traums einschließen muss – gerade wenn ihre Orte so nahe beieinanderliegen (das Theatralische im Umgang mit den Toten in den Krypten, das Erzählen und Deuten von Träumen ebendort).

20 Die Redensart referiert weniger auf »große« Tote als vielmehr auf Verwandte in einflussreichen irdischen Positionen.

21 Corrado Ursi, *Lettere pastorali (1966–1974)*, Torre del Greco 1975.

22 Vgl. die Zahlen von René Laurentin, *Multiplication des apparitions de la Vierge aujourd'hui*, Paris 1988, S. 27, und Paolo Apolito, *»Dice che ha visto la madonna«. Un caso di apparizioni in Campania*, Bologna 1990, S. 12–22.

23 Zur politisch-medialen Geschichte Padre Pios vgl. Sergio Luzzati, *Padre Pio*, Turin 2002.

24 Anlässlich der Präsentation seines Buches in den Fontanelle und der damit einhergehenden allgemeinen Öffnung der Schädelstätte war De Matteis gebannt von der plötzlichen und vollkommen ungezwungen wirkenden Rückkehr des Kultes nach mindestens einem halben Jahrzehnt: »[C]on grande stupore, notai che mentre alcuni giravano e vagavano per riprendere confidenza con quei luoghi e, evidentemente, cercare di rintracciare le anime cui erano legati, altri non persero occasione di riaccendere il rito: il fazzoletto preso dalla tasca o dalla borsetta serviva a spolverare il teschio – un teschio scelto con molta cura e molta fretta tra tanti – e, subito dopo, veniva utilizzato per poggiarvi su il cranio ripulito, utilizzandolo come marcatore di distinzione e di appartenenza [...] a segnalare che con quel teschio il ›lavoro‹ era cominciato.« (Stefano de Matteis, *Mezzogiorno di fede. Il rito tra esperienza, memoria e storia*, Neapel 2014, S. 174).

25 Vgl. Antonio Ghirelli, *Storia di Napoli*, Turin 1992, S. 293ff.

26 Franco Mastriani, *I misteri di Napoli*, Neapel 1869.

27 Vgl. vor allem: Civitelli, *Il cimitero delle Fontanelle*, und Clemente Esposito, *Il cimitero delle Fontanelle*, Neapel 2007.

28 Feldtagebuch vom 15.05.2013.

29 Zu Ikonografie und Verbreitung der neapolitanischen Votivkapellen vgl. Gino Provitera u. a., *Lo spazio sacro*, Neapel 1978, besonders S. 41–47.

30 Feldtagebuch vom 19.06.2014.

31 Aus Gesprächen mit Bewohnern bzw. aus Untersuchungen von Folkloristen der Università di Napoli geht hervor, dass die *edicole* votive in der Zeit unmittelbar vor dem Erdbeben sich

in noch vernachlässigterem Zustand befanden und tatsächlich in den letzten Jahren eine Revitalisierung eingesetzt hat. Aus eigener Anschauung kann ich allerdings nur bestätigen, dass die Erneuerung bzw. Errichtung von Straßenaltären auf Spaltungen innerhalb von sozialen Gruppen zurückgeht, wie sie sich beispielsweise im Umfeld des Kultes der Madonna dell'Arco verstärkt vollziehen. Vgl. Kap. 4.

32 Euhemerismus (nach dem griechischen Mythografen Euhemeros) bezeichnet ursprünglich die Vergöttlichung von Menschen, um Herrscherkulte zu rechtfertigen. Später wird daraus die Nähe von Menschen zu sie legitimierenden übermenschlichen Figuren. In der Renaissance wird der Euhemerismus zu einer rhetorischen Kunst bzw. animiert er die Festgestaltung sich wichtig dünkender Höfe.

33 Diese Wohnform ist der sichtbarste Ausdruck des endemischen Platz- und Wohnungsproblems als solche und seit dem 15. Jahrhundert überliefert; Versuche ihrer Aufhebung erfolgten u. a. im Faschismus und während verschiedener Sanierungs- und Stadterweiterungsprojekte.

34 »Camorra omicidio in diretta / Italy's mafia murder shock«, {https://www.youtube.com/watch?v=zxX5FAujPCM}, letzter Zugriff 08.12.2014.

35 Feldtagebuch vom 10.06.2014.

36 Feldtagebuch vom 09.07.2013.

37 Vgl. Dieter Richter, *Neapel. Biographie einer Stadt*, Berlin 2005.

38 Antonio Loffredo, *Noi del rione Sanità*, Mailand 2013, S. 7.

39 Feldtagebuch vom 30.05.2013.

40 Bis zur Säkularisierung zur Zeit Murats waren die Bruderschaften berufsständisch bzw. nachbarschaftlich organisiert, widmeten sich frommen Diensten an Kranken und Gefängnisinsassen, zahlten Bedürftigen die Hochzeit, übernahmen Versicherungsaufgaben und sorgten für eine gebührende Bestattung ihrer Mitglieder (hier verursachte ein dem Anspruch gerecht werdender *corteo*

funebre, Trauerzug, die höchsten Kosten). Entsprechend fungierte der Mitgliedsbeitrag wie eine Versicherungszahlung (vgl. Diego Carnevale, *L'affare die morti. Mercato funerario, politica e gestione della sepoltura a napoli (secoli XVII–XIX)*, Rom 2014, S. 159–167). Die Konzentration der Bestattungsaktivitäten auf den städtischen Friedhof motivierte die Bruderschaften zum großzügigen Immobilienerwerb, sodass der Rückgang der berufsständischen Definition und damit einhergehender, von einem speziellen Korpsgeist geprägter, sozialer und spiritueller Aktivitäten durch die quasi ausschließliche Konzentration auf die Vermittlung von Grablegen (*loculi*) aufgefangen wurde.

41 Gabriella Gribaudi entwirft in ihrer grundlegenden Studie *I mediatori. Antropologia del potere democristiano nel mezzogiorno*, Turin 1984, ein Mehrphasenmodell, das Kategorien der Netzwerkanalyse (vor allem Eric Wolfs Aufsatz »Kinship, Friendship and Patron-Client Relations in Complex Societies«, in: ders. und Michael Banton, *The Social Anthropology of Complex Societies*, New York 1966, S. 1–21) und der jüngeren Mittelmeeranthropologie anwendet, um eine Brücke zwischen Kulturanthropologie und Wirtschaftsgeschichte zu schlagen. Für die Klasse der süditalienischen »Mittler« – der Begriff ersetzt den der für klientelistische Beziehungen gemeinhin verwendeten »Patrone« – ergibt sich damit die Rolle der wahren *imprenditori*, der Unternehmer, die für den eigenen Profit Ressourcen mobilisieren und manipulieren, eben weil sie der Herkunft oder der Ausbildung nach »Positionen mit oder zwischen zwei verschiedenen Kulturen oder Organisationen einnehmen können«. (Jeremy Boissevain, *Friends of Friends*, S. 155; Gribaudi, *I mediatori*, S. 70). Direkt kontrollierte Ressourcen (z. B. Boden und Arbeit) kennzeichnen nach Boissevain »Patrone«, indirekt kontrollierte (strategische Kontakte, Informationen, Vermittlung von Personen, die Ressourcen direkt kontrollieren) dagegen »Broker« (Boissevain, *Friends of Friends*, S. 147f.). Dazu zählen in Neapel vor allem Politiker, aber

leicht auch Personen, die bestimmte Funktionen im öffentlichen Dienst wahrnehmen (Sekretäre in Schulen oder sozialen Einrichtungen), und teilweise auch Priester, obgleich sie als Gemeindepriester häufig Ressourcen zeitweilig direkt kontrollierten.

42 Feldtagebuch vom 22.05.2013.

43 1996 drehte Antonio Capuano den Spielfilm *Pianese Nunzio, 14 anni a maggio*, der die ambivalente Beziehung eines aus schwierigen Verhältnissen stammenden Messdieners und eines sozial engagierten Priesters zum Inhalt hat. Die Camorra bringt den Jungen schließlich dazu, gegen den Priester auszusagen und ihm pädophile Handlungen vorzuwerfen. Im Film treten Laienschauspieler aus der Sanità auf, nach einmütiger Auffassung geht der Film auf die Geschichte von Don Rasiello zurück. Der Priester starb während des gegen ihn angestrengten Prozesses an Krebs.

44 Feldtagebuch vom 26.12.2013.

45 Feldtagebuch vom 28.05.2013.

46 Feldtagebuch vom 06.06.2013.

47 Feldtagebuch vom 08.06.2013.

48 Vgl. Civitelli, *Il cimitero delle Fontanelle*, S. 27.

49 Vgl. Marino Niola, *Le anime del purgatorio*, Neapel 1999, weist wie schon Jean Rousset (*Le mythe de Don Juan*, Paris 1976) auf die Möglichkeit hin, dass die Geschichte von Don Giovanni sich aus zwei verschiedenen Narrativen zusammensetze: auf der einen Seite die Legende des beleidigten Toten, die einer »Schamgesellschaft« wie der süditalienischen gut anstehe, auf der anderen die des Verführers. Bemerkenswert ist ferner, dass in sämtlichen Erzählungen seitens des Bräutigams das Jenseits als solches negiert wird, was zu einer schrecklichen Belehrung führen muss. Wie stark in den mündlichen Überlieferungen der Fontanelle bis in die 1980er-Jahre hingegen Momente der nicht regelrecht ablaufenden Zeit eingebaut sind, darauf hat Niola als Erster anhand des Motivs des »hinkenden« Bräutigams hingewiesen.

50 Feldtagebuch vom 01.07.2013.

51 Angelo Mastandrea, »Sott'o ponte della Sanità«, in: *Il manifesto*, 30.06.2013; deutsch: »Herberge der Armen«, in: *Le monde diplomatique*, 10.05.2013.

52 Der neapolitanische Dramatiker Raffaele di Capria in *Il manifesto*, 30.06.2013.

II
Die Passagen von Secondigliano.
Skizze eines Devotionszusammenhangs

1 Feldtagebuch vom 24.05.2013.

2 Charismatische Bewegungen bezeichnen eine konfessionsübergreifende Strömung im Christentum, die die Anwesenheit Gottes besonders in den erfahrbaren Gaben des Heiligen Geistes erspüren möchte – in entsprechenden Gottesdiensten, aber auch und gerade bei Treffen der Gläubigen in privaten Räumen, wobei das freie Gebet, der segnende Effekt der unmittelbaren Übereignung des Selbst an Gott im Zentrum stehen, was dann durch Zungenreden etc. beglaubigt wird. Charismatische Bewegungen leben von der »Ansteckung« ihrer Glaubenspraxis, die von selbst auf eine Überwindung von religiösem und profanem Leben drängt und gerade dadurch missionarisch wirkt. Gewissermaßen wird in der Gemeinde die Handlungsmacht gegenüber dem Einzelnen vorgestreckt, die er dann ergreifen, aufbauen und kultivieren kann. Die Synonymisierung mit »Pfingstbewegungen« – oder als Nachfolger der im 18. Jh. aufkommenden »Schwärmer« – ist verbreitet, aber irreführend; im Katholizismus kamen charismatische Bewegungen seit dem Zweiten Vatikanum auf, insbesondere als Effekt der interkonfessionellen Begegnungen an amerikanischen Hochschulen (vgl. vor allem Meredith B. McGuire, *Pentecostal Catholics. Power, Charisma, and Order in a Religious Movement*, Philadelphia 1982); im Gegensatz zu protestantischen Vertretern betonen sie den

charismatischen, vom Heiligen Geist erfüllten Charakter der Institution und ihrer Geschichte, weshalb ihre Anhänger gerade von der für pentekostale Gruppen typischen Neugründung von Gemeinden absehen. Es gab in der Kirchengeschichte zahlreiche charismatische Bewegungen, die häufig ›Klassenkämpfe‹ zwischen Priestern und Laien oder die Um- und Neuverteilung religiöser Kraft organisierten oder dort, wo Institutionen geschwächt waren, die Missionierung vorantreiben sollten. Eine Tendenz zu millenaristischen Strömungen ist nicht von der Hand zu weisen und aufgrund des präsentischen Zugangs zu Gott bzw. Heiligem Geist grundsätzlich angelegt, aber ebenso kann der Millenarismus von ihnen eingehegt werden. Da das Evangelium Legitimation und Verifikationsbasis der eigenen Praktiken darstellt, besteht eine starke Neigung zur Schriftgläubigkeit und damit zu einem biblischen Konservatismus. (Vgl. allgemein Thomas J. Csordas, *Language, Charisma and Creativity. Ritual Life in the Catholic Charismatic Renewal*, New York 1997). Auf der anderen Seite ist die Verkörperung und Verleiblichung der Niederlassung Gottes ein zentraler Aspekt, der einer ›mediumistischen‹ Anthropologie mitsamt ihren sogenannten ›magischen‹ religiösen Praktiken auch im Feld der schon lange thematisierten Somatisierung entgegenkommt und sich u. a. mit vorgängigen exorzistischen Praktiken auseinandersetzen muss (und diese dadurch mitunter erst unterstreicht oder für ein größeres Publikum sichtbar macht). Das scheint in Neapel der Fall zu sein.

3 Einen »Wiedergänger« glaubte auch ich vor mir zu haben, als ich in der kleinen, ebenfalls den Heiligen Cosma und Damiano gewidmeten Kirche unweit des Regionalbahnhofs an der Piazza Garibaldi einen Gedenkstein entdeckte, der die Rekonstruktion des Gebäudes auf die tatkräftige Unterstützung des zwischen 1960 und 1970 wirkenden Gemeindepfarrers Errico Gaetano zurückführte. Eine Nachfrage bei einem Mann, den ich lange entweder vor dem Gebäude oder Kurzmitteilungen sendend in der letzten Bankreihe erblickt und fälschlich für den Küster gehalten hatte – es

war der Pfarrer – ergab, dass diese Kirche einmal direkt am Hauptbahnhof gestanden hatte und Stein für Stein umgesetzt worden war, wobei ein Nachfahre des Heiligen mit diesem kurioserweise invertierten Namen als Aufseher fungierte.

4 Die heiligen Ärzte Cosma und Damiano wurden im frühen Christentum mit Wunderheilungen verbunden, die sich ereigneten, wenn man in ihnen gewidmeten Kirchen schlief (vgl. Rossi, *Feste dei poveri*, S. 80f.), eine auf römische (die incubatio) und griechische (prominent im Äskulapheiligtum) Gepflogenheiten zurückgeführte Praxis (Raffaele Pettazzoni, *La religione primitiva in Sardegna*, Piacenza 1912 [Reprint Sassari 1993], S. 8ff., 84f.), die bis in die 1970er-Jahre nachweislich in Mittel- und Süditalien beobachtet werden konnte (und im Fall des Heiligtums von San Venanzo in den Abruzzen von Luigi di Gianni dokumentiert ist, nämlich in seinem Film *Il culto delle pietre*, 1961). Eine dem Austausch von Toten und Lebenden nach und vor ihren Träumen gewidmete Krypta scheint davon nicht allzu weit entfernt – möglicherweise eine Motivation für den antiheidnischen ›Kulturkampf‹ von Gaetano Errico.

5 Vgl. Hauschild, *Macht und Magie*, S. 239–387.

6 Zur Biografie vgl. Luigi Toscano, *San Gaetano Errico*, Gorle 2008; in der Omelia von Benedikt XVI. zur Heiligsprechung wird speziell das pastorale Wirken unterstrichen, im Sinne einer sakramentalen Durchdringung des Alltags: Gaetano Errico sei den Menschen auf der Straße und im Beichtstuhl begegnet, stets darauf aus, ihre Wunden zu heilen und sie im Kampf gegen das Böse zu stärken.

7 Die nächtlichen Auseinandersetzungen markieren in beiden Fällen den Übertritt von Traum- in Wachsphäre, und damit eben die Auseinandersetzung mit Träumen / Visionen als realen Gegebenheiten. Die Auseinandersetzung mit Bildern im weitesten Sinn wird beglaubigt durch das darin freigesetzte Blut, das den Kämpfenden aus ihnen erlöst hat und selbst als echtes Bild zurückbleibt.

8 Die fehlende Separierung von Laien und Priestern in Süditalien gehört zum klassischen Diskurs des italienischen Nordens über

den Süden. Dort mache der Klerus sich gemein, lebe gar in Familie, weshalb ihm die Laien auch nicht vertrauten, heißt es in einem Artikel der Mailänder *Revista del Clero* vom August 1926. Das Misstrauen bemesse sich an der geringen Akzeptanz der Ohrenbeichte. Wenngleich das Konkordat zwischen Papst und faschistischem Staat das Problem beheben sollte, indem es die Priester stärker auf ihre sakramentale Rolle verpflichtete, gilt für im Süden angesehene Priester, dass sie wie Gaetano Errico sakramentale Exklusivität und paternalistisches Imago verbinden: entgegen jener Formalisierung, die die Amtskirche im Faschismus vorschlug, um ihre endlich aus sämtlichen sozialen Schichten stammenden Würdenträger zu integrieren. (Vgl. auch Laura Barletta, »Chiesa, stato e città«, in: Giuseppe Galasso et al., *Napoli*, Bari 1987, hier S. 293ff.)

9 Feldtagebuch vom 25.10.2013.

10 Zu Raumgestaltung und Lebenszyklus vgl. Arnold van Gennep, *Rites de Passage*, Paris 1909, S. 109ff.

11 Das »Angelus-Gebet« wird von Katholiken traditionell bis zu dreimal täglich gesprochen, wobei sie den »Engel des Herrn« imaginieren, der schon der Mutter Jesu erschienen ist. Es wird dabei implizit auf den göttlichen Auftrag noch an die geringfügigste Alltäglichkeit abgestellt.

12 Im Sinn meiner Gesprächspartnerinnen kann man die deutsche Identifikation mit Auschwitz als Voraussetzung deuten, mit dem Totengedenken und der Gedenkstättenfürsorge jene Form von Hilfe zu leisten, die wiederum dem Helfenden selbst hilft. Die Verbrechen der Judenvernichtung bilden so gesehen für ein im Krieg geschlagenes Volk im Nachhinein eine enorme Gelegenheit, Ressourcen für das eigene Leben anzuhäufen. Inwiefern der Übertragungs- oder Identifikationsvorgang von meinen Gesprächspartnerinnen tatsächlich intendiert oder still vorausgesetzt wurde, vermag ich nicht mehr zu rekonstruieren. Andererseits würde es nur bestätigen, dass zwischen Betenden und Fürbitte Erhaltenden wie auch zwischen Assistierenden und Assistierten Achsen für

wechselseitige Spiegelungen verlaufen – wenngleich diese Spiegelungen auf jeweils verschiedenen Ebenen sich abspielen und dadurch eben unterscheidbar bleiben, wie es in einer auf dem klientelistisch-feudalen, sprich transitiven Verständnis von »Ehre« gegründeten Gesellschaft sein muss.

13 In *Religion Explained* (New York 2001, S. 147ff.) argumentiert Pascal Boyer, dass Religion zum großen Teil Totenkult und Totenkult die Befriedung der Toten von Geistern (die wiederkehren können) zu (moralisch gerechten) Ahnen bedeutet. Entsprechend ist das *affidamento* ein Weg, den Toten zugunsten des Ahnen zu »vergessen«, auch um selbst ein sittlicheres, d. h. nicht länger von divergierenden Ansprüchen und Gehorsamkeitspflichten zerrissenes Dasein zu führen. Diese »Purifizierung« der Toten zu Ahnen erfolgt nur um den Preis der Angliederung an Geister, die wiederkehren können und müssen – der Toten im Purgatorium, der Heiligen, die selbst niemandes oder eben aller Ahnen sind (aufgrund z. B. ihrer Kinderlosigkeit).

14 Feldtagebuch vom 28.10.2013.

15 In Neapel gab es auf den Friedhöfen, insbesondere auf Poggioreale, lange den Brauch, während der Besuche der eigenen Verstorbenen den verlassenen Gräbern einen besonderen Gruß darzubringen, eine Blume zurückzulassen oder ein Gebet. Die Unbekannten bekamen somit etwas von den Bekannten ab. Um diese Abgaben wiederum zu deuten, entwickelten sich, wie im Fall des »Liberatore« oder des »jung verstorbenen Mädchens mit Pergamenthaut«, Kulte um die *defunti abbandonati*, die selbst allerhand Unglückliche, sozial Isolierte, oder auch Menschen, die viel Erfolg hatten und diesem nicht trauten, anzogen und anziehen. Totenkultorte können eine ähnliche Funktion für die *abbandonati* übernehmen, deren Nachkommen weniger werden oder deren Spuren sich an anderer Stelle verlieren; dazu schaffen sie es, das *vicinato* oder das *quartiere* als Kategorie überleben zu lassen. Diese ›sentimentale‹ Funktion zeigte sich beispielsweise bei

einem Besucher in Secondigliano, der stets als hager, billig gekleidet, schlecht versorgt auffiel; er brachte regelmäßig eine Plastiktüte voll Grabkerzen mit, die er vor den Vitrinen aufstellte. Einmal pro Woche kam er aus Aversa, stammte aber aus Secondigliano; er sagte, er komme »wegen der Seelen im Fegefeuer und wegen meiner Mama«. Auf dem Friedhof in Poggioreale besuchte er sie ebenfalls, wichtiger aber war ihm, den Kontakt zu ihr über sämtliche Seelen im Fegefeuer herzustellen. Die Intensität des Erlebens sei anders als auf dem Friedhof; er weinte, als befreite er sich von einem inneren Druck, und jedesmal betonte er, wie erleichtert er sich nach diesen Besuchen fühlte. Für Kultadepten aus den unteren Schichten ist fernerhin das Moment der Gleichheit schlagend: Auf dem Friedhof lägen die Reichen und die Camorristi immer noch »oben«, in teuren Behausungen, sodass man an ihnen nicht vorbeikönne, im Reich der *anime sante del purgatorio* hingegen seien alle gleich.

16 Vgl. Gribaudi, *I mediatori*, S. 180f.

17 Vgl. Martin Zillinger, »Landschaften voll Heimsuchung und Gnade«, in: Ulrich van Loyen (Hg.), *Der besessene Süden*, Wien 2016, S. 151–170.

18 Feldtagebuch vom 28.11.2013

19 »Marianismo« wird in der angelsächsischen Sozialanthropologie als familiär und sozial wertvolle Strategie von Frauen identifiziert, die im Kontext männlicher »Hypersexualität« und ambivalenter Bindungen der männlichen Kinder an die Mutter gedeiht. Sie kann Brüche in der Ehe und in der Familie überformen und damit heilen. (Bei Mamma Caterina kann man sich vorstellen, dass sie von der arbeitslosen Ehefrau zur Gründerin eines Familienunternehmens aufstieg, die Hierarchie veränderte, aber ohne im engeren Sinn »Chefin« und damit offene Konkurrentin des Mannes zu werden). Vgl. Nancy Frey Breuner, »The Cult of the Virgin Mary in Southern Italy and Spain«, in: *Ethos* 20 (1992), S. 66–95.

20 Feldtagebuch vom 28.11.2013.

21 Vgl. Michele de Santi, *Studio storico sul santuario di S. Maria Materdomini*, Neapel 1905, S. 2–9.

22 Feldtagebuch vom 28.11.2013.

23 Vgl. Bronisław Malinowski, *Magic, Science and Religion*, Boston 1948.

24 Feldtagebuch vom 03.12.2013.

25 Feldtagebuch vom 22.04.2014.

26 Zu diesem Kult vgl. Kap. 4. Zum Zusammenhang von Alberto-Kult und charismatischen Bewegungen vgl. auch Paolo Apolito, *Con la voce di un altro. Storia di passione, di parole e di violenza*, Neapel 2006.

27 Vgl. Volkhard Krech, »Religiöse Rede mit gespaltener Zunge. Über die Ambivalenz ekstatischer Glossolalie und Weisen ihrer Einhegung«, in: Erhard Schüttpelz, Martin Zillinger (Hg.), »Begeisterung und Blasphemie«, *Zeitschrift für Kulturwissenschaften* 2 (2015), S. 37–44; Mark J. Cartledge, »The Symbolism of Charismatic Glossolalia«, in: *Journal of Empirical Theology* 12 (1999), S. 37–51. Zwar muss ekstatisches Sprechen aus Sicht der Teilnehmer auf seine Herkunft befragt werden, doch sind charismatische Gruppen zumindest in Neapel relativ wenig um die richtige Kontrolle besorgt; der Gebetskontext, die Kirche, die Anwesenheit weiterer sakramentaler Gegenstände und Sprechweisen reichen aus, um dämonisches Wirken auszuschließen.

28 Die Literatur zu globalen charismatischen Bewegungen ist zwar umfangreich, aber einseitig. Hilfreich wäre es, diese Bewegungen im gelebten Zusammenhang mit anderen von ihren Akteuren ausgeübten Frömmigkeitsformen zu analysieren. Dann würde sich z. B. für Italien die Nähe von charismatischer Liturgie und ihrer lebensweltlichen Verankerung, von Pilgerschaft und schließlich auch von sozialer Tätigkeit zeigen. Die häufig anzutreffende Vorliebe der Charismatiker für Medjugorje wird u. a. mit der Sehnsucht nach einer präsentischen Religiösität erklärt, die ihrem Kern nach gegen die Historisierungen des II. Vaticanum gerichtet ist

(vgl. Marco Marzano, *Cattolicesimo magico. Una indagine etnografica*, Turin 2009, S. 147–156), weil sie aber noch nicht umfassend kanonisiert ist. Die millenaristische Tendenz ist hingegen in Neapel durch kulturelle Prägungen begrenzt: Wenn Marzano in seiner Studie anhand einer vor allem auf die Perfektion ihrer Mitglieder bedachten kleinen Gemeinde in Norditalien auf eine grundsätzliche dem Sozialen gegenüber indifferente Haltung des »Rinnovamento nello spirito« schließt, so ist in Neapel die Reinigung ohne Hingabe an karitative Tätigkeiten, ohne Armenspeisung etc. nicht denkbar und nicht anzutreffen. Möglicherweise hat dies vor allem mit dem Verwandtschaftsbegriff zu tun: Während in der Lombardei und in anderen ländlichen Regionen Norditaliens Familien kleine, genealogisch eindeutig identifizierbare, isolierbare Gruppen darstellen, ist in Neapel die Funktion von Verwandtschaft und *vicinato*, die »Zufälligkeit« von Verwandtschaft viel präsenter, und erlaubt eben keine Isolierung einer Kerngruppe. Das neapolitanische Leben ist immer schon verstrickt, und es verstrickt sich immer tiefer, um sich aus der Schuld seiner Verstricktheit zu lösen. Die materielle Sorge ist davon ein Ausdruck.

29 Feldtagebuch vom 06.12.2013.

30 Feldtagebuch vom 28.02.2014.

31 Der Kult um das »Volto Santo« ist vor allem in den nördlichen Stadtvierteln, einschließlich der Sanità, noch präsent. Er geht zurück auf Florinda Romano (1899–1969), die in der ersten Hälfte des 20. Jahrhunderts das neapolitanische Phantasma lebt: Aus einfachen Verhältnissen mit nicht-verheirateten Eltern stammend – weshalb ihr später Adoption und adlige Abstammung nachgesagt wurden –, heiratete sie einen wohlhabenden älteren Mann in einer kinderlosen Josephsehe, die durch ein am 10.02.1932 animiertes Jesusbild – nach einer Variante aus einer christlichen Illustrierten ausgeschnitten, nach einer anderen tatsächlich als Andachtsbild überbracht – ihre entscheidende Mission erhielt (vgl. zur Lebensgeschichte Ulderico Parente, *Madre Flora, una vita*

per il Volto Santo, Sasso Marconi 2012). Das neben einem Radio postierte Bild, heißt es, habe sich erhoben und zu Florinda vom bevorstehenden Krieg gesprochen, sowie von dem Werk, das sie zur Umkehr der Christen leisten müsse und könne. Das »Volto Santo« gehört damit zu den Aneignungen Christi durch die Populärkultur im Zeitalter neuer Medien, darunter der ›subjektlosen‹ Radiostimme, deren ambivalente Phänomenalität durch die Vorlagerung eines heiligen Ursprungs geerdet und aneigenbar gemacht wird. Ein Widerstreit zwischen alten und neuen Medien des Heiligen wird durch diese Art von Umkehrerlebnissen überbrückt, denn schließlich wird Florinda von einer etwas schwierigen und launischen Person zur mustergültigen Gattin, zur demütigen Ratgeberin und zur Gründerin einer Stiftung für benachteiligte Mädchen. An die Stelle ihres neapolitanischen Wohnhauses in Capodimonte tritt bald eine kleine, nach dem Erdbeben von 1980 im Zuge der Etablierung neuer meridionaler Heil- und Heiligenstätten gewaltig erweiterte Kirche, in deren Nebenräumen sich das Grab von Madre Flora sowie Bücher mit den versammelten Anliegen und Dankbezeugungen der Gläubigen befinden.

32 Feldtagebuch vom 27.09.2013.

33 Feldtagebuch vom 08.05.2014.

III
Die Knochensammlerinnen von S. Pietro ad Aram.
Erzählung einer Obsession

1 Die Verehrung der *anime sante del purgatorio* (auch: *anime purganti*) in S. Pietro ad Aram hat seit den 1990er-Jahren zunehmend publizistische Beachtung erfahren. Bereits *Quelle spose, quelle figlie* (Rom 1980), Patrizia Ciambellis grundlegende Studie zu diesem Kult, bezieht zahlreiches Material aus den Gebeten und Unterredungen in der Unterkirche ein. Für die auf die städtische

Sakralarchitektur spezialisierte Zeitschrift *Napoli sacra* kam es um 1999/2000 zu einem Fotoshooting in den Katakomben. Stefano de Matteis hat, zusammen mit dem Verfasser, die jüngste Geschichte des Kultortes untersucht: Stefano de Matteis, *Mezzogiorno di Fede. Il rito tra esperienza, memoria e storia*, Neapel 2014.

2 Vgl. D'Aloe, *Storie della chiesa di napoli*, S. 12f. Der Autor leitet daraus eine apostolische Eigenständigkeit und einen chronologischen Vorrang Neapels gegenüber Rom ab, wobei im Mittelpunkt die kultische Reinigung durch Petrus, Asprenas und Candida steht »Ma di mezzo al fasto della profana magnificenza, i primi fedeli, in ermo luogo fuori le mura della città, composero un umile altare in onore del Dio vero e vivente, e su quello il beatissimo apostolo Pietro consumò il sacrificio dell'Ostia immacolata, lasciandolo qual primo pegno della fede nostra [...] a testificare la origine apostolica della napolitana Chiesa.«

3 Ebd., S. 80f.

4 *Napoli sacra* 9 (1996).

5 Gennaro Aspreno Galante, *Guida sacra della città di Napoli*, Neapel 1872, sowie Vincenzo Regina, *Le chiese di Napoli*, Rom 1995.

6 Vgl. Napoli sacra 9 (1996).

7 Feldtagebuch vom 03.06.2013.

8 Anders als das Wort nahelegen könnte, bezeichnet »Oratorium« nicht einen weltabgewandten Ort der Kontemplation, sondern einen Versuch, das Alltagsleben der Jugendlichen mit dem Gottesdienst zu verbinden. Entsprechend verfügen in Italien viele Kirchengemeinden über »Oratorien«, Räume, in denen die Heranwachsenden lernen, spielen, religiös unterwiesen werden. Der Begriff trägt der Eigenständigkeit dieser Lebensphase Rechnung, die als besonders wichtig für das Leben der Gemeinde und als durch eine besondere Intensität und Aufnahmefähigkeit des Erlebens ausgezeichnet gilt.

9 Die Heilkraft von S. Patrizia (gestorben ca. 665) beweist sich ähnlich wie die von S. Gennaro durch die Verflüssigung und

anschließende Verfestigung des in einer Ampulle befindlichen Blutes. Jeden Dienstagvormittag erfolgt die *liquifazione* in der Kirche von S. Giorgio Armeno im Altstadtzentrum. S. Patrizia ist dazu die klassische Fürsprecherin der Homosexuellen und Femminielli.

10 Feldtagebuch vom 18.07.2013.

11 Feldtagebuch vom 17.06.2013.

12 Ebd.

13 Norman Lewis, *Naples 44. An Intelligence Officer in the Italian Labyrinth*, London 1978.

14 Francesco Saverio Toppi (1925–2007), für den seit 2014 ein Seligsprechungsverfahren läuft.

15 Feldtagebuch vom 17. und 18.06.2013.

16 Dies gilt zumindest bis hin zur unteren Mittelschicht, im Gegensatz zu den oberen Klassen, deren Heirats- und Vererbungsregeln. (Vgl. Anne Parsons, *Magic, Belief and Anomie*, New York 1969, S. 96f. und Paolo Macry, *Ottocento. Famiglia, élites e matrimoni a Napoli*, Turin 1988, S. 50–84).

17 Tod und Flug, meist durch einen Tunnel, scheinen kulturübergreifend einen Vorstellungskomplex auszumachen, der u. a. in den Erzählungen von Nahtoderfahrungen oder in extremen Erregungszuständen (darunter auch besonders niedriger Erregung wie in der Meditation) zur Sprache kommt. Die biologischen Voraussetzungen sind Gegenstand vielfältiger Spekulationen. Vgl. Hans-Peter Duerr, *Die dunkle Nacht der Seele. Nahtoderfahrungen und Jenseits-Reisen*, Frankfurt/Main 2015 (mit dem dazu passenden Gemälde *Der Aufstieg in das himmlische Paradies* (1500/1504) von Hieronymus Bosch auf dem Cover).

18 Vgl. Mircea Eliade, »Der magische Flug«, in: *Antaios. Zeitschrift für eine freie Welt* 1 (1960), S. 1–13.

19 Während der Ursprung des antiken Jenseitsglaubens durchaus in der praktisch bewerkstelligten Unterscheidung von Körper und Geist gesehen wurde, in Rausch und Fest – etwa in Erwin Rohdes *Psyche*, Freiburg 1894-1899 – ist das Flugmotiv lange

vernachlässigt worden, weil in ihm doch eine Verkörperlichung auftaucht. In den Ikonografien der Engel als schwerelosen Seelenwesen spielt es eine Rolle, wogegen die Hexen weiterer Instrumente für ihren Flug bedürfen, da sie eben doch keine »reinen« Seelenwesen sind.

20 Zur religiösen Ökumene des Mittelmeerraums vgl. Thomas Hauschild, *Ritual und Gewalt. Ethnologische Studien an europäischen und mediterranen Gesellschaften*, Frankfurt/Main 2008.

21 Feldtagebuch vom 31.11.2013. – Tatsächlich legt die Ikonografie der Madonna von Montevergine (bei Avellino, im neapolitanischen Hinterland) die Milchspende nahe, aber im Gegensatz zur *Maria lactans* bleibt die Brust der Muttergottes verhüllt. Der Madonna von Montevergine gilt Anfang Februar jedes Jahres ein Pilgerzug der Homosexuellen und Transsexuellen, die sogenannte *juta*, die, folkloristisch gerahmt, die Errettung eines gleichgeschlechtlichen Liebespaares aus den Fängen eines vereisten Baums zelebriert. Der Rückgriff auf eine Madonna vor der kirchlichen Disziplinierung, die Inszenierung von Homosexualität – und Liminalität – als Teil der kulturellen Identität, übt seine Anziehung bis nach Neapel aus und wird hier in der Erzählung Giannas als Einweihung in eine der klerikalen Nomenklatur überlegene Form des ursprünglichen Christentums aufgegriffen. In dieser Lokalisierung ihrer Berufung treten die kulturellen (mit den antihegemonialen Diskursen Neapels bzw. seines Hinterlandes verbundenen) Elemente mit jenen kleinbürgerlichen der ›Wiedergewinnung‹ des kulturellen und religiösen Erbes auf der einen Seite und der erotischen Ambivalenz gegenüber dem »weichen« Priester auf der anderen Seite zusammen.

22 Ioan Lewis, *Ecstatic Religion. A Study of Shamanism and Spirit Possession*, London 1971, S. 14.

23 Feldtagebuch vom 21.11.2013.

24 Feldtagebuch vom 27.06.2013.

25 Bezogen auf andere religionsethnologisch diskutierte Konzepte von »Lebenskraft« (Arthur Maurice Hocart) kann man

feststellen, dass das Blut als Blut Christi zum »Mana« von Henri Hubert und Marcel Mauss wird (»Entwurf einer allgemeinen Theorie der Magie« [1902], in: Marcel Mauss, *Soziologie und Anthropologie*, Bd. 1, Frankfurt/Main 1999, S. 43-179, hier S. 140f.), das alles Lebendige durchzieht; die Kenntnis davon erlangt man durch Einweihung - in diesem Fall in den Kult des *preziosissimo sangue* - wodurch man den Grad sieht, in dem ein Seiendes von »Mana« durchtränkt ist. Grazia in diesem Fall ist die Erfüllung mit »Mana« oder »Lebenskraft« oder Aufnahme normalen in »magisches«, nämlich dank Jesu nie sich erschöpfendes Blut.

26 Feldtagebuch vom 27.06.2013.

27 Feldtagebuch vom 27.06.2013.

28 Vgl. auch Satriani / Meligrana, *Ponte di San Giacomo*, S. 373-386. Das Blut belegt Leiden (Altruismus), göttliche Herkunft dieses Leidens (die Toten, die Heiligen, die Kirchentradition schreibt mit diesem Blut ihre Botschaften auf Tücher, die auf dem Rücken, unter den Achseln von Natuzza Evolo gelegt wurden), schließlich die Lebendigkeit der Tradition (in den kanonischen Ausdrücken, z. B. »Venite ad me omnes«, oder »Deus noster in terra visus est«) und macht Natuzza lange Zeit, zumindest bis 1958 unangreifbar. In diesem Jahr hört ihr Kontakt als Mediatorin zwischen Diesseits und Jenseits auf. Wenn sich auf ihrer Haut die Manifestation der anderen Welt abzeichnet, so ist es das Blut als Reinigungsmedium, das, je mehr es fließt, sie umso lebendiger werden lässt, und ihren marginalen Status (der faktischen Vaterlosigkeit, der Armut, der eigenen Bedürftigkeit) in den der Caritas für andere, von denen sie aufgesucht wird, verwandelt.

29 Vgl. Danilo Chirico und Antonello Mangano, »Stigmate, showgirls e mafia. L'Italia di Berlusconi in un villaggio del Sud«, in: *MicroMega* 3 (2009).

30 Feldtagebuch vom 28.06.2013.

31 Vgl. auch Annabella Rossi, »Un nuovo culto. Lettere ad Alberto«, in: Elemire Zolla (Hg.), *La nuova Italia* 1 (1970), S. 90-95.

32 Vgl. Paolo Apolito, *Con la voce di un altro*, Neapel 2000.

33 Vgl. Paola Giovetti, *Madri e mistiche. Anna Maria Taigi ed Elisabetta Canora Mori*, Rom 1991.

34 Zur historischen Aporie vgl. Albrecht Koschorke, *Die Heilige Familie und ihre Folgen. Ein Versuch*, Frankfurt/Main 2000.

35 Vgl. Marzio Barbagli, David I. Kertzer, *Storia della famiglia italiana 1750–1950*, Bologna 1992. Zum Modellcharakter der Heiligen, vgl. Marino Niola, *Un popolo di santi*, Bari 2015.

36 Für eine erfolgreiche Variante dieses Narrativs vgl. Nobert Elias, *Über den Prozess der Zivilisation*, Basel 1939. Elias hat später seine Theorie wissenssoziologisch vertieft (*Über die Zeit*, Frankfurt/Main 1984) und anhand außereuropäischer Prozesse reflektiert.

37 In Luigi di Giannis Film führt dies zu der interessanten Umkehrung, dass die Protagonistin spricht, insofern sie Alberto ihre Stimme leiht, während der Text Annabella Rossis, einer emanzipatorischen Anthropologin, von einer männlichen Stimme gelesen werden muss.

38 Im Rückgriff auf Victor Turner (*The Ritual Process. Structure and Anti-Structure*, Chicago 1969) meint »Communitas« die Gesellschaft, die ihre interne Differenzierung im Zuge einer Dynamisierung, einer Umkehrung, auflöst, und sich als »Gemeinschaft« (relativ) Gleicher versteht. Die Communitas wird damit als unterschwelliger Bezug für die wechselseitigen Ansprüche der Mitglieder der Gesellschaft kenntlich.

39 Vgl. Anmerkung 139.

40 Das angebliche Aussterben des Kultes sieht ein langjähriger Neapel-Forscher wie Stefano de Matteis nicht zuletzt im Rückgang dieser institutionalisierten Gedächtnisse, die Praktiken und Wissen zirkulieren ließen (*Mezzogiorno di fede*, S. 167). De Matteis hält dafür, dass diese randständigen Positionen in den Unterkirchen erblich waren – in sämtlichen mir bekannten Fällen handelt es sich indes um Wahlverwandtschaften. Die immer wieder erfolgten Schließungen, selbst wenn sie von kurzer Dauer waren, haben

jedenfalls entsprechende Initiationen und Sukzessionen seit dem Dekret des Erzbischofs Ursi erschwert.

41 Feldtagebuch (Interview) vom 05.03.2014.

42 Immer wieder wird die Schließung des Zugangs zur Krypta beklagt. Die Jahreszahlen der Schließung variieren von Person zu Person – und geben doch nur den Grad der Nähe wieder, den ein Kultadept zum Personal bzw. dem *santone* von S. Pietro ad Aram hatte. Außenstehenden und Besuchern wird in der Regel gesagt, die Unterkirche sei geschlossen (so der Küster im Frühjahr 2013 zu mir, derselbe, der mich wenige Monate später freundlich zu Gianna hinabsteigen ließ).

43 Interview vom 05.11.2013.

44 Ein populäres Beispiel für die Virtualisierung des Umgangs mit den Toten, deren digitalisierte Präsenz sie automatisch in den unerlösten Zwischenraum von Tod und Leben sperrt, liefert Giuseppe Tornatores jüngster Spielfilm: *La corrispondenza* (2016).

45 Vgl. Marcel Mauss, »Essai sur le don. Forme et raison de l'échange dans les sociétés archaïques«, in: *L'Année sociologique* 2 (1923/24).

46 Wahrscheinlich war für Lella, als sie die *anime sante* unter San Pietro ad Aram kennenlernte, die Aufnahme in einen Kreis des reinen Tausches, der ohne Hintergedanken, ohne versteckte Ungleichheiten funktionierte, auch biografisch wichtig, weil sie den Ausschluss und damit die Zementierung von Ungleichheit erlebt hatte oder zu erleben drohte – über die Gründe lässt sich nur spekulieren: sozialer Status, Sexualität, Fruchtbarkeit etc. In einem Alter, in dem andere in »die Gesellschaft« initiiert werden, wird sie in den Kult der Toten initiiert, das heißt in eine Statusgruppe, in der die Marginalität Voraussetzung ist, um »mächtig« zu werden. Im Prinzip passiert also nicht viel anderes als in einer Jugendkultur.

47 Anders als für die Waisenhäuser in Norditalien ist das Archiv der »Annunziata« noch unerschlossen. Dabei versprechen Einzelstudien besonders über das mittelalterliche Neapel, über Praktiken

der Adoption, der Eheschließung Aufschluss. Der Gebrauch des Terminus »esposti« oder »expositi« lässt sich zumindest bis ins 15. Jahrhundert nachweisen, zudem eine andauernde Ambivalenz in der Bestimmung der unter eine neue »patria podestas« gestellten Kinder. Sie galten wenigstens im 15. und 16. Jahrhundert als »figli d'anima«, ein Verlegenheitsausdruck, der ein »oggetto di una equivoca commistione fra beneficenza, necessità economiche, amorevolezza« bezeichnet. (Vgl. Salvatore Marino, »I ›figli d'anima‹ dell'Annunziata di Napoli in età moderna«, in: *Mélanges de l'École française de Rome* 1 (2012), {http://mefrim.revues.org/300}, letzter Zugriff 26.09.2017.)

48 Vgl. den Dokumentarfilm *L'Annunziata*, 1961, von Luigi di Gianni.

49 Wie sehr biologische Verwandtschaft als Funktion kulturell hervorgebrachter und entsprechend variabler Verwandtschaftskonzepte angesehen werden muss, die die Erscheinungsweisen einer »mutuality of being« (Marshall Sahlins, *What Kinship Is ... And Is Not*, Chicago 2013) angeben, erhellt aus folgender in S. Pietro ad Aram gemachter Beobachtung: Eine Frau, vorgestellt von Lella, erzählt mir, hier in diesem Kasten – sie deutet darauf – liege, was einst die Überreste eines verstorbenen römischen Priesters namens Michelangelo gewesen seien; zu dem sie gegangen sei, als sie schwanger war bzw. es bleiben wollte. »Aber ich nenne mich Michele«, habe er ihr gesagt. Sie hatte ihn geträumt mit seinem schönen weißen Kragen. Sie bekam ein gesundes Kind, das sie Michela nannte, wie sie es versprochen hatte. Michela, eine Frau von vielleicht Mitte dreißig, wie die Mutter, sagt mir, sie gehe oft hierhin, sie habe ein enges Verhältnis zu ihrem Namensgeber. Ich sehe ihn als ihren Schutz- oder Bestimmungsgeist. Sie gibt an, ihn vom Tor aus zu fühlen, doch jetzt, vor der Kassette, spüre sie, dass er darin nicht sei. Er müsse woanders sein. Sie träume mitunter von ihm. (Feldtagebuch vom 04.11.2013) Der Vater hat in dieser Familie keine weitere Funktion, die einmalige Zeugung (die Übermittlung des väterlichen »Codes«) zählt weniger als die dauerhafte

Umsorgung (Blut). Dies vor allem, wenn es nichts zu erben gibt (das Erbe entspräche dem Vater: Code, Erzählung, als Verpflichtung).

50 Giovanni Cioni, *In Purgatorio*, Dokumentarfilm 2009.

51 Sigmund Freud, »Totem und Tabu« [1912/1913], in: ders., Studienausgabe, Bd. IX: *Fragen der Gesellschaft. Ursprünge der Religion*, Frankfurt/Main 1982, S. 287-444, hier S. 362 u. passim. Auf dem Friedhof Poggioreale, wo den Toten der schönste Ausblick über Stadt und Golf vorbehalten ist, lassen sich die Abbitten auf den Familiengräbern und Grabkapellen lesen (nicht in den Grabhäusern der *concreghe*, der Bruderschaften), die Versprechen, den Angesprochenen immer im Herzen und in der Familie zu halten, ihn, wenn nötig, zu rächen (»Das Krankenhaus, das dich hätte retten sollen, hat dich getötet«), schließlich die Aufforderung: »Jetzt, da du im Paradies bist, bitte für uns!« Man kann diese Evokationen als Teil eines fortgesetzten »Angliederungsritus« der Toten an das Jenseits (»rite d'agrégration« im Sinne van Genneps) lesen; das Gleiche gilt für den offiziell gepflegten Teil der Devotion für die *anime*. »Agrégation« bedeutet stets »Integration« (zweier getrennter Sphären) - genau darin besteht das Problem.

52 Anlässlich der jährlichen Weihnachtsfeiern, die die Gemeinschaft von Sant'Egidio in Neapels Gefängnissen unter Lebenslänglichen ausrichtet, wurde ich wiederholt Zeuge der Ansprachen von Gefängnisdirektoren an die Insassen. Man sitze im selben Boot, man sei auf dieselbe Weise Mensch, nur der eine hier, der andere auf der anderen Seite, der eine habe mehr Glück, der andere müsse mehr leiden. Die Betonung der Gemeinsamkeit exterritorialisiert die Gewalt an eine überpersönliche Schicksalsmacht und kann sowohl dem Wunsch nach dem Ende der Gewaltspirale und Rache oder der Angst entspringen (die vom Camorra-Führer Raffaele Cutolo organisierte Nacht der langen Messer im Gefängnis von Poggioreale im November 1980 ist sicher in Erinnerung), als auch eine Kompromissformel sein, um in eine *napoletanità* zu inkludieren, die ein umfassender Ausdruck der Conditio humana

ist: Das Böse kann sich an jemanden heften, die Unschuld seines Wesens bleibt erhalten (oder zeigt sich nachgerade darin, für das Böse anfällig zu sein). An die Stelle eines moralischen Diskurses rückt so eine Metaphysierung des Sozialen.

53 In welcher Weise die mediumistische Konzeption als Voraussetzung für die kirchentheologische Fassung der Purgatoriumsfrömmigkeit verstanden werden muss, kann hier nicht behandelt werden. Die anselmianische Überzeugung, wonach eine Person anstelle einer anderen sühnen kann, wurde jedenfalls im 15. Jahrhundert im Hinblick auf den Wert des Gebets für die im Fegefeuer befindlichen Personen angenommen (Scaramella, *Le madonne del purgatorio*, S. 73). Es handelt sich dabei keineswegs um ein Nullsummenspiel: Derjenige, der die andere Person »vertritt«, tilgt zwar einen Mangel (da das Böse in der Scholastik als Abwesenheit des Guten definiert wurde), zugleich mehrt er durch das Zeichen- oder Zeugnishafte seiner Handlung das Gute in der Welt. Das Wesen dieses Guten besteht darin, etwas zur Erscheinung gebracht zu haben; es besitzt eine ästhetische Qualität: *bell' e buono*, wie man in Neapel sagt.

54 Der »Benino« ist in der neapolitanischen Weihnachtskrippe der junge Hirte, der die Weihnachtsszene träumt, deren Teil er ist. Vgl. Roberto de Simone, *Il presepe popolare napoletano*, Turin 1998, S. 28.

55 In seinem Essay über Divination bei den Kuranko schreibt Michael Jackson im Ausgang von Georges Devereux von »alleviating anxiety through the construction of models of reality that restored one's sense of being an actor even in the face of inexplicable and unmanageable events«. (Michael Jackson, *Lifeworlds. Essays in Existential Anthropology*, Chicago 2013, S. 29).

56 Feldtagebuch vom 05.11.2013.

57 Und hilft auch, dass man sich das Studium bestimmter Räume erspart. In S. Pietro ad Aram kommen regelmäßig Frauen wegen der Richter, der *giudici*, in einen Seitenraum der Krypta,

postieren die Kerzen: »Man hat mir gesagt, dass ich nahe an der Vitrine beten soll. Sie erhören mich. Sie sollen meinem Mann helfen, dass er freikommt. Er hatte keine Schuld, es war ein normaler Streit.« *Sie könnten aus einer RTL2-Dokusoap stammen. Sie erwartet jetzt, dass die Giudici in ihrem Traum auftauchen und ihr einen Rat erteilen.* (Feldtagebuch vom 12.05.2014)

58 Vgl. zu dieser Klassifikation Martin Zillinger, *Die Trance – das Blut – die Kamera*, Bielefeld 2014, S. 276ff.

59 Feldtagebuch vom 04.11.2013.

60 Diesen Verdacht teilen Priester und Anthropologen gleichermaßen, vgl. Annabella Rossi, *Le feste dei poveri*, Palermo 1986, S. 50. Rossi zeigt, wie dem Volksverständnis nach mirakulöse Skelette zu einem bestimmten Zeitpunkt zu Repräsentanten der *anime sante* erklärt werden, mit denen man einen *scambio reciproco* nach den formalen Bedingungen der Totenfürsorge eingeht.

61 Feldtagebuch vom 04.02.2014. – Eine arbeitslose Freundin Lellas hatte die Idee, die Unterkirche mitsamt dem Friedhof in einen Rundgang durch die neapolitanischen Totenkultstätten einzugliedern und durch eine Assoziation – einen Zusammenschluss von Freiwilligen – dem Tourismus zugänglich zu machen. »Da cosa nasce cosa« (Aus einem wächst das andere), meinte Lella.

62 Feldtagebuch vom 12.05.2014.

63 »Armut-Gemeinschaft-Zeitenfolge-das Wichtige u Reichtum-Partikularismus-das Augenblickliche-das Unwichtige.« Franz Baermann Steiner an Elias Canetti, 01.09.1951, vgl. Ulrich van Loyen, *Exil und Verwandlung. Franz Baermann Steiner*, Bielefeld 2011, S. 596.

64 Vgl. Francesco Barbagallo, *Storia della Camorra*, Bari 2010, S. 150ff.

65 Die Geschichte für den Fall Scampia, der paradigmatisch für den Untergang Neapels oder Süditaliens einstehen muss, ist natürlich in Wahrheit komplexer. Ebenso entscheidend ist vermutlich die Enteignung der ASL1, die in Renzo Pianos »Vele« (Segel) genannten Hochhäusern Methadonsubstituierungen für

Neapel organisieren wollte und von der Camorra gekapert wurde. Die Stadt selbst versuchte es dann mit repressiven Maßnahmen, die bestehende Infrastruktur verhinderte, dass sich zivilgesellschaftliche Reaktionen entwickeln konnten (vgl. u. a. die Dokumentation im folgenden Blog: {https://2milatredici.wordpress.com/2013/05/18/il-paradiso-della-droga-scampia-sta-ritornando-nelle-mani-del-popolo}, letzter Zugriff 28.09.2017).

66 Feldtagebuch vom 12.05.2014.

67 Arthur Maurice Hocart, »The common sense of myth«, in: *American Anthropologist* 3 (1916), S. 307-318.

68 Vgl. Freud, »Totem und Tabu«.

69 Vgl. Rudolf Kleinpaul, *Die Lebendigen und die Toten in Volksglauben, Religion und Sage* [1898], Leipzig 2011, der kulturübergreifend davon ausging, dass der Neid der unzeitig Gestorbenen – oder auch derer, die auf der Schwelle zu einem höheren Leben diese Welt verlassen mussten, wie etwa die Brautleute – den Lebenden gewiss sei.

70 Masaniellos Revolution und Schicksal bietet einen Fundus für zahlreiche literarische und dramatische Bearbeitungen (am wichtigsten: *Tommaso d'Amalfi* von Eduardo de Filippo). Ausführlich zu Dichtung und Wahrheit vgl. Silvana D'Alessio, *Masaniello. La sua vita e il suo mito in Europa*, Salerno 2007.

71 Zuerst Jan Assmann, *Das kulturelle Gedächtnis. Schrift, Erinnerung und Identität in frühen Hochkulturen*, München 1992, S. 30ff.

72 Darauf, dass diese sentimentalische Erinnerung an die Camorra (ebenso wie in Palermo an die frühe Mafia oder in Kalabrien an die frühe Ndrangheta) als eine Art Staatsersatz eine nachträgliche Klitterung ist, besonders im Hinblick auf die traditionsreichen Altstadtviertel, hat Luigi »Lovigino« Giulianos Bruder in Artikeln und Ansprachen in Neapel früh hingewiesen. Nachdem sein Sohn an einer Überdosis Heroin gestorben war, sagte er sich von seinem Forcella kontrollierenden Clan los. Nichtsdestotrotz wurde er 2005 Opfer eines Racheakts, der seinen inzwischen zum

pentito (Reuigen) bekehrten Bruder treffen sollte. Vgl. Nunzio Giuliano, *Diario di una coscienza*, Neapel 2003.

73 Über die Wirkmächtigkeit der durch die Produktionsverhältnisse bewirkten Arbeitsteilung zwischen Mann und Frau, deren Kulturalisierung (oft unter dem Stichwort: Ehre und Schande) und Fortwirken in Geschlechterrollen, ist man sich weitgehend einig (Vgl. Emanuele Felice, *Perché il Sud è rimasto indietro*, Bologna 2015, S. 82; Victoria Goddard, *Gender, Family and Work in Naples*, London 1996). Das Ende der Arbeitsteilung bzw. klassischer Arbeit für Familienväter hat, so die gängige Meinung, die Gewalt von Männern gegen Frauen befördert. Männer ohne soziale Rolle und Arbeit müssen indes gelegentlich zurückzahlen, was sie ihren Frauen angetan haben; meine Hauswirtin in der Sanità ließ ihren pensionierten Gatten mit dem erfolglosen Bruder in einem Nebenzimmer schlafen. *Frauen entwickeln vielleicht irgendwann Devotionen, sie werden aber auch sesshafter, zumindest in der Sanità ganz physisch: auf den großen Plastikstühlen vor den bassi, während die Männer durch die Gegend ziehen. Die Netze der Frauen sind weitgespannt, die Männer entkommen ihnen nicht. Frauen sind nicht die Partnerinnen der männlichen Abenteuer, und irgendwann kommt der Tag der großen männlichen Einsamkeit, dann nämlich, wenn ihre Mütter sterben, die einzigen, die stets überzeugt waren, dass ihr Sohn nur das Beste im Schilde führt.* (Feldtagebuch vom 16.08.2013)

74 Feldtagebuch vom 19.06.2014.

75 Feldtagebuch vom 13.03.2014.

76 Ein gutes Beispiel hierfür sind die *sposini*, die Brautleute, die zu sämtlichen mir bekannten Totenkultstätten gehören. Oft hat ihr Leben ein abruptes Ende gefunden; in Secondigliano hieß es, sie seien aus einem Flugzeug gefallen, in S. Pietro ad Aram meinte Lella, sie seien auf dem Weg zum Theater San Carlo angefahren und durch die Luft geschleudert worden. In jedem Fall verbinden diese folkloristischen Erzählungen mit den *sposini* den Unfall, den Flug, den gemeinsamen Tod. Glück und Gefährdung der Liebe – die

darin bestehen, in der Luft zu sein – werden hierin quasi immortalisiert. Durch ihren Tod können die *sposini* im offensichtlich irrealen Zustand der Liebe bleiben – und sind deshalb berufen, die grazie für die Neuvermählten zu gewähren. Die Vermittlung des Segens wird anhand ihrer besonders deutlich, denn was sie geben können, ist etwas, das sie erleiden, nicht etwas, worüber sie verfügen.

77 2008 produzierte Antonio Casaleggio das Video *Gaia. Il futuro della politica: New World Order*, mit dem er die epochale Bedeutung des Internet, wie sie sich u. a. im Wahlsieg Barack Obamas manifestiert habe, in die Geschichte der Zukunft projiziert: {https://www.youtube.com/watch?v=9mYgbCW8XNA}, letzter Zugriff 09.02.2016. Es scheint dann, als ob das Movimento 5 Stelle seinen mythisch-rituellen Symbolismus im digital sublime finde, der quasi als metahistorischer Horizont fungiert, dabei auf den Topos des electrical sublime im US-amerikanischen Diskurs von Wunder und Technologie aus den 1960er-Jahren rekurriert. Vgl. Simone Natale, Andrea Ballatore, »The Web Will Kill Them All. New media, digital utopia, and political struggle in the Italian 5-Star Movement«, in: *Media, Culture & Society* 1 (2014), S. 105–121.

78 Jedenfalls scheint Giannas Trance beherrschbarer als die vom WWW induzierte. Mit einem aus der Diskussion um Cine-Trance und Trance-Cinema entlehnten Argument – »Feedback, which is so familiar to us in every media device, in electronic networks, and in administrative or social interactions with which we deal today, puts us in a constant state of trance in which we are oblivious of the cultural techniques and orders we are given and follow« (Ute Holl, »Trance-Techniques, Cinema, and Cybernetics«, in: Heike Behrend u. a. (Hg.), *Trance Mediums and New Media*, New York 2015, S. 282) kann man die Eigenschaften internetbasierter Tätigkeiten »to construct and deconstruct the integrity of identity and probably even personality at will« (ebd., S. 280) anführen, die in der zum Dauerzustand gewordenen Vernetzung eine Reprogrammierung von Denken und Verhalten nach Maßgabe der einzig

wirklich intelligenten Kraft – des Netzes selbst – bewirkt. Casaleggio denkt dabei an eine überpersönliche Objektivität, die aus einer Art nunmehr verkörpertem Hegelschen Weltgeist emaniert.

IV
Die religiösen Reserven der Sanità.
Rhapsodie des ganzen Lebens

1 Drei Beispiele: Eine alte Dame in meiner Gasse verkaufte Zigaretten einzeln aus dem Fenster, selbstredend solche, die sie über den Schwarzmarkt auf der Via Sanità bezogen hatte. Im Erdgeschoss eines Hauses gegenüber, an der Via dei Cristallini, befand sich eine Altkleiderschneiderei, ein Kleinunternehmer erwarb ausgesonderte Textilien aus den Kasernen Neapels und ließ sie von seiner Frau und seiner Schwester zu schickeren Modellen umnähen: Camouflage mit fingierten Marken. Dann verkaufte sie ein Mittelsmann an Händler auf den neapolitanischen Straßenmärkten. Im Rücken meines Hauses, nahe dem Eingang zu einer Tuffsteinhöhle, die bis vor wenigen Jahren noch eine kleine Feuerwerks-Fabrik beherbergt hatte, wovon auch der »Vico dei tronari« zeugte, wohnte eine ältliche, aus Apulien zugezogene Frau, die zunächst als Prostitutierte gearbeitet hatte, bevor sie sich auf das »Glücksrad« verlegte: Per Mundfunk wurden Nachbarn angehalten, 2,50 Euro auf eine Zahl zwischen 1 und 100 zu setzen. Sobald sämtliche Zahlen reserviert waren, kam es zu einer öffentlichen »Ziehung« und der Gewinner erhielt 100 Euro. Die verbliebenen einhundertfünfzig Euro teilte sich die Frau mit ihrer jüngeren Schwester.

2 Feldtagebuch vom 12.01.2013.

3 Vgl. Ritaiwa Taccone, *Rapporti e Famiglie extranatali nei vicoli di rione Sanità a Napoli*, Abschlussarbeit, Università degli Studi di Salerno 2015.

4 Feldtagebuch vom 15.01.2013.

5 Feldtagebuch vom 26.01.2013.

6 Zur (neo)faschistischen Kultur und Ritualität vgl. Lene Faust, »Trance und Trauma. Totenkult im neofaschistischen Ambiente«, in: *Zeitschrift für Kulturwissenschaften* 2 (2015) (»Begeisterung und Blasphemie«), S. 113-120.

7 Feldtagebuch vom 24.02.2014.

8 Vgl. die Schriften und Geständnisse von Vincenzo Vinciguerra, der die Verbindung von Rechts- und Staatsterrorismus im Italien der 1970er-Jahre öffentlich machte und dabei die Motive der neofaschistischen Jugend herausarbeitete, besonders: Vincenzo Vinciguerra, *Camerati, addio*, Trapani 2000.

9 Vgl. Mark Sedgwick, *Against the Modern World*, Oxford 2004.

10 Vgl. Julius Evola, *Il fascismo visto dalla destra*, Mailand 1963. Nach dem Ende des faschistischen Projekts wird Evola vor allem von Personen in Anspruch genommen, die sich in Kenntnis der Vergeblichkeit jeder Aktion als »politische Existenzialisten« verstehen und bei denen schließlich die Unterschiede von »rechts« und »links«, von Terror und Kunst verwischen.

11 Zum Begehren, sich selbst aus der eigenen Stärke heraus begründen zu können, kommt die Nostalgie nach dem starken Mann, der das Gesetz ist, seine Kraft und Macht einsetzt, um Konflikte zu schlichten, und, wenn er scheitert, als tragischer Held scheitert: der *guappo*. Dieser Typus scheint sowohl in der Hochkultur (Nietzsche, D'Annunzio als Gewährsleute) als auch in der Populärkultur, und zwar in der seit den 1980er-Jahren insbesondere im Umkreis der Selbstdarstellung und -deutung von Camorra-Anführern reüssierenden *musica neomelodica* kulturalisiert zu werden (die privaten Feste dieser Personen mit denen der Renaissance-Fürsten samt deren euhemeristischen Bedürfnissen zu vergleichen, ist nicht abwegig). Neben dem bereits erwähnten Jason Pine, *The Art of Making Do in Naples*, vgl. Goffredo Plastino, *Cosa nostra social club. Mafia, malavita e musica in Italia*, Mailand 2013.

12 Feldtagebuch vom 27.02.2014.

13 Julian Alfred Pitt-Rivers, John G. Peristiany, »Introduction«, in: dies. (Hg.), *Honor and Grace in Anthropology*, Cambridge 2005, S. 1–18.

14 David Gilmore, *Honor and Shame, and the Unity of the Mediterranean*, Washington 1987.

15 Uwe Johnson, *Heute Neunzig Jahr*, Frankfurt/Main 1996, S. 7.

16 Vgl. Iris Därmann, *Tod und Bild*, München u. a. 1995. – Erst spät fiel mir auf, dass diese Sujets bei André Martin und damit bei einem der fotografischen Stichwortgeber für die Süditalienethnologie überhaupt eine nicht unerhebliche Rolle spielen. Wenn wie Francesco Faeta (»Orientalismus und Primitivismus«, in: Loyen, *Der besessene Süden*) darlegt, die Faszination der Fotografen und Filmleute für den Mezzogiorno nicht von der für einen archaischen Tod ablösbar ist, für das »Überleben des Todes« gewissermaßen, so ist dies vor allem auf die Paradoxie im Medium zurückzuführen, das – in diesem Fall! – tötet (mortifiziert) und durch die Darstellung des Todes belebt wird bzw. den Tod belebt. Diese Auferstehungsszene ritualisiert das Medium einerseits (oder bestimmt es für einen ritualisierten Kontext), andererseits vergewissert es sich darin der eigenen Autonomie.

17 Feldtagebuch vom 28.02.2014.

18 Nach dem Tod, so meinten die Griechen, wird die mit dem Geist identische Seele (die »psyché«) zum »eidolon, oder zum Schatten, zu einem Traumbild«. Die umherstreifenden Geister wären entsprechend die Schatten, die niemanden haben, der für sie sorgt, weil sie nachkommenlos geblieben sind, weil ihre Nachkommen mit ihnen im Unfrieden stehen, oder weil sie zu viele sind, nicht in Nachkommen und Erbschaft aufgehen, wie die Berühmtheiten, oder nicht von dieser Welt sind, da sie nämlich Gott gehören, wie die Heiligen. Vgl. auch Satriani / Meligrana in ihrem Kapitel über die »Traumzeit«, *Il ponte di San Giacomo*, S. 273–362.

19 Vgl. dazu die Biografie der Tochter Liliana de Curtis, *Totò. Femmene e Malafemmene*, Mailand 2003, S. 60.

20 Vgl. Carlo M. Alfarano, *Totò Memories*, Dokumentarfilm 2014.

21 Feldtagebuch vom 15.04.2014.

22 Rosario, ein Informant in der Sanità: »Der Guappo verteidigt seine Leute. Er steht für das Gesetz. Ein Camorrist bringt einen um ohne Grund.« Vgl. auch Isaiah Sales, *Le strade della violenza. Malviventi e bande di camorra a Napoli*, Neapel 2006.

23 Eduardo de Filippo, *Commedie dei giorni dispari*, Turin 1975.

24 Feldtagebuch vom 12.05.2014.

25 Vgl. Alfredo Cattabiani, *Santi d'Italia. Vita, leggenda, iconografia, feste, patronati, culto*, Mailand 2004.

26 »Il santo può sempre: basta che voglia.« Giuseppe Galasso, *L'altra Europa. Per un'antropologia storica dell mezzogiorno d'Italia*, Mailand 1982, S. 69.

27 San Donato in Apulien oder San Vito in der Basilikata heilen die Krankheiten, deren Verursachung ihnen zugeschrieben wird. Die von ihnen geforderte Unterwerfung lässt sie archaischer erscheinen, alten Gottheiten gleich. Giuseppe Galasso betont, dass Süditalien »das Heilige in Gestalt des Heiligen« einerseits als Mittler, andererseits als Feier der »Persönlichkeit« konzipiert habe. In der Volksreligion habe der Heilige Zugang zu sämtlichen Ressourcen, er müsse nur wollen (Galasso, *L'altra Europa*, S. 68ff.).

28 Feldtagebuch vom 16.06.2014.

29 Feldtagebuch vom 07.12.2013.

30 Persönliche Mitteilung von Gabriella und Lella.

31 Vgl. dazu Benedetto Croce, *Storie e leggende napoletane* [*1923*], Mailand 2001. Rationalisiert wird der munaciello durch den Hinweis auf die wie Mönche in dunkle Kutten gekleideten Brunnenarbeiter, die in unter den großen Palazzi ausgehöhlten Zisternen arbeiteten und gelegentlich nach oben, in die Wohnungen der Reichen stiegen, wo sie Geld entwendeten oder mit der einsamen Hausherrin ein Verhältnis pflegten, kurz dem Hausherrn schwermütige Gedanken bescherten. Tatsächlich aber ist die Personifikation der körperlich verspürten Beengung, die somit

gegenständlich gemacht und gebannt wird, in Süditalien unter wechselnden Namen bekannt: als *monachicchio* (bei Carlo Levi in den Orten Aliano und Grassano), als *scazamauriegg* (bei Hauschild, *Macht und Magie in Italien*, S. 498–504, in Ripacandida).

32 Feldtagebuch vom 10.07.2014.

33 Für Galasso (L'altra Europa, S. 69f.) gründet sich darauf der Unterschied zwischen Heiligem und Geist und entsprechend zwischen Religion und Magie. Er übersieht, dass verschiedene Gruppen darum ringen, die Autorität über die Bilder und das Bildermachen zu bekommen. Besonders deutlich wird diese Auseinandersetzung anhand der technischen Möglichkeiten heute, die das Bild dessen, was früher nur Gerücht war, entstehen und zirkulieren lassen können.

34 Die Distinktion der sozialen Schichten und Klassen ist für Neapel schwierig, auch weil sich eigentlich nur zwei Klassen feststellen lassen, die über ein kontinuierliches Bewusstsein ihrer selbst verfügen. Das wäre zum einen die *nobilità*, der Adel, zum anderen *il ceto* (dt. »die Schicht«, pejorativ für die unteren Klassen bzw. »das Volk« verwendet). Adel und mit Abstrichen die *borghesia* (in soziologischen Begriffen: Großbürgertum und obere Mittelklasse) zeichnen sich durch ihren erblichen *feudo* (Immobilien, Arzt- und Anwaltspraxen, Ämter) und die damit assoziierten sozialen Beziehungen aus; der *ceto* durch die Präferenz für die *arte di arrangiarsi*, seine lokale Expertise, die Verwurzelung, die ihm hilft, für Assistenz und Hilfeleistungen des Staates oder von Organisationen identifizierbar zu sein. Sämtliche Schichten und Klassen dazwischen zeichnen sich in einer vom Mangel an organisierter Arbeit, Unternehmen u. ä. geprägten Umwelt durch Prekarität, zugleich durch diffuse Emanzipationswünsche aus. Gribaudi (*I mediatori*, S. 154ff.) hat darauf hingewiesen, dass man in Süditalien der Arbeit keinen Eigenwert beimesse (sondern nur im Erwerbszusammenhang). Man kann dies auf für freies Unternehmertum fehlende Strukturen zurückführen, auf eine schwache

Industrialisierung oder auf den Vorrang familiärer Verpflichtungen. Wo es Berufstraditionen gibt (besonders im Handwerk), lassen sich Werkgerechtigkeit und Klassenbewusstsein durchaus nachweisen. Diese Gruppen zählen sich selbstbewusst zum *popolo napoletano*, an dem die *borghesia* durch Adaption und Mimikry der populären Welt partizipiert. Im Gegensatz dazu steht das *popolino*, das quasi stets eine Fremdbezeichnung ist und das manipulierbare, schlecht regierbare, aber auch fromme, wundergläubige, herzliche etc. Volk konnotiert, das wiederum nur teilweise mit dem *ceto* identisch ist. Für denjenigen freilich, der sich mit der *borghesia* identifizieren möchte, besteht zwischen dem *mondo popolar* und dem des *popolino* keinerlei Differenz.

35 Die bürokratische, das heißt die mit Handlungsdelegation verbundene Seite des Kultes der *anime* lässt sich dabei durchaus als klassischer Kult der Subalternen gegenüber den Strategien der hegemonialen Unsichtbarmachung von Entscheidungen formulieren. Die Toten vindizieren dem klientelistischen Gerüchtwesen, gegenüber den Verordnungen mit ihren Ausnahmen, die den Dezisionismus der Reichen und Mächtigen verschleiern, die wahren Gesetze des Handelns, die auf Gabe und Gegengabe, auf Wohlwollen und Freundschaft gründen, die wahr sind, weil sie gut sind, und mächtig, weil sie eine bedrohliche Seite – ihre Herkunft aus dem Totenreich – mit sich führen.

36 Ein Paradebeispiel des *associazionismo sociale* in Italien ist die sizilianische Antimafiabewegung, die sich als Zivilgesellschaft gegen die Mafia begründet hat und in zahlreichen Vereinen, Kooperativen, der Verwaltung konfiszierter Güter einen Anspruch der Bürgerschaft gegenüber den professionellen Politikern begründet. Zu ihrer Rhetorik gehört die Botschaft, der Staat habe den Krieg gegen die Mafia verloren. Aus diesem moralischen Vorwurf speisen sich die Forderungen nach Aufmerksamkeit, aber auch schlicht nach Mittelzuwendungen, die die *associazioni sociali* und *associazioni culturali* als ein Mittelglied zwischen Staat und Gesellschaft

zu einem wichtigen sozialen und ökonomischen Akteur zumal in Süditalien haben aufsteigen lassen. Unter der akademischen Jugend Neapels, sofern sie nicht Familien der Oberklasse entstammt, findet hier ein hoher Prozentsatz eine ehrenamtliche Beschäftigung in der Hoffnung, bald hauptamtlich über die *associazione* von einem *bando* (einer staatlichen Ausschreibung für ein Sozial- oder Kulturprojekt) zu profitieren. Auf Seiten der soci entsteht ein Unternehmertum ohne finanzielle, aber mit starken persönlichen Investitionen. Zu Geschichte und Rolle des »Associazionismo sociale« vgl. Cristiano Caltabiano (Hg.), *IX Rapporto sull'associazionismo sociale. Anticorpi della società civile. L'Italia che reagisce al declino del paese*, Rom 2007, der folgende Felder für die »Immunreaktion« des Associazionismo identifiziert: »le difficoltà quotidiane in cui versano le famiglie; l'indebolimento della sfera del lavoro [...]; la questione spinosa della legalità, che ancora attanaglia numerose regioni meridionali [...]; l'emergenza informazione.« (S. 31)

37 Diese »Parochialisierung« betrifft Neapel stärker als andere italienische Städte und hat in jedem Fall mit der stabilen Bedeutung der Priester für das soziale Leben zu tun. In Rom und generell im Norden betonen die großen charismatischen Zentren ihre Autonomie gegenüber den Kirchengemeinden.

38 Feldtagebuch vom 26.08.2013.

39 »Cornetti« bezeichnet aus kleinen Hörnern bestehende Amulette, die den Bösen Blick abweisen bzw. ihn als Phallussymbol auf sich ziehen und damit wie ein Blitzableiter für ihren Besitzer unschädlich machen sollen. Vgl. Thomas Hauschild, *Der böse Blick*, Berlin 1979, S. 55f.

40 Feldtagebuch vom 27.04.2014.

41 Es gibt keinen Exorzismus ohne »Adorzismus«. Vgl. zu dieser Thematik Luc de Heusch, »Cultes de possession et religions initiatiques de salut en Afrique«, in: *Annales de Centre d'etude des Religions* 2 (1962), S. 226–244.

42 Hauschild, *Macht und Magie*, S. 496.

43 Feldtagebuch vom 20.10.2013.

44 Feldtagebuch, August 2014.

45 Feldtagebuch vom 16.03.2014.

46 Feldtagebuch vom 30.05.2013.

47 Die Etymologie des Straßennamens – »Via« und »Vico dei cristallini« – ist nicht aufzuklären; die Kristallfabriken bleiben ein Mythos (Gino Doria, *Le strade di Napoli*, Mailand und Neapel 1971, S. 138f.); Egidio hingegen verweist auf die Gewohnheit der Bewohner, in jedem Übel den Hauch eines Glücks zu sehen, selbst wenn es sich um das dreckige Regenwasser von Capodimonte handele.

48 Antonio Bassolino war Bürgermeister (1993–2000), dann Regierungspräsident der Region Kampanien (2000–2010). In seine Amtszeit fallen eine Reihe von städtischen Infrastrukturprojekten, die allerdings nur zur Hälfte umgesetzt wurden, wichtig war aber, die Voraussetzungen dafür zu schaffen (z. B. die Rückeroberung von öffentlichen Plätzen gegen die grassierende Flut illegal betriebener Parkplätze, die Verordnung, dass die *bassi* im Herzen der Altstadt nicht mehr als Wohnungen, sondern höchstens als Geschäfte betrieben werden können, etc.). Andererseits sind Bassolino bzw. seine Regierung in zahlreichen Prozessen der Unterschlagung von Fördermitteln bezichtigt worden.

49 Feldtagebuch vom 25.11.2013.

50 Feldtagebuch vom 29.11.2013.

51 Vgl. Emilio Gentile, *Il culto del littorio*, Bari 1993.

52 Die Erfolge bei der Europawahl konnten bei den Kommunalwahlen 2016, bei der der Kandidat die Stichwahl klar verpasste, nicht bestätigt werden.

53 »Wandel des Lebensstils«. – Das Mittelschichtsversprechen hat bereits Berlusconis liberalistische Rhetorik bedient, die in denselben Klassen nun nicht mehr verfängt. Sämtliche erfolgreiche italienischen Bewegungen der letzten zwanzig Jahre zeichnen sich durch die Proklamation der Mitte aus: So extrem die Protagonisten auftreten mögen, so zentristisch sind ihre Anliegen.

54 Enciclopedia Italiana, Rom 1932, s. v. »Il fascismo« [Arturo Marpicato], online unter: {http://www.treccani.it/enciclopedia/fascismo_(Enciclopedia-Italiana)}, letzter Zugriff 28.09.2017.

55 Dies hat damit zu tun, dass die Vorstellung einer zentralistischen Integration dem MoVimento fremd ist. Viel eher geht es um die Konnektivität von quasi autonom organisierten Einheiten, die sich aufeinander beziehen können, weil sie einen ähnlichen Stil haben. Dieser wird im Sinn einer Selbstverpflichtung formuliert. Aus diesem Franchising-Prozess resultiert allerdings auch die hohe Stellung der durch Grillo verkörperten Ideologie, die eben nicht innerhalb repräsentativer Formen und Verfahren verändert bzw. zur Disposition gestellt werden kann.

56 Nicht zufällig sei das MoVimento am 4. Oktober 2009, dem Tag des Hl. Franziskus, offiziell gegründet worden, schreiben Beppe Grillo und Gianroberto Casaleggio. »La rete è francescana, anticapitalista: nel web le idee e la loro condivisione valgono più del denaro« (Das Netz ist franziskanisch, anti-kapitalistisch. Im Netz sind die Ideen und ihre Verbreitung mehr wert als Geld). Gianroberto Casaleggio, Beppe Grillo, *Siamo in guerra*, Mailand 2011.

57 »Teresa hat Grillos Auftritt organisiert, und sie ist noch immer wütend auf Don Antonio, Vittorio Genovese und andere Mitglieder des *cerchio magico*, die den Event verhindern wollten – mit so fadenscheinigen Begründungen, die Camorra würde schießen etc. Sie bekam stattdessen die Unterstützung vom Präfekten persönlich. Don Antonio hätte gerne die Glocken gegen Beppe Grillo geläutet, sagte er zu Beginn, doch dann hat er sich auf dem Balkon blicken lassen, als hätte er ihn eingeladen. Padre Alex blieb wenigstens kohärent und erschien nicht, obgleich Beppe Grillo ihn persönlich hervorhob. Don Antonios Problem sei, dass Teresa eine Frau ist, sagt eine Bekannte. Teresa ist den Tränen nahe. Sie hatte wenig Zeit, die Sache vorzubereiten, den Platz sperren zu lassen etc. Don Antonio hatte ins Gespräch gebracht, man müsste erst die Camorristi fragen, sonst gäbe es ein Blutbad. ›Und, du weißt also, wer die Camorristi

sind?‹, hat Teresa zurückgefragt. Sie zeigt mir auf ihrem I-Phone noch einmal ihre Ansprache, sie sagt, sie wollte gar nicht sprechen, nicht einmal erwähnt werden. Die wahren Camorristi seien Don Antonio und die Seinen. ›Das ist echte Politik, davon verstehst du nichts‹, habe ihr Mann gesagt.« Feldtagebuch vom 10.05.2014.

58 Zum Verhältnis von Politik und organisiertem Verbrechen im Kampanien und Neapel der »ersten Republik« vgl. die Außensicht von Percy Allum, *Il potere a Napoli. Fine di un lungo dopoguerra*, Neapel 2001.

59 »Centro di assistenz fiscale« (Zentrum für Steuerhilfe), ansatzweise vergleichbar einem deutschen Lohnsteuerverein, in dem Unternehmer und Arbeitnehmer spezifische Beratung, häufig auch zu Fragen der sozialen Wohlfahrt, erhalten.

60 Ciro Varriale verstand sich als Avantgarde, indem er die parteilichen Gegensätze überwand. Er hatte nur nicht mit den Neuen Medien gerechnet, die die ihm eigene Mischung aus Patron und Plattform überflüssig machten: »Ich bin im Viertel zu einem Mythos geworden, weil ich Gefälligkeiten verteilt habe, ohne mich für die politische Ausrichtung von irgendwem zu interessieren. So hat sich das Wissen um die Wohltaten von Ciro Varriale verbreitet. Jeder kennt mich und jeder hat von mir Gefälligkeiten bekommen. Hunderte haben mich um einen Gefallen gebeten, als ich verantwotlich war in der Personalabteilung [des Krankenhauses]. Zum Beispiel Antonio C.: Er hatte eine von mir abweichende politische Haltung, aber ich war stets für ihn da. Er hat für meine Zeitung gearbeitet, in der zahlreiche Kommunisten schrieben. Nach meiner Meinung muss eine Zeitung auch frei sein, sodass alle darin sich ausdrücken können. [...] Meine Art Politik zu machen wird in 100 Jahren noch Erfolg haben.« (Feldtagebuch vom 01.04.2014).

61 Feldtagebuch vom 01.04.2014.

62 Feldtagebuch vom 16.07.2013.

63 Feldtagebuch vom 02.11.2013.

64 Feldtagebuch vom 03.11.2013.

65 Feldtagebuch vom 02.07.2013.

66 Feldtagebuch vom 11.08.2013.

67 Dagegen vermutet Lucia Chiavola Birnbaum, es handele sich um eine »schwarze« Madonna, die durch die Amtskirche periodisch gereinigt und kanonisiert worden sei. Die »schwarze Madonna« hingegen bezeuge die Verwandlung eines mehrtausendjährigen Kultes um eine weibliche Vesuvgottheit, die von den Sklaven und politisch Unterdrückten des römischen Reiches gepflegt wurde (Lucia Chiavola Birnbaum, *Black Madonnas. Feminism, religion and politics in Italy*, Boston 1993, S. 126ff.). Tatsächlich lassen sich auf Exvoti dunkle Schattierungen, aber es lässt sich keine »schwarze« Madonna ablesen, zudem ist eine »schwarze« Madonna nicht notwendig Zeichen paganer Abstammung. Die um das »Sanktuarium« herum anzutreffenden Jahrmärkte mit ihren »tammurriate« und Tarantella-Tänzen entsprechen heute eher den folkloristischen Tendenzen, die das Ritual auf mehreren Ebenen in die Kulturgeschichte der Landschaft einbetten und für Touristen interessant machen sollen.

68 Das geht aus einer der zahlreichen Votivtafeln im Inneren der Kirche von Sant'Anastasia hervor.

69 Verwundungen werden um Neapel im 16. Jh. vor allem für Kruzifixe berichtet (Celano, *Notizie del Bello*). Dort zeigt das Blut den Realitätsgehalt des Symbols an: Christus ist wirklich für unsere Sünden gestorben und leidet noch jetzt unter ihnen. Hier wie bei der Darstellung der Madonna mit Kind werden die Menschen darüber belehrt, dass ihre dem Symbol geltende Wut nicht unbeantwortet bleiben darf. Die getroffene Madonna reagiert ihrerseits menschlich – nämlich mit einer als überhart empfundenen Strafe, die die Gerechtigkeitsfrage hinter die eindrucksvolle Bestätigung ihrer Wahrheit und Wirksamkeit zurücktreten lässt. Dies wird als ein Grenzfall der gegenreformatorischen Regeln empfunden und legitimiert die lange Geschichte der dominikanischen Sorgen um diese Mariendevotion mit ihrer paganen Überschüssigkeit.

70 Es ist reizvoll, den Kult vor der Folie einer Theorie des »Bildaktes« (Horst Bredekamp) zu analysieren. Stellt man in Rechnung, dass die Macht Mariens als Mittlerin ihre theologische Aufwertung (als mater dei, gratia plena, virgo mediatrix) ca. um die Entstehungszeit des ursprünglichen Kultbildes erfahren hat und darüber hinaus die augustinische Bildabwertung durch die Nobilitierung der illiteraten Zugänge seitens sozialer und theologischer Radikaler wie Girolamo Savonarola ausgeglichen wurde (vgl. Scaramella, *Le madonne del purgatorio*, S. 147ff.) – »Guardate un crocifisso nella vostra stanza, che sia il vostro libro« (Savonarola nach Giovanni Battista Armenini, *De' veri precetti della pittura*, Turin 1988, S. 198) –, so kann man in der dem *ceto* vorbehaltenen Unterwerfung die Transposition des religiösen Sinns durch Bildpraktiken erkennen, die auf einen unmittelbaren Zusammenhang zwischen dem biblischen Leben und dem der Armen und *ignoranti* abstellen, welche denen, die zwischen Geist und Buchstaben unterscheiden können müssen, verloren gegangen ist. Edith und Victor Turner haben darauf hingewiesen, dass Marienwallfahrtsorte sich in der Regel physischen Besonderheiten verdanken, die sich auf den sonst uniformen Marienbildern niedergeschlagen haben, in denen sich die Gemeinde hinsichtlich ihrer Geschichte und Bedürfnisse erkennt (*The Pilgrimage*, S. 192f.). In diesem Fall wäre dies der »Insulto«, die »beleidigte« Wange, zugleich jene Beleidigung, die die Armut für die Missionierten im Süden Italiens bedeutete (nicht umsonst nennt auch die Literatur die Armut Süditaliens eine *offesa*, vgl. Elio Vittorinis *Conversazioni in Sicilia / Gespräch in Sizilien*). Die Gegenreformation schoss hier über ihr Ziel hinaus, zähneknirschend erlebten ihre Sachwalter Jahr für Jahr, dass das, was sie als Hilfsmittel erdachten und wodurch sie Kontrolle auszuüben hofften, lebendig geworden war. Deshalb müssen sie bis heute den Kult und seine Adepten als »Bild« (d. h. als Massenandrang am Höhepunkt der Wallfahrt, der häufig auf den Magazinen des *santuario* dargestellt wird) kontrollieren. Die Bilder

der bestürzten Gesichter selbst hingegen bezeugen wiederum die Ohnmacht des Hegemons, der darum die als mimetisch »ansteckend« geltenden Filmaufnahmen untersagt.

71 Vgl. Nino D'Antonio, *Gli ex voto dipinti e il rituale dei Fujenti a Madonna dell'Arco*, Cava di Tirreni 1979.

72 Die Verehrung der Madonna dell'Arco hat eine hohe Intensität, aber eine geringe Reichweite. An wichtigeren Studien vgl. Tullio Tentori, »An Italian Religious Feast«, in: James Freeman (Hg.), *Mother Worship*, Chapel Hill 1982, außerdem Nathalie Göltenboth, *Kreativität im Kult der Madonna dell'Arco*, Magisterarbeit, München 1997, Stefano de Matteis, *La Madonna degli esclusi*, Neapel 2011.

73 *Battenti* gibt es auch im alle sieben Jahre stattfindenden Penitenzritus von Guardia Sanfremondi. Dass zeitweilig extremere Leibesübungen, das Schlagen auf die Brust z. B., als barfüßiges Laufen zum Kult der Madonna dell'Arco gehörte, legt der alte »primo coro dei battenti« nahe: »Maria dell'Arco, sfolgorio dell'anima, / [...] / metà di petti affranti / e piedi sanguinanti«. Vgl. Roberto de Simone, Gerardo Imbriano, *Votum. Museo degli Ex voto del santuario della Madonna dell'Arco*, Neapel 2009, S. 9.

74 Der amerikanische Soziologe Edward C. Banfield hat in einer anhand der armen Landbevölkerung eines Dorfes in der Basilikata durchgeführten Studie die im »amoral familism« zutage tretende Zentrierung auf die Kernfamilie, der jede Form von Gemeinnützigkeit geopfert werde, als *Moral Basis of a Backward Society* (New York 1958) ausgemacht, die darum nicht über die unmittelbare Bedürfnisbefriedigung hinauskomme. Banfields geringe Aufmerksamkeit für die Rolle der institutionellen Kontexte und seine puritanischen Kategorien wurden ihm als Ethnozentrismus ausgelegt. Trotzdem sind seine Beobachtungen gut lesbar und teilweise aktuell geblieben.

75 Zum musikethnologischen Aspekt ausführlich: Claudio Rizzoni Bufera, *La musica della Madonna dell'Arco*, Dissertation, Rom 2015.

76 Anders als für Familien der *borghesia* sind »Unreinheit« und ein gewisses Maß an Kontrollverlust Strategien, sowohl um mit schwachen und starken Bindungen einhergehende Handlungsoptionen zu erschließen, als auch um eine bestimmte, ideologisch durch den Katholizismus vermittelte Auszeichnung der Marginalisierung zu erlangen. Darum ist auch eine Verleugnung der eigenen Person und Würde nicht ehrenrührig – entscheidend ist, die Logik der anderen (besonders der formal mächtigeren) Akteure gut zu kennen, sich ihr anzupassen, und aus den negativen Attributen jenes Maß an »cultural intimacy« (Michael Herzfeld) zu gewinnen, um nach innen ein exklusives Bild seiner selbst verteidigen zu können.

77 Zu *mana* vgl. Mauss/Hubert, »Entwurf einer allgemeinen Theorie der Magie«.

78 Feldtagebuch vom 17.05.2014.

79 Videointerview vom 21.04.2014.

80 Pino Santoro hat als Erster die Erkenntnis genutzt, dass zwischen dem Milieu des Kultes und dem der Neomelodica-Hörer, -Sänger, -Produzenten zumal seit der Verjüngung der *squadre* ein unleugbarer Zusammenhang besteht. Der manieristische, teilweise orientalisierende Sound der in Neapel und Umland eigene Radiostationen und Chartlisten hervorbringenden *musica neomelodica* transportiert häufig tragische Ereignisse wie den Tod geliebter Personen, Zurückweisung in der Liebe, Gewalt, die durch den Dialekt gelegentlich humoristisch gebrochen werden und einen Spielraum der Ambivalenz gewinnen. Es handelt sich durchaus um gängige Thematiken der italienischen Popmusik, allerdings streng aus dem Blickwinkel der unteren Klassen (ausführlich hierzu: Federico Vacalebre, *Dentro il vulcano. Racconti neomelodici*, Neapel 1999). Musikalisches Zitat bzw. Plagiat sind an der Tagesordnung. Viele Neomelodica-Sänger pflegen darüber hinaus ein Repertoire an christlicher und für die Gestaltung lebenszyklischer Riten charakteristischer Musik.

81 Hier integriert sich auch der Behinderte, der als *dono di dio* (Gottesgabe) jenseits eines utilitären Wertes gerade auf die Grazia des reinen Lebens deutet.

82 Vgl. Michael Jackson, *Existential Anthropology*, Oxford 2006, S. XXIIIf.

83 Feldtagebuch vom 18.05.2014.

84 Erzbischof D. Sepe bei einem Gespräch mit den *presidenti* der Kultvereinigungen in S. Maria delle Grazie, 20.04.2014.

85 Mit Alessandro traf ich mich vor allem in der Aufbauphase seiner *squadra*. Er wollte, wie der innere Kern der Gruppe, drei gleichaltrige *battenti*, vor allem meinen Respekt für seine Berufung, für die *sacrifici*, die Reinheit des *istinto* seiner *battenti*. Zu diesem Zweck versuchte er, offizielle Fotos durch mich oder befreundete Filmleute zu bekommen, oder offizielle Interviews zu geben. Inwiefern sein Anliegen, seinen Glauben in den Mittelpunkt zu rücken und nicht etwa die Treue zu einer neapolitanischen Überlieferung, auf meine Präsentation als *missionario tedesco* durch Davide zurückging, vermag ich schlecht einzuschätzen. Davide und Cenzino erzählten mir eher das, was sie dem jeweils anderen nicht mitteilten; sie sahen mich wohl in der Rolle eines interesselosen Vermittlers mit einer etwas beschränkten Perspektive.

86 Feldtagebuch vom 17.05.2014.

87 Tätowierungen der »Heiligen Frau Tod« bestechen durch den in ihnen visualisierten Kippmoment von Eros und Thanatos: Oft zeigen sie zur einen Hälfte das Gesicht einer schönen Frau, zur anderen einen Totenschädel. Soziale und existenzielle Randständigkeit werden hier ähnlich wie in der Devotion der Madonna dell'Arco als Voraussetzungen für Heil und Segen kulturalisiert. Zur Verbindung zwischen mafiöser Religiösität und »Santa Muerte« vgl. Fabrizio Lorusso, »Dal Messico al mondo. Il lungo viaggio della ›Santa Muerte‹«, in: Tommaso Caliò, Lucia Ceci (Hg.), *L'immaginario devoto tra mafie e antimafia*, Rom 2017, S. 345–365.

88 Feldtagebuch vom 31.10.2013.

89 Auf den mit zahlreichen Preisen bedachten Film von Matteo Garrone (2008) folgte ab 2014 eine nur noch lose von Savianos Buch inspirierte TV-Serie des Bezahlsenders Sky. Sie spaltete die Stadt in wütende Ablehnung – Kooperativen bezahlten Werbeflächen, um zu Protesten gegen die mediale Beschmutzung Neapels aufzurufen – und in die Nonchalance jener, die diesem Projekt entweder Rollen oder Rollenmodelle abgewinnen konnten. Als Komparsen wurden Neapels *scugnizzi* (Straßenjungen) ausgewählt, und ein Pusher wurde gleichsam vom Set weg verhaftet, wo er, ohne Wissen des Regisseurs, die gleiche Rolle wie im Leben gespielt hatte. (Il fatto quotidiano, 17.07.2014, Rubrik »Cronaca«).

90 Feldtagebuch vom 03.11.2013.

91 Dieses Kapitel ist leicht verändert unter dem Titel: »Nacht um Neapel. Ein Straßenkult und seine wüsten Wege« erschienen in: Erik Wegerhoff (Hg.), *On the road. Über die Straße*, Berlin 2016, S. 155–177.

92 Der »demonstrative character« mediterraner religiöser Praktiken kann als zu einem »struggle for honor« gehörig interpretiert werden, in dem es um die Anerkennung der Ehrhaftigkeit der eigenen Persönlichkeit in einem von komplexen hierarchischen und personalen Beziehungen bestimmten System geht. Vgl. Christian Giordano, »Mediterranean Region«, in: Kocku v. Stuckradt (Hg.), *The Brill Dictionary of Religion*, Leiden 2006, Bd. 3, S. 1201–1209, hier S. 1206.

93 Jean Paul Sartre, *Briefe an Simone de Beauvoir*, Bd. 1, Hamburg ^{6}2008, S. 65–91.

94 Unter »Prozession« wird allgemein der besonders formalisierte Teil einer Pilgerwallfahrt verstanden, in der sich die Unterscheidung von Kultadepten und Zuschauern klar herausbildet. Vgl. die Verwendung der Formulierungen »formal procession«, »procession« bei Simon Coleman, »Ritual Remains. Studying Contemporary Pilgrimage«, in: Janice Body, Michael Lembek (Hg.), *A Companion to the Anthropology of Religion*, Chichester 2015,

S. 294–308, sowie ders., »Pilgrimage as Trope for an Anthropology of Christianity«, in: *Current Anthropology* 55 (2014), S. 281–291.

95 Vgl. z. B. Abdellah Hammoudi, *Season in Mecca. Narrative of a Pilgrimage*, London 2006.

96 Vgl. Edith und Victor Turner, *Image and Pilgrimage in Christian Culture*, New York 1978.

97 Vgl. zur Revision der Turnerschen Kategorien John Eade, Michael Salnow (Hg.), *The Anthropology of Christian Pilgrimage*, London 1991, besonders S. 1–15.

98 In Neapel und der Sanità anzutreffende Ausdrücke, wonach die Statue eine Kirche »in Besitz« nimmt, oder Erzählungen von zu unterschiedlichen Anlässen ihre Schwere ändernden Statuen etc. greifen auf diese Einheit von sozialem Erlebnis und Gegenstandserfahrung zurück. Es handelt sich also nicht um abgesunkene pagane oder christlich-mittelalterliche Semantik, die für Kultbilder oder Masken reserviert war.

99 Vgl. Arnold van Gennep, *Übergangsriten*, Frankfurt/Main, New York 1999, S. 159ff.

100 Feldtagebuch vom 21.04.2014.

101 Vgl. Matteis, *La madonna*, S. 70.

102 Vgl. Stefano de Matteis, »Kann man die Besessenheit historisieren?«, in: Loyen, *Der besessene Süden*.

103 Vgl. Edith und Victor Turner, *Pilgrimage*.

104 Nathalie Göltenboth hat dargelegt, wie die Kennzeichnung der transgressiven kultischen Praktiken als »Folklore« die Devotion sowohl kirchentheologisch kommensurabel als auch wertvoll macht, wie andererseits die *devoti* selbst diese Objektivierung aufgreifen und den ihnen unterstellten *ritualismo* durch Bilder ironisieren und dadurch anzeigen, dass solche Erklärungen ihres Verhaltens zu kurz greifen. Nathalie Göltenboth, »›Basta con questo teatro.‹ Trancediskurse und die Herstellung von Folklore im *santuario* der Madonna dell'Arco in Neapel«, in: *Zeitschrift für Kulturwissenschaften* 2 (2015) (Themenheft »Begeisterung und Blasphemie«), S. 97–104.

105 Die Folklorisierung von angeblich authentischer Tradition ist ein wiederkehrendes Thema in der Anthropologie Italiens. Sie betrifft die Zeugnisse der »spedizioni nel sud«, wie sie Ernesto de Martino und seine Equipe seit den 1950ern unternahmen und die oftmals als forciert wahrgenommene Dokumentation der süditalienischen Riten, zu denen De Martinos Filmleute ihre gewöhnlichen Akteure anhielten (vgl. Clara Gallini, »Il documentario etnografico ›demartiniano‹«, in: *La Ricerca Folklorica* 3 (1981), S. 23–31). Kritik gab es u. a. an den Klageritualen, die für die Filmaufnahmen nach draußen verlegt wurden, andererseits wurde die interne Schlüssigkeit, die Dramatik, die Wirksamkeit der Rituale für ihre Teilnehmer auch im Falle einer »Nachahmung« hervorgehoben.

106 Roy Rappaport spricht vom »enactment of meaning«, vgl. Roy Rappaport, *Ritual and Religion in the Making of Humanity*, Cambridge 1999.

107 Feldtagebuch vom 27.04.2014.

108 Die *funzioni* in den Vierteln können folklorisiert und der touristischen Verwertung zugeführt werden, das Spektakel der ohnmächtig werdenden battenti in S. Anastasia kann man immerhin als »survival« (E. B. Tylor) antiker Kulte *behandeln*, die Wallfahrt selbst, die zwischen Heil und Gefährdung keine weiteren Vermittler thematisiert (die Madonna, die Waffen), schon gar nicht Moral, Institutionen, liegt außerhalb der Mittelschichtskultur. Dass das Leben für Angehörige des *ceto* so ist, lässt sich seitens der offiziellen Kultur möglicherweise noch verstehen; aber dass es kulturalisiert, in seinem ästhetischen Mehrwert ausgestellt wird, in seiner Ansteckungskraft (die Bilder von Bildern, die anschließend zirkulieren) vor Augen geführt wird, widerspricht sämtlichen mehrheitsfähigen Wertvorstellungen. Die von Pier Paolo Pasolini für die 1970er-Jahre konstatierte »trasformazione antropologica« der italienischen Gesellschaft wird hier anhand ihres Verdrängten anschaulich.

109 Vgl. Mario Perniola, *Vom katholischen Fühlen* [*Del Sentire*], Berlin 2014.

110 Die Selbstbezeichnung »evangelikal« orientiert auf die Bedeutung, die sie dem Evangelium geben, »pentecostali« ist schon eine »differenzia specifica« in dem Sinn, als dass sie den Gaben des Heiligen Geistes besondere Aufmerksamkeit gewähren.

111 Die erste Gruppe in Neapel traf sich wohl ab 1933 in einer Privatwohnung im Vicoletto Cinesi, als Ergebnis einer Serie von Bekehrungen und ortsbischöflicher Widerstände gegen die Nutzung von öffentlichen Räumen. Vgl. Ciro Izzo, *La testimonianza pentecostale a Napoli*, Neapel o.J. [1999], S. 27f.

112 In den 1960ern im Zuge der Arbeitsmigration gängige pejorative Bezeichnung von Norditalienern für angeblich »auf den Feldern« (*sulla terra*) aufgewachsene Süditaliener (vgl. den Artikel in der *Enciclopedia Italiana Treccani*). Heute bezeichnet sie eher die Abgrenzung des »urbanen« Nordens gegenüber dem »agrarischen« Süden. Seit 2005 als strafwürdige Beleidigung anerkannt (Corriere della Sera, 20.04.2005).

113 Feldtagebuch vom 27.06.2014.

114 Den Angaben der jeweiligen Verbände (u. a. ADI, FEI, CEIAMA) zufolge dürfte die Zahl insgesamt bei ca. 410.000 Anhängern liegen. Die Urzelle der Glaubensgemeinschaft bilden in den USA konvertierte italienische Re-Emigranten im ersten Jahrzehnt des 20. Jahrhunderts. Daneben sind gerade in Neapel neuere pentekostale Missionskirchen aus Südamerika vertreten (so die »Igreja pentecostal ›Dio é amor‹«). Angesichts des Booms pentekostaler Bewegungen und der schwer einzuschätzenden Anzahl von neugegründeten lokalen Kirchen, die oft in Werkstätten, Lagerhäusern, ehemaligen Trattorien etc. ihren Sitz nehmen, erklärt der Vatikan-Insider Giacomo Galeazzi in *La Stampa* vom 09.01.2014 den Erfolg der »Religion der Sklaven« – unter der Überschrift ein Foto ekstatischer Gläubiger, die den Heiligen Geist um seine Herabkunft bitten – in Sizilien und Kampanien nicht nur mit gutem Marketing, sondern auch mit volksreligiösen Residuen: die Prädisposition für Wunder, Musik, Tänze, und der Umstand, dass die

katholische Kirche mit ihren nachkonziliaren Theologen zusehends Bruderschaften und Patronatsfeste aufgebe.

115 Feldtagebuch vom 07.06.2014.

116 Feldtagebuch vom 08.07.2014.

117 Feldtagebuch vom 03.07.2014.

118 Feldtagebuch vom 21.08.2014.

119 George R. Saunders, »The Crisis of Presence in Italian Pentecostal Conversion«, *American Ethnologist* 2 (1995), S. 324-340, hier S. 329.

120 Zur traditionellen neapolitanischen Anthropologie vgl. Anne Parsons, *Magic, Belief and Anomie*, New York 1969, S. 78f. Die entsprechende Charakterisierung findet sich auch bei Thomas Belmonte, *The Broken Fountain*, New York 1979.

121 Man könnte es auch so formulieren: Während das »Hier stehe ich und kann nicht anders« in einer modernen westlichen Gesellschaft aus den Logiken der Gesellschaft befreien soll, in die man verstrickt ist, deckt sich die Expressivität des Ich (Konversion, Umkehr als ausdrucksvolle Ursprungsmomente von Subjektivität) mit einer in fast allen ihren Systemen agonalen, d. h. auf Responsivität und Expression orientierten Gesellschaft. Deshalb ist auch kein Platz für die Unterscheidung von mystischer und allgemeiner Religiosität, wie sie der aufmerksame Zeitbeobachter Angelo Brelich als Matrix für religiöse Entwicklung im Zeichen zunehmender Differenzierung anhand des Erfolgs der zur Oberschicht gehörenden Mysterienkulte gegenüber der klassenlosen Religion der Polis (mit Wallfahrten, Orakeln) für die Religion der Griechen ausgeführt hat (*I greci e gli dei*, Neapel 1985).

122 Stefano de Matteis macht auf die Verbindung des Regenerationskultes der Madonna dell'Arco mit dem der antiken Kybele aufmerksam, ohne von einer Familienähnlichkeit auf eine distinkte pagane Genealogie schließen zu wollen. Eher wird die Ausbildung strukturell ganz ähnlich gelagerter Narrative (»Mythen«) in einer Region über einen längeren Zeitraum als Hinweis auf

eine »gemeinsame Idee« gedeutet. Vgl. Matteis, *La Madonna degli esclusi*, S. 77f.

123 Dies gilt für sämtliche aus der methodistischen Tradition, d. h. aus der Ablehnung der calvinistischen Prädestinationslehre, stammenden Konfessionen. Die kathartische Erfahrung und die Konversion werden zum Ausweis, zu den Erwählten zu gehören, dessen darf sich der Gläubige sicher sein. Daraus entsteht die Pfingstbewegung als dem Stil nach demokratische bis populistische Sammlungsbewegung, die in Italien insbesondere unter den Ärmsten und Entrechteten, vor allem bei denen, die die Macht der Priester auf dem Land ablehnten, zur Counterculture wurde. Vgl. George Saunders, *Il linguaggio dello spirito. Il cuore e la mente nel protestantesimo evangelico*, Pisa 2010, S. 63ff.

124 Jackson, *Existential Anthropology*, S. x.

125 Die Purgatoriumsvorstellung wird, wie schon erwähnt, häufig mit der zweiten Bestattung, mit der der Verwesungs- und damit Reinigungsvorgang abgeschlossen ist, in Beziehung gebracht. Andererseits gilt, dass in Neapel wie im gesamten katholischen Süditalien am dreißigsten Tag nach der Aussegnung noch einmal eine Messe zelebriert und des Toten in besonderer Form gedacht wird.

126 Weitere Unterscheidungen zwischen einer idealtypisch weiblichen und einer idealtypisch männlichen Devotion lassen sich mit dem vorliegenden Material nur andeuten. Die performative Seite der Verehrung der Madonna dell'Arco mit akrobatischen Leistungen, Pilgerschaft, gemeinsamem Lauf kann im Horizont einer agonalen, auf den Kampf um Anerkennung und Ehre konzentrierten Gesellschaft angesiedelt werden. Wenn in die Seelen- und Schädelkulte mehr Frauen involviert waren, so weil es hier um den Kontakt mit Jenseits- und Lebenskräften geht, von denen der schiere Bestand der Familie und Gesellschaft abhängt; bei der Madonna dell'Arco ist es eher der genealogische Zusammenhang, sprich: die Codierung: mater semper certa est, pater numquam.

V
Letzte Worte.
Nach dem Bildungsroman

1 Mein herzlicher Dank an Luigi »Gino« Cerri, Giovanni Fiorito, Danilo Grillo, Johanna Wand, Milena Zeman Cicimarra.

2 Die Basilikata bzw. Lukanien ist die bevölkerungsschwächste Region Italiens, was seit Jahrzehnten zur Desertifikation, zum Absinken und entsprechenden Entleeren von Ortschaften, aber auch zum Missbrauch einer ganzen Landschaft als Giftmüllkippe führt.

3 Zur Biografie De Martinos vgl. Giordana Charuty, *Ernesto de Martino. Les vies antérieures d'un anthropologue*, Paris 2009, sowie Stefano de Matteis, *Il leone che cancella con la coda le sue tracce. L'itinerario intellettuale di Ernesto de Martino*, Neapel 2016.

4 Carlo Levi hat auch als Maler den Mediumismus bzw. das mediumistische Fluidum herausgearbeitet, das im Weltverständnis der lukanischen Bauern eine Rolle spielen soll. Auf seinen heute im Stadtmuseum von Matera ausgestellten Porträts erscheinen insbesondere die Frauen von einem Kraftfeld umgeben, das eine distinkte Abgrenzung ihrer Gesichter und Körper unmöglich macht.

5 In Italien wurde zwar 1968 die Ordinarienuniversität – die Universität der allmächtigen *baroni* – per Gesetz beendet und führte man für Stellenbesetzungen Ausschreibungen und streng geregelte *concorsi* ein, doch bedeutete dies nur eine noch bessere Vorbereitung von Absprachen. Nun konnte allerdings niemand mehr seine Familienmitglieder direkt beschäftigen, sondern musste sich mit allen Beteiligten gut stellen, hatte Tauschgeschäfte einzugehen, sodass Vetternwirtschaft von einem Privileg weniger zum Recht aller Beteiligten wurde.

6 Zu Fest und Erinnerung vgl. Paolo Apolito, *I ritmi di festa*, Bologna 2015.

7 Thomas Belmonte wird nachgesagt, er habe darauf insistiert, noch einmal Neapels Mittel- und Oberschicht studieren zu wollen, weil man ohne sie die unteren Klassen und deren Kultur der Armut nicht wirklich verstehen könne (Maurizio Braucci, »Belmonte e i poveri di Napoli«, in: *La repubblica*, 22.06.2005). Belmonte wusste aber auch, dass die oberen Klassen sich nicht ohne die unteren studieren lassen, die sie gewohnt waren, im Souterrain oder im Erdgeschoss ihrer Palazzi zu wissen, als Wächter und ökonomische Basis, als Gegenstand ihrer Mildtätigkeit und Herablassung, und von denen sie sich später bedroht fühlten.

8 So in den malerischen Werken von Jusepe de Ribeiro und Francesco Solimenas; zu den Gesten der Neapolitaner vgl. Dieter Richter, »Über das Gestikulieren der Neapolitaner«, in: *Zeitschrift für Kulturwissenschaften* 2 (2015), S. 81–88.

9 »Wir müssen uns Sisyphos als einen glücklichen Menschen vorstellen«, Albert Camus, *Der Mythos des Sisyphos* [*1942*], Reinbek 2004, S. 159.

10 Vgl. Franco Cassano, *Il pensiero meridiano*, Bari 1996.

11 Gleichwohl hat der Hafen Neapels das zweithöchste Touristenaufkommen, das allerdings selten der Stadt, sondern dem direkten Transfer zu den Inseln bzw. den von Neapel startenden Kreuzfahrten zugutekommt (Zahlen nach: {www.porto.napoli.it}, letzter Zugriff 10.12.2016).

12 Zum sozialgeografischen Masternarrativ der Entgegensetzung von Metropole und agrarischem Hinterland, das in den letzten fünfzig Jahren kleine Zentren hervorbringt, die mitunter als Satelliten des hoch verdichteten Zentrums begonnen haben, vgl. Fabio Amato, »Dall'area metropolitana di Napoli alla Campania plurale«, in: Lida Viganoni (Hg.), *Il mezzogiorno delle città. Tra Europa e Mediterraneo*, Mailand 2007, S. 175–218.

13 Clara Gallini war De Martinos wissenschaftliche Assistentin und zuletzt Professorin für Antropologia culturale an der Sapienza in Rom. Im Rahmen seiner Veröffentlichungen zu

Ernesto de Martino führte der Verfasser mit ihr verschiedene längere Interviews.

14 Vgl. Ernesto de Martino, *Sud e magia* [1959], Mailand 2001, S. 172-180.

15 »Presenza« als »Selbstgegenwärtigkeit«, als »Wille zum Dasein« hat eine ethische Konnotation, die bei Heidegger fehlt. Dagegen kommen sie in der »filosofia della presenza« des politischen Philosophen Guido Calogero zum Tragen (*Lezioni di filosofia II: Etica - Giuridica - Politica*, Turin 1960).

16 Vgl. Heiko Grünwedel, »Ernesto de Martinos Lesart von Shirokogoroffs Psychomental Complex of the Tungus zwischen Aneignung und Präsenzerfahrung«, in: Loyen (Hg.), *Der besessene Süden.*

17 Fritz Kramer hat die Kategorie der *passiones* ursprünglich für afrikanische Besessenheitsrituale entwickelt, in denen Menschen die Macht ihnen einwohnender Dämone als einen »inversiven« Aspekt des Handelns zur Darstellung bringen und erfahren, indem individuell als destruktiv wahrgenommene Kräfte im gemeinschaftlichen rituellen Handeln sich zu Heilkräften transformieren. Vgl. Fritz Kramer, »Notizen zur Ethnologie der ›passiones‹«, in: ders., *Schriften zur Ethnologie*, Frankfurt/Main 2005, S. 145-168.

18 Vgl. auch Michael Jacksons grundsätzliches Plädoyer für die enge Kontextualisierung von Ritualen: »Mundane Ritual«, in: ders., *Existential Anthropology*, S. 93-110.

19 Vgl. Ernesto de Martino, »Promesse e minacce dell'antropologia«, in: ders., *Furore - Simbolo- Valore* [1965], Mailand 2002, S. 188.

20 Indem Turner in Ritualen weniger die Reflexion von »social order« als vielmehr von »social drama« sucht, steht er De Martinos Überlegungen zur rituellen Aneignung von Krisen, in deren Verlauf sich das Verhältnis von Individuum und Gesellschaft neu justiert, recht nahe (vgl. Victor Turner, »Betwixt and Between. The Liminal Period in Rites de Passage«, in: ders., *The Forest of Symbols*, New York 1967). Er trifft sich darin mit De Martinos Kritik an

Émile Durkheim und mehr noch mit der Wertschätzung für Arnold van Gennep, anhand dessen *Manuel de folklore français* der Italiener seine Feldforschung in Lukanien vorbereitete (vgl. Giordana Charuty, »›Keeping the eyes open‹: Arnold van Gennep and the autonomy of the folkloristic«, in: Robert Parkin, Anne de Sal (Hg.), *Out of the Study and Into the Field. Ethnographic Theory and Practice in French Anthropology*, Oxford 2010, S. 25-44, hier S. 37f.)

21 Victor Turner, »Liminal to Liminoid, in Play, Flow, and Ritual«, in: ders., *From Ritual to Theatre*, New York 1982.

22 Vgl. Turner, »Betwixt and Between«, S. 97, ebenso Erhard Schüttpelz, »Liminalität und Macht«, in: Loyen, *Der besessene Süden*, S. 181-200.

23 Zur Systematik des Tricksterbegriffs vgl. Erhard Schüttpelz, »Der Trickster«, in: Eva Eßlinger u. a. (Hg.), *Die Figur des Dritten. Ein kulturwissenschaftliches Paradigma*, Frankfurt/Main 2010, S. 208-224.

24 Max Weber, *Wirtschaft und Gesellschaft. Grundriss der verstehenden Soziologie* [*1922*], Tübingen 2002, S. 140ff.

25 Vgl. Bjorn Thomassen, »The Uses and Meanings of Liminality«, in: *International Political Anthropology* 1 (2009), S. 5-27, hier S. 22

26 Vgl. James G. Frazer, *The Golden Bough* [*1911*], Bd. 3: Taboo and the Perils of the Soul, Kap. 1: »The Burden of Royalty«, Cambridge 2012, S. 1-25.

27 Das gilt für das Verhältnis von Don Antonio Loffredo zu Vincenzo Perez im Kleinen wie bei Heinrich VIII. zum Katholizismus im Großen. Don Antonio erobert sich die Toten zurück, auch wenn er ansonsten wenig priesterlich agiert und wie ein »Broker« wahrgenommen wird. Und Heinrich VIII. profitierte vom Niedergang der Heiligkeit des Heiligen Stuhls und von den religiösen Bewegungen seines Landes, die der Ressource Liminalität auf der Insel ein rituelles Reservoir schufen.

28 Vgl. Mauss, »Essai sur le don«.

29 Für Thomas Hauschild offenbart sich die Machtquelle der Priester und der Kirche anhand der von ihnen gegen u. a. die faschistische (und später gegen die realsozialistische) Körperschaft in Stellung gebrachten »spirituellen Kultur der Familie und der heiligen Körper«, die schließlich die Einheit Italiens in der Krise bekräftigte (»Italien ist eins und es ist katholisch«, Papst Johannes Paul II., 1997). Diese Macht der lebenszyklischen Gestaltung versuchen Politiker für ihre Anliegen fruchtbar zu machen, wie Hauschild eindrücklich an dem »ewigen Minister« und Christdemokraten Emilio Colombo (1920–2013) demonstriert, an dessen salbungsvollen Reden, der rhetorischen Übernahme der Opferperspektive, am roten Kreuz auf dem Panier der Partei. Colombo hat, wie viele andere in der DC, an einer Brücke zwischen Liminalität und (politischer) Macht gebaut, wobei klar wird, dass man sie nur vom Charisma der Teilhabe an der Machtquelle Liminalität ausbauen kann. Sei es durch die angebliche Keuschheit, beglaubigt im reinen, von der Zeit scheinbar unbeleckten Gesicht, durch die etwas »Heiliges« emaniert, sei es durch das Teuflische, das der ewige Staatspräsident und Parteifreund Colombos, Giulio Andreotti (1919–2013), in Antlitz und Habitus kultivierte. Vgl. Hauschild, *Macht und Magie*, S. 483–498.

30 Salvatore Lupo, *Storia della mafia*, Rom 2004.

31 Die soziostrukturelle Voraussetzung für die Aneignung einer kirchlichen Lehre, die alsbald dem Klerus vindiziert wird und ein autonomes Leben beginnt, wird evident im Kontrast zu den Versuchen, den Totenkult als Devotion für die *anime del purgatorio* andernorts zu stärken. Nach der Einigung Italiens und dem Ausbau des nahe des Vatikan gelegenen Stadtviertel Prati im neuen Turiner Stil versucht der französische Pfarrer der Gemeinde von S. Maria dei Suffragi am Tiberufer die angeblichen Märtyrergebeine zu retten und durch spiritistisch informierte Beweise für die Existenz des Jenseits und des Fegefeuers den Einfluss des Klerus im Diesseits zu stärken (vgl. Francesca Romana Koch, *I contabili dell'aldilà*, Turin

1992). In der Kapelle der Kirche findet sich seit 1920 ein Museum, das die rußverschmierten Abdrücke von Händen auf Bibeln oder Textilien ausstellt, wo sich das »offizielle und triumphalistische Purgatorium der Kirche« mit dem spiritistisch erneuerten »volkstümlichen« verbindet (vgl. Michel Vovelle, *Les âmes de purgatoire ou Le travail du deuil*, Paris 1996, S. 90). Dieserart Beweisführung hat es in Neapel nicht bedurft. Der Spiritismus gehörte europaweit zur Kultur einer erst in Ansätzen vorhandenen Mittelklasse, in der es um die Harmonisierung von wissenschaftlicher Objektivität und persönlichem Erleben ging, die den modernen Wunder- und Religionsdiskurs prägen sollte (Lorraine Daston, *Wunder, Beweise, Tatsachen. Zur Geschichte der Rationalität*, Frankfurt/Main 2001). Im Realismus und Dekonstruktivismus von Neapels unteren Schichten wurden solche Diskurse der »Wahrheit« immer schon als Rhetorik enttarnt, die es sich anzueignen galt. Die Geister, in denen sich die eigene Verstricktheit darstellte, waren dagegen »hard facts«.

32 Einzig Mamma Caterina versucht eine Kontinuität zwischen ihrer Vision als Kind und der als Frau herzustellen, so wie sie sich ikonografisch zwischen Lourdes und Medjugorje bewegt. Sie arbeitet damit im Rahmen einer populären Vorstellung, die in der um Kanonizität und Authentizität bemühten religiösen Landschaft Kampaniens häufiger begegnet. Vgl. dazu Paolo Apolito, *»Dice che ha visto la madonna«*, Bologna 1990, S. 138ff.

33 Klaus Heinrich, »Über unseren Ausstieg aus den Höhlen. Ein Gespräch mit Manfred Bauschulte, Horst Bredekamp und Luca Giuliani«, in: *Zeitschrift für Ideengeschichte* 2 (2013), S. 62–82, hier S. 63.

34 Ebd., S. 64.

35 Johann Joachim Winckelmann, *Gedanken über die Nachahmung der griechischen Werke in der Malerei und Bildhauerkunst* [*1755*], Stuttgart 1969, 4. Kapitel.

36 Vgl. Erhard Schüttpelz, »Mediumismus und moderne Medien. Die Prüfung des europäischen Medienbegriffs«, in:

Deutsche Vierteljahresschrift für Literaturwissenschaft und Geistesgeschichte 1 (2012), S. 121–144.

37 Die Forschungsmethode der »teilnehmenden Beobachtung« hat zur Aneignung der Rede von der »Initiation in eine andere Kultur« (Cora Bender) geführt, wogegen einige kritisch einwenden, dass gelungene Feldforschung sich eher dadurch auszeichne, dass man in die Subkultur der Ethnologen initiiert werde (vgl. Mark Münzel, »Genozid, Ethnozid und ethnologische Forschung. Die Aché in Ostparaguay«, in: Hans Fischer (Hg.), *Feldforschung*, Berlin 2002, S. 53–72, hier S. 67). Die Brücke ist in jedem Fall die Gewärtigung der Fremdheit gegenüber einer jeden Kultur.

38 Vgl. die Kapitel über die Sanità und über die Knochensammlerinnen von S. Pietro ad Aram.

39 Harold Garfinkel, *Studies in Ethnomethodology*, New Jersey 1967, S. 57ff.

40 Vgl. Mt 25,31–46.

41 Vgl. Julian Pitt-Rivers, »The Place of Grace in Anthropology«, in: Pitt-Rivers / Peristiany (Hg.), *Honor and Grace*. »Grace« wird hier semantisch zwischen »Grazia« und »Grazie« etabliert als »freie Gabe«, die ihre konzeptuell umfassendste Äußerung in »god's free gift in return for a sacrifice« (Edward E. Evans-Pritchard, *Nuer Religion*, Oxford 1956) finde. »Grace« ist nie geschuldet, aber kann erwartet und erhofft werden. In diesem Sinn ähnelt sie der Gabe vor der Gabe, auf der Paul Ricœur in seiner Kritik an Mauss' »Essai sur le don« insistierte. Sie bildet den Boden für (mediterrane) Patronage und verleiht zugleich Optimismus für das weitere Bestehen einer Gesellschaft über ihre die jeweilige Interaktion gefährdende Krise hinweg. »Can one explain systems of reciprocity adequately without considering the possibility of non-reciprocity, i. e. gratuity?« – Was den Austausch zwischen Bettler und Almosengeber betrifft: Die »unverdiente Gnade« markiert die Grenze und zugleich die Ermöglichung von verrechenbarem Austausch, sie verleiht zwar keine Währungssicherheit, aber die

Hoffnung auf das Fortbestehen der Währung. Nicht umsonst heißt es auf der amerikanischen Dollarnote: In God We Trust.

42 Hénaff situiert mit seinen ethnografischen Quellen Mauss' »zeremonielle Gabe« in einem als agonistisches Spiel ausgetragenen »Kampf um Anerkennung« (»Anthropologie der Gabe und Anerkennung«, in: *Journal für Phänomenologie* 31 (2009), S. 7-19, hier S. 17).

43 Meine Ausführungen orientieren sich an George M. Fosters Theorie der »Limited Goods« (»Peasant Society and the Image of Limited Good«, in: American Anthropologist 2 (1965), S. 293-315), die im »Neid« des »Bösen Blicks« wieder zur Zirkulation gebracht werden sollen. Zum »Malocchio« vgl. Hauschild, *Der böse Blick*, und Christian Breuer, *Undt wo blicke können tödten. Eine Kulturgeschichte des Malocchio*, Berlin 2015. – Die sich im Streik manifestierende Macht der Bettler ist indes häufiger das Thema, wenn es um die Gesundheit ganzer Gesellschaften geht, um Rechte und Pflichten und den Platz einer jeden angestammten Gruppe. An ihnen werden Fragen nach der Ganzheit, damit auch der Widerstandsfähigkeit und Lebenskraft einer Gesellschaft akzentuiert (eindrucksvoll in Aminata Sow Falls Erzählung über den muslimischen Senegal: *La grève des Bàttu*, Paris 1979).

44 Peregrine Horden, Nicholas Purcell, *The Corrupting Sea. A Study of Mediterranean History*, Oxford 2000.

45 Dies ist eine Interpretation, wie sie der katholische Assoziazionismus, besonders die 2010 mit dem Karlspreis ausgezeichnete und in Italien einflussreiche Gemeinschaft von St. Egidio vertritt.

46 Ermanno Rea, *Napoli ferrovia*, Mailand 2007, S. 172.

47 »E così, negli ultimi istanti, la tensione si placò, come se con l'oscurità fosse giunta la quiete, come se l'ombra ormai informe del corpo sul tavolo mi affidasse ora il senso della sua sconfitta. Era come riuscire a vedere ciò che si è desiderato per tanto tempo inutilmente, come se dentro di me la vita acquistasse un significato dopo anni che ne era stata priva.« Luigi Incoronati, *Scala a San Potito*, Neapel 2006, S. 95.

Bibliografie

Percy Allum, *Il potere a Napoli. Fine di un lungo dopoguerra*, Neapel 2001

Fabio Amato, »Dall'area metropolitana di Napoli alla Campania plurale«, in: Lida Viganoni (Hg.), *Il mezzogiorno delle città. Tra Europa e Mediterraneo*, Mailand 2007, S. 175–218

Paolo Apolito, *»Dice che ha visto la madonna«*, Bologna 1990

Ders., *Con la voce di un altro*, Neapel 2000

Ders., *I ritmi di festa*, Bologna 2015

Giovanni Battista Armenini, *De' veri precetti della pittura*, hg. von M. Gorreri, Turin 1988

Marco Atlas, *Die Femminielli von Neapel. Zur kulturellen Konstruktion von Transgender*, Frankfurt/Main, New York 2010

Edward C. Banfield, *Moral Basis of a Backward Society*, New York 1958

Francesco Barbagallo, *Storia della Camorra*, Bari 2001

Marzio Barbagli, David I. Kertzer, *Storia della famiglia italiana 1750–1950*, Bologna 1992

Laura Barletta, »Chiesa, stato e città«, in: Giuseppe Galasso u. a., *Napoli*, Bari 1987, S. 235–344

Marco A. Bazzocchi, *L'Italia vista dalla luna. Un paese in divenire tra letteratura e cinema*, Milano 2012

Thomas Belmonte, *The Broken Fountain*, New York 2005

Lucia Chiavola Birnbaum, *Black Madonnas. Feminism, Religion and Politics in Italy*, Boston 1993

Jeremy Boussevain, *Friends of Friends. Networks, Manipulators and Coalitions*, Oxford 1974

Pascal Boyer, *Religion Explained. The Evolutionary Origins of Religious Thought*, New York 2001

Lisa Breglia, »The ›Work‹ of Ethnographic Fieldwork«, in: James D. Faubion, George Marcus (Hg.), *Fieldwork is not what it used to be*, Ithaca 2009, S. 129–142

Angelo Brelich, *I greci e gli dei*, Neapel 1985

Christian Breuer, *Undt wo blicke können tödten. Eine Kulturgeschichte des Malocchio*, Berlin 2015

Peter Brown, *The Cult of the Saints*, Chicago 1981

Guido Calogero, *Etica – Giuridica – Politica*, Turin 1960

Cristiano Caltabiano (Hg.), *IX Rapporto sull'Associazionismo sociale: Anticorpi della società civile. L'Italia che reagisce al declino del paese*, Rom 2007

Albert Camus, *Der Mythos des Sisyphos* [1942], Reinbek 2004, S. 159

Diego Carnevale, *L'affare die morti. Mercato funerario, politica e gestione della sepoltura a napoli (secoli XVII–XIX)*, Rom 2014

Gianroberto Casaleggio, Beppe Grillo, *Siamo in guerra*, Mailand 2011

Franco Cassano, *Il pensiero meridiano*, Bari 1996

Alfredo Cattabiani, *Santi d'Italia. Vita, leggenda, iconografia, feste, patronati, culto*, Mailand 2004

Carlo Celano, *Notizie del Bello, dell'Antico e del Curioso della città di Napoli* [1692], Neapel 1856

Ian Chambers, *Le molte voci del mediterraneo*, Mailand 2007

Giordana Charuty, *Ernesto de Martino. Les vies antérieures d'un anthropologue*, Paris 2009

Dies., »›Keeping the eyes open‹: Arnold van Gennep and the autonomy of the folkloristic«, in: Robert Parkin, Anne de Sal (Hg.), *Out of the Study and into the Field. Ethnographic Theory and Practice in French Anthropology*, Oxford 2010

Danilo Chirico, Antonello Mangano, »Stigmate, showgirls e mafia. L'Italia di Berlusconi in un villaggio del Sud«, in: *MicroMega*, 24.9.2009

Rocco Civitelli, *Il cimitero delle Fontanelle. Una storia napoletana*, Neapel 2012

Patrizia Ciambelli, *Quelle spose, quelle figlie. Il culto delle anime purganti a Napoli*, Rom 1980

Simon Coleman, »Ritual Remains. Studying Contemporary Pilgrimage«, in: Janice Body, Michael Lembek (Hg.), *A Companion to the Anthropology of Religion*, Chichester: John Wiley 2015, S. 294–308

Simon Coleman, »Pilgrimage as Trope for an Anthropology of Christianity«, in: *Current Anthropology* 55 (2014)
Benedetto Croce, *Storie e Legende napoletane* [*1919*], Mailand 2001
Thomas J. Csordas, *Language, Charisma and Creativity: Ritual Life in the Catholic Charismatic Renewal*, New York 1997
Iris Därmann, *Tod und Bild*, München u. a. 1995
Silvana D'Alessio, *Masaniello. La sua vita e il suo mito in Europa*, Salerno 2007
Stanislao D'Aloe, *Storia della chiesa di Napoli. Provata con monumenti*, Neapel 1861
Nino D'Antonio, *Gli ex voto dipinti e il rituale dei Fujenti a Madonna dell'Arco*, Cava di Tirreni 1979
Lorraine Daston, *Wunder, Beweise, Tatsachen. Zur Geschichte der Rationalität*, Frankfurt/Main 2001
Liliana de Curtis, *Totò, femmene e malafemmene*, Mailand 2003
Eduardo de Filippo, *Cantata dei giorni dispari*, Turin 1975
Ernesto de Martino, *Sud e magia*, Mailand 1959
Ders., *La terra del rimorso*, Mailand 1961
Ders., *Furore – Simbolo – Valore*, Mailand 1965
Stefano de Matteis, *Napoli in scena. Antropologia della città del teatro*, Rom 2012
Ders., *Mezzogiorno di fede. Il rito tra esperienza, memoria e storia*, Neapel 2014
Ders., *La madonna degli esclusi*, Neapel 2011
Ders., »Kann man die Besessenheit historisieren?«, in: Ulrich van Loyen (Hg.), *Der besessene Süden. Ernesto de Martino und das andere Europa*, Wien 2016
Ders., *Il leone che cancella con la coda le sue tracce. L'itinerario intellettuale di Ernesto de Martino*, Neapel 2016
Ders. und Marino Niola, *Antropologia delle anime in pena. Il resto della storia. Un culto del purgatorio*, Lecce 1993
Michele de Santi, *Studio storico sul santuario di S. Maria Materdomini*, Neapel, 1905
Roberto de Simone, *Il segno di Virglio*, Neapel 1982
Ders., *Il presepe popolare napoletano*, Turin 1998

Ders. und Gerardo Imbriano, *Votum. Museo degli Ex voto del santuario della Madonna dell'Arco*, Neapel 2009

John Dickie, *Delizia. Die Italiener und ihre Küche*, Frankfurt/Main 2008

Gino Doria, *Le strade di Napoli*, Mailand und Neapel 1971

Hans-Peter Duerr, *Die dunkle Nacht der Seele. Nahtoderfahrungen und Jenseits-Reisen*, Frankfurt/Main 2015

Emil Durkheim, *Die elementaren Formen des religiösen Lebens* [*1912*], Frankfurt/Main 2007

John Eade, Michael Salnow (Hg.), *The Anthropology of Christian Pilgrimage*, London 1991

Mircea Eliade, »Der magische Flug«, in: *Antaios. Zeitschrift für eine freie Welt* 1 (1960)

Clemente Esposito, *Il cimitero delle Fontanelle*, Neapel 2007

Edward E. Evans-Pritchard, *Nuer Religion*, Oxford 1956

Julius Evola, *Il fascismo visto dalla destra*, Mailand 1963

Francesco Faeta, »Orientalismus und Primitivismus im Mezzogiorno. Über eine Tendenz im intellektuellen Italien und in Europa«, in: Ulrich van Loyen, *Der besessene Süden. Ernesto de Martino und das andere Europa*, Wien 2016

Lene Faust, »Trance und Trauma. Totenkult im neofaschistischen Ambiente«, in: *Zeitschrift für Kulturwissenschaften* 2 (2015) (»Begeisterung und Blasphemie«), S. 113-120

Jacques Le Goff, *La naissance du Purgatoire*, Paris 1981

Ders., *La Bourse et la vie. Économie et religion au Moyen Âge*, Paris 1986

George M. Foster, »Peasant Society and the Image of Limited Good«, in: *American Anthropologist* 2 (1965), S. 293-315

Ders., »The Anatomy of Envy. A Study in Symbolic Behaviour«, in: *Current Anthropology* 13 (1972), S. 165-186

James George Frazer, *The Golden Bough*, Bd. 3: *Taboo and the Perils of the Soul*, Cambridge: Cambridge University Press, 2012 (orig. 1911)

Sigmund Freud, »Totem und Tabu (Einige Übereinstimmungen im Seelenleben der Wilden und der Neurotiker)« [1912-13], in: ders., *Studienausgabe*, Bd. IX: *Fragen der Gesellschaft. Ursprünge der Religion*, Frankfurt/Main 1982, S. 287-444

Nancy Frey Breuner, »The Cult of the Virgin Mary in Southern Italy and Spain«, in: *Ethos* 20 (1992), S. 66–95

Gennaro Aspreno Galante, *Guida sacra della città di Napoli*, Neapel 1872

Giuseppe Galasso, *L'altra Europa. Per un'antropologia storica dell mezzogiorno d'Italia*, Mailand 1982

Clara Gallini, »Il documentario ›etnografico demartiniano‹«, in: *La ricerca folklorica* 3 (1981), S. 23–31

Harold Garfinkel, *Studies in Ethnomethodology*, New Jersey: Prentice Hall 1967

Arnold van Gennep, *Übergangsriten* [*Paris 1909*], Frankfurt/ Main, New York 1999

Emilio Gentile, *Il culto del littorio. La sacralizzazione della politica nell'Italia fascista*, Bari 1993

Antonio Ghirelli, *Storia di Napoli*, Turin 2007

David Gilmore (Hg.), *Honor and Shame, and the Unity of the Mediterranean*, Washington 1987

Christian Giordano, »Mediterranean Region«, in: Kocku v. Stuckradt (Hg.), *The Brill Dictionary of Religion*, Bd. 3, Leiden 2006

Paola Giovetti, *Madri e mistiche. Anna Maria Taigi ed Elisabetta Canora Mori*, Rom 1991

Nunzio Giuliano, *Diario di una coscienza*, Neapel 2003

Victoria Goddard, *Gender, Family and Work in Naples*, London 1996

Johann Wolfgang von Goethe, *Italienische Reise* [*1816*], Frankfurt/Main 1976

Nathalie Göltenboth, *Vom Schmerzraum zum Fest. Kulturelle Kreativität am Beispiel der Madonna dell'Arco in Neapel*, München 1998

Dies., »›Basta con questo teatro.‹ Trancediskurse und die Herstellung von Folklore im *Santuario* der *Madonna dell'Arco* in Neapel«, in: *Zeitschrift für Kulturwissenschaften* 2 (2015) (»Begeisterung und Blasphemie«)

Gabriella Gribaudi, *I mediatori. Antropologia del potere democristiano nel mezzogiorno*, Turin 1984

Heiko Grünwedel, »Ernesto de Martinos Lesart von Shirokogoroffs *Psychomental Complex of the Tungus* zwischen Aneignung und Präsenzerfahrung«, in: Ulrich van Loyen (Hg.), *Der besessene Süden. Ernesto de Martino und das andere Europa*, Wien 2016

Thomas Hauschild, *Der böse Blick. Ideengeschichtliche und sozialpsychologische Untersuchungen*, Berlin 1982

Ders., *Macht und Magie in Italien*, Gifkendorf 2001

Ders., »Mein Mezzogiorno« [1985], in: Hans Fischer (Hg.), *Feldforschungen*, Berlin 2002

Ders., *Ritual und Gewalt. Ethnologische Studien an europäischen und mediterranen Gesellschaften*, Frankfurt/Main 2008

Klaus Heinrich, »Über unseren Ausstieg aus den Höhlen. Ein Gespräch mit Manfred Bauschulte, Horst Bredekamp und Luca Giuliani«, in: *Zeitschrift für Ideengeschichte* 2 (2013), S. 62–82

Marcel Hénaff, »Anthropologie der Gabe und Anerkennung«, in: *Journal für Phänomenologie* 31 (2009)

Michael Herzfeld, *Cultural Intimacy: Social Poetics in the Nation State*, New York, London 2005

Arthur Maurice Hocart, *The Life-Giving Myth* [1952], Oxford 2013

Ute Holl, »Trance-Techniques, Cinema, and Cybernetics«, in: Heike Behrend u. a. (Hg.), *Trance Mediums and New Media*, New York 2015

Peregrine Horden, Nicholas Purcell, *The Corrupting Sea. A Study of Mediterranean History*, Oxford 2000

Luigi Incoronato, *Scala a San Potito*, Neapel 2006

Ciro Izzo, *La testimonianza pentecostale a Napoli*, Neapel o. J. [1999]

Michael Jackson, *Existential Anthropology. Events, Exigencies, and Effects*, Oxford 2006

Ders., *Lifeworlds. Essays in Existential Anthropology*, Chicago: Chicago University Press 2013

Rudolf Kleinpaul, *Die Lebendigen und die Toten in Volksglauben, Religion und Sage* [*1898*], Leipzig 2011

Francesca Romana Koch, *I contabili dell'aldilà*, Turin 1992

Albrecht Koschorke, *Die Heilige Familie und ihre Folgen*, Frankfurt/Main 2001

Fritz Kramer, »Notizen zur Ethnologie der ›passiones‹«, in: ders., *Schriften zur Ethnologie*, Frankfurt/Main 2005

Vittorio Lanternari, *The Religion of the Oppressed. A Study of Modern Messianic Cults*, New York 1965

Norman Lewis, *Naples 44. An Intelligence Officer in the Italian Labyrinth*, London 1978
Carlo Levi, *Cristo si è fermato a Eboli* [*1946*], Turin 1992
Ioan Lewis, *Ecstatic Religion. A Study of Shamanism and Spirit Possession*, London 1971
Antonio Loffredo, *Noi del rione Sanità. La scommessa di un parrocco e dei suoi ragazzi*, Mailand 2013
Luigi Lombardi Satriani, Maurizio Meligrana, *Il ponte di San Giacomo. L'ideologia della morte nella società contadina del Sud*, Palermo 1989
Fabrizio Lorusso, »Dal Messico al mondo. Il lungo viaggio della ›Santa Muerte‹«, in: Tommaso Caliò, Lucia Ceci (Hg.), *L'immaginario devoto tra mafie e antimafia*, Rom 2017
Ulrich van Loyen, *Exil und Verwandlung. Franz Baermann Steiner. Zur Biographie eines deutschen Dichters und jüdischen Ethnologen*, Bielefeld 2011
Ders., »Herzensergießungen. Süditaliens böser Blick«, in: *Zeitschrift für Kulturwissenschaften* 2 (2015) (»Begeisterung und Blasphemie«), S. 89-96
Salvatore Lupo, *Storia della mafia*, Rom 2005
Sergio Luzzati, *Padre Pio*, Turin 2002
Bronisław Malinowski, *Magic, Science and Religion*, Boston 1948
Salvatore Marino, »I ›figli d'anima‹ dell'Annunziata di Napoli in età moderna«, in: *Mélanges de l'École française de Rome – Italie et Méditerranée modernes et contemporaines* 1 (2012), {http://mefrim.revues.org/300}, letzter Zugriff 09.02.2016
Marco Marzano, *Cattolicesimo magico. Una indagine etnografica*, Turin 2009
Angelo Mastandrea, »Sott'o ponte della Sanità«, in: *Il manifesto*, 30.6.2013; dt. als »Herberge der Armen«, in: *Le monde diplomatique*, 10.5.2013
Franco Mastriani, *I misteri di Napoli* [*1869f.*], Neapel 1970
Meredith B. McGuire, *Pentecostal Catholics. Power, Charisma, and Order in a Religious Movement*, Philadelphia 1982
Marcel Mauss, Henri Hubert, »Entwurf einer allgemeinen Theorie der Magie« [1902], in: Marcel Mauss, *Soziologie und Anthropologie*, Bd. 1, Frankfurt/Main 1999, S. 43-179

Marcel Mauss, »Essai sur le don. Forme et raison de l'échange dans les societés archaïques«, in: *L'Année sociologique* 2 (1923/24)

Martin Mittermeier, *Adorno in Neapel. Wie sich eine Sehnsuchtslandschaft in Philosophie verwandelt*, München 2014

Wilhelm Mühlmann, *Chiliasmus und Nativismus. Studien zur Psychologie, Soziologie und historischen Kasuistik der Umsturzbewegungen*, Berlin 1961

Mark Münzel, »Genozid, Ethnozid und ethnologische Forschung: Die Aché in Ostparaguay«, in: Hans Fischer (Hg.), *Feldforschung*, Berlin 2002, S. 53–72

Axel Munthe, *Letters from a Mourning City* [*Fran Napoli*], London 1887

Simone Natale, Andrea Ballatore, »The Web Will Kill Them All. New media, digital utopia, and political struggle in the Italian 5-Star Movement«, in: *Media, Culture & Society* 1 (2014), S. 105–121

Marino Niola, *Le anime del purgatorio*, Meltemi 1999

Ders., *Un popolo di santi*, Bari 2015

Italo Pardo, *Managing Existence in Naples*, Cambridge 1996

Ulderico Parente, *Madre Flora, una vita per il Volto Santo*, Sasso Marconi 2012

Anne Parsons, *Magic, Belief and Anomie. Essays in Psychosocial Anthropology*, New York 1969

Mario Perniola, *Vom katholischen Fühlen. Die kulturelle Form einer universellen Religion* [*Del Sentire*, 2001], Berlin 2014

Raffaele Pettazzoni, *La religione primitiva in Sardegna*, Piacenza 1912

Roger Peyrefitte, *Du Vésuve à l'Etna*, Paris 1952

Jason Pine, *The Art of Making Do In Naples*, Minneapolis 2009

Salvatore Pisani, »Neapel-Topoi«, in: Salvatore Pisani, Katharina Siebenmorgen (Hg.), *Neapel. Sechs Jahrhunderte Kulturgeschichte*, Berlin 2009, S. 28–37

Julian Pitt-Rivers, »Postscript. The Place of Grace in Anthropology«, in: Ders., John G. Peristiany (Hg.), *Honor and Grace in Anthropology*, Cambridge 1992, S. 215–246

Ders., John G. Peristiany, »Introduction«, in: dies. (Hg.), *Honor and Grace in Anthropology*, Cambridge 1992, S. 1–18

Antonio Emanuele Piedimonte, *Il cimitero delle fontanelle. Il culto delle anime del purgatorio e il sottosuolo di napoli*, Neapel 2003

Goffredo Plastino, *Cosa nostra social club. Mafia, malavita e musica in Italia*, Mailand 2013
Gino Provitera u. a., *Lo spazio sacro*, Neapel 1978
Robert D. Putnam, *Making Democracy Work. Civic traditions in modern Italy*, Princeton 1993
Roy Rappaport, *Ritual and Religion in the Making of Humanity*, Cambridge 1999
Ermanno Rea, *Napoli ferrovia*, Mailand 2007
Ders., *La fabbrica dell'obbedienza. Il lato oscuro e complice degli italiani*, Mailand 2010
Vincenzo Regina, *Le chiese di Napoli*, Rom 1995
Dieter Richter, *Neapel. Biographie einer Stadt*, Berlin 2005
Dieter Richter, »Über das Gestikulieren der Neapolitaner«, in: *Zeitschrift für Kulturwissenschaften* 2 (2015) (»Begeisterung und Blasphemie«), S. 81–88
Claudio Rizzoni, *Musicologia Madonna dell'Arco*, Dissertation, Rom 2010
Erwin Rohde, *Psyche. Seelencult und Unsterblichkeitsglaube der Griechen*, Freiburg und Leipzig 1894–1899
Annabella Rossi, »Un nuovo culto. Lettere ad Alberto«, in: Elemire Zolla (Hg.), *La nuova Italia* 1 (1970)
Annabella Rossi, *Le feste dei poveri*, Palermo 1986
Jean Rousset, *Le mythe de Don Juan*, Paris 1978
Giovanni Russo, *La terra inquieta. Memoria del Sud*, Cava dei Tirreni 2003
Isaiah Sales, *Le strade della violenza. Malviventi e bande di camorra a Napoli*, Neapel 2006
Jean Paul Sartre, *Briefe an Simone de Beauvoir*, Bd. 1, Reinbek [6]2008
George Saunders, »The Crisis of Presence in Italian Pentecostal Conversion«, *American Ethnologist* 2 (1995), S. 324–340
Ders., *Il linguaggio dello spirito. Il cuore e la mente nel protestantesimo evangelico*, Pisa 2010
Roberto Saviano, *Gomorra*, Mailand 2006
Ders., *ZeroZeroZero*, Mailand 2013
Michaela Schäuble, »Von der Passion und Poetik des ›Wahren‹. Betrachtungen zum audiovisuellen ›documentarismo demartiniano‹«, in:

Ulrich van Loyen, *Der besessene Süden. Ernesto de Martino und das andere Europa*, Wien 2016
Erhard Schüttpelz, »Der Trickster«, in: Eva Eßlinger u. a. (Hg.), *Die Figur des Dritten. Ein kulturwissenschaftliches Paradigma*, Frankfurt/Main 2010
Ders., »Mediumismus und moderne Medien. Die Prüfung des europäischen Medienbegriffs«, in: *Deutsche Vierteljahresschrift für Literaturwissenschaft und Geistesgeschichte* 1 (2012)
Ders., »Liminalität und Macht. Ein Gespräch«, in: Ulrich van Loyen (Hg.), *Der besessene Süden. Ernesto de Martino und das andere Europa*, Wien 2016
Gianluca Sciannameò, *Nelle Indie di quaggiù. Ernesto de Martino e il cinema etnografico italiano*, Bari 2006
Mark Sedgwick, *Against the Modern World*, Oxford 2004
Jennifer D. Selwyn, *A Paradise Inhabited By Devils. The Jesuit's civilizing mission in early modern Naples*, Aldershot 2004
Alfred Sohn-Rethel, *Das Ideal des Kaputten*, hg. und mit einem Nachwort von Carl Freytag, Bremen 1990
Justin Stagl, »Malinowskis Paradigma«, in: Wolfdietrich Schmied-Kowarzik, Justin Stagl (Hg.), *Grundfragen der Ethnologie*, Berlin 1993
Franz Baermann Steiner, *Zivilisation und Gefahr. Wissenschaftliche Schriften*, hg. von Jeremy Adler und Richard Fardon, Göttingen 2008
Tullio Tentori, »An Italian Religious Feast. The *Fujenti* Rites of the Madonna dell'Arco, Naples«, in: James M. Freeman (Hg.), *Mother Worship. Themes and variations*, Chapel Hill 1982
Francesco Terranova, »Le fontanelle«, in: ders., *Napoli che non muore*, Neapel 1906
Bjorn Thomassen, »The Uses and Meanings of Liminality«, in: *International Political Anthropology* 1 (2009)
Luigi Toscano, *San Gaetano Errico*, Gorle 2008
Theodor Trede, *Wunderglaube im Heidentum und in der alten Kirche*, Gotha 1901
Victor Turner, »Betwixt and between. The Liminal Period in *Rites de Passage*«, in: ders., *The Forest of Symbols*, New York 1967
Ders., *The Ritual Process. Structure and Anti-Structure*, Chicago 1969

Ders. und Edith Turner, *Image and Pilgrimage in Christian Culture*, New York 1978
Ders., »Liminal to Liminoid, in Play, Flow, and Ritual«, in: ders., *From Ritual to Theatre*, New York 1982
Federico Vacalebre, *Dentro il vulcano. Racconti neomelodici*, Neapel, 1999
Michel Vovelle, *Les âmes de purgatoire ou Le travail du deuil*, Paris 1996
Max Weber, *Wirtschaft und Gesellschaft. Grundriss der verstehenden Soziologie* [1922], Tübingen 2002
Johann Joachim Winckelmann, *Gedanken über die Nachahmung der griechischen Werke in der Malerei und Bildhauerkunst*, Stuttgart 1969
Eric Wolf, »Kinship, Friendship and Patron-Client Relations in Complex Societies« [1966], in: ders., *Pathways of Power. Building an Anthropology of the Modern World*, Berkeley, Los Angeles 2001
Alex Zanotelli, *Korogochi. Alla scuola dei poveri*, Mailand 2003
Martin Zillinger, *Die Trance – das Blut – die Kamera*, Bielefeld 2014
Ders., »Landschaften voll Heimsuchung und Gnade«, in: Ulrich van Loyen (Hg.), *Der besessene Süden*, Wien 2016, S. 151–170

Filme

Carlo M. Alfarano, *Totò Memories*, Dokumentarfilm, Italien 2014
Antonio Capuano, *Pianese Nunzio, 14 anni a maggio*, Spielfilm, Italien 1996
Giovanni Cioni, *In purgatorio*, Dokumentarfilm, Italien 2011
Luigi di Gianni, *Grazia e numeri*, Dokumentarfilm, Italien 1961
Ders., *Il culto delle pietre*, Dokumentarfilm, Italien 1961
Ders., *L'annunziata*, Dokumentarfilm, Italien 1961
Ders., *L'attaccatura*, Dokumentarfilm, Italien 1968
Ders., *La nascita di un culto*, Dokumentarfilm, Italien 1968
Ders., *La possessione*, Dokumentarfilm, Italien 1969

Federico Fellini, *La dolce vita*, Spielfilm, Italien 1960
Roberto Rossellini, *Viaggio in Italia*, Spielfilm, Italien 1954

Internetquellen

»Camorra omicidio in diretta / Italy's mafia murder shock«, {https://www.youtube.com/watch?v=zxX5FAujPCM}, letzter Zugriff 08.12.2014

Gianroberto Casaleggio, »Gaia. Il futuro della politica. New World Order«, {https://www.youtube.com/watch?v=9mYgbCW8XNA}, letzter Zugriff 09.02.2016

Dank

Allen, die in diesem Buch auftreten, Dank dafür, dass sie mich Gast sein ließen.

Für Anregungen und klugen Rat während der Forschung danke ich Thomas Hauschild, für kritische Lektüre und Ordnungsvorschläge Erhard Schüttpelz, für fortwährendes Interesse und die Bereitschaft, für dieses Buch die akademische Patenschaft zu übernehmen Michaela Schäuble. Gespräche mit Paolo Apolito, Stefano de Matteis, Gabriella Gribaudi haben meinem Vorhaben in entscheidenden Situationen geholfen. Peter J. Bräunlein, Michael Neumann, Ehler Voss und Antonio Roselli danke ich als meinen ersten Lesern. An Stefan Ripplinger ein besonderer Dank für das umsichtige Lektorat. Anja Dreschke, Lene Faust und Martin Zillinger danke ich für ihre Besuche in ›meinem‹ Feld und dafür, dass sie ihre Eindrücke mit mir geteilt haben; Anja Dreschke danke ich überdies für ihr fotografisches Auge. Luigi di Gianni Dank, dass er mich an die Schauplätze seiner Filme mitnahm, wann immer es ihm möglich war. Der Alexander-von-Humboldt-Stiftung danke ich für die Möglichkeit dieser Forschung und für die stets unbürokratische Unterstützung. Dem Deutschen Historischen Institut in Rom und der Max-Weber-Stiftung sei dafür gedankt, dass sie mir einen quellennahen Einblick in die Kirchengeschichte Süditaliens gestatteten und mich von weiteren Verpflichtungen befreiten. Den Postdoktoranden am Research Lab »Transformations of Life« der a.r.t.e.s. Graduate School der Universität zu Köln danke ich für engagierte Diskussionen und intellektuelle Großzügigkeit. Es waren gute Jahre, und ich fühle mich reich beschenkt.

Dieses Buch ist ein Buch über Freundschaft und Familie. Die neuen Freundschaften wären ohne die alten nicht möglich gewesen, ich danke darum Benno, Suzette, Sonja, Pino, ich danke Ritaiwa für Carlotta Maria und Carlotta Maria dafür, dass ich mich neu erfinden durfte. Ihr als unserer Tochter sei dieses Buch zugeeignet.

Die Veröffentlichung dieses Buches erfolgt
mit freundlicher Unterstützung der Alexander
von Humboldt-Stiftung, Bonn.

Erste Auflage Berlin 2018

Göhrener Str. 7, 10437 Berlin
info@matthes-seitz-berlin.de

Umschlagfoto: Anja Dreschke
Satz: Tom Mrazauskas, Berlin
Druck und Bindung: Pustet, Regensburg

ISBN 978-3-95757-471-8 

www.matthes-seitz-berlin.de